2010年国家社会科学基金重大招标项目成果

改革开放视阈下
我国社会意识变动趋向与规律研究
（1978—2012）

李萍 等◎著

中山大学出版社
·广州·

版权所有　翻印必究

图书在版编目（CIP）数据

改革开放视阈下我国社会意识变动趋向与规律研究：1978—2012 / 李萍等著. -- 广州：中山大学出版社，2024.10. -- ISBN 978-7-306-08287-9

Ⅰ. D092.7

中国国家版本馆 CIP 数据核字第 2024SE4126 号

GAIGE KAIFANG SHIYU XIA WOGUO SHEHUI YISHI BIANDONG QUXIANG YU GUILÜ YANJIU (1978—2012)

| 出 版 人：王天琪 |
| 策划编辑：王旭红 |
| 责任编辑：王旭红 |
| 封面设计：曾　斌 |
| 责任校对：陈晓阳 |
| 责任技编：靳晓虹 |
| 出版发行：中山大学出版社 |
| 电　　话：编辑部 020-84110283，84113349，84111997，84110779，84110776 |
| 　　　　　发行部 020-84111998，84111981，84111160 |
| 地　　址：广州市新港西路135号 |
| 邮　　编：510275　　传　真：020-84036565 |
| 网　　址：http://www.zsup.com.cn　　E-mail: zdcbs@mail.sysu.edu.cn |
| 印　刷　者：广东虎彩云印刷有限公司 |
| 规　　格：787mm×1092mm　1/16　18.5 印张　342 千字 |
| 版次印次：2024 年 10 月第 1 版　2024 年 10 月第 1 次印刷 |
| 定　　价：76.00 元 |

如发现本书因印装质量影响阅读，请与出版社发行部联系调换

目 录

总　论 ·· 1

第一章　社会意识变迁的历史轨迹 ··· 6
　导　言 ··· 6
　一、所有制观念的变迁 ··· 8
　　（一）私营经济的复苏 ··· 8
　　（二）私营企业主社会身份的跃升 ·· 14
　　（三）从公私之争到贫富之问 ··· 23
　二、民族主义的流变 ·· 31
　　（一）近代以来民族主义的表达及其对社会发展之影响 ···························· 32
　　（二）全球化背景下中国民族主义思潮的类型与特征 ······························· 35
　　（三）理性民族主义与现代民族国家的构建 ·· 41
　三、消费主义的兴起 ·· 51
　　（一）消费政策制度安排的历史变迁 ·· 51
　　（二）中国社会转型内在张力中的消费主义 ·· 56
　　（三）消费主义在当代中国的悖论及趋势 ·· 60
　四、个人主义的演变 ·· 63
　　（一）个人主义思潮的中国传播 ··· 64
　　（二）个人主义的当代中国命运 ··· 68
　　（三）当代中国个人主义的两面 ··· 71

第二章　知识分子的社会意识变动考察 ··· 77
　导　言 ··· 77
　一、知识分子与主流意识形态"合"与"疏"的变奏 ······································· 80
　　（一）改革初期思想解放背景下知识分子与意识形态再解释 ······················ 81
　　（二）20世纪90年代知识分子话语分化与意识形态创新的
　　　　 多元进路 ··· 87

（三）21世纪以来知识分子对意识形态的多元化参与 …………… 91
二、知识分子社会意识的分化与多元化：以"新左派"
　　与新自由主义思潮为例 ……………………………………… 95
　（一）"新左派"关于中国政治体制改革的言说 ……………… 96
　（二）"新左派"关于民生问题的论述 ………………………… 100
　（三）新自由主义思潮及其遮蔽性 …………………………… 110
　（四）"新左派"与新自由主义的分歧与共识 ………………… 121
三、现代化与知识分子的社会意识变化 ………………………… 122
　（一）知识分子社会意识的整体表征 ………………………… 122
　（二）现代化与知识分子社会意识变迁：基于作为"问题"的
　　　　知识分子形成和消解的视角 …………………………… 127

第三章　民间社会意识的形成机制与变动趋向　152
导　言 ……………………………………………………………… 152
一、概念框架：从社会变迁到个体生命体验 …………………… 158
　（一）主流意识形态与民间社会意识 ………………………… 158
　（二）生命历程与民间社会意识 ……………………………… 160
二、双重革命：发展主轴与发展共识 …………………………… 166
　（一）"双重革命"的政策际遇 ………………………………… 166
　（二）个人与社会的发展共识 ………………………………… 171
三、自我发展：大事件、家庭境遇与生命体验 ………………… 173
　（一）"大事件"与个人发展 …………………………………… 173
　（二）经济好转与家庭境遇 …………………………………… 176
　（三）生命事件：阶段性与民间社会意识 …………………… 178
四、群体意识：阶层差异与社会分化 …………………………… 180
　（一）政策鼓励与开放的社会结构 …………………………… 180
　（二）"流动的门"：机遇把握的能力 ………………………… 182
　（三）不同群体的社会意识差异 ……………………………… 186
五、民间社会意识的变动趋向与转型逻辑 ……………………… 189
　（一）社会心态折射社会发展的进程与变化 ………………… 189
　（二）转型逻辑：嵌于个人与社会发展中的民间社会意识 …… 193
六、民间社会意识与主流意识形态的同异质性 ………………… 195
　（一）民间社会意识与主流意识形态的同质性 ……………… 195

（二）民间社会意识与主流意识形态的异质性 …………… 197

第四章 当代中国社会意识的变动分析 ………………………… 200
　导　言 …………………………………………………………… 200
　一、当代中国社会意识的结构变动 …………………………… 203
　　（一）当代中国社会意识的基本构成及其关系 …………… 203
　　（二）当代中国社会意识结构的变动特点 ………………… 210
　　（三）社会意识结构变动的现实政治影响 ………………… 217
　二、当代中国社会意识的发展趋势 …………………………… 220
　　（一）当代中国多元社会意识的演进趋势及其影响 ……… 220
　　（二）主流社会意识整合多元社会意识的变动趋势 ……… 227
　三、当代中国社会意识变动个案：改革共识分析 …………… 232
　　（一）改革共识内涵的变动与升级 ………………………… 233
　　（二）改革共识形成路径的变迁 …………………………… 245
　　（三）改革共识形成模式的嬗变 …………………………… 256

第五章 当代中国社会意识整合与引导的有效路径 …………… 268
　导　言 …………………………………………………………… 268
　一、中国社会意识整合与引导的机制分析 …………………… 270
　　（一）以社会主义核心价值观为理论基础建构包容性的
　　　　　主流社会意识 ………………………………………… 271
　　（二）凝聚共识以缓和主流社会意识与民间社会意识之间的
　　　　　冲突 …………………………………………………… 276
　二、社会意识整合和引导的有效路径和方法 ………………… 281
　　（一）社会意识整合与引导的有效路径 …………………… 281
　　（二）社会意识整合与引导的方法论创新——意识形态传播的
　　　　　视角 …………………………………………………… 286

后　记 …………………………………………………………… 290

总　　论

党的十一届三中全会实现了新中国成立以来我们党历史上具有深远意义的伟大转折，开启了我国改革开放历史新时期。从此，党领导全国各族人民在新的历史条件下开始了新的伟大革命。改革开放以来，中国经济保持着世界瞩目的速度向前发展，人民的生活水平得到了极大提高，中国特色社会主义的优越性和生命力已经得到了更充分的显现。党的十一届三中全会以来的伟大历程和伟大成就深刻昭示我们：改革开放是决定当代中国命运的关键抉择，是发展中国特色社会主义、实现中华民族伟大复兴的必由之路。

与此同时，伴随着中国经济社会的转型，社会意识领域尤其是知识精英与民间大众的社会意识发生了诸多新的变化，人们的社会意识也出现了新矛盾、新问题与新困境，并呈现日益多样化的发展趋势。社会意识层面上的这些巨大变化是中国正在经历的社会转型在思想文化领域的客观反映，并且在某种意义上促进了我国思想文化事业的繁荣。然而不容否认的是，这些变化在客观上也对马克思主义在我国意识形态领域的主导地位形成了挑战，对传统社会主义核心价值造成了冲击。

因此，研究改革开放条件下我国社会意识变动的趋向，探究其特点与规律，对于在新的时空背景下更加自觉地把握改革开放的社会意识方向，未雨绸缪，更加有效地实现社会意识的整合与引导，加强意识形态的安全性与影响力，不仅是重大的理论命题，更是迫切的现实要求。

从时间的维度来看，改革开放以来中国社会意识的形成和变迁大致可以分为如下三段进程。

第一，"文化大革命"（以下简称"文革"）结束后到20世纪80年代末期，这是开放社会意识的形成期，批判和反思极左路线成为该时期的主要内容，在反思中走向开放。鉴于思想界长期禁锢的状况，"文革"刚一结束，中国思想界即兴起了"真理标准问题大讨论"，这是马克思主义实践观在中国思想界的一次绽放。这场讨论，为我们党冲破"两个凡是"的严重束缚、重新确立马克思主义的思想路线奠定了理论基础，为党的十一届三中全会实现历史转折、我国迈向改革开放新时期做了思想准备，为我们党在改革开放中坚持和发展中国特色社会主义道路、形成中国特色社会主义理论体系提供了强大精神动力。

伴随改革从自发到自觉，从农村到城市，从农业到工业，中国思想界空前活跃。被十年"文革"的极左思潮压抑已久的思想文化领域有了井喷式的发展，反思传统成了表达改革与开放的前奏，"伤痕文学"勃然而彰。这一思潮突出反映了人们思想内伤的严重性和呼吁疗治创伤的迫切性，也发出了思想界坚决告别"创伤"的过去，走进自由新时代的呼声。

1980年，引发6万封来信的"潘晓事件"提示着整个社会，面对改革开放带来的全新局面，社会不同人群需要不同的价值表述和自身认同。此时，思想界展开了更深入的讨论，即人道主义与异化问题的讨论。这场讨论主要回应了因国际共产主义运动"前一时期的错误和过失"而带来的"道德危机"，肯定了人的生命安全、人身的独立与自由。这场讨论引发的思想能量迄今还没有得到完全释放，它表达的有关尊重人的价值维度在今天也仍然是迫切需要的。

随着反思传统的深入与西方思潮的大量涌入，整个社会意识形态呈现一种多元状态。旨在摆脱权威的"上帝已经死了"的观点在中国思想界大行其道，最终造成了资产阶级自由化思想的泛滥。20世纪80年代正在进行的改革，必定而且正在引起价值观念的变化；而适合社会主义现代化需要的新的价值观念，又必定而且正在促进改革的发展。

第二，20世纪90年代，中国社会意识在中外思潮激荡下日渐趋于理性。20世纪80年代末90年代初，东欧剧变，苏联解体。社会主义阵营受到严重冲击。西方学者高呼"社会主义的历史终结"和"共产主义的必然消亡"。尽管中国理性且乐观地视其为苏联社会主义模式的衰亡和共产主义运动的暂时挫折，但是，国内爆发的1989年政治风波却不得不使人们深思改革的前途：它是通达美好社会的阶梯，还是走向奴役命运的道路？于是，原本热闹纷呈的社会意识突然变得沉寂。在沉寂中，有人观望，有人绝望，有人彷徨，有人思索。这是一个充满焦虑的过程，也是酝酿成熟的阶段。在经历了十余年短暂的快乐时光后，中华民族再次被抛进了历史抉择的紧要关头。"冬天来了，春天还会远吗？"邓小平南方谈话将中华民族领进改革的新春天，针对人们思想中普遍存在的疑虑，重申了深化改革、加速发展的必要性和重要性。"东方风来满眼春"，在经历寒冬的冰封后，开放的社会意识终于迎来了万紫千红的春色。

随着社会主义市场经济体制的逐步确立，公民对个人财富的拥有和追求，不仅为当下政策所肯定，而且得到了法律的保护。人们对私有财产的观念和认识发生了根本性的变化，拥有个人财富真正成为一项"正当"的权利。随之而来的是，中国的经济增长模式发生了重大变化，从全民"皆大欢喜"的增长转变为"有输家"的增长，并不是所有的人都能平均地分享改革开放和经济增长的成果，贫富差距拉大，社会矛盾日益浮现。

与此同时，美国霸权主义的复兴而导致的中国民族主义情绪的激昂，以及俄罗斯改革的失败而催生的对改革的反思，促使一些学者开始思考"学习西方"的弊端，思想界出现了"新左派"和新自由主义之争。这一争论是20世纪80年代以来关于改革开放程度和速度之争的继续与深化，其一方面表达了思想界对陈旧的权力机制与市场机制的担忧，另一方面又对"西方病""市场病"抱有警惕之心。

经历"西化"和"分化"的挑战，经历愈演愈烈的人权斗争、日益突出的文化争夺和日渐强化的宗教问题斗争，中国社会意识慢慢地趋于理性。

第三，21世纪以来，中国社会意识在应对挑战中重新整合。进入21世纪，随着市场经济改革成效的不断释放，不少新情况、新问题随之出现。国有企业（以下简称"国企"）职工下岗风潮加剧，干群矛盾出现突变，社会利益结构变动幅度加大，使原有的意识形态在解说当下现实时显得有些力不从心；人们对自身生存的关怀、对个人发展的憧憬，随着市场化改革的深入与拓展逐渐苏醒；效率与公平这一对几乎与人类社会共生的矛盾也成为中国社会主义市场经济不能回避的难题。下一步的改革，尤其是政治领域的改革如何进行，再度成为尖锐的话题，中国的主流社会意识形态需要重新整合。适逢其时，"三个代表"重要思想和科学发展观相继写入党章，成为党的指导思想。关注大写的人、促进人和社会的全面发展成为时代的呼声。

中国加入WTO（世界贸易组织）后，参与全球化的程度加深，受世界影响的程度加大。被标榜为"普世价值"的西方主流意识形态，结合了其优势的经济力量、政治力量、军事力量，通过话语霸权和网络技术潜移默化地在全球范围内推广。与此相对应的，则是2008年汶川地震和北京奥运会凝聚起来的中国民族主义情绪的进一步彰显。

针对社会意识领域复杂的形势，以及国际社会通过意识形态影响、压制中国发展的现状，党的十六届六中全会第一次提出建设社会主义核心价值体系的战略任务，并将之纳入党的十七大报告。社会主义核心价值体系是社会主义意识形态的本质体现，它为中国特色社会主义事业筑起了坚不可摧的文化长城，也是增强民族凝聚力、提高国家竞争力的迫切需要。

从关系的维度来看，改革和社会意识的双向互动，具有如下三个鲜明的特征。

第一，解放的社会意识是改革的理论前提。"文革"结束后，"伤痕文学"的发轫将批判的矛头指向了"左"倾路线，尖锐有力地揭露了其带给社会和人心的灾难。既然已有的"左"倾路线指引下的社会主义实践出现了不可避免的荒谬和异化，那么，正确道路的方向在哪里呢？面对新的时代与现实的焦灼热切的期待，中国思想界"真理标准问题大讨论"宣告"实践是检验真理的唯一标准"。这是马克思主义的常识，更是"文革"时期被湮没了的生活常识。但正是这则常识性真理的复述，为中华民族冲破"两个凡是"的严重束缚、重新确立马克思主义的思想路线奠定了理论基础，为党的十一届三中全会实现历史转折、我国迈向改革开放新时期做了思想准备。

第二，开放的社会意识是改革的思想成果。开放是封闭的反向动作。新中国的成立，将中华民族由以宗法为主的社会带入"统制社会"。宗法社会以宗族血缘关系为其社会组织结构之基础，社会结构的组织形式以同质单位的机械组合关系体现出来，它的生存和发展，在很大程度上依靠宗法伦理的维系。"统制社会"以单一的经济模式、统一的思想意识形态和高度集中的政治体制为其基本特征。这两种社会形态最根本的相似性在于其社会意识的封闭性，观念中既无选择的迫切性，也无可充分选择的观念。社会意识的封闭往往源于地域的封闭。改革使国门敞开，必然带来社会意识的开放。这是不以人的主观意志为转移的客观过程。开放指向着可能性、选择性和丰富性，也隐含着不稳定性和冲突性。

第三，凝聚的社会意识是改革的精神动力。改革始于经济领域，但其影响不会只限于经济领域，而是必然对人们的社会意识产生深远的影响，带来深刻的改变，使得一个多元的社会成为无法回避的客观现实。但是，改革需要合力，合力呼唤共识，共识是社会意识的"最大公约数"。共识的本意是共同的认识，是对主体间差异的克服和扬弃。因此，共识的前提是差异，没有差异，就不存在共识。改革是利益的重新调整和再次分配，必然会引起不同利益主体差异化的意识反应。如果改革符合其利益预期，那么，它就能够得到认同，反之则不然。但是，任何改革都不可能兼顾所有社会阶层的所有利益。有获益者，就必然有利益的相对剥夺者。我们无法期待达成改革的"完全共识"，但是共识的完全破裂又必然使任何改革的谋划成为"水中月"和"镜中花"。因此，广泛凝聚改革共识，寻求社会意识间的"最大公约数"成为现实的选择。

全书以"记忆三十年""反思三十年"和"未来三十年"构成总体时间框架。"记忆三十年"以中国人的"集体记忆"为线索,以改革开放三十年来我国社会意识领域发生的重大事件为切入点,分阶段地描述与分析三十年来我国社会意识变动的轨迹。"反思三十年"以知识分子阶层社会意识和民间社会意识变动为聚焦点,分析改革开放三十年来各自社会意识变化的原因、特点与趋向。"未来三十年"旨在通过寻找知识分子与民间社会意识变动趋向的交叉点及共性,梳理、揭示改革开放条件下我国社会意识变化的动力成因、调控机制,以及变动特征与趋势。同时,针对在继续改革开放的面向上,社会意识变动可能出现的新问题,结合对美国与苏联利用国家意识形态整合社会意识,实现社会认同所采取的策略和方式的研究,挖掘有效实行社会意识整合与引导的现实基础、关键因素,从而为有效整合与引导社会意识,建设和谐社会,维护国家意识形态安全,提供客观的、有力的学理和理论支持。

全书重点考察的五个主要方面,包括:改革开放三十年我国社会意识发展变迁轨迹的动态揭示与理论分析;改革开放条件下,中国知识分子与社会思潮兴起、演化的考察、分析和预测;民间社会意识三十年变迁进程、趋势和机制的实证研究与理论剖析;民间社会与知识分子社会意识变动趋向相交点及共性的哲学归纳和理论阐释;以苏联、美国和日本为个案,探究如何处理主导意识形态与社会意识之间的紧张关系之启示和教训,以探求未来中国社会意识整合与引导的有效路径和方式。

第一章 社会意识变迁的历史轨迹

导 言

历经"文革"十年的动荡之后，我国处在一个新的十字路口，社会及意识形态亟须整合。1978年党的十一届三中全会的召开，标志着我国进入一个崭新的历史时期：改革开放政策，顺应民意，赢得广泛认同。"先富"者的成功和"共同富裕"的承诺，激发出中国社会在20世纪70年代末至80年代的非凡活力。改革开放既是振兴经济的不二法门，也是整合社会及意识形态的有效途径。进入90年代，新自由主义盛行，民营经济日渐壮大，国企改制，工人下岗，教育与医疗领域相继市场化，贫富差距扩大，社会矛盾浮现，以公平、正义为诉求目标的"新左派"思潮涌起。21世纪伊始，我国加入WTO，资本空前活跃，社会矛盾激化，"全球化"不再仅仅是一幅美丽的图景，改革开放也不再是不容置疑的共识，曾经作为社会及意识形态整合手段的改革开放政策开始受到部分社会阶层和"新左派"思潮的挑战。社会矛盾激化导致社会断裂，社会断裂导致意识形态的裂痕，改革乃至中国向何处去，在一定程度上再度成为一个尖锐的话题，中国的主流意识形态又到了需要重新整合的地步。

改革以来，中国社会意识正不断走向开放，这不是理论家的玄想，而是客观的历史现象。它们不可能被有限的篇幅穷尽。本章选取了社会主义所有制观念、民族主义、消费主义和个人主义四个视角，通过以微知著的方式，呈现改革开放三十多年来中国社会意识变迁的历史轨迹。

20世纪50年代，中国宣布进入社会主义的一个重要标志，是完成了对农业、手工业和资本主义工商业的社会主义改造。但是，改革开放以来，从广东的陈志雄承包鱼塘，到安徽的年广九卖瓜子，从"个体户"到"个体经济"再到"私营企业"，原本被视为具有剥削属性而应被打倒的私营企业日渐成为重要的力量。非公有制经济的涌现挑战着人们对社会主义所有制结构的传统理解，引起了人们关于"什么是社会主义"和"怎样建设社会主义"的广泛论争。与社会主义所有制公有和非公有相关，崛起的私营企业主每次改变集体形象的努力都难免激起社会热议，特别是私营经济能否成为社会主义市场经济的重要组成部分而获得经济地位的合法性，私营财产能否获得正当的法律保护而取得法律地位的合法性，私营企业主能否入党而提升政治地位的合法性，私营企业主能否参评劳模而改善道德地位的合法性。这些论争所呈现的逻辑递进性深刻地揭示出，改革开放不仅是社会生产力的重大变革，更是社会意识的巨大革命。随着改革的深入，贫富差距问题又成为社会舆论的中心。

民族主义是近代中国历史上影响最大的社会思潮之一，它自产生以来就没有边界，可以扩大到任何社会群体、任何政治领域。民族主义既具有历史进步意义，又有现实破坏作用；既扮演了历史发展的动力，也成了历史发展的主要变数。这股强大的力量曾经深刻地影响了近代中国的历史发展，也将会不可避免地继续存在下去。因此，对当下和未来中国民族主义思潮及运动的发展，政府必须有一个前瞻性和整体性的思考——正视其存在的同时，还需从构建现代民族国家的目标和高度去引导它。无论是学界还是政府都应当着力培植民众的理性民族主义思潮和运动，即在超越历史、超越党派信仰的基础上，对外追求世界和平，对内追求民族认同。这是理性民族主义所追求的两大价值目标，也是人类文明保持健康发展和多样性不可或缺的两大前提条件。具体而言，政府应力谋在世界和平的环境里完善政府现代化的治理模式，以此赢得民众的自觉价值认同，并在世界现代化的大势之下和西方文明共融共生，相与为用；不应该为了短期的目标而借题发挥，予取予求。因为这不仅会放任民间非理性民族主义的激流澎湃，冲击党的执政基础，也必将置自己于世界现代化的大门之外，而不利于中国与世界潮流的真正融合。

与西方发达资本主义国家嵌入资本逻辑中的消费主义不同，中国社会消费方式的变迁是通过国家制度安排和政策推行自上而下展开的，以繁荣经济、发展社会生产力以及提高人们生活水平为根本诉求。但是，由于全球化进程与改革开放的同步展开，以及传统的社会习俗、习惯心态等非正式制度因素的影响，当代中国社会呈现媒介化消费、符号化消费和夸示性消费等消费主义或消费文化的特征。本章旨在以嵌入资本逻辑中的消费主义为参照，通过对改革开放三十多年来中国人消费方式历史性变迁的梳理，分析消费主义在中国的产生、表现及其悖论，尝试跳出生产与消费二元对立的经济增长框架，以可持续发展作为经济制度和政策体系的目标函数（即支撑这个体系的评价标准和价值取向），对消费主义进行经济伦理的审视和批判。

个人主义是西方文明重要的基础。20世纪初期,中国的先进分子将社会改革的重心转向人的改造,通过译介近代以来西方的经典文献,积极输入西方个人主义的概念。从1914年到1922年,中国思想家展开了对个人主义的讨论。尽管不乏对个人主义的颂扬,但是总体上仍然停留在个人主义是利他(国与族)的工具的基本论调。即便是这种温和的个人主义,也遭受到左翼理论的批评。新中国成立以后,个人主义被批判为资产阶级世界观的核心。改革开放以来,官方意识形态依然保持着对个人主义的批评,然而,在民间社会意识中,个人主义观念正在崛起。但是,当代中国的个人主义不同于西方文化语境中的个人主义。人们在追求个体化的利益时,往往也会倾听密切利益相关者或者亲人的意见。整体主义的影子依然笼罩着新兴的个人主义。正如在中国农村,年轻人受个人主义理想和更自由、更自足的生活激发,离开父母、家庭和社群。他们坚持个体化的权利,通过自由恋爱寻找配偶,但也寻求父母的支持并认真考虑家庭的利益;他们离开家庭去寻求一种更自由和更充满风险的生活,但也不忘对身后父母和兄弟的责任。[①]

一、所有制观念的变迁

从经济层面来说,1949年以来的中国社会主义实践探索的是全面公有制基础上的计划经济模式,具有私有制性质的资本主义工商业的国有改造被视为中国进入社会主义的重要标志,因此,在人们的观念意识中,就必然滋生出社会主义只能是公有制的认识。但是,全面公有制的实践带给人们的反思恰恰在于,只有承认并尊重个体的合法利益,才能激发社会主义的活力,开创社会主义的事业。因此,在三十多年改革开放的历程中,人们关于所有制的争论及其衍生的共同富裕之问,就成为无法忽视的一条主线。在这条主线中,有一个重要的节点,就是私营经济与私营业主的地位之争。

(一)私营经济的复苏

1956年,随着对农业、手工业和资本主义工商业的社会主义改造的完成,新中国实现了由生产资料私有制向社会主义公有制的转变,完成了从新民主主义社会向社会主义社会的过渡,标志着社会主义基本制度在中国的建

---

① Yunxiang Yan, "Introduction: Understanding the Rise of the Individual in China," *European Journal of East Asian Studies*, Vol. 7, No. 1 (2008).

立。但是，对于什么是社会主义、如何建设社会主义，人们还没有完整且清晰的认识。自1958年起推向全国的"人民公社化运动"，留给人民的深刻集体记忆是，"一大二公"的人民公社是社会主义公有制优越性的集中体现，社会主义的本质就是公有制。社会主义建设要破私立公，在生产资料所有制上只承认公社有全民和集体所有制，个体经济和私营经济的补充作用被完全否定。它不仅要取消资本主义残余性质的自留地和自养牲口，要公有个人所有的房屋、鸡鸭和房前屋后的小树，而且要兴办公共食堂、托儿所、缝纫组等公共组织或者公共服务，各取所需，消灭一切私有制。在这种兴公废私的观念指引下，社会主义公有化的程度越高越好，社会主义的经济成分越纯越好，社会主义分配越平均越好。

尽管当时就有人对纯粹公有制的社会主义建设模式提出过质疑，但是这并不能从根本上撼动"一大二公"的社会主义基本理念。三年困难时期，民间"恢复单干"的声音，由窃窃私语转变为公开化讨论和临时性解困策略，有的省份以"借地""分田""包产"之名，允许农民单干。毛泽东批评"包产到户"和"单干"是"方向的问题"，并且演绎出"千万不要忘记阶级斗争"的著名论断。

1962年，陕西户县（现鄠邑区）的三位农村党员杨伟名、贾生财和赵振离在他们给党的各级组织的信《当前形势怀感》中提出"社会主义性质的单干形式"，"土地虽分到户，而地权仍归集体所有，牲口农具可以私有，但不能买卖，也不能出租，劳动致富、生产发家，剥削行为概不能有"。[①]尽管这三位农村党员提出了在当时看来颇具"反动"色彩的"单干"论点，但是，他们基本的价值基准依然是公有制下的集体所有。

党的十一届三中全会重新确立解放思想、实事求是的正确思想路线，果断地停止使用"以阶级斗争为纲"的口号，确立了以经济建设为中心的政治路线。会议宣告，"大规模的急风暴雨式的群众阶级斗争已经基本结束"，"把全党工作的着重点和全国人民的注意力转移到社会主义现代化建设上来"；提出"实现四个现代化，要求大幅度地提高生产力，也就必然要求多方面地改变同生产力发展不适应的生产关系和上层建筑，改变一切不适应的管理方式、活动方式和思想方式，因而是一场广泛、深刻的革命"。[②]全会

---

① 杨伟名等：《当前形势怀感》，载《理论导刊》2003年第5期，第61页。

② 《中国共产党第十一届中央委员会第三次全体会议公报》，见中共中央文献研究室《改革开放三十年重要文献选编（上）》，中央文献出版社2008年版，第15页。

提出，要认真贯彻执行各尽所能、按劳分配的原则，克服平均主义。

改革是从一个相对封闭的社会出发，首要是冲破旧观念的束缚。由于公有制的社会主义传统实践已经深深印刻在人们的脑海中，因此，任何违反社会主义公有制理解的改革或者事物，都容易激发出热烈而广泛的社会争议。改革初期，广东省佛山地区有人反映，农民养了一只鸭子，赚了一块钱；二道贩子用自行车从农民那里买鸭子，运到广州，卖给烧鸭店，就这么一个运输过程，一只鸭子可以赚两块钱；烧鸭店把烧鸭卖出去，一只鸭子可以赚三块钱。群众反应强烈，认为这对农民是剥削。农民辛辛苦苦养了鸭子，才赚一块钱；贩运的就赚两块钱；烧鸭的就赚三块钱。这对农民不公平。市委常委讨论这个问题时，佛山市领导LR说：

马克思讲过流通问题，产品没有流通就不可能交换，没有交换就不可能达到最后合理的分配，流通本身也应该看成生产力。赚多少钱不能看单价，要看总体。农民养鸭，一只鸭子赚一块钱，但他可以养很多只鸭子；运鸭子的一只赚两块钱，但他辛辛苦苦一天也只能运十只八只；烧鸭子的一天就只能烧几只鸭子。因此，不应以单只来算，要以总体来算。所以，这个流通过程会产生生产成本及最后零售给消费者的价格。在资本主义国家，正常运转情况下，价格是成本的五倍到八倍很正常，其中有很多人参与了劳动，这就是马克思说的劳动成果的分配。（lead – LR – M – 70p）①

这在今天被视为基本经济学常识的议题，之所以在当时的中国激起广泛的关注，其根本原因在于，传统社会主义实践基本上否定了商品经济下的商品流通，因此，人们就难以理解流通过程在商品增值中的地位和作用。但是，为了使支持商品流通的论证有说服力，言说者还必须在既有的理论视域内和实践经验中努力做出令人信服的解释。它既需要容纳新鲜事物，又不能挑战人们已有的理论认识和实践把握。

雇佣关系被传统社会主义理解为雇主对雇员剩余价值的剥削性占有关系，因此，改革初期个体经济的雇工问题引起了人们的广泛关注。国内报刊上不断刊登有关文章，围绕雇工问题展开了热烈的讨论。1981年5月29日至8月30日，《人民日报》就"怎样看待陈志雄承包鱼塘问题"展开了专题讨论，共发表文章21篇。人们讨论较多的是陈志雄的"雇工问题"。余大奴、黄克义在《进一步解放思想，搞活经济》的文章中认为，陈志雄可以

---

① 此为社会调查研究的一种标识方式。本书对访谈对象及访谈内容均以此种方式作标识，以尊重访谈对象的个人隐私。——作者注

跨队承包，也可以雇工，雇工也不算剥削，因为他的"收入比其他人高，主要是多劳多得，是无可非议的"。1982年1月，在昆明召开的全国农业生产责任制讨论会上，广东省社会科学院经济研究所的两位与会者提交了一份调查报告，再次认为，陈志雄的大户承包已经不是以个人劳动为基础的经营，而是以雇佣劳动为基础的大规模经营，其资本主义性质是非常明显的。①《农村经济丛刊》自1982年第3辑开始，开展了对当时农村雇工经营问题的讨论。国务院、社会科学院等机构相继组织了调查组，对雇工现象展开各种形式的调研。各省的理论工作者也先后召开了各种形式的座谈会、讨论会。在雇工问题上，争论的焦点是，雇工经营有无剥削、社会主义的雇工经营与资本主义雇工经营有无区别。

中央对雇工大户采取了在观察和等待中制定和完善政策的方针，"看一看、等一等"。1983年1月2日，中共中央印发的《当前农村经济政策的若干问题》明确指出：我国是社会主义国家，不能允许剥削制度存在；但我们又是一个发展中的国家，尤其在农村，生产力水平还比较低，商品生产不发达，允许资金、技术、劳力一定程度的流动和多种方式的结合，对发展社会主义经济是有利的；对于超过《国务院关于城镇非农业个体经济若干政策性规定》雇请较多帮工的，不宜提倡，不要公开宣传，也不要急于取缔，而应因势利导，使之向不同形式的合作经济方向发展。② 这份文件否认了剥削在社会主义社会存在的合理性，没有涉及雇主与雇工之间是否存在剥削的敏感话题，对雇工大户由消极限制改为允许存在。1984年1月1日，中共中央发出的《关于1984年农村工作的通知》指出：目前雇请工人超过规定人数的企业，可以不按资本主义的雇工经营看待；实行经理承包责任制的社队企业，有的虽然采取招雇工人的形式，但只要按照下列原则管理，就仍然是合作经济，不能看作私人雇工经营。"不宜提倡，不要公开宣传，也不要急于取缔"的"三不"方针既没有否认雇工大户存在的空间，也没有明确肯定雇工大户的合法地位。这就使得雇工大户的政策安全感和预期性无法保证。

1987年1月，中央1号文件《关于把农村改革引向深入》明确指出："在社会主义社会的初级阶段，在商品经济的发展中，在一个较长时期内，个体经济和少量私人企业的存在是不可避免的。"对于某些为了扩大经营规

---

① 参见徐庆全《雇工是怎样获得"准生证"的》，载《炎黄春秋》2007年第2期。
② 参见中共中央文献研究室编《十二大以来重要文献选编（上）》，人民出版社1986年版，第258页。

模，雇工人数超过限度的私人企业，"也应当采取允许存在，加强管理，兴利抑弊，逐步引导的方针"①。这是第一次以党的文件确立了私营经济存在的合法性，雇工人数被放开。

个体经济一旦突破雇工人数的限制，必然向私营经济的方向发展。肯定超额雇工的合理性，就必定指向赋予私营企业合法性的生存空间。党的十三大对私营经济的地位、性质和作用作了明确的阐述，并第一次使用"私营经济"这个概念，对待私营企业的方针是继续鼓励其发展，强调其存在雇佣劳动关系，肯定其促进生产、活跃市场、扩大就业和满足人民多方面生活需要的价值，将其定位在公有制经济必要的和有益的补充，因此，需要保护其合法权益，加强引导、监督和管理。党的十四大明确指出，我国经济体制改革的目标是建立社会主义市场经济体制，它以公有制包括全民所有制和集体所有制为主体，个体经济、私营经济、外资经济为补充，多种经济成分长期共同发展。在党的十三大报告中，私营经济是公有制经济的补充；而在党的十四大报告中，私营经济是社会主义所有制的补充，与公有制经济共同成为社会主义所有制结构的组成部分。它隐含的一个重大理论是，社会主义所有制并不是只有公有制。因此，党的十四大报告将私营经济从隶属于公有制经济的边缘地位解放出来，使之获得了与公有制经济共同发展的机会；它平息了关于私营经济的补充地位是暂时性措施还是长久性政策的摇摆，使之在社会主义所有制结构中长期共同发展。

1993年11月，党的十四届三中全会通过了《中共中央关于建立社会主义市场经济体制若干问题的决定》，进一步明确了坚持公有制为主体、多种经济成分共同发展的方针。它同时特别指出，公有制在国民经济中应占主体地位，是就全国而言，有的地方、有的产业可以有所差别。换言之，有的地方、有的产业可以是非公有制占主体地位。对于那些非公有制占主体地位的地方和产业，政府不能干涉或者压制非公有制经济，也不能提供优惠政策扶持公有制经济，而应对各类企业"一视同仁"。

中央对非公有制经济的鼓励、支持和引导政策，冲击着传统社会主义公有制的社会观念，不可避免地引起了广泛的争议。非公有制经济的发展会影响到社会主义的性质与国家的安全吗？在1995年至1997年，中国社会流传四份"万言书"，阐述了所有制结构的变化、阶级关系的变化、资产阶级自

---

① 中共中央文献研究室编：《十二大以来重要文献选编（上）》，人民出版社1988年版，第1237页。

由化的危险等问题,矛头指向非公有制经济地位的提升、国企改革等问题。《影响我国国家安全的若干因素》(1995年初流传)提出,党中央决定恢复私有制经济成分,对我国社会主义所有制结构产生了重大影响,妨碍乃至破坏社会主义经济基础的安全。随着私有制经济成分的恢复和发展,一个民间资产阶级已经在经济上形成。《未来一二十年我国国家安全的内外形势及主要威胁的初步探讨》(1995年秋季流传)认为,在直接和间接私有化的口号和措施的鼓励支持下,我国已经产生了新的资产阶级。新的资产阶级与党内资产阶级化的利益集团(即党内走资派)联盟,是我国实现和平演变的中坚力量,是威胁我国国家安全的最大隐患。

面对质疑的声浪,党中央支持发展非公有制经济的态度明确而坚定。1997年,党的十五大把包括私营经济在内的非公有制经济看作我国社会主义市场经济的重要组成部分,不再只是"补充",再次确认公有制为主体、多种所有制经济共同发展,是我国社会主义初级阶段的一项基本经济制度,重申非公有制经济是我国社会主义市场经济的重要组成部分。2002年,党的十六大报告要求,必须毫不动摇地鼓励、支持和引导非公有制经济发展;坚持公有制为主体,促进非公有制经济发展,统一于社会主义现代化建设的进程中,不能把这两者对立起来。2007年,党的十七大报告重申,毫不动摇地鼓励、支持、引导非公有制经济发展,坚持平等保护物权,形成各种所有制经济平等竞争、相互促进的新格局。2012年,党的十八大再次重申,毫不动摇鼓励、支持、引导非公有制经济发展,保证各种所有制经济依法平等使用生产要素、公平参与市场竞争、同等受到法律保护。

党的十八大以后,以习近平同志为核心的党中央顺应世情、国情和民情,作出了全面深化改革的重大战略部署。党的十八届三中全会通过的《中共中央关于全面深化改革若干重大问题的决定》再次肯定了非公有制经济在社会主义经济制度和社会主义市场经济体制中的地位与作用。该决定深刻地指出,"公有制为主体、多种所有制经济共同发展的基本经济制度,是中国特色社会主义制度的重要支柱,也是社会主义市场经济体制的根基。公有制经济和非公有制经济都是社会主义市场经济的重要组成部分,都是我国经济社会发展的重要基础"。因此,"必须毫不动摇巩固和发展公有制经济,坚持公有制主体地位,发挥国有经济主导作用,不断增强国有经济活力、控制力、影响力。必须毫不动摇鼓励、支持、引导非公有制经济发展,激发非公有制经济活力和创造力","支持非公有制经济健康发展","坚持权利平等、机会平等、规则平等,废除对非公有制经济各种形式的不合理规定,消除各种隐性壁垒"。① 该决定特别提出,积极发展混合所有制经济,鼓励国有资本、集体资本、非公有资本等交叉持股、相互融合。混合所有制经济是基本经济制度的重要实现形式,要允许更多国有经济和其他所有制经济发展成为混合所有制经济,鼓励发展非公有资本控股的混合所有制企业。②

随着非公有制经济的复苏及其在社会主义市场经济体制中地位的提升,其创造和累积的社会财富日渐丰厚。但是,关于私人财产权保护的专门性法律仍处于空白。私人财产的所有权得不到有力的合法的保障,难以消除民众对私人财产被国家清算、剥夺和没收的担心,害怕重蹈历史的覆辙。因此,制定专门性的私人财产权利保护法律,厘清私人和国家之间的产权关系,迫在眉睫。在这种背景下,制定物权法于1994年被列入中国立法的议程。2007年3月16日,十届全国人大五次会议以2799票赞成、52票反对、37票弃权的表决结果,高票通过了《中华人民共和国物权法》。《中华人民共和国物权法》规定:"国家、集体、私人的物权和其他权利人的物权受法律保护,任何单位和个人不得侵犯。"党的十八届三中全会明确提出,"公有制经济财产权不可侵犯,非公有制经济财产权同样不可侵犯。国家保护各种所有制经济产权和合法利益,保证各种所有制经济依法平等使用生产要素、公开公平公正参与市场竞争、同等受到法律保护,依法监管各种所有制经济"③。党的十八届四中全会基于社会主义市场经济本质上是法治经济的深刻认识,提出必须保护产权,健全以公平为核心原则的产权保护制度,加强对各种所有制经济组织和自然人财产权的保护,创新适应公有制多种实现形式的产权保护制度,加强对国有、集体资产所有权、经营权和各类企业法人财产权的保护。④

(二)私营企业主社会身份的跃升

私营经济的复苏必定唤醒私营企业主的现代公民意识,他们要求平等地

---

① 《中共中央关于全面深化改革若干重大问题的决定》,载《人民日报》2013年11月16日,第1版。

② 参见《中共中央关于全面深化改革若干重大问题的决定》,载《人民日报》2013年11月16日,第1版。

③ 《中共中央关于全面深化改革若干重大问题的决定》,载《人民日报》2013年11月16日,第1版。

④ 参见《中共中央关于全面推进依法治国若干重大问题的决定》,载《人民日报》2014年10月29日,第1版。

享受法律保护、参与政治生活和追求社会荣誉。但是,私营企业主追求平等权利的实现过程,是充满了争议的过程。特别是在私营企业主入党和参评劳动模范上,这些争议表现得更加激烈。

随着私营经济的经济地位获得社会的广泛认可,20 世纪 80 年代末期开始,私营企业主表达了加入中国共产党组织的愿望。最有代表性的是来自沈阳的刘希贵和徐基珠。尽管他们两人最终均因其私营企业主的身份未被党组织接纳,但是依据其申请入党经历写成的《百万富翁的入党风波》在社会各界引起了强烈的反响。反对私营企业主入党的理由聚焦在"百万富翁是剥削者"以及"百万富翁入党会改变党的性质"这两个问题[①]。在这一时期中共中央对于私营企业主不能入党的态度非常明确和坚决。正如 1989 年在全国组织部长会议上中央领导所说:"这次会议的文件里面讲,私营企业主不能入党,我赞成这个意见。我们党是工人阶级先锋队,如果让不愿放弃剥削、依靠剥削生活的人入党,究竟要建成一个什么党?"[②] 1989 年 8 月 28 日,中共中央发出《关于加强党的建设的通知》,明确规定共产党员与私营企业主的界限。"我们党是工人阶级的先锋队。私营企业主同工人之间实际上存在着剥削与被剥削的关系,不能吸收私营企业主入党。已经是党员的私营企业主,除应模范地遵守国家政策法令、依法经营、照章纳税外,还必须坚持党的理想和宗旨,严格履行党员义务,自觉接受党组织的监督;在企业的收入分配方面,领取作为经营管理者应得的收入,而把企业税后利润的绝大部分用作生产发展基金,增加社会财富,发展公共事业;要平等对待工人,尊重工人的合法权益。做不到这些的,不能再当党员。"[③]

但这一作法未能阻止地方党组织发展私营企业主入党。20 世纪 90 年代末期,私营企业主党员在地方党组织中快速发展。截至 1998 年 7 月,上海市青浦县(现青浦区)有私营企业主党员 158 名,占全县私营企业中党员总数的 15%;私营企业已建立的 52 个党支部中,有 36 个党支部书记由私营企业主党员担任,占 69%。根据江苏省 1999 年的统计,仅宿迁、连云港、淮阳三市就有 858 名私营企业主正式提出入党申请,占三市私营企业申请入党

---

① 由于这两条理由同 21 世纪初期反对私营企业主入党的理由本质上类似,故不在此赘述。——作者注
② 《新时期党的建设文献选编》,人民出版社 1991 年版,第 442 页。
③ 《新时期党的建设文献选编》,人民出版社 1991 年版,第 456 页。

总人数的17.7%，占三市私营企业主总人数的42%。① 因此，从2000年至2002年间，波及全国范围的私营企业主入党之争风云再起。尽管时隔10余年，但是反对私营企业主入党的理由同20世纪80年代末期相比，没有本质性的改变。

（1）私营企业主作为生产资料私人占有者，与广大员工存在着雇佣甚至剥削关系，按照党章规定不能吸收他们入党。"不允许剥削分子入党是党的一贯原则"②；"允许私营企业主入党，就意味着承认剥削思想、剥削行为在党内存在的合法性。党员如果把剥削当成主要生活来源，当作思考问题的基本出发点，那么，教育党员要坚持共产主义理想、全心全意为人民服务、个人利益服从集体利益，就会成为空谈"③。

（2）吸收私营企业主入党会带来严重后果。"必然会改变党的无产阶级先锋队的性质"，"将危及党的执政地位"，"不利于党的组织建设和思想建设"，"将严重影响党在劳动人民中的威信"④；"越来越多的私营企业主加入共产党，共产党必然要代表私营企业主群体的利益，逐步演变为戴着共产党帽子的资产阶级政党"⑤；赫鲁晓夫用"全民党"取代无产阶级政党的历史已经表明，"它导致苏共变质、苏联变色，人民遭受苦难"⑥；"如果允许私营企业主入党，会在党内造成严重的思想混乱，破坏全党团结的政治思想一元化基础，突破党在阶级先进性上可以容忍的底线。党内阶级成分的多元化意味着政治多元、思想多元在党内获得了相应的物质基础和相应的生产关系基础。多元政党一定会分裂"⑦。

（3）必须把党的组织原则和党的社会政策区别开来。"为了反对共同的敌人，无产阶级可以团结来自其他阶级的同路人，共产党可以同小资产阶级政党结成暂时的联盟，这是党的社会政策；但是决不容许把资产阶级、小资

---

① 刘长发：《"老板党员"现象不容忽视》，载《中流》2000年第7期。
② 张云声：《共产党员要在劳动与剥削之间划清界限》，载《真理的追求》2000年第8期。
③ 林炎志：《共产党如何领导新生资产阶级和资本主义成分》，载《党政干部文摘》2001年第6期。
④ 项启源：《工人阶级的政党岂能吸收资本家！》，载《真理的追求》2001年第1期。
⑤ 冯宝兴：《我们究竟要建成一个什么党》，载《真理的追求》2000年第12期。
⑥ 项启源：《工人阶级的政党岂能吸收资本家！》，载《真理的追求》2001年第1期。
⑦ 林炎志：《共产党如何领导新生资产阶级和资本主义成分》，载《党政干部文摘》2001年第6期。

产阶级思想带到党内来，决不容许代表资产阶级利益的集团进入党内，这是党的组织原则，是保证党的先进性和战斗力的前提。不能把党的社会政策同党自身的组织建设混为一谈。"①"生产力标准"是衡量党的社会政策正确与否的标准，不是共产党员的入党标准，"共产党员的标准只能是中国共产党党章规定的标准"，"把党的阶级基础建立在谁有钱谁英雄的基础上，是很危险的"②。"这里，一定要分清党现行的经济政策和党发展党员的标准。从我国生产力发展的实际需要出发，我们允许私营企业存在和发展，这是党正在实行的经济政策；从中国共产党的性质出发，我们不能吸收私营企业主入党，这是党必须坚持的党员标准。二者决不能混为一谈。"③

（4）吸收私营企业主入党的主张，是"私有化"和党内腐败的产物。"在某些局部地区，私营经济已经在当地的经济基础中占了主体地位。私营企业主成了当地经济领域的主体之后，就要求在当地的政治领域中也占据主导地位。可是，我国宪法规定，在上层建筑的政治生活中居于领导地位的是中国共产党。于是，私营企业主纷纷提出加入共产党的要求，企图使自己在共产党的名义下掌握当地的政权。"④"通过'私有化'建立资本主义经济基础；通过吸收私营企业主入党，改变中国共产党的性质；从政治、经济两个方面腐化我党内的意志薄弱者。"⑤

李君如通过诉诸党的历史文件，论证党的阶级性"同社会生产力的发展和党的历史任务相联系，在社会发展的各个时期有其不同的具体体现"⑥。马鋆伯批评称"这是十足的谬论"。他通过对党的历史文件的回顾得出的结论是："不管社会生产力的发展和党的历史任务有什么变化，党的工人阶级先锋队性质是始终一贯的，不能吸收资本家入党是始终一贯的。指望在党的历史文件里找到可以吸收私营企业主入党的根据，实在是可怜无补费精神！"他提出的质疑是："李君如究竟是没有认真研读过党的历史文件呢，还是故意曲解党的历史文件，以便愚弄党的组织，愚弄党员群众呢？""有必要明

---

① 项启源：《工人阶级的政党岂能吸收资本家！》，载《真理的追求》2001年第1期。
② 张云声：《共产党员要在劳动与剥削之间划清界限》，载《真理的追求》2000年第8期。
③ 马鋆伯：《党的瓦窑堡会议决议不容歪曲》，载《真理的追求》2001年第5期。
④ 冯宝兴：《我们究竟要建成一个什么党》，载《真理的追求》2000年第12期。
⑤ 宫韫书：《决不能把私营企业主拉进中国共产党》，载《真理的追求》2001年第2期。
⑥ 《"三个代表"与党的建设——李君如访谈录》，载《百年潮》2000年第9期。

确地告诉李君如：主张吸收资本家入党之类的荒谬主张，是安不到伟大的马克思主义者毛泽东的头上的。它应该'归功于'臭名昭著的修正主义者伯恩斯坦之流。"① 澄宇批判李君如关于党在历史上历来重视从思想上建设党而"不拘泥于"党员的阶级成分（不是阶级出身）的言论，"其用意仍是在为吸收私营企业主乃至暴富群体入党制造舆论"。②

2001 年 7 月 1 日，江泽民在庆祝中国共产党成立八十周年大会上的讲话中提出："看一个政党是否先进，是不是工人阶级先锋队，主要应看它的理论和纲领是不是马克思主义的，是不是代表社会发展的正确方向，是不是代表最广大人民的根本利益。""不能简单地把有没有财产，有多少财产当作判断人们政治上先进与落后的标准，而主要应该看他们的思想政治状况和现实表现，看他们的财产是怎么得来的以及对财产怎么支配和使用，看他们以自己的劳动对建设中国特色社会主义事业所做的贡献。""能否自觉地为实现党的路线和纲领而奋斗，是否符合党员条件，是吸收新党员的主要标准。""应该把承认党的纲领和章程、自觉为党的路线和纲领而奋斗、经过长期考验、符合党员条件的社会其他方面的优秀分子吸收到党内来。"③ "在坚持党的工人阶级先锋队性质的同时，根据经济发展和社会进步的实际，不断增强党的阶级基础和扩大党的群众基础，包括要把工人、农民、知识分子、军人、干部以外的社会其他方面的优秀分子吸收到党内来，不断提高党的社会影响力。"④

2002 年，党的十六大在进一步明确私营企业主入党的问题时指出："要把承认党的纲领和章程、自觉为党的路线和纲领而奋斗、经过长期考验、符合党员条件的其他社会阶层的先进分子吸收到党内来，增强党在全社会的影响力和凝聚力。适应新形势探索党员管理工作的新机制新方法。"同时，在党的十六大通过的新党章中，也明确写道："年满十八岁的中国工人、农民、知识分子和其他社会阶层的先进分子，承认党的纲领和章程，愿意参加一个组织并在其中积极工作、执行党的决议和按期交纳党费的，可以申请加入中国共产党。"

---

① 马蓥伯：《党的瓦窑堡会议决议不容歪曲》，载《真理的追求》2001 年第 5 期。
② 澄宇：《把水搅浑意欲何为？》，载《中流》2001 年第 4 期。
③ 江泽民：《在庆祝中国共产党成立八十周年大会上的讲话》，载《人民日报》2001 年 7 月 2 日，第 1 版。
④ 李君如：《正确理解和坚持党的阶级性》，载《中国社会科学》2001 年第 5 期。

第一章 社会意识变迁的历史轨迹

2002年7名私营企业家以"双新组织"成员身份亮相党的十六大；特别是拥有12亿元资产的私营企业家、无锡远东集团董事长蒋锡培当选为党的十六大代表，成为唯一以"私营企业主"身份填表登记的党代表。中国私营企业家们第一次登上了中国最高政治舞台，引起国内外热议。

5年后，党的十七大召开时，私营企业家党代表的阵容已经达到17名。党的十七大首次明确提出，要增加新的阶层和新的经济组织的代表，他们是新的社会生产力、中国先进生产力发展的一部分，所以中国共产党要代表中国工人阶级的先锋队、代表中华民族的先锋队，而要成为"三个代表"，在组织上就不能排斥这一部分人。

关于私营企业主参评劳动模范的争论出现在20世纪90年代。1997年，济南市市级劳动模范名单中就出现了私营企业主；1999年，浙江省省级劳动模范名单中也出现了多位私营企业主。但是，私营企业主能否参评劳动模式的理论纷争爆发于2000年至2001年。中国人民大学教授周新城撰文提出，私营企业是资本主义性质的，私营企业主与工人之间是雇佣与被雇佣、剥削与被剥削的关系，私营企业主是剥削者，所以不能当劳动模范。[①] 北京市瀛矿机械有限公司副总经理蔡永胜在《私营企业主不是劳动者吗？》中反对周新城的观点，提出当今中国发展私营企业"不姓资"，"严格地说它的性质是邓小平顺乎人民需要使之自然形成的有中国特色的现代社会主义"，私营企业主也是劳动者，因此能评为劳动模范。[②] 随后，反对蔡永胜的论文纷纷出炉，主要从劳动模范的性质、私营企业主的属性和私营企业主参评劳动模范的后果，论证私营企业主不能参评劳动模范。

（1）私营企业主与劳动模范有本质区别，既不应要求私营企业主以劳动模范为行为标准，也不应把私营企业主评为劳动模范。"劳动模范是在社会主义制度下，党和国家给予在社会主义建设中付出超额劳动、做出突出贡献，具有无私奉献精神的劳动者的最高荣誉。评选、表彰、学习劳模的目的是弘扬劳模精神，培育社会主义劳动者。私营企业主所从事的经营管理活动，尽管有部分属于劳动范畴，但他们剥削雇工、生产经营的目的是追求其个人获取利润的最大化，这显然与劳动者有本质区别，故而私营企业主被评

---

① 周新城：《资本家能当劳动模范吗？》，载《真理的追求》2000年第6期。
② 蔡永胜：《私营企业主不是劳动者吗？》，载《真理的追求》2000年第11期。

为劳动模范，必然会改变评选劳模活动的性质，必然会导致劳模性质的变化。"①"劳模的本质特征是：以共产主义精神，全心全意为建设社会主义服务，为人民服务，不畏艰险，不辞辛劳，不计较报酬，无私奉献，成为广大群众学习的先进榜样"；私营企业主的本质特征是，"凭借私有资本，创办企业，雇佣劳动，剥削工人的剩余价值，谋取资本利润"；私营企业主在生产过程中会不自觉地产生或主动创造出社会效益，但他们的行为动力是追求资本利润的最大化，社会效益不过是他们谋利的手段，因此，"对于私营企业主，党和国家只能要求他们守法经营"，"不应要求他们具有劳动模范那种共产主义精神和无私奉献精神"；对于个别私营企业主办企业不追求资本利润，愿意无私奉献，国家也不宜宣扬提倡，"因为一般的私营企业主是不会不追求利润的，你一提倡，其他私营企业主的积极性就会受影响，私营企业的发展也受影响"。②

（2）私营企业主不是劳动者，而是资本家。"参与评选劳动模范，首先要是劳动者"，"不是劳动者就不能评劳动模范"，"私营企业主与工人是雇佣和剥削关系，他连劳动者都不是，凭什么参加评选劳动模范呢"。③ "私营企业主能不能当劳动模范？有没有资格参加劳动模范的评选？这实际上是一个如何判定私营企业的所有制属性的问题。私营企业是资本主义所有制企业，私营企业主就是剥削者，没有资格当劳动模范；私营企业是社会主义所有制企业，私营企业主就不是剥削者而是劳动者，就有资格评选为劳动模范。"④ "私营企业就是资本主义性质的企业"，"私营企业主对其雇佣的工人进行剥削，就是资本家，自然没有当劳动模范的资格"。⑤ "资本家是资本的人格化，不是劳动者"，"资本的生命力就在于不断榨取雇佣劳动者创造的剩余价值"；"私营企业主的贡献不能等同于劳动者的贡献"；"劳动者的储蓄有别于资本家的资本"。⑥ "可以把他们称为先进的、优秀的，甚至模范的私营企业主，但不能把他们评选为劳动模范"；但是，"工会是工人阶级的

---

① 天津市工会管理干部学院专题调研组：《关于私营企业主能否当劳模当共产党员的调查报告》，载《真理的追求》2001 年第 3 期。
② 韩西雅：《不能评选私营企业主当劳动模范》，载《真理的追求》2000 年第 12 期。
③ 周新城：《资本家能当劳动模范吗？》，载《真理的追求》2000 年第 6 期。
④ 冯宝兴：《关键在判定私营企业的所有制属性》，载《真理的追求》2000 年第 6 期。
⑤ 冯宝兴：《关键在判定私营企业的所有制属性》，载《真理的追求》2000 年第 6 期。
⑥ 陈享光、谢富胜：《资本家不是劳动者》，载《真理的追求》2000 年第 12 期。

阶级组织，私营企业主不是工人阶级的成员，所以，评选优秀私营企业主的工作不应由工会办理"。[①]"把私营企业主评为劳动模范，不是'解放思想，更新观念'，而是对解放思想、实事求是这一党的思想路线的歪曲。"[②]

（3）私营企业主评选劳动模范会带来严重后果。在我国，确实有私营企业主做了一些为社会奉献的事，投资社会公益、慈善事业，或者给希望工程、社会救济捐助资金，或者修桥铺路等，"但是，如果捐了钱就可以当劳模，将来可能会有许多私营企业主在资本利润多了、发了财后，都愿捐点钱出来当个劳模，那不等于私营企业主可以出钱买劳模当吗？"[③] 私营企业主为了办好企业，确实要辛辛苦苦，巧妙经营，但是，"如果把他们这种活动等同于工人阶级的劳动，甚至当作劳动模范行为，那么，一切剥削阶级在从事经营活动时也要辛苦、劳神，难道他们都可以当劳动模范吗？"[④] 劳动模范是我国工人阶级的优秀代表，"如果把私营企业主评选为劳动模范，就发生了阶级成分的错位"，可以推导出种种有害的后果，例如，私营企业主"就不应该得到非劳动收入。私营企业的利润就应当上交国家"；"私营企业主当选为劳动模范，成了工人阶级的优秀代表，就可以参加中国共产党，中国共产党就要变质"；"导致社会主义制度的瓦解，使中国走上打着社会主义旗号的资本主义道路"。因此，"关于私营企业主有没有资格评选为劳动模范的分歧，不是对一项普通的具体工作的分歧，其实质是中国走什么道路的分歧"。[⑤]

根据2000年1月天津市工会管理干部学院专题调研组《关于私营企业主能否当劳模当共产党员的调查报告》，58%的受访民众认为，"私营企业主被评为劳模会影响职工群众劳动积极性"；79.5%的人认为，"私营企业主被评为劳动模范会改变劳模活动的性质，导致劳模性质的变化"；67.5%的人认为，"私营企业主没有资格参加劳模评选"。[⑥] 这项调查的缺点在于，它只在天津、上海、浙江、江苏等地发放了230份问卷，收回200份有效问卷，因此，其调查对象的广泛性和统计结论的有效性受到限制。尽管如此，

[①] 韩西雅：《不能评选私营企业主当劳动模范》，载《真理的追求》2000年第12期。
[②] 周新城：《资本家能当劳动模范吗？》，载《真理的追求》2000年第6期。
[③] 韩西雅：《不能评选私营企业主当劳动模范》，载《真理的追求》2000年第12期。
[④] 韩西雅：《不能评选私营企业主当劳动模范》，载《真理的追求》2000年第12期。
[⑤] 冯宝兴：《关键在判定私营企业的所有制属性》，载《真理的追求》2000年第6期。
[⑥] 天津市工会管理干部学院专题调研组：《关于私营企业主能否当劳模当共产党员的调查报告》，载《真理的追求》2001年第3期。

该调查报告根据统计数据认为,私营企业主不是劳动者。"大多数人认为,既然私营企业主不属于劳动者范畴,那么对于其中的先进者,完全可以并且也应该授予同他们身份性质相应的光荣称号,如'优秀私营企业家''模范资本家'等。对有中国特色社会主义建设事业做出突出贡献者,甚至可以授予'共和国经济建设勋章',但就是不能将其评为劳动模范。"① 该调查报告分析,赞成私营企业主参加评选劳动模范的言论的政治根源是:"非公有制经济的快速发展,有产者或资产阶层的形成,必然会在上层建筑领域有所反映,私营企业主必然会在政治上提出他们的要求。政治生活、思想意识形态也必然会出现反映私营企业主的利益和要求的代言人。"②

在这场争论中,反对私营企业主参评劳模的人固然有从马克思主义经典文献、党的政策或者社会调查中找到论据的,但也不乏有些人的情感表达胜过理性的论证。周景华的《蔡老板们向工人阶级挑战》充满了战斗的气息。"读了2000年第11期,我睡不着觉了。""蔡老板不专心地去追求他的利润,跑到马克思主义的思想阵地上来,究竟想'发展'什么?看了他的大作,我明白了,蔡老板是来挑战的,向工人阶级挑战,向马克思主义挑战。"周景华指责蔡永胜是"公然翻剥削的案,把剥削者说成是劳动者"。③ 他认为:"无论原始积累时期的资本主义经济、现代西方国家的垄断资本主义经济,还是中国现在的私营经济,不管它们之间有多少差别,它们的剥削方式有什么变化,它们都姓资,都是建立在资本家剥削工人剩余劳动的基础上的资本主义经济。只要它存在一天,这个本质就不可能改变。"④"所以,蔡老板所谓'现代社会主义',去掉它的包装就是'中国特色资本主义'。"⑤

2001年7月1日,江泽民在庆祝中国共产党成立八十周年大会上的讲话中,明确肯定了私营企业主是中国特色社会主义事业的建设者。"改革开放以来,我国的社会阶层构成发生了新的变化,出现了民营科技企业的创业者和技术人员、受聘于外资企业的管理技术人员、个体户、私营企业主、中介

---

① 天津市工会管理干部学院专题调研组:《关于私营企业主能否当劳模当共产党员的调查报告》,载《真理的追求》2001年第3期。
② 天津市工会管理干部学院专题调研组:《关于私营企业主能否当劳模当共产党员的调查报告》,载《真理的追求》2001年第3期。
③ 周景华:《蔡老板们向工人阶级挑战》,载《真理的追求》2001年第1期。
④ 周景华:《蔡老板们向工人阶级挑战》,载《真理的追求》2001年第1期。
⑤ 周景华:《蔡老板们向工人阶级挑战》,载《真理的追求》2001年第1期。

组织的从业人员、自由职业人员等社会阶层。而且，许多人在不同所有制、不同行业、不同地域之间流动频繁，人们的职业、身份经常变动。这种变化还会继续下去。在党的路线方针政策指引下，这些新的社会阶层中的广大人员，通过诚实劳动和工作，通过合法经营，为发展社会主义社会的生产力和其他事业作出了贡献。他们与工人、农民、知识分子、干部和解放军指战员团结在一起，他们也是有中国特色社会主义事业的建设者。"①

2002年11月，党的十六大报告指出，"在社会变革中出现的民营科技企业的创业人员和技术人员、受聘于外资企业的管理技术人员、个体户、私营企业主、中介组织的从业人员、自由职业人员等社会阶层，都是中国特色社会主义事业的建设者。对为祖国富强贡献力量的社会各阶层人们都要团结，对他们的创业精神都要鼓励，对他们的合法权益都要保护，对他们中的优秀分子都要表彰，努力形成全体人民各尽其能、各得其所而又和谐共处的局面"，"要尊重和保护一切有益于人民和社会的劳动。不论是体力劳动还是脑力劳动，不论是简单劳动还是复杂劳动，一切为我国社会主义现代化建设作出贡献的劳动，都是光荣的，都应该得到承认和尊重"。

根据中央精神，2005年，中华全国总工会宣布"私营企业主可评全国劳模"，私营企业主第一次被纳入全国劳动模范评选范围。广东省私营企业主认为，这是社会发展的必然，表明私营企业与其他所有制企业一样享有政治平等的权利，说明私营企业的劳动进一步得到承认和肯定，有利于激发私营企业的积极性。② 在2005年评选出来的2969名全国劳动模范、先进工作者中，有30位是私营企业主。

（三）从公私之争到贫富之问

改革的目的是解放生产力和发展生产力，就必须改变与之不相适应的生产关系。因此，非公有制经济就有恢复和发展的现实性与合理性。这是社会主义所有制结构表象的改变，而其深层是对传统公有制社会主义的平均主义分配方式的革命。不同的经济主体平等地参与市场经济竞争，在残酷的丛林法则中，有赢者必然就有输者。在改革的初期，非公有制经济的复苏所引发的财富革命并不是特别明显，因而也就未能引起人们的广泛注意，人们争论

---

① 江泽民：《在庆祝中国共产党成立八十周年大会上的讲话》，载《人民日报》2001年7月2日，第1版。
② 叶红菱：《广东老板热论"私企可评全国劳模"》，载《民营经济报》2005年2月23日。

的焦点是非公有经济在社会主义所有制结构中的正当性。但是,当非公有制经济的存在不仅是党的号召,还上升为宪法条文时,若再苦苦纠缠,则已经很难被看作明智的论争策略。但是,既然改革的目标是建立社会主义市场经济体制,那么,它就不能仅是市场的,还必须是社会主义的。而社会主义的重要特征是共同富裕。"社会主义与资本主义不同的特点就是共同富裕"。共同富裕固然不是平均主义,但也绝不是两极分化,"不会导致富的越富,贫的越贫"①。社会主义公私之争由此转向对社会主义贫富分化抑或共同富裕的追问。

从理论上讲,社会主义的市场经济,就不应该是完全的资本主义的市场经济,而是应该带有社会主义性质的市场经济。因为你讲的是社会主义,不是资本主义。社会主义是追求平等的,是追求贫富差别缩小的。如果说是有中国特色的社会主义市场经济,就不应该完全搬资本主义的市场经济,或者比资本主义更资本主义。(scholar – DYL – M – 70p)

如果说效率优先是20世纪80年代改革的主旋律,那么,重视共同富裕,则成为90年代以来改革推进中无法回避的重负。改革开放所带来的深度利益调整,让社会贫富差距逐步拉大,下岗失业、城乡差距等问题开始出现。由改革开放引发的利益分化、多元化甚至两极化,开始引发不同利益群体对改革开放的重新反思。

对于大部分民众来说,虽然在纵向层面,自身经济生活水平有了明显的提高,但从横向来看,他们的经济生活水平是下降的。从全国居民个人可支配收入的基尼系数来看,"由1979年的0.33上升到1995年的0.445和2000年的0.458,21年间上升了39%,即12.8个百分点"②。而一般来说,基尼系数"低于0.3属于收入过分均等,等于0.4属于差距过大,超过0.45则属极度不平等,极易出现社会不稳定甚至动荡"③。1999年由国家统计局等6个部门联合进行的城镇生活调查结果显示,"20%的高收入户收入占到总收入的42.4%,20%的低收入户则仅占6.5%"④,"8.74%的富裕家庭拥有60%的金融资产,而最低20%家庭仅拥有全部金融资产的1.5%"⑤。

---

① 《邓小平文选》第3卷,人民出版社1993年版,第172页。
② 孙立平:《失衡:断裂社会的运作逻辑》,社会科学文献出版社2004年版,第4页。
③ 马洪、王梦奎:《中国发展研究2001版》,中国发展出版社2000年版,第43页。
④ 孙立平:《失衡:断裂社会的运作逻辑》,社会科学文献出版社2004年版,第15页。
⑤ 孙立平:《失衡:断裂社会的运作逻辑》,社会科学文献出版社2004年版,第15页。

从城乡发展状况看，20世纪80年代前期，由于家庭联产承包责任制的实施和乡镇企业的发展，"农业和农村经济以其脆弱的基础，支撑了年均9%以上的国民经济高增长"①。但从20世纪80年代中期到90年代中后期，在长期缺乏公共投入的情况下，农村经济发展速度缓慢，农民收入增长过慢，同时农民赋税负担过重，许多农民选择外出打工，甚至出现了农村土地的大面积抛荒现象。城市居民的平均收入与农村居民的平均收入，在1979年，前者是后者的2.38倍，1985年是1.72倍，1989年是2.31倍，1990年是2.42倍，1995年是2.49倍，到90年代末扩大到3.17倍。如果把城市居民所享受到的各种补贴和社会保险也计入的话，到20世纪90年代末，城市居民的实际平均收入可能是农民的4倍以上。②

城乡差距不仅体现在收入水平上，还体现在身份上。在20世纪90年代中后期，由于户籍制度、就业制度等诸多限制，农民工始终无法有效地实现从农村到城市的合理流动。农民工虽然可以在城镇通过打工获取一定的收入（较低的劳动力价格），但他们无法享受与城市市民同等的福利待遇，而农村落后的现实，又迫使他们不得不间歇性地离开农村，候鸟式迁徙、留守儿童等一系列社会问题由此产生。造成这些问题的根本原因在于改革开放早期非均衡发展思路的选择。在整体经济发展水平不高的情况下，中国选择了优先发展城市和工业。这种非均衡发展思路，从根本上，也是为了更好地实现经济增长的效率，因为无论是工业、城市，还是那些最先开放的地区（具有较好的地理交通位置与经济发展基础），它们都可以在同等投入的情况下获得更高的经济增长效率。

20世纪90年代中后期，与贫富差距密切相关的另外一个社会问题是，失业现象的大量产生。1995年，我国出现了改革开放以来的第三次失业高峰，"1998年，登记失业人数上升到590万人，实际失业人数被认为在1300万到1500万之间"③。在新中国成立以来的较长时间里，中国是没有失业问题的，在农村有公社提供保障，在城市有单位提供保障，而突然之间失业现象的密集涌现，意味着失业者从一定的社会关系中被抛出。这是改革开放建立社会主义市场经济的必然现象，但对失业者，或者有潜在失业压力的民众来说，如何重新寻找社会安全感，这是改革开放、社会发展需要解决的新问题。

---

① 尚仲生：《当代中国社会问题透视》，湖北人民出版社2002年版，第27页。
② 参见尚仲生《当代中国社会问题透视》，湖北人民出版社2002年版，第94~95页。
③ 陆建华：《中国社会问题报告》，石油工业出版社2002年版，第10页。

伴随着贫富差距的产生，开始出现阶层分化，甚至出现阶层的固化，各阶层之间无法实现有效的流动。这种阶层固化和社会公平制度的缺失密切关联，正如学者孙立平所说，"'穷人'和'穷人'之间的区别，不仅仅在于贫困程度的不同，不仅仅在于贫困内容的不同，甚至也不在于社会为穷人做了什么，而是在于穷人改变自己生活状况和社会地位的难易程度的不同，在于穷人改变自己生活状况和社会地位的方式和机制是什么"①。如果有相关社会制度安排，效率提高和公平可以同时共生，对于90年代中后期的中国来说，社会中的弱势者肯定会对既有的改革开放产生一定的不满情绪，甚至对社会主义公平正义的价值理念产生怀疑。

到90年代中后期，社会民众对改革开放所带来的社会问题开始产生不满情绪。1999年，"社会形势分析与预测"课题组在调查城市居民对社会经济状况的满意度时，有82.2%的被调查者对当时的社会风气不满，有80.8%的人对"贫富差距"状况不满，还有36.8%的人认为"贫富差别在今后一年会继续变坏"。②而其在1992年对民众进行问卷调查时，认为加快改革可能遇到的问题，有31.6%的人选择"改革不配套、改革机制运行不力"（居第一位），有16.7%的人选择"分配不公加剧"（居第三位）。③从这一组数据可以看出，在90年代初期，虽然民众开始注意到贫富差距问题，但这种关注度并不是很高，而到了90年代中后期，大多数民众对贫富差距问题高度关注，甚至产生不满情绪。与此相类似的一组数据是，"在1991年，上海市社会科学院曾经对上海市民的阶层意识进行过调查，得出的结论还是'有阶层化差别但无阶层化意识'。而香港中文大学和华中理工大学的社会学学生在1996年的武汉进行的调查则表明，绝大多数市民具有阶层认知，其中3/4的人认为自己是处在一个不平等的社会当中"④。从总体上说，90年代初期，大多数民众还是比较关注改革开放的效率问题的；而到了90年代中后期，伴随着一系列社会问题的出现，民众对改革开放的公平维度开始给予较高期望。

---

① 孙立平：《失衡：断裂社会的运作逻辑》，社会科学文献出版社2004年版，第6页。
② 汝信、陆学艺等：《2000年：中国社会形势分析与预测》，社会科学文献出版社2000年版，第83页。
③ 江流、陆学艺等：《1992—1993年中国：社会形势分析与预测》，中国社会科学出版社1993年版，第53页。
④ 孙立平：《失衡：断裂社会的运作逻辑》，社会科学文献出版社2004年版，第64页。

从思想文化界看，伴随着改革开放的逐步深入，在 90 年代也产生了关于公平与效率的争论，特别是到了 90 年代中后期，这种争论的激烈程度开始不断提升。这场争论的双方主要是自由主义派与"新左派"。自由主义派认为改革开放仍然要继续，市场经济效率仍然需要提高，他们"呼吁政治体制改革，强调法治，以此来制衡权力，规范市场经济"①。而"新左派"认为"中国的问题已经转换成资本主义—市场经济的危害。中国的出路在于对抗世界经济的现存格局，走一条任何现存文明形态都没有走过的创新之路"②。"新左派"对中国市场经济发展过程中产生的问题非常忧虑，甚至产生否定市场经济的思想主张。袁伟时曾经把自由主义派与"新左派"争论的焦点进行了一个概括，即"资本主义与中国；市场经济与自由民主；要什么样的现代性。"③ 这两种思潮从不同角度关注了中国如何更好发展的问题，它们都在不同程度上涉及了市场经济的效率问题与社会主义的公平正义价值问题。这两种思潮之争，实际上也是对 90 年代中国社会发展的一个整体折射，所以无论在官方还是在民间它们都产生了广泛的影响，"'新左派'与自由主义之争所引起的关注、产生的影响，远远大于学术上的收获"④。对此，后文还将详述。

改善国家和人民的物质利益，构成改革肇始时重要的动力因素。家庭联产承包责任制从被视为洪水猛兽，到受到普遍欢迎，其根本的原因在于，少数先行的村民从分田包干中尝到了经济利益的甜，形成了对其他村民强大的物质吸引力。致富的预期成为中国改革迅速蔓延的重要动力。但是，如果改革开放只停留于对人民物质渴求的释放和满足，就难以彰显中国改革的社会主义本色，就无法与改革之前三十年的社会主义建设探索相承接，更难以广泛凝聚改革共识。中国的改革开放被形象地比作"摸着石头过河"，但改革的原则和目标却是清晰的。作为改革开放的总设计师——邓小平同志早就明

---

① 公羊：《思潮：中国"新左派"及其影响》，中国社会科学出版社 2003 年版，第 266 页。
② 公羊：《思潮：中国"新左派"及其影响》，中国社会科学出版社 2003 年版，第 266 页。
③ 公羊：《思潮：中国"新左派"及其影响》，中国社会科学出版社 2003 年版，第 379 页。
④ 公羊：《思潮：中国"新左派"及其影响》，中国社会科学出版社 2003 年版，第 287 页。

确指出,"社会主义与资本主义不同的特点就是共同富裕"①。"在改革中,我们始终坚持两条根本原则,一是以社会主义公有制经济为主体,一是共同富裕。"②党的十八大报告再次重申,"共同富裕是中国特色社会主义的根本原则","提高人民物质文化生活水平,是改革开放和社会主义现代化建设的根本目的"。③

然而,这条保证社会主义优越性的改革原则正遭遇改革实践的挑战与考验:改革虽然使一部分地区、一部分人先富裕起来了,但人们所期待的共同富裕的改革效果并没有随之产生。1993年,邓小平与邓垦谈话时,就表达了对这种问题的担忧:"少部分人获得那么多财富,大多数人没有,这样发展下去总有一天会出问题。分配不公,会导致两极分化,到一定时候问题就会出来。这个问题要解决。过去我们讲先发展起来。现在看,发展起来以后的问题不比不发展时少。"他强调,"十二亿人口怎样实现富裕,富裕起来以后财富怎样分配,这都是大问题。题目已经出来了,解决这个问题比解决发展起来的问题还困难。分配的问题大得很。我们讲要防止两极分化,实际上两极分化自然出现。要利用各种手段、各种方法、各种方案来解决这些问题"④。

事实上,在当时人们对改革的部分指责中,一个非常重要的方面就是改革实践对共同富裕这一根本原则的偏离。对此,我们需要厘清以下三个问题。

第一,由于社会主体所拥有的先天禀赋和后天资源的差异,社会难免存在差别,但在一个理想社会中,这种差别不应该演化出绝对垄断性。

在中国古代社会,贫富贵贱往往代表着个体的四种社会境遇。贫富主要指财富状况,而贵贱主要指社会地位。身无分文的贫者,可能拥有贵族后裔的身份;富可敌国者,也可能是社会地位极低的贱民。这意味着,人与人之间的差别可以分散为不同的人所有,也就是说赢者可能不会通吃。在社会主义计划经济时代,这种社会结构在某种程度上得到了延续:知识分子的平均工资很高,但政治地位较低;工人平均工资虽低,但政治地位高。⑤

---

① 《邓小平文选》第3卷,人民出版社1993年版,第123页。
② 《邓小平文选》第3卷,人民出版社1993年版,第142页。
③ 胡锦涛:《坚定不移沿着中国特色社会主义道路前进,为全面建成小康社会而奋斗》,人民出版社2012年版,第15、34页。
④ 《邓小平年谱》,中共中央文献出版社2004年版,第1364页。
⑤ 据时任广东省佛山市市长LR介绍,20世纪80年代末,广东省的知识分子和老干部对收入分配颇有意见,当时流传着"拿手术刀的不如拿剃头刀的,搞原子弹的不如卖鸡蛋的"类似的话语。(访谈时间:2011年7月14日)

第一章 社会意识变迁的历史轨迹

历经三十多年的改革开放,在从相对平均的计划经济进入差异化日趋明显的市场经济的过程中,社会的分化不可避免。一部分人不仅在经济上相对落魄,而且其政治话语权也逐渐被削弱;而那些经济上的成功者,也可能成为话语、道德甚至政治上的赢家。在这种近乎残酷而客观的社会对比中,社会上不少人产生了相对剥夺感和边缘感,并呈现日渐增强的趋势。因此,要继续推进全面深化改革,广泛凝聚共识,基本前提是党需要更加坚定地兑现改革共富的价值承诺,既要通过改革增大总量利益、保护合法利益、平衡不同利益,又要在改革中保障基本利益和调整动态利益,由此体现改革的共富追求和社会主义本色。

第二,共富的基本前提是"富",实现国强民富必然是改革的应有之义;共富的基本结构是"共",对财富的公平分配也是改革的内在追求。

社会主义的本质是共同富裕,而不是共同贫穷。然而,共富不等于均富。事实上,改革开放正是对平均主义的破除,是在承认贫富差异的基础上为社会的进步注入活力。可以说,平均主义的立场不仅使社会丧失了追求财富的动力、阻碍了社会的进步,而且也不符合民众的意愿。正如 Martin King Whyte 的调查发现,中国人并不喜欢从富人转移到穷人的社会主义重新财富分配,而更偏好福利国家的模式,即依赖丰厚的社会安全网络和帮助穷人向上流动的积极的行动计划。① 本课题组的调查也发现,尽管普通民众可能对自身的经济境况有所抱怨,具有相对剥夺感,但他们在关于自我经济发展和自由增加的历时比较中,都感受到改革对他们生活的改善。可以说,经济改善和自由增加是不同阶层肯定改革最重要的两类因素。

改革开放带来了社会总体福利的增进,这是有目共睹的。但是,社会总体福利的增进并不必然带来每个个体福利的同步增长。因此,既保护合法利益又保障基本利益,协调不同的群体利益,就成为改革的必然追求。尽管人们对改革的看法存在分歧,但并不意味着人们主张回到改革前贫穷而平均的社会模式。② 对于那些发现自己在绝对意义上富裕起来,在相对意义上属于利益受剥夺者的人们来说,他们对过去"公平"的怀念,实际上表达的是

---

① Cf. Martin King Whyte, *Myth of the Social Volcano: Perceptions of Inequality and Distributive Injustice in Contemporary China* (Stanford: Stanford University Press, 2010).

② 正如某集团有限公司董事长兼总经理 MC 所言:在这个社会,没有人期望大家一定要拿一样的钱,人们的不满绝对不是说有博士学位的人拿到的工资比文盲多,当代普通人对创业企业家也都表示尊敬。(访谈时间:2011 年 7 月 20 日)

对财富更加公平合理分配的强烈期待。

诚然，改革是对利益的调整和重新分配，有获益者，就会有相对受剥夺者。这是改革无法回避的代价，也是改革带给人们必须经历的阵痛。但是，政府可以创设公平的制度环境，使每位公民有平等的机会参与社会财富或者利益的竞争，最大限度地减少社会的怨气和戾气；可以制定合理的财富分配机制，保障弱者的权利和尊严，使之幼有所长、学有所教、壮有所用、劳有所得、食有所安、病有所医、住有所居和老有所养，最大程度地实现社会的和谐与公平正义。事实上，当时所谓"仇富恨官"背后，质疑的是财富来源的正当性，指向的是制度的公平。① 如果没有公平的竞争制度，那么不仅穷人容易心生戾气，而且富人也难免忧虑财富的安全。而保障普通民众的权益，不仅仅是一种现实主义的功利考量，更是社会主义的本质要求。②

第三，共富的内容应随着文明的发展和时代的变迁而保持动态的调整。改革是一场深刻的社会革命。它所取得的成就不仅是可以量化的经济增长率，更表现为人们观念的转型与思想的解放。中国早期改革的真正启动是建立在中国社会经济极其低谷的时期。市场经济极大地激发了百姓脱贫致富的"本能"，在物质文明与精神文明的天平上，追求"物质文明"自然有某种不可遏制的急迫性，正是"穷则思变"。这也决定了在早期改革的原始冲动中，充盈着的是一元的物质利益诉求。它给了普通民众市场脱贫和劳动致富的希望和允诺。但是，三十多年的改革成就，必然使得这种一元化的利益诉求将转向多元，不仅有物质的，更有政治的、法律的和文化的。共富的内容在其底线上使弱者生活水平能相对跟上文明的发展，共享改革的成果；同

---

① 对此，政府官员和企业界人士有着共同的看法。比如，原广东省领导 LR 表示，大家对"分蛋糕"有意见的背后，针对的是体制不公道。因此，只强调发展或强调"扶贫"都解决不了问题，关键在于一个公道的机制。（访谈时间：2011 年 7 月 14 日）某集团有限公司董事长兼总经理 MC 则指出，问题的关键不在于有贫富差距，而在于分配财富的机制是否公平。（2011 年 7 月 20 日）

② 这一点得到了政府官员和知识分子的共同支持。比如，原广东省领导 CN 认为，政府就应该保障穷人的权益，应该加大对社会保障的研究，要使社会保障随着生产力的发展、经济的发展而发展。（访谈时间：2011 年 7 月 21 日）中国工程院院士 HR 则明确表示，社会主义就是比资本主义更注重平等，中国特色的社会主义市场经济应该是带有社会主义性质的市场经济。（访谈时间：2011 年 7 月 13 日）经济学教授 GH 提出，当前应重新确立社会主义信条，政府要给那些在市场经济中比较弱势的群体或分享不到市场经济成果的人提供基本的保障。（访谈时间：2011 年 7 月 18 日）

时，随着经济条件改善，人们的权利观念和公民意识觉醒后，"富"更应该延展至社会、文化和政治权利，积极拓展其权利分享机制，而将权利的共有纳入其中。

邓小平提出以共同富裕作为改革的一条根本原则时，其要义是指人们在物质生活上的共同富裕。因为，那时中国改革的首要动因是发展国民经济和提高人民生活水平。当经济改革已经进行了三十多年，其他领域的改革也渐次启动之时，共富早已经超出纯粹的经济领域，而拓展到权利共享的领域。这既是人的需求发展的规律使然①，在温饱问题解决之后，人们顺理成章地会追求更有尊严的生活；这也是改革开放的必然逻辑，以社会主义为本质的改革开放，最终指向的是实现人的真正自由和全面发展。"我们的人民热爱生活，期盼有更好的教育、更稳定的工作、更满意的收入、更可靠的社会保障、更高水平的医疗卫生服务、更舒适的居住条件、更优美的环境，期盼孩子们能成长得更好、工作得更好、生活得更好。"② 因此，在新的社会历史条件下，共富的内涵不能仅限于经济领域，而应包含政治、法律、文化的内涵，必须予以全面准确的把握。权利共享的关键是真正赋予公民平等的权利，或者说赋予民众平等的公民权利。

二、民族主义的流变

民族主义不仅仅是一种学术上的思潮和流派，还是一种社会运动，其影响力和号召力远远超过其他的学术理论思潮。由于"民族主义"具有不同的涵义，且无定论，因此对此处使用之"民族主义"大致做如下阐述：从内涵来讲，民族主义是建立在民族情感之上的思想观念和价值追求，是民族共同体成员对本民族的热爱和对民族生存、发展的内外追求与理想。建立在这一观念之上的情绪表达和价值判断，即谓之民族主义思潮。从外延来讲，民族主义既包括民族主义思潮，也包括民族主义运动，它具备积极进取的思想意识和精神力量，对外激发民族自尊心和自豪感，号召、动员、凝聚本民族的力量向着伟大的理想迈进；对内呼吁政府自尊自强，满足民众的利益诉求，进而感染民众迸发出内心的价值认同，将民众和政府紧密地联合在一

---

① 正如马斯洛的需求层次理论，当人们较低层次的需求得到满足之后，又会发展出较高层次的需求。

② 习近平：《习近平谈治国理政》，外文出版社2014年版，第4页。

起。但不包括国内的"大汉族主义"和少数民族之"地方民族主义"。

改革开放以来,尤其是20世纪90年代以来,中国民族主义思潮变动剧烈,影响巨大且持久升温,对政府的内外政策和民众心理都起到了显著影响。本节在梳理近百年来民族主义思潮和民族主义运动的基础上,着力于厘清三十多年来民族主义思潮的流动趋向,并阐述理性民族主义发展的前景,以及政府在这一过程中的态度和作为。

(一) 近代以来民族主义的表达及其对社会发展之影响

近代中国民族主义是一种被逼出来的自尊、自强和救亡图存思想。它是在中国传统农业文明相较于西方资本主义工业文明的巨大劣势下显现出来的。① 其思想渊源有二:其一是中国传统的华夏民族观念。即章太炎所谓"自大古原人之世,其根性固已潜在,远至今日,乃始发达,此生民之良知本能也"②,以及孙中山所说,民族思想"实吾先民所遗留,初无待于外铄者也"③。这种华夏民族观说到底是一种根深蒂固的文化优越感,诚如钱穆所说:"中国人常把民族观念消融在天下或世界的观念里,他们只把民族和国家当作一个文化机体,并不存有狭义的民族观与狭义的国家观,民族与国家都只为文化而存在。"④ 这一文化是至高至善的终极文化,"只要坚守不渝,可以处常,可以处变"⑤。此一华夏民族观念历经千万祀之损益,给近代中国民族主义的勃发提供了现成的表达方式和基本的思想文化内涵。其二,源于对西方的学理借鉴(包括日本)。有学者指出:"近代中国的民族主义和国际主义,不是从传统中国的民族主义和国际主义直接演化而来,而是以传统中国的民族主义和国际主义为基础,在吸收近代西方的民族主义和

---

① 高歌曾强调近代中国民族主义思想的产生与西方的军事、商业和文化等刺激是分不开的。Cf. Laitinen Kauko, *Chinese Nationalism in the Late Qing Dynasty: Zhang Binglin as an Anti-Manchu Propagandist* (London: Curzon Press, 1990), p. 43.
② 章太炎:《驳康有为论革命书》,见《太炎文录初编》,文听阁图书有限公司2008年版,第243页。
③ 《中国革命史》,见《孙中山全集》第七卷,中华书局1986年版,第60页。
④ 钱穆:《中国文化史导论》,生活·读书·新知三联书店1988年版,第19页。
⑤ 郭廷以:《从中外接触上论中国近代现代化问题》,见胡晓明、傅杰编《释中国》第4卷,上海文艺出版社1998年版,第2371页。

国际主义之后,以新的面貌出现。"① 西方的工业文明,以及建立在此基础上的政治、文化和经济结构无疑成为中国民族主义者的价值追求。

19世纪下半叶开始,容闳、王韬、郑观应、冯桂芬、郭嵩焘等人开始在政治方面接受民族主义观念。20世纪初期,梁启超第一次将"民族主义"作为一个完整意义上的概念表达引入中国。清末立宪党人、军阀官僚派和革命派都对之有不同的意见表达和操纵利用。② 立宪派利用民族主义情绪改革保清的尝试归于失败,并"摧毁了改革政府",③ 最终开启中国现代化历程的民族主义思想是孙中山等人揭橥的反清革命思想。他们利用种族民族主义动员了最广泛的社会阶层,推翻了清王朝,建立了"中华民国",也迈出了建设近代中国民族国家的第一步。

民国肇始,革命的"成功"不仅没能改变中国遭受外敌欺凌的事实,反而造就了军阀崛起之局面,于是民族主义逐渐成为与外敌和军阀相对的向心力量,分散的政治思想体系开始趋向结盟,并表达出更为清楚的理想——把中国从眼下的堕落状态里解救出来。④ 现代化的拥护者们产生了强烈而迅速地改变权力分散和政治无序的愿望,即建立统一而有力的中央政府。向往统一成了社会各阶层与各政治流派都能认同的时代愿望。国民大革命就是在这一社会发展大势下爆发并最终取得成功的。

南京国民政府建立以后,为了构建一个强有力的中央政府,蒋介石一方面试图通过武力来消灭地方军阀和共产党,另一方面又试图通过对乡村基层社会的渗透来实现国家的整合。在抗日战争全面爆发之前,国民政府基本扭转了中国国家领土走向分裂的趋势。但是,在日本步步紧逼的情况下,它不

---

① 张玉法:《帝国主义、民族主义与国际主义在近代中国历史上的角色(1900—1949)》,见刘青峰编《民族主义与中国现代化》,香港中文大学出版社1994年版,第99页。

② 李剑农对比革命派、军阀官僚派和立宪派对民族主义的态度时认为,革命派的行动常是激进的、主动的,不计当前利害;军阀官僚派的行动常是固守的、被动的,对于当前的利害计较最关切的;至于立宪派,其计较当前利害与军阀官僚派略同,但不如他们固守,也不如革命派激进,有时候处于被动,也有时候主动参加。参见李剑农《中国近百年政治史(1840—1926年)》,复旦大学出版社2002年版,第320页。

③ 参见[美]斯科克波《国家与社会革命》,刘北成译,桂冠图书股份有限公司1998年版,第99页。

④ 参见[美]易劳逸《1927—1937年国民党统治下的中国流产的革命》,陈谦平、陈红民等译,中国青年出版社1992年版,前言第7页。

惜沦丧大片国土去追求集权的做法，引起了中国地方省份和知识阶层的广泛抗争，导致了其政权面临合法性危机；在乡村层面，南京政府通过复活中国传统乡村控制之政策——保甲制度来强力控制基层，武化乡村的策略亦遭到乡村固有势力的抵制而最终失败。所有这些因素让南京国民政府无法完成现代民族国家构建的任务。

1937年，日本发动全面侵华，在国共两党携手合作之下，民族主义成为救国的一面大旗，国人的民族意识空前高涨，抗日战争的完全胜利就是在举国一致对外的基础上完成的。以此为契机，中国共产党开始全面接过民族主义大旗，继续领导全国人民对抗与美国结为一体的国民党政府，并最终完成了国家的解放和民族的独立。

在新中国成立以后的三十年中，此前作为现实斗争纲领和意识形态中重要组成部分的民族主义思潮开始退却，其作用变得若隐若现。比如面对美苏国家压力的战争动员，以及和蓬勃发展起来的亚、非、拉民族解放运动同声相应、同气相求等。其间，中国民族主义的特点是以社会主义的强国梦想表现出来的，社会主义的意识形态符号是中国民族主义的表达方式，民族主义的内涵是由爱国主义这一特定概念来表征的。同时，社会主义意识形态中的国际主义义务与民族主义价值之间存在着一定的张力。

20世纪80年代以来，中国进入了一个新的发展阶段。邓小平在遵守毛泽东"三个世界"外交指导思想的基础上，提出和平与发展是当代世界之两大主题的论断，这让中国率先调整了外交政策，不再仅仅以意识形态来划分敌我，更多的是以国家利益来处理与各国的关系。在此情势下，苏联对中国的压力减轻，西方对中国的敌视进一步松动，在苏美之间，中国获得了难得的和平与发展机会。相对良好的国际环境和高速发展的国内经济一时缓和了国内的民族主义情绪，民族主义的中心话题亦从政治转向经济，"救亡"已从排外、抗击外来侵略与掠夺，转向充分利用世界文明成果来谋发展、图振兴。由此，意识形态领域的民族主义思潮开始转变为国人追求强国之路的价值表达。走向强盛、和平崛起成为90年代以前中国民族主义思潮的主旋律。

然而80年代后期，随着民族生存压力的减弱、中国向西方学习的深入和对自我反思的异化，民族精神的凝聚力开始有松散化的趋向，一股向往所谓"河殇派"的思潮开始泛起，"民族虚无主义"甚至"逆向种族主义"影响了社会发展。这种反思和自我批判的潮流由于其指向带有个人情绪化的特点，因此容易滑向彻底否定自我和全盘西化，这也使社会上特别是青年学生出现了严重的对立情绪,从而产生了与现实民族、国家代表的政权的疏离倾向。中国社会需要一种新的聚合力来弥补由于高度政治化、高度意识形态化而导致的政府和民间之紧张关系。于是,民族情感、爱国主义成为弥合社会冲突,重新收拾人心的最传统与最适当的方式。

90年代中国所面临的国际国内形势发生了巨大变化。经济的高速发展及与之俱来的西方压力和敌视,不仅大大增强了中国人的自豪感,也同样勾起了中国人敏感的历史记忆;东欧剧变和"冷战"的结束不仅要求中国调整和不同阵营的关系,还要求中国政府在内政和意识形态领域进行解释和坚持;随着中国特色的社会主义建设的进一步发展,社会转型所带来的阶层分化和社会不公激起了国内的一些不满情绪。关于要不要继续改革、如何坚持改革等的争论开始出现;网络技术的进步和广泛应用,给民间话语表达带来便利和相对自由的同时,也给政府造成了不小的施政压力。这些都导致了90年代以来中国民族主义的突然迸发。

大致而言,90年代以来中国民族主义的发展经历了持续的高潮①,它以中西冲突的历史事件为导火索,经中国激进知识分子的推波助澜而一波接一波地冲击了中国的内政外交,也影响了西方对中国发展的看法。这一思潮在21世纪不仅没有减弱的倾向,反因中美、中日争端的频繁和国内阶层分化的加剧而进一步彰显。同时,草根阶层的主动介入、参与和无序表达更使这一状况显得复杂而具不确定性,这也是西方政界、学界高度警惕中国发展动向和价值表达的客观原因之一。

(二)全球化背景下中国民族主义思潮的类型与特征

中国近代曲折的发展历程造成了中国民族主义的复杂多歧;改革开放以来中国高速发展和西方相对滞后的现实,使人自信心获得极大提升;新时期中国在世界上经济地位和政治地位的失衡,导致中西摩擦频繁;国家不均衡发展造成的贫富分化和阶层固化,又致使中国民心不稳。在全球一体化的新时期,中国内部形势和民心亦随之联动,由此分化出了新时期中国民族主

---

① 许纪霖曾将20世纪90年代的民族主义思潮解释为三波高潮理论:第一波是何新在90年代初的激进民族主义言论,第二波是1994年以来的梵希和思想,第三波是《中国可以说不》等书籍的出版,它们以一种极端化的话语方式表达了社会意识中潜在的、非主流的反西方情绪。参见许纪霖《中国的民族主义:一个巨大而空洞的符号》,见乐山主编《潜流:对狭隘民族主义的批判与反思》,华东师范大学出版社2004年版,第40页。

义的不同类型，且各具特征。就其实质而言，新时期中国民族主义思潮的发展类型和特征大致可以做如下四点概括。

其一，由"历史思想包袱"和发展崛起后不受尊重的心理落差刺激而产生的盲目过激型民族主义，它不可避免地带有空洞性和口号性特征。

"历史思想包袱"包括两方面内容。一是中国人在文化上的优越意识。中国古代的高度文明和辉煌成就是不言而喻的，这是近代中国迟迟不愿意承认自己落后于西方的根源。和日本的"工具型""学习型"文化不同，中国"终极型"的文化优越感是根深蒂固的，这一特质在近代以来受到过巨大的打压，但至今不减其"高贵"本色。改革开放以来，中国快速发展的成就在一定程度上又增强了中国人心目中的这种"高贵"和优越感。二是近代以来由西方人的野蛮征服和欺凌而造成的中国人的受害者意识。从鸦片战争以来，中国人不得不一次又一次低下高贵的头颅而向西方屈膝。香港被迫割让、圆明园被焚烧、皇帝被赶跑、1100多个不平等条约被迫签订、洋人在中国为所欲为。强国环伺之下，中国人必须敛气收声，昔日的辉煌和荣耀不复存在。这种耻辱感在历经了长期的"百年耻辱"民族叙事之后，成了今日中国民族主义的中心内容。

现实是中国已成为世界第二大经济体。香港、澳门的回归，加入WTO和举办奥运会、世博会等成就大大强化了中华民族的认同心理，民族自豪感得到了极大的提升。对中国来说，西方已经由现代化初级阶段的一个遥远模仿对象，变成了一个现实的竞争者。当中国人期待以自信、自尊的面目进入世界市场时，带有歧视性的、不合理的国际经济秩序隐隐勾起了中国人心目中曾经遗留下来的民族耻辱意识和痛苦记忆；与此同时，在政治和外交上的挫败感接踵而来，这让中国人感觉到美国等西方强国似乎并不太重视同中国的关系[1]，反而将中国视为竞争对手而加以打压和制裁[2]。几十年来中国经济发展的成就感，却因为意识形态上的差异而引起西方的怀疑和敌视，由此

---

[1] 王小东：《当代中国民族主义论》，载《战略与管理》2000年第5期。

[2] 基辛格曾说："从地缘政治的角度看，美国是无比辽阔、资源和人口远远超过美国的欧亚大板块海岸之外的一个岛屿。在欧亚大陆的任何一半——欧洲或亚洲——出现一个占据支配地位的大国是一个构成对美国的战略威胁的明显标志，无论有没有'冷战'都是一样。因为由此而形成的集团将具备在经济上，而最终是在军事上超过美国的能力。美国必须抗击这种危险，即使这个居于支配地位的大国显得十分友善；因为其意图一旦变化，美国就会发现自己进行有效抵抗和扭转事态的能力大大减弱了。"参见王小东《当代中国民族主义论》，载《战略与管理》2000年第5期。

而勾起的中国人心中的民族主义情结就不仅是由"面子"而引起的,也不仅是由官方主导而勃兴的①,更不能简单地概括为中国要支配其他国家的愿望②,而更多是中国人"把信仰光荣的过去与憧憬伟大的未来更直接地联系起来"③,并对民族复兴充满了热切期望。

一方面,"历史思想包袱"在新时期中西力量对比发生变化的时候开始显现出其强烈的自尊意识和表达愿望,而这种愿望一旦遭到漠视甚至是嘲笑时,其表达往往会走向非理性。民族主义情绪在屈辱和自豪之间已经不可避免地被重新点燃。现实中,民众朴素的民族主义情怀与知识分子中的民族主义情绪相互激荡,给中国民族主义运动造成了相当的声势。另一方面,在由美国挑起和主导的中美冲突中,中国人不断感到美国的敌意及其强加给中国的屈辱。在民族主义者看来,以美国为首的西方推行全球霸权政策,遏制中国的发展,并试图分裂中国。这样的判断无疑强烈地冲击了中国人的心理,民族主义情绪结合着反美情绪随之高涨,由此而引发的民族主义思潮的指向即是要摆脱美国的"阴影"。这种受害者心理进一步导致了中国民族主义的情绪化和非理性。

其二,由外部具体事件刺激导致的应激被动型民族主义,它带有冲击反应模式和短时间的阶段性特征。

---

① 彼得·海斯·格里斯在他的博士学位论文《面子民族主义:中国反外国主义的力量与激情》等论著中认为,中国民族主义并不只是追求中国国家利益的工具,它还涉及今天的"中国人"到底意味着什么,将今日中国的民族主义完全归因于官方的操控是错误的。他认为,20世纪90年代以来,中国民族主义的兴起与民众的民族主义情感有很大的关系。Cf. Peter Hays Gries, "Chinese Nationalist Reactions to the Belgrade Embassy Bombing," *The China Journal*, No. 45 (Jul., 2001); *China's New Nationalism: Pride, Politics, and Diplomacy* (Berkeley: University of California Press, 2004).

② 伯恩斯坦等就认为,中国是一个未得到满足的、雄心勃勃的大国,它的目标是支配亚洲,其办法不是入侵和占领邻国,而是使自己远比邻国强大,从而使东亚发生的一切都必须至少得到中国的默许。中国力量的增长及其以迫人的气势追逐本国利益的做法,不仅符合这个国家对自己的历史作用的认识,而且符合一种中国领导人乐于加以利用的根深蒂固的心理需要。中国的雄心所依靠的动力是由于历史上遭受屈辱、丧失了显赫地位而形成的民族主义,这是一种奇怪的,因而不大能为自满自足的西方人所理解的民族主义。参见[美]理查德·伯恩斯坦、[美]罗斯·芒罗《即将到来的美中冲突》,隋丽君等译,新华出版社1997年版,序言第2页。

③ Gungwu Wang, *Bind Us in Time: Nation and Civilization in Asia* (Singapore: Times Academic Press, 2002), p.114.

20世纪90年代以来，中国民族主义思潮的迸发和西方国家对中国的态度密切相关，双方的互动导致了中国民族主义思潮成阶段性的起伏，它与当时的重大历史事件相契合，具有鲜明的"应激性"。这就是西方刺激和中国回应的民族主义，这一现象决定了它有短时间集中爆发和阶段性快速回潮的特点。

具体而言，影响中国民族主义高涨的事件大致有如下一些：美国方面，1992年以来的对台军售、1993年"银河号"事件、1995年李登辉访美、1998年达赖访美、"考克斯报告"、1999年以美国为首的北约轰炸中国驻南斯拉夫大使馆、2001年南海撞机事件、2009年"无瑕"号事件，以及美国每年出台的有关中国人权报告事件。在日本方面，日本修改历史教科书歪曲侵华历史事件、2001年加剧的日本首相参拜靖国神社事件、2003年日本游客珠海买春事件、2003年西北大学日本学生辱华事件、2003年齐齐哈尔"八四事件"、2004年北京亚洲杯事件与东海油气田事件、2005年以来日益严峻的钓鱼岛事件以及中国民间对日索赔事件等。此外，还有2008年家乐福事件、北京奥运会圣火受阻事件，2012年以来英国人、俄罗斯人在中国的"非礼"事件，等等。这些事件都是由于西方国家在军事、政治、经济、外交、历史等问题上和民族心理上有意无意地刺激了中国人敏感的民族情结而导致了中国国内民族主义的激化和对抗性。但随着每一次事件的平息，这种情绪即开始快速退潮，在下一次刺激到来时，又重新高涨，这就是一波接一波的中国民族主义思潮。只有2012年日本"国有化"钓鱼岛事件导致了中国民族主义运动持续升温。正是在这个意义上，有学者指出，"针对外来压迫的回应情感是中国民族主义的起点"，而且，这种回应的强度与外来的不良刺激的强度是成正比的。中国的民族主义必须被理解为，伴随中国人与其他民族的互动而在连续地演变着。①

中国同美国之争既有空间之争，亦有话语之争；同日本之争既有利益之争，亦有历史和尊严之争。因此，美国刺激下的中国民族主义多是经济、政治领域里的应激型民族主义情绪，而同日本之争更多的是主权和尊严刺激下的相对持久的民族主义情结。但无论如何，从西方冲击这一角度而言，20世纪90年代以来的中国民族主义思潮是一种防卫型的或称之为反应型的民族主义，它的产生具有作为受激体所特有的被动性，而并非出自民族经济发展到特定阶段的内在要求，也并非出自民众的自由主义价值认同。它的波及

---

① 参见《中国当代民族主义六人谈》，载《凤凰周刊》总第175期。

面、影响力及对民族内部的精英与大众的动员程度和表现强度,取决于外部所施加的威胁、压力的强度,以及人们所能感受到的民族生存条件的恶化程度。①

其三,由内部构建政权合法性而产生的国家工具型民族主义,它不可避免地带有国家主导性和引导性特征。

从性质上说,民族主义不具有独立性。意识形态的冲击一旦造成政府治理性疑虑,就会促使其凝聚共同价值,重构合法性基础。民族主义是政府构建合法性基础的一个重要来源,这一点在中国尤其如此。一来,民族主义具有强大的感召力和凝聚力,易于与中国现状相结合,"民族复兴""民族精神"和"民族强盛"等口号很容易被民众接受并能满足其对中国复兴的心理渴望;二来,民族主义强调民族的整体利益与同样强调集体利益的社会主义信仰相契合。因此,以民族主义精神中的忠诚和热爱政府之情绪来重建政府合法性的治理基础将是非常有效的。

改革开放以后,随着以经济建设为中心的国家发展理念的确立和西方价值观的影响,民间开始从中国传统历史文化中寻找前进的动力和资源,"国学热"即是在这一背景下兴起的。"国学"体现为对传统文化的再阐释,强调中国文化的特殊性及其在未来世界的重要作用。海内外的"新儒家"也在以不同方式否定"韦伯命题",认为中国文化不但可以与现代价值共存,而且对经济发展有巨大的促进作用,"东亚奇迹"证明了这一点。另外,一些带有官方背景的学者开始发表有关民族主义的言论和文章,并以"文明的冲突"为噱头来鼓动中国民族主义思潮,且在相当程度实现了其追寻的目标。

当然,正如本书前文所指出的,新时期中国民族主义思潮之兴起有着非常复杂的国内国外环境和历史因素,仅仅将其概括为中国政府重建合法性诉求的工具是不合适的。只是由于新时期中国民族主义思潮中的实际内容有限,尤其是内争权利、外向发展的可操作性措施不多,才给西方以口实,并将之完全归结于政府的主导和引导,由此亦导致其对中国民族主义思潮的更多指责。

其四,由社会转型期的阶层分化和社会不公导致的借机发泄型民族主义,它带有破坏性和群体性特征。

新时期,中国经济、政治、社会和文化结构发生了巨大的变动,旧的格

---

① 萧功秦:《中国民族主义的历史与前景》,载《战略与管理》1996年第2期。

局已被打破,新的体系正在形成中。社会转型期不仅带来社会利益的分化及由此导致的阶层分化和固化,而且导致了不同观念的分歧和社会意识的冲突。

一方面,在以经济建设为中心的国家大政方针下,市场经济体制逐步确立,公民对私有财产的拥有和追求,不仅得到了政策的肯定,而且得到了法律的保护,拥有财富真正成为一项"权利",人们对私有财产的观念和认识发生了根本性的变化。随之,中国的经济增长模式发生了重大变化,从全民"皆大欢喜"的增长转变为"有输家"的增长,并不是所有的人都能平等地分享改革开放和经济增长的成果,贫富差距拉大、社会阶层分化;由于收入分配关系还没有理顺,调节手段还不健全,贫富差距一再拉大,社会阶层出现了固化的趋势。另一方面,市场经济所表达的自由、民主、平等、竞争、信用、法制等观念,促使民众对政治改革的预期在增强,对体制腐败容忍度在降低。而社会矛盾的解决渠道不顺畅,这些均使社会矛盾进一步积累,并降低了其激化和冲突的沸点。与此同时,新阶层的聚集让社会矛盾的爆发找到了适宜的人群。

勒纳曾把民族主义视为一个国家进入现代化的"痛苦门槛",是民众在社会转型期——原先的社会支撑物和社会结构突然崩溃之时的一种精神寄托。[①] 毋庸置疑,在全新的社会主义价值体系尚未确立的情况下,社会转型期的复杂矛盾积累了大量不良情绪,如果这种不良情绪没有找到有效的缓解和释放渠道,就会导致其易于转向民族主义以迈过"痛苦门槛"。社会转型造成的分化就知识分子而言可能是口舌之争,而就民间而言则是用"事实说话",群体性事件典型地表达出了借机发泄型民族主义情绪。这种情绪不仅在现实的游行中喷薄而出,更在网络上集中表达。2012年发生的由于日本"国有化"钓鱼岛而引发的无序性和破坏性的民族主义运动即是社会转型造成的综合结果。一些地方的反日游行的表达方式延续了中国近代以来其主要特征,即暴力性和群体性。

事实非常清楚,在新一轮反日示威游行中,一些砸店烧车冲击日本人的举动,并非完全是想通过此举来表明其反日爱国之决心,也有借此来发泄平日被压抑的对现实的强烈不满的因素。这种情绪表达可以得到合理的解释:爱国在中国从来都具有极大的政治正确性。这也是近代以来中国顽固派反对

---

① 转引自李宏图《西欧近代民族主义思潮研究》,上海社会科学出版社1997年版,第15页。

改革，反对学习西方的最好武器和挡箭牌，而且在爱国的名义下，这种"话语正当性"和"政治正确性"的民族主义极大地表达了中国当代社会的民间情绪，其破坏性和暴力性不言而喻。

（三）理性民族主义与现代民族国家的构建

考察近一百年来中国民族主义思潮和运动，可以得出一个明晰而没有新意的结论：其历史进步意义巨大，但其破坏现实的后果也不容忽视。这个"捕食的野兽"①，"既扮演了历史发展的动力，也常常成为历史发展的主要变数"②。用以赛亚·伯林的话来概括即是，"民族主义造成了辉煌成就，也犯下了骇人罪行"，而且它仍是今日世界上最强大的力量。③ 这股强大的力量已经深刻地影响了近代中国的历史发展，也将会不可避免地继续存在下去。自从民族主义产生以来其主要特征就是毫无边界的，它可以扩大到任何社会群体、任何政治领域。因此，对当下和未来中国民族主义思潮的发展，必须有前瞻性和整体性思考。笔者认为，中国民族主义发展的方向是理性民主主义的构建，它包括对外、对内两方面的内容：其对外表达以尊重他者、和平相处为原则，对内要求以政府对民众权利的保障和民众对政府治理认同为归依，而最终的发展方向是完成现代民族国家的构建。

第一，理性民族主义要以尊重其他民族国家的利益和价值为前提，将本国摆在世界体系中，以此来建构平等的民族主义，和平、和谐的世界秩序。

随着人类文明的发展进步，当今世界已经走出了完全依靠武力去解决民

---

① ［印］泰戈尔：《民族主义》，谭仁侠译，商务印书馆1982年版，第11页。
② 胡春慧：《中韩两国民族主义的类似性》，载《二十一世纪》1993年4月号。民族主义的双刃剑作用几乎得到了中外学界的一致认定。斯特林认为，民族主义作为自由、财富、权力的带来者所取得的成绩，至少与它作为冲突与死亡的带来者的记录不相上下。菲利普认为，民族主义就像掠过人类社会的风一样，有时是和煦海风，令人心旷神怡，有时则像飓风一样摧毁所遇到的一切（参见李少军《民族与民族主义》，载《民族研究》，中国人民大学报刊资料中心，1994年第11期）；它"既可以用于肢解国家，又可以用于建立国家；既可以用于建立普救说，又可以用于激发地方主义"｛参见［法］吉尔·德拉努瓦：《民族主义：七头蛇从未被消灭》，载《世界报》（法国）1992年5月18日｝；"既能充当构建民族国家，维护或巩固国家统一和民族尊严的保护神，又可能幻化为威胁和破坏国家稳定和统一的破门槌"｛参见［法］吉尔·德拉努瓦：《民族主义：七头蛇从未被消灭》，载《世界报》（法国）1992年5月18日｝。
③ 参见［英］以赛亚·伯林《现实感：观念及其历史研究》，潘荣荣等译，译林出版社2004年版，第291页。

族纠纷的前现代化时期，世界现代化进程开始为民族主义提供道德标准，即国际关系的"正义性"——在互相尊重的基础上和平竞争。因为从德性上讲，"只有在寻求自身利益的同时尊重别人自由地追求他们的利益才是合理的"①。也就是说，一个民族国家有自由去实现本民族利益，有在世界体系中争取发展资源获得发展的权利，但其他民族国家也平等地拥有相同的自由发展权，每个民族国家都应该在国际规则的约束下追求民族利益。这种约束就是每个民族国家都不得侵害其他民族的正当权益，不得毁损各国、各民族之间平等与和平交往地关系来谋求自己的利益。②换言之，当今各个民族国家都应该在"尊重""平等""正义""自由"的价值理念下，彼此承认他者的国家独立、主权、理性、民主、人权等。这是整个人类共同的价值追求，超越国界和民族。如艾塞亚·伯林所说："人类所信仰的所有积极价值，到最后一定可以相容、甚或是彼此互相蕴涵在对方之中。"③没有他者就没有自己，就没有民族主义。所以，民族主义的表达应该更多的是对自己的要求而不是对别人的排斥甚或索取。

马克思主义者对待民族主义从来都是谨慎的，并将之和国际主义、世界主义相结合，反对民族压迫和剥削，提倡民族自决，提倡相互提携、彼此尊重的民族发展秩序。在中国共产党成立与发展的历程中，这一点一直得到高度的尊重和表达，党对种族主义的批判使民族主义走出了狭隘的历史藩篱。1924年，陈独秀就对民族主义做出如下解释："民族主义有二种：一是资产阶级的民族主义，主张自救解放，同时却不主张解放隶属自己的民族，这可称作矛盾的民族主义；一是无产阶级的民族主义，主张一切民族皆有自决权，主张自救解放，不受他族压制，同时也主张解放隶属自己的弱小民族，不去压制他，这可称作平等的民族主义。"④陈独秀的观点颇具民族平等的观念，并具备国际主义的视野和胸襟，实际上反映了党早期在民族问题上的主张。毛泽东在推进马克思主义中国化的过程中，也力倡民族平等，他曾提

---

① [英]戴维·米勒、韦农波格丹诺：《布莱克维尔政治学百科全书》，邓正来等译，中国政法大学出版社2002年版，第531页。
② 参见时殷弘《民族主义与国家增生的类型及伦理道德的思考》，载《战略与管理》1994年第5期。
③ [英]以塞亚·伯林：《自由四论》，陈晓林译，台北联营出版事业公司1986年版，第288页。
④ 《陈独秀著作选》第2卷，上海人民出版社1993年版，第774页。

出："中国共产党人必须将爱国主义和国际主义结合起来。我们是国际主义者，我们又是爱国主义者"，"爱国主义就是国际主义在民族解放战争中的实施"。① 应当说，中国共产党人既具有民族主义的底蕴，又具有国际主义的情怀，其表达的境界与高度实现了对狭隘民族主义的超越。

世界需要中国民族主义情绪的和平表达，中国内政外交需要民族主义者发出和平的声音，从长远来说，二者是契合的。首先，中国必须让全世界知道，中国的民族主义从根本上说不具有对外扩张的内在冲动。一是中国传统文化中和平思想的预制性，二是中国民族主义思潮的防御自强性质。中华文化的核心是以"和为贵"的和平精神来强调互相尊重的价值共存，承认并尊重每一个体自身具有的真理标准，始终主张以正义、平等、中和、诚信、礼义、仁爱、节制等道德规范来处理人与人、民族与民族、国家和国家之间的关系；作为"舶来品"，中国的民族主义思想从产生开始就是自卫的而非扩张的。近代中国面临西方强国的步步紧逼、蛮横侵略，才开始接受西方的民族主义思想，并以此来唤醒国人救亡图存。它是防御的、内敛的民族主义，而非进攻的、扩张的民族主义。中国以民族主义相号召实现了民族解放以后，即刻提出"和平共处五项原则"，并以"国际主义精神"相辅助——渴望与世界和平相处，就充分说明了这一点。其次，中国要向世界清晰表达向外扩张不合乎中国的国情，有悖于中国的国家利益之事实。21 世纪初期的中国，无论在外交上还是在内政上都有一系列的问题急需理顺，这需要和平的环境。在国际上，边界纠纷和危机需要耐心和时间去缓和与解决；参与世界事务的能力还有待提升，国家形象亦需进一步营造；在国内，地区发展差异巨大，产业升级改造压力明显，环境友好型、资源节约型社会在短时间内难以建立；社会发展转型期的阶层分化和贫富差距造成的社会矛盾和正义缺失一时无法匡正；党内民主建设和政体改革成效还不够显著；社会稳定压力巨大，社会群体事件频发；国内不同民族之间的发展差异，以及由此导致的宗教文化纠纷需要慎重解决。事实上，中国政府一直在向世界做出平和的表达。如胡锦涛曾坚定表示："中国将始终不渝走和平发展道路。这是中国政府和人民根据时代发展潮流和自身根本利益作出的战略抉择。"②

"和平发展"的基本特征就是与世界各国和平共处、友好相处；依靠自身力量，通过制度创新、科技进步提高国民素质，实现社会的自我完善；以

---

① 《毛泽东选集》第 2 卷，人民出版社 1991 年版，第 520～521 页。
② 《胡锦涛在中国共产党第十七次全国代表大会上的报告》，2007 年 10 月 24 日。

平等和包容的精神寻求不同文明的共同价值核心，避免因物质和偏见引起的冲突，妥善处理因利益引起的冲突，争取国家间的双赢和多赢，在全人类共同利益的基础上实现中华民族的复兴。① 唯其如此，始能让中国融入世界体系中而不受到歧视和偏见。不能因为"面子民族主义"而拒人于千里之外，也不能仅仅因为激愤，而咄咄逼人，无休无止，② 而要跟得上世界和平的潮流，"使之能既有利于民族目标又能增进世界秩序"③。这是当今中国理性民族主义发展的应有之义，也是中国保持可持续发展和构建和谐世界的路径选择。

第二，理性民族主义要摆脱"工具"和"信仰"的符号性，政府应该通过完善治理模式来保障公民权利，进而赢得民众的自觉认同，而不能单纯依靠外向型民族主义来建构其内在的合法性。

民族主义自诞生之日起，就是作为一种民族发展强大的精神资源而存在的，它可以表明"个人对民族国家怀有高度忠诚的心理状态"④，并"被认为很快就能找到其信仰者的想入非非的东西"⑤。因此，现代世界各国的统治者都习惯于利用民族主义来提高自己的政治合法性。但是，国家主导和引导民族主义的发展要适可而止，不可常用，不可过度。正如阿伦特所说，民族国家和真正的民族主义基础是奠立于人民真诚的共同赞助之上的，这种基础是无法毫无限制地扩展的。⑥ 民族主义不仅仅是供政府拿来利用的"工具"，政府亦不可冀望将民族主义树立为"信仰"，供民众膜拜，以此来赢

---

① 参见周佩鉴、余庆东《试论当代中国的民族主义》，载《法制与社会》2008年第6期。

② 在伦敦奥运会上，国内媒体指责西方的某些裁判对待中国运动队和运动员采取双重标准，是"刻意打压、故意干扰"，"明显是无知和偏见"。在表达委屈的同时，我们亦要反思自己咄咄逼人的形象和不达目的绝不罢休的竞争意识，是否给西方以压力，引人反感，而这样的媒体评论会不会由此强化民间民族主义的激进倾向。参见《故意抹黑阻挡不了中国体育的进步》，载《人民日报》2012年8月6日。

③ Morris Janowitz, *The Reconstruction of Patriotism: Education for Civic Consciousness* (Chicago: University of Chicago Press, 1983), p. 134.

④ 《简明不列颠百科全书》第6册，中国大百科全书出版社1986年版，第6～7页。

⑤ [南斯拉夫]爱德华·卡德尔：《关于马克思主义的民族主义理论》，黄雨辰、李振锡译，《世界民族》1983年第2期。

⑥ 参见[德]汉娜·阿伦特《帝国主义》，蔡英文译，台北联经出版事业公司1982年版，译序。

得执政的合法性和长久性，①而是应通过民族主义来培植民众对政府的自觉认同。

从广义上讲，民族内部认同是民众对本民族的多元化认同，包括民族认同、国家认同、文化认同、价值认同、情感认同等不同的层面；就当下中国国情而言，民众对国家的认同更多是现实治理认同。为此，国家要完善其治理模式，以满足人的自由全面发展的长远需要，促使民众从心理上产生自觉认同。

首先，国家应尽力满足公民生存发展的经济权利。这需要政府坚定改革决心，凝聚改革共识，汇聚改革力量，在改革的过程中消化矛盾，在发展的进程中消除不公，在服务型政府建设的进程里体现服务的原则和公平的价值，以此来安抚民众的不满情绪，满足其现实的利益诉求。马克思曾说："人们奋斗所争取的一切，都同他们的利益有关。"②"'思想'一旦离开'利益'，就一定会使自己出丑。"③ 这也是毛泽东所谓："一切空话都是无用的，必须给人民以看得见的物质福利。"④ 然而，长时间以来中国民族主义过于强调国家和民族的整体利益，而对个人的利益诉求则重视度不足。不可否认，民族主义会增强民族凝聚力，在很多方面有利于经济的发展，但其本身并没有提供发展经济或政治的具体方案。这不仅容易导致激进民族主义和盲目排外主义，还会使个人丧失对民族本身进步与完善的兴趣和信心，缺乏对个人的关注、尊重和激励而空谈民族主义，无法获得经济发展的动力。民族的凝聚力将被渐渐削弱而缺乏活力。民众更公平地分享改革发展的红利是社会稳定的前提，也是民族主义思潮能够和平释放、保持积极健康的条件。

其次，国家应切实保障公民基本的政治权利。作为国家公民，其义务和权利从来都应该相当，公民外争国权的同时，政府要保证其内在的民权。近代中国启动民族国家建设的环境与西方有所不同，当中国人开始进行民族国家建设时，她已经是个半殖民地国家，面临的国际环境非常恶劣。在民族面

---

① 虽然安东尼·吉登斯认为"民族主义"这个词主要指一种心理学的现象，"即个人在心理上从属于那些强调政治秩序中人们的共同性的符号和信仰"。但在现实中，政府不可将其视为民众对执政秩序的服从。参见［英］安东尼·吉登斯《民族国家与暴力》，胡宗泽译，生活·读书·新知三联书店1998年版，第141页。
② 《马克思恩格斯全集》第1卷，人民出版社1956年版，第82页。
③ 《马克思恩格斯全集》第2卷，人民出版社1957年版，第103页。
④ 《毛泽东选集》第1卷，人民出版社1991年版，第118页。

临生存危机的情况下，一个强有力的国家而不是民主成为中国走上现代化之路的必要条件。因是之故，民族主权渐渐占据最主要地位，而人民主权变成国家主权，民主主义变成了国家主义。① 但不可否认的是，民族政权获得以后，民族主义中的人民主权应该逐渐凸现。学界一直有这样的认识，即"人权是目的，族权是手段"，"要外争国权，就必须内修人权"②，"合理民族主义是以民主主义为前提的"③。可以说，当代中国民族主义的理性发展必将推动中国民主化的进程。

最后，法制和法治必须成为现代国家管理民族主义情绪的有效手段和方式。无论在何种思潮面前，法律的规定和法治的精神都具有最高的权威和约束力。个体行为一旦超越法律规定的界限，就要受到法律惩罚。法制和法律在此必须扮演两方面的角色：一是"去道德化"。任何行为和个人一旦触犯法律，不管其目的具有多么高尚的道德感都不能被认为是极端行为的护身符，都必将受到法律的制裁。二是"理性化"。任何一个行为都包含着社会责任，受法律约束，在行为发生之前，大众必须思考该行为之后果。这就是法的精神，也是至高至上的原则，必须坚守而不能逾越。

民众的民族认同终归要归结于政府对个人权利的保障和尊重——人的自由和全面发展。在中国民族主义仍因缺乏实质性内容去激发大众的情感而显得分外单薄之时④，我们需要以马克思主义理论中人的自由全面发展的内容去充实它，使其丰满而"赏心悦目"。它的内容既包括人的个性、能力和知识的协调发展，也包括人的自然素质、社会素质和精神素质的共同提高，同时还包括人的政治权利、经济权利和其他社会权利的充分实现。民族主义要从狂热走向理性，从偏狭走向宽容，从"工具"走向自觉，从"信仰"走向"信任"，需要填充以上内容。

第三，理性民族主义需要逐渐摆脱历史包袱，回归现实国情，重构表达上的平和与实践上的秩序，进而完成构建现代民族国家的任务。

近代中国民族主义的迸发，是基于西方列强的强暴给中国人造成的身世家国之哀。当代中国民族主义的勃兴，亦有古代高度繁荣的文化成就感和近

---

① 参见郑永年《中国的民族主义和民主政治》，载《中国社会科学季刊》2000年夏季号。
② 转引自王小东《当代中国民族主义论》，载《战略与管理》2000年第5期。
③ 秦晖：《自由主义与民族主义的契合点在哪里？》，载《东方》1996年第3期。
④ 白鲁恂：《民族主义与现代化》，载《二十一世纪》1992年2月号。

代落后挨打的耻辱感之落差的原因，因而谈中国的民族主义就避不开历史包袱。但是，要构建理性、平和的民族主义，就要求我们尽量客观冷静地对待历史问题，将之作为历史资源来激励国人，而不是被历史仇恨所左右，以至于引向暴力性的、激进的民族主义思潮和运动。为此，在当今情势下，中国政府论述革命合理性的历史教育观和话语体系应该有所改变。① 民族主义不是对外来压力的一时反抗，而政府应将民族主义视为长远目的。

霍布斯鲍姆曾说："现代民族国家的基本特征及其一切是它的现代性。"② 长远而言，民族主义在历史上的主要功能即是完成现代民族国家的构建，这是近代世界民族主义的发展趋势。民族主义在中国兴起之时，国人即大力宣扬此点："今日欧洲列强立国之本，在民族主义，固也；然彼能以民族主义建已之国，复能以民族主义亡人之国。"③ 梁启超曾把民族国家视为现代民族主义的归宿，并把中国能否成功建设民族国家看作中国能否自立于世界民族之林的根本。他说："自千八百四十年以后，而民族建国之义乃渐昌。虽或间遇抵抗，或稍被制限，而其势力之不可侮，则固已为有识者所同认矣。"因此，"今日欲救中国，无他术焉，亦先建设一民族主义之国家而已"④。民国以降，这种构建现代民族国家的设想一直是国人的主动追求和理想。胡适曾言，"民族主义有三个方面：最浅的是排外，其次是拥护本国固有的文化，最高又最艰难的是努力建设一个民族的国家。因为最后一步是最艰难的，所以一切民族主义运动往往最容易先走上前面的两步"⑤。可以说，现代中国的民族民主革命运动，其终极目标即是推翻帝国主义的压迫和封建主义的专制，实现中华民族自救解放，并在此基础上完成改良政治、发展经济、创造新文化、建设现代意义之民族国家的任务。

当然，现代民族国家有其独特内涵。布莱克曾将其概括为如下四个特

---

① Alastair Lain Johnston, "Ten Problems Facing Chinese Foreign Policy," from Conference Paper, *Chinese Politics Past and Present: The 18th Party Congress*, Cambridge: Harvard University (Nov. 30th – Dec. 1st, 2012).

② E. J. Hobsbawm, *Nations and Nationalism Since 1780: Programme, Myth, Reality* (New York: Cambridge University Press, 1992), p. 14.

③ 张枬、王忍之编：《辛亥革命前十年间时论选集》第1卷（下），生活·读书·新知三联书店1960年版，第488页。

④ 梁启超：《政治学大家伯伦知理之学说》《论民族竞争之大势》，见《饮冰室文集（第2册）》，中华书局1989年版，第72、35页。

⑤ 胡适：《个人自由与社会进步》，载《独立评论》1935年第150号。

征：一是政治权力的集中化，二是国家的职能的扩大，三是法律规范的普及，四是公民在公共事务中作用的扩大。① 鉴于这四个特征的形成是逐步的，现代民族国家的形成也是一个长期的过程。在西方，它们是从绝对专制国家的建立而过渡到现代民主政治。在这一转型中，起推动作用的是经济的发展和资产阶级的崛起。在后发国家，它们更多的是靠国家权力来推进经济的发展和社会的进步，国家建设和民族建设往往同步进行。从西方国家构建现代民族国家的过程，以及中国构建现代民族国家的实践看，能够立足于当今世界的民族国家之间是有共性的。

现代民族国家的主体是成熟的政府和成熟的国民。政府的成熟不是统治手段的完善，而是治理理念的现代化。政府应作为契约的守护者和秩序的维护者、政策的制定者和规则的捍卫者。成熟的国民不是经济上的成功者和政治上的尊贵者，而应是遵守秩序与契约的国家发展的推动者和社会价值的引导者，同时还应该是国家利益的小心翼翼的护卫者，而不是动辄让国家与政府陷入被动的激进者和空想家。而理性民族主义的提倡，有助于成熟政府的构建和成熟国民的造就。

现代民族国家的表现是对外和平和对内认同。对外和平是现代国家要遵守的国际规范，也是理性民族主义建设、发展国家所必备的外部环境；对内认同是国家赢得民众信任，进而能够长治久安的前提条件。对于前者，国际和平与合作已经是历史大势，局部的紧张不会在短时间内改变整体的和平状态，理性民主主义者在张扬国家本位的同时，需要立足于构建民族国家的高度来约束自己应激性、短期性行为的强度，持久而严正地守卫民族的尊严和特性；对于后者，国家需要在秩序上、法律上来保障公民的权利，减缓矛盾，进而在政治制度文化和经济体制文化等治理模式上赢得民众的自觉认可，以此来凝聚人心，最终达到政府与民间的相互认同和欣赏。

现代民族国家的构建必须是开放性的。中国的民族主义自诞生之日就具有反抗世界霸权的特点和义务，但当代中国所需要的不是粗鄙化的反西方主义。作为一种进取性的政治思潮，中国的民族主义思潮必须保持开放的心态，成为一种通向世界现代化大"家族"的民族主义。② 对现代化的那些公

---

① 转引自［美］安东尼·奥罗姆《政治社会学》，张华青等译，上海人民出版社1989年版，第339～340页。

② 许纪霖：《中国的民族主义：一个巨大而空洞的符号》，见乐山《潜流：对狭隘民族主义的批判与反思》，华东师范大学出版社2004年版，第46～47页。

共元素诸如市场、自由、民主、法治等，在中国的特殊语境下需加以重新选择和配置。因为任何进步政治思潮都有值得借鉴的闪光点，"人类所信仰的所有积极价值，到最后一定可以相容甚或是彼此互相蕴涵在对方之中"①。当然，民族主义的开放性不仅意味着对外的兼容并蓄，而且要求其内部开放。即容许和引导民众在社会公共领域，对什么是最好的共同体生存方式进行自由的、平等的讨论，并且借助一定的社会空间，进行试错性的社会实验。民族主义的现代性格则要求这样的讨论和实验必须置身于现代化的背景之下。

现代民族国家还要容忍"自由主义"的表达和价值追求。民族主义和自由主义之纠葛，在现实上和理论上都是难以厘清的课题。② 孙中山在革命的过程中曾反复强调，"实行民族主义就是为国家争自由"，"到了国家能够行动自由，中国便是强盛的国家。要这样做去便要大家牺牲自由"。③ 当下，"自由主义"对理性民主主义和现代民族国家的意义可以表现在如下两端：其一，个人自由是国家自由的前提。严复曾明确提出，"自由主义"在中国的提倡，与其说是对"自由主义"的信奉，毋宁说是民族主义目标的驱使。他说："夫所谓富强云者，质而言之，不外利民云尔。然政欲利民，必自民各能自利始；民各能自利，又必自皆得自由始。"④ 这样，自由被看成救亡图存的途径，看成实现国家富强目标的手段。因为只有个人自由，才有国家自由。他以此将国家富强的本源归结为基于自由的个性活力。胡适亦强调："争个人的自由，便是为国家争自由；争自己个人的人格，便是为国家争人

---

① ［英］艾塞亚·伯林：《自由四论》，陈晓林译，台北联营出版事业公司1986年版，第288页。

② 关于民族主义和自由主义之关系究竟如何界定，这在学术界是一个聚讼不已的话题。圭多·德·拉吉罗曾断言这二者之间有巨大的理论鸿沟："民族主义对外必然意味着宰制其他民族，对内必然意味着以专制权威统治其子民，因此它与自由主义在每一个观点上都是相敌对的。"不同的观点强调："民族权利和民族成员的权利应具有同等的自由价值观。"参见［意］圭多·德·拉吉罗《欧洲自由主义的历史》，杨军译，吉林人民出版社2001年版，第416页；徐贲《自由主义民族主义》，见乐山主编《潜流：对狭隘民族主义的批判与反思》，华东师范大学出版社2004年版，第335页。

③ 《孙中山选集》，人民出版社1981年版，第722～723页。

④ 《严复集（第1册）》，中华书局1986年版，第27页。

格。"① 其二，"自由主义"的某些价值导向可以促进理性民族主义的构建。平民大众中间狂热、偏激、盲目的民族主义情绪往往适得其反，可能激化民族矛盾、破坏社会稳定、阻碍国际关系的正常发展。民族主义若能够吸纳"自由主义"中所包含的人权、民主、宪政、法治等价值理念，将有助于引导当代民族主义走向理性、温和、宽容的发展轨迹。

列宁曾谓："在分析任何一个社会问题时，马克思主义理论的绝对要求就是要把问题提到一定的历史范围之内。"② 中国民族主义思潮是在国家强盛的现实关怀下逐步形成和发展的，近代中国走过的历程充分彰显了民族主义思潮和民族主义运动的价值与意义。可以说，在中国走向独立和富强的道路上，民族主义具有举足轻重的地位，发挥了异乎寻常的作用。③ 一百多年来，中国社会最大的发展动力就是民族主义。④ 因此，我们不能简单地认同19世纪中叶以来的中国民族主义"往往表现为排外主义"⑤的结论。

当然，如安东尼·吉登斯所说，"民族主义有两面性：当它导向主权时，就容易引发民族侵略；而当它导向公民权时，就引发启蒙的民主理想"⑥。对中国而言，民族主义对外多表现为因外侮而起的救国观念和卫国运动，对内则表现出现代民族主义国家建构的一面。然而长时间以来，在民族大义面前，理性民族主义的建构渐渐被简单地等同于口号式的爱国主义呐喊，而民族国家的共和精神和民众的民主诉求则或多或少地被忽略，民族自觉的人权观念被淡化。所有这些现象都不能持续有效地推动中国的现代化进程，亦不利于现代民族国家的构建。

虽然当今世界发展一日千里，民族之间需要融合共生，但中国民族主义无论是作为一种思潮还是作为一种运动，都将在相当长的时间里存在并发挥影响。政府必须在正视其存在的同时，从构建现代民族国家的目标和高度去

---

① 胡适：《介绍我自己的思想》，见《胡适全集》第4卷，安徽教育出版社2003年版，第663页。

② 《列宁选集》第2卷，人民出版社1995年版，第375页。

③ 参见姜义华《论二十世纪中国的民族主义》，载《复旦大学学报（社会科学版）》1993年第3期。

④ 参见余英时《中国近代思想史中的激进与保守》，见《钱穆与中国文化》，远东出版社1994年版，第203页。

⑤ 陈方正：《论中国民族主义与世界意识》，载《二十一世纪评论》1993年10月号。

⑥ [英]安东尼·吉登斯：《民族国家与暴力》，胡宗泽译，生活·读书·新知三联书店1998年版，第262页。

引导它。在力谋世界和平的环境里完善政府现代化的治理模式，以此赢得民众的自觉认同，并在世界现代化的大势之下和西方文明共融共生，相与为用；反之，如果只是为了短期的目标而借题发挥，予取予求，则不仅放任了民间非理性因素的激流澎湃，冲击了自身的合法性基础，还必将置自己于现代化的大门之外而挣扎徘徊，不能够被世界真正接受和国内民众自觉认同。

三、消费主义的兴起

20世纪70年代，西方发达资本主义社会发生了结构性转型，在资本逻辑支配下，社会经济生活的重心由生产领域转向消费领域，与大众化消费时代不同，它表现出媒介化、符号化和夸示性等特征。作为当代资本主义积累调节模式的消费主义，也成为嵌入全球化进程以及资本逻辑中的一个重要维度，并且与中国改革开放三十年来国家的刺激消费政策、劳动激励制度、人们消费欲望的解放、物质生活的丰裕产生了叠加效应，与传统社会中的一些非正式制度因素、对物质匮乏时代的集体记忆等互相交织，使当代中国消费主义的问题和表现尤为复杂。因此，对于当代中国社会消费主义的批判性研究首先需要剥离和澄清，即资本逻辑中的消费主义与改革开放进程中消费合法性的恢复之间的原则性界限。本节进而深入探讨在全球化与改革开放的张力中，二者如何交织、压缩、互锁成一个隐秘的吊诡，成为突显社会矛盾的敏感性焦点。在某种意义上说，消费作为社会关系建构的主动模式，"不只是人和物品之间的关系，也是人和集体与世界间的关系，它是一种系统性活动的模式，也是一种全面性的回应，在它之上，建立了我们文化体系的整体"[1]。透过改革开放三十年来中国人消费生活的镜像，能够为我们把握这一社会变迁的内在机理、发展趋势和矛盾冲突提供有意义的参考系数。

（一）消费政策制度安排的历史变迁

改革开放三十年来，中国人的社会生活方式发生了深刻转变，特别是消费观念、消费结构和消费模式，均受到了国家制度、宏观经济政策以及全球化进程等诸多因素的影响。"国家从抑制消费（改革开放前）到提倡适当消费（20世纪80年代至90年代末期）再到采取政策来鼓励消费（20世纪90年代末期以后），这不但意味着消费的合法性得到恢复，而且意味着随着经

---

[1] ［法］波德里亚：《物体系》，林志明译，上海人民出版社2001年版，第222页。

济的发展，消费在经济体系中的地位和作用不断提升"①，消费方式成为人们能够切身感受到的显性社会变迁。与西方发达资本主义国家以资本逻辑为支配力量的消费主义发生方式不同，中国社会消费方式的变迁是通过国家制度安排和政策推行来自上而下展开的，"消费主义是国家让渡的后果，是国家用其经济让渡换取居民政治让渡的产物，也是国家出于经济主义目标而借助经济政策对居民消费欲望加以刺激的结果"②。

  为了在物质资源极度贫乏的国度实现社会主义工业化的目标，就必须集中一切可以集中的资源，用于社会主义的工业化建设。为此，国家要求居民"艰苦朴素""勤俭节约""节衣缩食""勒紧裤带搞建设"，以便提高积累的比例，节省一切能够节省的资源用于社会主义的工业建设。刘少奇早在1950年就指出："为了保卫中国与提高人民的生活水平，就需要进行大规模的经济建设，使中国工业化。而为了要大规模地进行经济建设与加快工业化，就需要由人民节省出大量的资金以投资于经济事业。而要人民节省出大量的资金，就不能不影响人民生活水平提高的速度，就是说，在最近一二十年内人民生活水平提高的速度不能不受到一些限制。我们为了筹集资金去建设我们的工业以创造将来更好的生活，在我们不饿不冻并能保持通常的健康的条件之下，我们尽可能多节省一点，少花费一点，以便由国家把资金积累起来，去加快工业化的速度。"③ 国家通过1953年推行的"统购统销"制度将基本消费生活资料的控制权垄断在自己的手里，使得个人不得不接受国家所规定的消费水平，但这只是问题的一个方面。以1955年发行的第一套全国通用粮票为标志，新中国进入"计划消费"时代，国家宏观经济政策以"重积累，轻消费"为核心导向。中国人消费方式的最大特征表现为"票证制""准配给制"。在计划经济体制下，社会物质产品的生产、分配和供给是在中央计划性调节与规划之下进行的，不仅消费品种类和供应量不足，而且国家主流宣传话语也抨击享乐、奢侈和浪费之风，人们的消费能力、消费欲望以及需求受到限制。在传统克勤克俭的节俭观念之下，量入为出、积累

---

  ① 王宁：《从苦行者社会到消费者社会：中国城市消费制度、劳动激励与主体结构性转型》，社会科学文献出版社2009年版，第249页。
  ② 王宁：《"国家让渡论"：有关中国消费主义成因的新命题》，载《中山大学学报（社会科学版）》2007年第4期。
  ③ 刘少奇：《国家的工业化和人民生活水平的提高》，见《刘少奇选集》下卷，人民出版社1985年版，第7页。

家庭储蓄、节约资源成为中国人基本的消费态度，消费的目的则主要满足刚性需求，即解决基本日常生活和温饱问题。票证配给制体现了当时社会产品供不应求，供需之间矛盾的突显，同时也加剧了城乡居民之间的身份和待遇差别。但是，在当时情势下，票证配给制通过遏制消费需求和消费选择，缓解了物资匮乏和消费欲望膨胀之间的冲突。

在当时的观念看来，抑制消费是人民暂时牺牲眼前利益，是一种权宜性手段，目的是换取国家的长远利益。显然，在消费安排上，国家推行的是一种集体性的"滞后享受"。也正因为如此，国家才得以以相当低的成本落实"抑制消费"的制度安排。而这种制度安排为提高国家的资源动员能力，进而提高国家的社会动员能力，建立和强化计划经济体制，发挥了重要的作用。

虽然从1957年起工资调级几乎停滞了，国家只是分别在1962年和1972年对工资做了小幅调整，并经历了1959—1961年的困难时期，但由于60年代初国民经济逐步好转和发展，人们的生活水平在"文革"前夕还是有了较大提高。"文革"开始后，随着1965年奖金制度被彻底废除和职工工资的长期冻结（1963—1977年），大部分职工实际生活水平趋于下降。那些在工资冻结期间就业职工的生活较以前职工的更为困难。与工资冻结同步，住房问题也不断趋于恶化。凭票定量供应的副食品和消费品越来越难以满足人们的基本需求，同时，供给也不断恶化，即使有钱有票也未必能买到东西。为了获得消费必需品，"走后门"现象开始蔓延。[1] 到了"文革"中后期（1971—1972年以后），抑制消费的制度安排对劳动积极性的激励和对消费的抑制机制开始失效了。

以1978年党的十一届三中全会的召开为标志，中国开启了改革开放的历史进程，由计划经济向商品经济过渡，结束了票证配给制。在国家指导思想层面经历了解放思想、反思"贫穷社会主义"的历史性转折。邓小平指出，经济体制改革的目的在于发展生产力、改善人们的生活水平、体现社会主义的优越性，并提出建设小康的现代化目标："我们奋斗了几十年，就是为了消灭贫困。第一步，本世纪末，达到小康水平，就是不穷不富，日子比较好过的水平。第二步，再用三五十年的实践，在经济上接近发达国家的水

---

[1] Cf. Andrew G. Walder, *Communist Neo-Traditionalism* (Berkeley: University of California Press, 1986), pp. 191–201.

平,使人民生活比较富裕。"① 小康成为人们消费生活水平的目标。随着上述指导思想的转变,计划和市场作为发展经济的手段被重新界定。在国家宏观制度安排层面,体现为积极采取措施调整积累和消费、工业和农业、轻工业之间的比例关系,施行补贴消费政策,将资源分配向居民倾斜,人们获取日常生活必需品的场所也由国营仓库转向市场供求。与此同时,改革工资制度,逐步增加居民的收入水平成为配套的支持性政策。国家在改革开放初期(1979—1988年)在私人消费领域采取了补偿消费的政策。根据国家统计局的数据,从1978年到1981年,消费占GDP(国内生产总值)的比重从62.1%上升到67.5%;相应地,积累在GDP中所占比重从38.2%下降到32.3%。与此同时,国家提高了城镇职工工资,恢复实行奖金制度。国家还提高农副产品的收购价格,提高农民的收入,相应地为城镇职工实行农副食品价格补贴。②

1985年通过的"七五"计划指出,在继续增加日用必需品生产的同时,努力增加农副产品的供应,各种纺织品、中高档服装以及耐用家电的供应,与此同时,扩大商业和服务业等生活服务项目。"七五"计划一方面表明,国家经济增长模式以消费品需求为导向,由优先发展重工业扭转为优先发展消费品工业;另一方面人们的消费需求、消费选择和消费生活水平等方面发生了深刻变化,以家电为主的耐用品甚至一度成为人们的抢购对象。

改革开放初期所实行的物质刺激和补偿消费的政策,不但调动了人们的劳动积极性、提高了劳动生产效率、重构了劳动激励机制(即世俗化激励),而且由于消费品供给的改善和人民消费生活水平的提高,党和国家迅速恢复和提高了声望,在很大程度上克服了国家的合法性资源危机。可见,随着20世纪80年代中期全民性的消费生活水平的改善和提高,包括饮食、服装消费水平的提高以及家用电器消费逐步进入城市居民家庭,党和国家的改革开放政策得到了广大人民群众的衷心拥护和支持,合法性资源也因此得以重构。经过近二十年的努力,消费品紧缺的状况已经得到根本性改观,国内商品市场趋于供求平衡,甚至出现供大于求、产品相对过剩的趋势。一方面,由于国企、住房制度和社会保障制度等一系列战略性改革措施结束了国

---

① 邓小平:《改革科技体制是为了解放生产力》,见《邓小平文选》第3卷,人民出版社1993年版,第107页。

② 参见房爱卿、范剑平、朱小良《我国消费需求发展趋势和消费政策研究》,中国经济出版社2006年版,第4~8页。

家统包体制，打破了"大锅饭""铁饭碗"，大批下岗职工涌向劳动力市场再就业，人们对未来的理性预期受到打击，从而减少了即期消费，而保健等服务性消费成为新的消费热点；另一方面，与之相适应的劳动激励机制也使人们有能力通过追求个人利益，获得更好的生活品质和享受，实现了从小康到全面小康的升级。消费作为拉动经济增长的动力成为主导的宏观经济政策，深刻地改变了中国经济的发展模式，消费从合法性理性逻辑，逐步转入合理性和工具性逻辑。

到了20世纪90年代末期，随着中国告别短缺经济，产品开始出现过剩。由于受1998年亚洲金融危机的影响，我国对周边国家的商品出口及其境外直接投资受到很大的负面影响，进而导致中国经济的全面紧缩。因此，1998年国家为推动经济增长采取"扩大内需"的刺激性消费政策，以改变由消费不足所导致的经济发展瓶颈，如在短短几年内连续8次降低银行存款利率，降低住房、汽车等耐用消费品的消费税率，征收存款利息税，提高城镇低收入者和公职人员的工资，推行消费信贷，延长节假日（并因此形成三个旅游黄金周），等等，以扩大国内消费市场，促进经济增长。朱镕基总理在1999年的政府工作报告中指出："要采取有力措施引导和扩大消费需求，形成投资和消费对经济增长的双重拉动。"政府投资的积极性财政政策为市场经济注入了强大动力：电信、旅游、文化、娱乐是这一制度的背景，催生了中国城市的消费文化和消费主义。换句话说，消费文化和消费主义是嵌入在某种制度背景中的。[①] 很显然，从改革开放初期"补偿消费政策阶段"向90年代末期"鼓励消费政策阶段"的转变，意味着私人消费水平的普遍提高，私人消费作为重建国家合法性的角色趋于弱化，私人消费的政治功能开始让位于经济功能，消费开始回归经济的角色。相应地，在90年代末期，国家在私人消费上的制度安排开始回归"理性化逻辑"。

由于中国区域发展不平衡，扩大内需的消费政策在城市和农村、东部和西部、内地和沿海有不同的发展程度与表现形式，但无疑构成了改革开放进程中社会转型、文化变迁的实质性要素。消费主义在中国的发生是以国家制度安排自上而下的推动为主导，以经济繁荣、社会生产发展以及人们生活水平提高为根本诉求，以对劳动者的主体性、创造性及其劳动成果的充分尊重和认同为价值目标的，这与发达资本主义社会资本逻辑中的消费主义在社会

---

① 参见王宁《从苦行者社会到消费者社会：中国城市消费制度、劳动激励与主体结构性转型》，社会科学文献出版社2009年版，第249页。

历史背景、制度环境方面有着根本性的差异。但是，由于全球化进程与改革开放的同步展开，我们无法回避资本逻辑中的消费主义在当代中国蔓延（媒介化、符号化消费），以及一些传统的社会习俗、习惯心态等非正式制度因素在现代社会被重新唤醒并放大（尚礼的传统，面子观），这使当代中国也呈现过度消费、夸示性消费、符号化消费等消费主义或消费文化的特征。但事实上，消费主义作为一种生存方式以及与之相适应的意识形态，是发达资本主义社会结构性转变的必然结果。二者在社会制度、经济模式之间的根本的、原则性的界限，是应该被确认并澄清的，而消费主义亦需要以经济伦理进行审视和批判。

（二）中国社会转型内在张力中的消费主义

在改革开放历史进程中，中国社会结构持续而深刻的分化："一是社会异质性增加，即结构要素（如位置、群体、阶层、组织）的类别增多，另一种是社会不平等程度的变化，即结构要素之间差距的拉大。"[①] 尤其在1992年邓小平南方谈话之后，经济体制改革步伐加快，在广度、深度和幅度上远远超过前一阶段。90年代中期，相对于内陆和东北地区，沿海城市市场经济转型更加迅速，拥有较高的人均年收入和消费水平。1998年，国家宏观经济政策转向扩大内需和刺激性消费、扩大政府投资和各类基础设施建设，以及启动房地产市场等政策，使区域间及区域内部多元利益主体收入、消费分化加剧。有学者判断，中国经历并且正在经历一场消费革命，正在从传统的生产型社会转向消费型社会。在传统的社会习俗、文化心理、全球化进程与改革开放、社会转型的内在张力中，消费主义呈现在当代中国的独特问题和表现形式。

发达资本主义从工业文明、现代文明向后工业文明、后现代文明的社会结构性转变中，在资本逻辑支配下表现出消费主义的特征，并且以现代媒介技术的发展、金融资本的创新、非物质劳动的扩张为技术层面的支撑。由于中国改革开放与全球化进程的同步展开，在从计划经济向市场经济的转型过程中，发达资本主义的经济运行方式、生活方式和思想文化迅速地传入现代化进程中的中国，从而使农业文明、现代文明和后现代文明依次更替的历时性的文明形态以共时态的方式聚集于当下中国，体现在以下社会结构冲突的

---

① 孙立平：《转型与断裂：改革以来中国社会结构的变迁》，清华大学出版社2004年版，第4页。

张力之中：早期现代性与超现代性的混合，初级生产线经济与符号、空间经济的共生，传统人际关系网络与消费为主导的都会城市空间交织。"空间形式上，工厂区的生活社群层压在农业区之上；文化形式上，传统方式混杂于消费主义方式；社会形式上，在巨大的贫富不均的对比下，工人阶级与新兴的富裕中产阶级并置于紧密的社会关系中。这些社会螺旋（helixes）有多种层面，被卷入全球和跨国力量的推拉互动中。"① 从而使中国的社会转型在结构上表现为压缩式、多层次和不平衡性的文化空间样态，这意味着多样性选择或多元化的生活模式与价值观念迥异于改革开放之前的集体化生活和国家主导一元化意识形态，在非常私人的空间层面上重建了日常生活，也造成了官方话语与民间意识之间的二元对立。

在上述复杂时空交织的社会结构中，资本逻辑中的消费主义作为一种生活方式和文化样态，以"中性的假面"通过经济全球化进程被植入中国人的社会生活消费主义，伴随着市场经济的逐步建立获得了大众化、常态化的"文化合法性"。发达资本主义国家在娱乐、时尚、品味等方面的示范性被更多的中国人所接受和推崇，与国家拉动内需、发展经济的刺激性消费政策和市场经济导向产生了叠加效应。加之中国传统社会习俗中的某些炫耀、夸示情结被放大，以及长期计划经济体制下人们被抑制的消费欲望和需求被释放出来，产生了"炫富"行为、追捧奢侈品热潮、上瘾性浪费和叠加性浪费行为等一系列极端的消费异化问题。"中国城乡社会追求西方发达国家代表性的高消费生活方式正在逐步发展成为普遍现象；在这个过程中，对符号象征价值的消费正在成为人们的主要消费选择，甚至超越了对商品的示范作用并推动了消费主义生活方式的扩散。"② 这使消费主义在众多价值选择中成为社会矛盾的焦点，表现出同资本逻辑中的消费主义相似的特征。

1. 媒介化消费倾向

中国改革开放经历了从纸质媒介到大众媒介以及电子媒介的迅速变迁，从报纸、杂志到广播、电视，以及互联网、手机。西方国家近百年的媒介技术革命，在中国经过短短三十几年的时间就迅速被大众化。1994年中国正式接入国际互联网，网络媒体迅速崛起，经过二十年时间，中国成为全球最大的互联网和手机用户国家；网络购物、电子支付、电子商务平台等在当代

---

① 许纪霖：《帝国、都市与现代性》，江苏人民出版社2006年版，第340页。
② 陈昕：《救赎与消费：当代中国日常生活中的消费主义》，江苏人民出版社2003年版，第8～16页。

中国的迅速崛起，使互联网在大众常态生活方面直接成为消费主义的生活方式和价值理念的媒介载体。电视、电影、网络媒体的发展，西方传媒文化在中国的广为传播，对受众的消费观念和价值取向产生了极为深刻的影响。"大众媒体同时也积极地倡导商品崇拜和无休止的欲望。这主要是通过不断报道富人中的时尚、生活和炫耀性消费来实现的……中国的大众媒体也已经在20世纪90年代商业化，成为一个竞争日益激烈的行业。"① 在市场经济的冲击下，中国媒介消费越来越以经济效益为旨归，以满足享乐和个人情感诉求为目的，以娱乐化和趣味化为选择，美国好莱坞的电影、日本的动画片、韩国的电视连续剧以及港台的娱乐节目在电视上、网络上以其"易得性"成为公众的主要观赏和接受对象。

新兴的电子媒介及其传播方式（互联网与手机的结合，微博、微信等沟通工具）的普及，迅速改变了传统的信息传播、接受和建构方式，媒介技术与消费生活互相渗透，使得信息传播是即刻的、感性的、碎片化的，甚至是被娱乐、趣味所植入的：一方面使被制造的消费意向无孔不入、迅速传播（广告、时尚），另一方面也为一次性文化产品的消费提供了媒介载体（电影、电视剧等）。更加重要的是，西方发达资本主义社会消费主义的生活方式和意识形态被转化为某种感性的、图像化的意向与符号，通过互联网以中性的、信息化的方式向中国公众传播和渗透，在深层上重新建构着消费主体的心智模式和生存方式，与实用主义、绩效主义、享乐主义相伴而生。

2. 符号化消费倾向

媒介技术革命为符号化消费提供了技术支撑，在现代信息社会，物的消费过程必须通过大众传播媒介来实现，并转变为符号的生产与传播过程，通过广告的弥散与接受，在人们心中形成一定消费意向。"传递符号的主要载体——广告——也有两个很主要的相应的发展变化，一是广告的诉求从对'价值的直接陈述'转向对'隐喻的价值与生活形态的塑造'；二是广告文字说明减少，而相应的'丰富的视觉影像'在增加。"② 在改革开放初期，广告媒介很少，主要表现为报纸媒介的文字形式，而且内容、形式比较单一。但是，随着改革开放的深入，无论是广告媒介（广播、电视、网络、地铁站、公交车站等灯箱广告），还是在广告的表现形式、符号因素的运用、

---

① 阎云翔：《中国社会的个体化》，陆洋等译，上海译文出版社2012年版，第276页。
② ［加］苏特·杰哈利：《广告符码：消费社会中的政治经济学和拜物现象》，马姗姗译，中国人民大学出版社2004年版，第26页。

价值诉求、说服策略、标题和口号上，以及在广告中所显现的消费方式等都更加多样化、形象化和视觉化，广告的内容越来越超越功能层面的描述，而强调人或者物品与周围情境相融合的生活品位或时尚趣味，叙事性广告和戏剧性广告增多。

对于中国公众而言，符号化消费承载着形成新的社会评价标准并进行自我身份建构的重要功能。中国改革开放作为一种深刻的社会转型，它使传统社会以及计划经济时代对个人进行社会评价的基本标准发生了转变，即"从过去的政治评价（如'表现'是否积极、是否争取进步等）转向经济评价（如是否'发财'、是否'成功'等），而消费则成为新的获取'正面'社会评价的方式之一"①。因此，在符号化消费背后，隐遁着在市场经济进程中"理性经济人"主体的形成和建构，在计划经济时代作为社会评价的政治标准、道德标准被去神圣化，世俗劳动获得了社会意义。在经济活动中所取得的成就以及与之匹配的消费能力，成为衡量和评价个人社会价值和自我价值实现的主要标准，个体也正是在经济能力和消费能力的意义上来重建自我身份认同的，而人们的消费对象、消费方式和消费能力共同建立起一种社会认同的框架，同时也发挥着社会身份区分和差异化的功能。

因此，对商品使用价值的剥离与符号价值的建构，对于中国人而言，不仅仅是风格、地位、品味或有关"美好生活"的形象（image of good life），更成为自我身份认同和社会认同框架的基础。这一方面是由于市场经济合法性建构了"理性经济人主体"，在经济活动范围内追求个体存在的意义基础成为正当的需要；另一方面是由于在改革开放进程中，社会主义主流意识形态被弱化，传统和官方的宏大价值意义系统已经无法提供与承载社会成员所需的个体生命意义的终极价值功能，个人必须自行选择和建构终极价值的意义系统，将存在感映射在商品系统所代表的符号价值上的消费主义，适时承担起个人化终极价值的功能。

3. 夸示性消费倾向

炫耀性或夸示性消费表现出在物品中所包含的文化意义和社会关系，这在人类社会中是比较普遍存在的现象。凡勃伦在《有闲阶级论》中所说的炫耀性消费指的是一种借助超实用性或浪费性消费向他人显示自己的金钱实力或财富，从而维持或提升其社会地位的消费行为模式。在当代中国人的消

---

① 王宁：《"国家让渡论"：有关中国消费主义成因的新命题》，载《中山大学学报（社会科学版）》2007年第4期。

费心理和行为方式中所体现的炫耀性和夸示性，却和传统主义中"面子""尚礼"等非正式制度因素具有深刻关联，并且成为营造社会关系网的重要手段。"面子"是中国传统文化和民族性格中非常重要的特点，"面子代表获得的声望，是拥有的社会地位，还包括个人的成就与品格，是一个人经社会认可的'自我'和影响力的代称，由此也就形成了个体与他人交往的心理距离，强调的是个人的成就和品格与面子大小的关联，特别突出了面子是'他人赋予'的特性"①。在使一部分人先富起来的改革开放政策的推动下，一部分人具有了通过其消费能力以炫耀其身份和地位的资本，"在社会转型需要不断巩固自己的身份地位的新富阶层经常把商品的符号价值发挥到极致"②。

对于奢侈品消费以及夸耀式闲暇娱乐活动的社会调查表明，大部分奢侈品除了用于展现个人身份、品味、财富和社会地位，还用于礼尚往来的社会交往活动，即工具性地用于营造社会关系网。

（三）消费主义在当代中国的悖论及趋势

当代中国是否真正进入消费社会，是学者争议比较大的问题。一方面，当代中国社会的确表现出一系列消费主义特征；另一方面，收入和消费两极分化是不争的事实，这使得消费主义在当代中国的问题及表现非常复杂。然而可以肯定的是，这与嵌入资本逻辑中的消费主义存在根本差别。即人们消费能力的提高、消费欲望的解放、消费选择的多样化是由国家扩大内需、提高人民生活水平的经济政策推动的，这是中国开启现代化进程、实现社会转型的必要途径，也是国家重建合法性的必要途径，有其产生的深刻的历史背景和现实基础。除了受到嵌入全球化和资本逻辑中的消费主义的影响，以及传统主义中的社会习俗、心理机制等非正式制度因素的预制性作用，更为重要的在于，它是嵌入中国经济改革制度及其社会结构之中的。"蓬勃发展的消费主义不仅是经济增长的反映，也是不断变化的社会制度的反映；消费主义同时还反过来促进社会制度更进一步的改革。比如重新划分社会群体的界限，在国家控制外形成新的社会空间和新的意识形态等。"③ 消费主义在当代中国社会虽然呈现资本逻辑媒介化、符号化和夸示性等倾向，但是在本质上却并非单纯由资本逻辑所支配和推动，因此表现出一系列充满悖论的吊诡。

---

① 姜彩芬：《面子与消费》，社会科学文献出版社2009年版，第64页。
② 阎云翔：《中国社会的个体化》，陆洋等译，上海译文出版社2012年版，第278页。
③ 阎云翔：《中国社会的个体化》，陆洋等译，上海译文出版社2012年版，第278页。

1. 经济结构及其政策对消费能力的抑制

新中国成立后，确立了调动全国人力、物力优先发展重工业的经济战略，"国家所采取的高积累、低消费和低工资政策，都是为了在物质资源极度匮乏的情况下实行重工业优先发展的目标而做出的理性选择。其政策的实质在于，通过降低劳动力再生产的成本从而降低工业化的成本"[①]。王宁将其称为"低成本的工业化战略""低成本发展战略"，并认为，这种经济结构和发展模式导致了长期的低工资政策并造成了城市劳动力人口的廉价，加之中国改革开放吸引外资的政策，使廉价劳动力和海外投资形成了历史性的结合，劳动力的低成本为中国在国际经济竞争中形成比较优势创造了条件。尤其在 1997 年的亚洲金融风暴以及 2001 年加入 WTO 后，中国低成本战略的优势突显，对于出口的依赖成为经济的增长点，使得中国经济结构长期处在国际分工价值链的最低端。由于国家经济政策进一步向出口导向型经济转变，货币政策、外贸政策、社会政策的改变使传统社会保障逐渐消失：国家减少医疗、教育等再分配领域的公共投入，消费者承担更大的集体消费项目成本；1998 年实行了住房商品化政策，同时推出了消费信贷制度以鼓励城镇居民贷款买房，从而提高了劳动力再生产的成本。

就国家的经济结构而言，自 2002 年以来中国经济出现拐点，新一轮的经济周期有一个明显的特征——以高收入阶层为主要消费者的房地产和汽车等资金密集型行业成为主要的增长点，这些行业的快速发展带动了钢铁、能源和建材等行业投资的迅速增加。2008 年全球金融危机之后，中国政府的 4 万亿政府投资主要用于国家基础设施建设，修建高速公路、高铁等，政府投资使钢铁、能源、建材成为主要消费对象，造成了大量的产能过剩。然而这些过剩的产能是很难通过居民消费被转化的，消费能力不足成为经济转型的瓶颈。资源配置的扭曲导致许多产业的产能日益过剩，而国内消费又相对萎缩，因而国家日益依赖国外市场，"中国人高储蓄低消费，然后经济的高增长就依赖于政府投资，高投资形成的产能过剩，在消费增长缓慢的情况下，又需要通过出口到全球来消化"[②]，美国的过度消费导致储蓄不足，恰好与中国形成畸形的互补。"产业结构、海外市场和基础设施投资市场等原因妨碍了中国从社会层面来扩大消费市场，即从初次分配领域来调节收入分配，

[①] 王宁：《中国何以未能走向消费社会：低成本发展战略与现代化进程中的转型困境》，载《社会》2009 年第 2 期。

[②] 陆铭：《经济危机是推动社会结构调整的契机》，载《社会》2009 年第 1 期。

提高中下层劳动者的实际收入和购买力。这就是说，低成本发展战略在中国的流行具有内在的社会-经济逻辑。不仅如此，低成本发展战略也遵从了内在的社会-政治逻辑。"① 就此而言，国家经济结构及其制度安排与拉动内需、扩大消费的初衷在社会现实层面是矛盾的，中国社会还不具备进入消费社会的基础和条件，因而抑制了通过消费拉动经济增长的能力。

2. 民间消费水平的两极分化

正是由于中国长期的低成本发展战略，低水平的劳动收入分配抑制了居民的消费能力，使中国无法实现向消费社会的转型。与收入分配的两极分化相伴而生的是消费水平的两极分化，"中国社会呈现为一个'双轨化'社会：一边是精英消费者社会，另一边是大众生产者社会。精英消费者社会的消费能力强，在消费生活领域奉行的是消费主义原则；大众生产者社会的消费能力弱，在消费生活领域奉行的是节俭主义原则"②。

21世纪头十年，中国的消费主义主要存在于高收入阶层以及一些特殊群体中，形成了以高收入阶层为主要消费对象的经济结构，经济增长主要靠富裕阶层对"奢侈品"的消费来拉动，而多数的普通收入阶层在消费结构中则居于相对次要的位置。在城市中还存在规模相当庞大的依靠领取最低生活保障费生存的社会群体，农民工或中低等收入阶层在城市租房、交通等日常生活成本的支出抵消了大部分劳动收入，即使教育程度较高、生活相对富裕的白领阶层，也需要用即期收入应对高额房价，而农村的大批青壮年劳动力向城市转移，则造成了农村以留守老人和儿童为主的弱劳动力状况，生产能力不足。调查数据显示，2000—2011年，消费需求对GDP的贡献率由65.1%降至55.5%，而投资对GDP的贡献率由22.4%提高至48.8%。在消费需求中，居民消费占比由2000年的74.5%降至2011年的72.2%，同期政府消费占比则由25.5%提高至27.8%，政府消费对居民消费的挤出效应表现明显。③ 在居民消费行为上表现为两极分化，即富人的奢侈消费和普通人

---

① 王宁：《中国何以未能走向消费社会：低成本发展战略与现代化进程中的转型困境》，载《社会》2009年第2期。

② 王宁：《中国何以未能走向消费社会：低成本发展战略与现代化进程中的转型困境》，载《社会》2009年第2期。

③ 代晓霞：《中国居民消费率逐年下降，需调整收入分配制度》，见中国经济网（http://www.ce.cn/xwzx/gnsz/gdxw/201301/14/t20130114_24025144.shtml），刊载日期：2013年1月14日。

节俭、不敢消费的并存现象。而中低等收入人群为了应对未来的不确定性风险，抑制即期消费，越来越多的钱被迫存起来以应付日益市场化的教育、医疗、住房、养老等。总体而言，整个社会呈现消费不足越来越严重的状况，这与通过扩大内需、提高人们生活水平、繁荣经济的国家宏观经济政策产生了深刻的悖论。

在 21 世纪头十年，中国的社会结构和经济发展水平呈现独特的消费主义问题及表现，使其并不具备向消费社会转型的必要条件。所引发的根本性问题在于，消费主义究竟是否为构成经济可持续发展的唯一路径。对于嵌入资本逻辑中的消费主义而言，这是通过社会结构性转型、突破资本增殖瓶颈，以消费吸纳产能过剩的必要方式，但对于中国社会而言，通过国家制度安排和政策推动的消费主义在根本上是为了发展生产力、提高人民的生活水平。其关键问题在于，能否跳出生产与消费二元对立的经济增长框架，以可持续发展作为经济制度和政策体系的目标函数（亦即支撑这个体系的评价标准和价值取向），建构消费但不浪费、索取但不破坏的节约型社会。

四、个人主义的演变

史蒂文·卢克斯通过对个人主义语义史的考察发现，个人主义最早来自法语单词 individualism。圣西门主义者率先从否定性意义上，用它来指称一种有害的和消极的观念，将之视为社会罪恶的源泉。这使得"个人主义"在 19 世纪得到了广泛应用。[①] 卢克斯指出，尽管"个人主义"的用法历来缺乏精确性，但是，其主要内涵包括五个基本方面：个人具有至高无上的价值或者尊严；个人具有自主性，其行为和思想不受制于他所不能控制的力量或者原因；个人具有隐私权，不受或者不应受他人的干涉，能够按照他自己的意愿和方式去追求自己的利益；个人具有自我发展的权利，强调个人的自我实现、自我完善以及个人的独特性与唯一性；社会和国家是个人的集合体，是实现个人目的的手段。[②]《新不列颠百科全书》认为，个人主义的价值体系可以概括为三个基本命题：一切价值都以人为中心；个人本身就是目

[①] 参见［英］史蒂文·卢克斯《个人主义》，阎克文译，江苏人民出版社 2001 年版，第 2~3 页。

[②] 参见［英］史蒂文·卢克斯《个人主义》，阎克文译，江苏人民出版社 2001 年版，第 43~69 页。

的，具有最高价值，社会只是达到个人目的的手段；一切个人在道义上都是平等的，任何人都不能被当作他人谋求利益的手段。① 因此，尽管在不同的国家、不同的历史时期，对个人主义的态度方式与定义不完全相同，但是作为一种哲学信仰和价值理论，它有自己比较稳定的内涵：在个人的地位上，强调自主性；在个人之间的关系上，强调平等与尊重；在个人与社会的关系上，把社会看作个人意识的产物。

20世纪初期，中国的先进分子将社会改革的重心转向人的改造，通过译介近代以来西方的经典文献，积极输入其个人主义观念。但是，由于中国传统文化固有的以关系的视角阐释人的本性及规定人的使命的特性，因此，西方个人主义观念自其登陆中国就处于被改造甚至被批判的命运。改革开放以来，个人主义在经济领域得到了肯定，但是，在伦理上始终处在被批判的命运。中国的改革开放不是从历史的空白处揭开，而是背负着沉重的传统基因。

（一）个人主义思潮的中国传播

近代以来，先进的中国人从西方启蒙的资源库中寻找一切可资利用的精神武器，反对封建专制统治，变革旧的社会制度，冲击封建主义意识形态。由于传统文化受到激烈冲击，个体的自由和独立成为近代启蒙的基本价值诉求。

近代启蒙思想家严复被誉为"中国自由主义之父"。在严复的翻译中，自由的具体内容并没有很大的变化。通过比较中西方对"自由"这一概念的根本差异，严复认为，是否突出个体自由是中西方"自由"的最大不同。"中国理道与西法最相似者，曰恕，曰絜矩。然谓之相似则可，谓之真同则大不可也。何则？中国恕与絜矩，专以待人及物而言。而西人自由，则于及物之中，而实寓所以存我者也。"他还说："夫自由一言，真中国历古圣贤之所深畏，而从未尝立以为教者也。"② 封建统治者"深畏自由"，专讲"恕道""矩"，实际上是提倡"去我"，消弭自我意识，使人们成为没有思想的奴隶，以利于他们的专制统治。中国的自由是要求主体否定自身价值，肯定和实现客体价值，只有通过肯定和实现客体价值才能得到自身的肯定和实现主体价值。所以，中国传统上是用群体代替个体，个人融于群体之中，以否

---

① Cf. *The New Encyclopedia Britannica*, Vol. 6 (Chicago: Encyclopedia Britannica Inc, 1993), p. 295.

② 《严复集》，中华书局1986年版，第3页。

定个人自由来求得群体的和谐和稳定的。与此相反，西方国家则倡导天赋自由，"唯天生民，各具赋界，得自由者乃为全受"。因为倡言自由"则于及物之中，而实寓所以存我者也"，即充分肯定人民的主体地位和个人的自主意识。西方的自由实质上是要求"存我"，注重自我存在和自我价值，要求发挥主体能动性以实现个体的价值。

辛亥革命后，国人对个人权利和个人自由的认识更进一步。家义在《个位主义》一文中介绍了欧洲启蒙时期的"个人"概念，认为个人主义是治疗中国疾病的唯一良药。在他看来，科学中的分科、社会中的分工、解放了的个人、独立的个性，都体现"分"是现代区别于传统的根本特点，心理学、社会学、伦理学等现代学科，都是用来帮助"个人的发展"和"自我实现"的，个人具有绝对的价值。现代的"个人"与国家集体是对立的，国家、社会、团体、家庭都应当服从于个人，而不应当妨碍个人的发展。五四时期，个人主义得到了许多青年知识分子的拥护，他们将提倡个人主义视为当时中国的时代需要，是使中国人摆脱传统束缚获得新生的思想武器。《新青年》及其前身《青年杂志》与这一时期的许多文章介绍和宣传了个人主义。西方的学说被大量引用，启蒙思想家使用西方术语、概念和范畴来谈论个人主义，傅斯年甚至直接用英语进行表述。五四启蒙中的"个人主义"话语更加接近西方原本的个人主义。

陈独秀以个人主义为启蒙的思想武器，积极介绍和鼓吹西方的个人主义，提倡个人主义精神，尊重个人独立自主之人格。他认为，"人间百行，皆以自我为中心，此而丧失，何则足言？奴隶道德者，即丧失此中心，一切操行，悉非义由己起，附属他人以为功过者也"。陈独秀向中国青年"谨陈六义"，其中第一义便是"自主的而非奴隶的"，要求青年树立"以自身为本位"的观念，"以完其自主自由的人格"，不"盲从隶属于他人"。此后，陈独秀通过中西对比对"个人本位主义"做了比较系统的论述，《东西民族根本思想之差异》最能代表他对个人主义的态度。在该文中，陈独秀认为西洋民族以个人为本位，东洋民族以家族为本位，以此作为东西方民族的三大差异之一，他说："西洋民族，自古迄今，彻头彻尾个人主义之民族也。英美如此，法德亦何独不然？尼采如此，康德亦何独不然？举一切伦理、道德、政治、法律、社会之所向往，国家之所祈求，拥护个人之自由权利与幸福而已。"个人主义包括"思想言论之自由，谋个性之发展也。法律之前，个人平等也。个人之自由权利，载诸宪章，国法不得而剥夺之，所谓人权是也"。最为重要的是，陈独秀认为"国家利益，社会利益，名与个人主义相冲突，实以巩固个人利益为本因也"①。这是对个人主义的非常本真的理解。

1918年6月，胡适等人编排了"易卜生专号"，认为"易卜生最可代表19世纪欧洲的个人主义的精华"。在《易卜生主义》一文中，胡适将个人主义认作易卜生的一种完全积极的主张，"他主张，个人须要充分表达自己的天才性，须要充分发展自己的个性"。他引易卜生的话说："我所最期望于你的是一种真益纯粹的为我主义。要使你有时觉得天下只有关于我的事最要紧，其余的都算不得什么。……你要想有益于社会，最好的法子莫如把你自己这块材料铸造成器。……有的时候我真觉得全世界都像海上撞沉了船，最要紧的还是救出自己。"② 十多年后，已经步入中年的胡适在《介绍我自己的思想》中仍然坚称："易卜生主义"是"最健全的个人主义"，"这个个人主义的人生观，教我们学娜拉，要努力把自己铸造成个人"。③ "健全的个人主义"曾是新文化运动初期知识分子们的集体精神坐标和解决社会问题的最基本的出发点，用胡适自己的话来说，他的《易卜生主义》"在民国七八年间所以能有最大的兴奋作用和解放作用，也正是因为它所提倡的个人主义在当日确是最新鲜又最需要的一针注射"④。

近代启蒙中的个人主义来源于西方，但中国的传统文化以及现实政治都在不同程度上规约着"个人主义"的含义。"个人主义"在意义上是三重的，既具有中国古代性，又具有西方性，还具有时代性。

启蒙个人主义话语在内涵上中国传统的成分还是多于西方的成分，至少个人主义在此时尚未被极端化为儒家思想的对立面。在杜亚泉看来，孔子的所谓修身，"从心所欲不逾矩""仁义礼智根于心"即道出了个人主义的应有之义；孟子强调人的内在道德修养，同样是这个意思，个人主义与儒家思想具有内在一致性。杜亚泉坚持个人的改革应作为社会改革的核心内容，他强调指出，真正意义上的改革，必须在个人的层面上发起，只有当"个人"真正开始正视自己孱弱的躯体、萎靡的精神、肤浅的心智、随波逐流的生活等种种现实的时候，社会的变革才不再是一个遥远的梦想。杜亚泉认为，个

---

① 陈独秀：《敬告青年》，载《青年杂志》1916年第1卷第5号。
② 胡适：《易卜生主义》，载《新青年》1918年第4卷第6号。
③ 姜义华：《中国现代思想史资料简编》第3卷，浙江人民出版社1983年版，第164页。
④ 姜义华：《中国现代思想史资料简编》第3卷，浙江人民出版社1983年版，第163页。

人主义强调个人改革的必要性,不过是儒家思想的现代版。所以就像现代学者所认为古代非儒学派(如庄子)的思想可以为启蒙文化提供内在的逻辑生长点一样,儒学思想本身也可以进行价值重构,启蒙文化与传统文化并未完全断裂。中国社会也并非没有个人主义的传统。对比中西,中国古代的个人是相对于群体的一己之私,而西方的个人则是抽象化的人格,可以说二者的区别是具体的个人主义与抽象的个人主义。中国古代在具体的个人主义的影响下,形成农业生产的分散化、官僚特权化和"家天下"的君主统治方式。五四时期有人明确指出,中国传统社会的个人是"私人",带来社会关系的伦理性,社会关系不过是私人关系的扩大,"吾国圣贤教人,教以如何成为天地间之一人,而不教以如何成为社会中之一人"①。批判具体的个人主义而向往西方抽象的个人主义。所以,虽然启蒙时期的个人主义思想已被明确源于西方,却也不否认儒家传统也有其深层的基础。但是,伴随着对西方的深入认识以及西方文化精神的广泛接受,五四时期的中国个人主义话语发生了整体性的转变,我们对西方个人主义的认识和理解相对而言比较接近原本。个人主义被视为西方文化的代表,开始全面而猛烈地向中国传统文化发难,新价值的被接受是从对传统的激烈批判开始的,新文化运动中批判由具体的个人主义推衍而成的伦理本位,启蒙思想家以西方启蒙思想为武器揭露中国传统思想文化对人的自由、独立、权利和尊严的束缚、摧残与剥夺。启蒙就是要反对名教对人的价值的否定与漠视,解构中国传统文化所树立的理想价值,走出专制权力神圣化的蒙昧,将人从自然宗法社会中解放出来,追求独立的人格与价值,形成理性批判的能力。启蒙者普遍认为,自由独立的"个人"的缺失,是中国走向现代文明的根本精神障碍,塑造自由、自主、独立的个人是中国启蒙的中心课题。这一时期的社会思潮将儒家思想和个人主义视为对立的两极,这导致本土文化传统开始产生价值的断裂性。但是,走向传统对立面的启蒙个人主义也未实现与西方启蒙思想的完全接轨,而是深深地烙上救亡实践的印记,形成近代启蒙独特的救亡式个人主义话语。

在西方,个人主义从本质上起源于个人对社会、对国家、对政府、对宗教等外在限制力量的反抗;在中国,启蒙的个人主义变成了具有集体性质的中国话语,由纯粹的个人范畴变成了个人与群体的关系范畴。这固然与中国

---

① 章士钊:《新时代之青年》,见《五四前后东西文化论战文选》,中国社会科学出版社1989年版,第666页。

古代重群体（主要指重社稷）或国家的传统思想有关，但与近代救亡压倒一切的现实语境的关系更为密切。启蒙者既体现了西方人文主义之个体本位的现代性，也依然崇尚中国人生理想之社群本位的无我境界。如美国文化人类学家托马斯·哈定（Thomas Harding）所言："当一种文化受到外力作用而不得不有所变化时，这种变化也只会达到不改变其基本结构和特征的程度与效果。"① 根据现代化理论，我们要具体分析一个社会的传统性适应现代性的过程。现代化既是一个传统性不断削弱而现代性不断增强的过程，也是传统的价值观念在功能上对现代性的不断适应的过程。启蒙个人主义带有鲜明的传统印记是具有必然性的。在现实中，在反帝爱国的背景下，个人与整体息息相关，民族、国家、社会等也已经不再被看作是个人的对立面，现代民族国家群体意识的确立与个人本位的价值追求不仅不矛盾，而且相辅相成，由此可以认为近代中国的个人主义追求是近代启蒙现代性合乎逻辑的发展。

（二）个人主义的当代中国命运

20世纪20年代，个人主义在中国的传播发生了逆转，它遭到左翼理论的严重批评。1920年12月，陈独秀开始批判个人主义："人类自有二人以上之结合以来，渐渐社会的发达至于今日，试问物质上精神上哪一点不是社会的产物？哪一点是纯粹的个人的？我们常常有一种特别的见解和一时的嗜好，自以为是个性的，自以为是反社会的，其实都是直接、间接受了环境无数的命令才发生出来的，认贼作子我们哪能够知道！""我们中国学术文化不发达，就坏在老子以来虚无的个人主义及任自然主义。现在我们万万不可再提议这些来贻害青年了。因为虚无的个人主义及任自然主义，非把社会回转到原人时代不可实现。我们现在的至急需要，是在建立一个比较适于救济现社会弊病的主义来努力改造社会；虚无主义及任自然主义，都是叫我们空想、颓唐、紊乱、堕落、反古。"②

中华人民共和国成立后，个人主义被视为集体主义的对立面，代表着资产阶级的世界观，因此，个人主义"必得搞臭"，"去臭务净"；要"打破个人主义，力争红透专深"；要"坚决挖掉资产阶级个人主义"。周恩来认为，

---

① [美]托马斯·哈定等：《文化与进化》，韩建军、商戈令译，浙江人民出版社1987年版，第44页。
② 陈独秀：《虚无的个人主义及任自然主义》，载《新青年》8卷4号，1920年12月1日。

"个人主义总是与集体主义对立的"①,"他们否认人民的利益、社会的利益,看一切问题都从个人的利益出发,合乎自己利益的就赞成,不合乎自己利益的就反对"②,个人主义总是以"我"为圆心,按"我"的意志要求行事,把神化了的"自我"看成最高原则,人生的价值就是为"我"而存在,"妄自尊大,自以为天下第一,不能够接受任何人的领导和任何人的批评"③,"只顾个人不顾社会、只顾局部不顾全体、只顾眼前不顾将来,只顾权利不顾义务、只顾消费不顾生产"④,"不管你是资产阶级个人主义或小资产阶级个人主义,它的思想根源都是从属于资产阶级"⑤。在这种主流意识形态舆论导向中,"个人主义"被视为"万恶之源","对待个人主义,要像秋风扫落叶一样""狠斗私字一闪念""破私立公";个人主义成了"自私自利"或者"唯利是图"的别称。

"文革"结束后,思想界关于人道主义的讨论再次触及了人的地位问题,但鉴于个人主义已然落下的名声,言说者往往避免使用有关个人主义的术语。1979年,朱光潜先生发表了"文革"后最早正面论述人性和人道主义的文章,指出:"人道主义在西方是历史的产物,在不同的时代具有不同的具体内容,却有一个总的核心思想,就是尊重人的尊严,把人放在高于一切的地位,人道主义可以说是人的'本位主义'。"⑥ 20世纪60年代曾经被纳入周扬"批判人道主义"写作计划的汝信,于1980年在《人民日报》发表《人道主义就是修正主义吗——对人道主义的再认识》,表达了"人道主义就是主张要把人当作人来看待,人本身就是人的最高目的,人的价值也就在于他自身"⑦。无论是朱光潜还是汝信,他们要么把人放在高于一切的地位,要么视人为最高目的,其论述同西方语境中的个人主义关于人是目的的判断是相通的。王若水在诠释"人的价值"时指出,"世间一切事物中,人是第一个可宝贵的",这是一条重要的毛泽东语录,它是对人的价值的肯定。

---

① 《周恩来选集(下)》,人民出版社1984年版,第122页。
② 《周恩来选集(下)》,人民出版社1984年版,第175页。
③ 《周恩来选集(下)》,人民出版社1984年版,第175页。
④ 《周恩来选集(下)》,人民出版社1984年版,第145页。
⑤ 《周恩来选集(下)》,人民出版社1984年版,第122页。
⑥ 朱光潜:《关于人性、人道主义、人情味和共同美问题》,载《文艺研究》1979年第3期。
⑦ 转引自崔卫平《"人道主义和异化问题"讨论始末》,载《炎黄春秋》2008年第2期。

"肯定'人的价值',不等于肯定个人主义;正如肯定'人是第一可宝贵的',也不是肯定个人主义一样。"① 胡乔木在谈到"人的价值"时也特意强调,"社会主义首先强调人民的价值,只有在人民的价值中才谈得到每个个人的价值"。因此,"评价一个人的价值,不仅在于他的存在和需要是否从社会、从他人那里得到承认和满足,更重要的是在于他为社会、为他人尽了什么责任,作了什么贡献"。②

改革开放后围绕"潘晓来信"的社会讨论将人们关于个人主义的反思推向了新的高度。1980年5月,《中国青年》发表《人生的路啊,怎么越走越窄……》,作者真诚坦率地把自己在"文革"中的彷徨、苦闷与思考和盘托出,立即在青年中引起了极大反响。围绕展开的人生观大讨论,从5月开始一直到12月,《中国青年》共收到6万多封来信。作者在追思自己20多年的人生历程后写道:"我体会到这样一个真理,任何人不管是生存还是创造,都是主观为自己、客观为别人。就像太阳发光一样,首先是自己生成运动的必然现象,照耀万物不过是它派生的一种客观意义而已。所以我想,只要每个人都尽量去提高自我存在的价值,那么整个人类社会向前发展就成为必然。"文章在《中国青年》杂志发表后,引起了强烈的社会反响,社会各界人士积极参与讨论。讨论的焦点围绕着"主观为自己,客观为别人"而展开,并从初始的个人经验层面之感受逐渐转向理论层面的哲学思考。

这次人生观论战正值中国十年"文革"结束,开始实行改革开放,进行社会主义现代化建设的新的历史转折时期,因此,"潘晓来信"是在反思极左路线对人生价值的轻蔑、压抑和扭曲,是对人生价值进行时代反省的结果。"潘晓"以自然界生成运动的现象来比喻人生现象,虽有不恰当之处,以致后来把"主观为自己,客观为别人"算在"潘晓"的头上,变成作者的主张,其实是不符合作者原意的。"潘晓来信"之所以激起千重浪,是因为它提出了一个具有深刻时代意义的问题——究竟应如何看待个人价值与社会价值的关系。其更深刻的蕴涵是,如何认识西方个人主义、自由主义之传统,如何对待中华民族群体主义、集体主义之文化,现代化的终极价值为何。③

---

① 王若水:《为人道主义辩护》,生活·读书·新知三联书店1986年版,第221页。
② 胡乔木:《关于人道主义和异化问题》,人民出版社1984年版,第27~29页。
③ 参见李萍《"人生观论战"的反思与中国现代化的文化追求》,载《中山大学学报(社会科学版)》2005年第4期。

显然,"潘晓来信"所引发的讨论并未能为个人主义在当代中国正名。即使到了 20 世纪 90 年代,个人主义的"罪名"依然没有得到摆脱。"个人主义是奴隶主阶级、地主阶级和资产阶级共同的思想基础和道德原则。表现为自由散漫,自私狭隘,一切利害关系均以个人为中心作为判断的标准和行为准则。""个人主义实质上是以个人为本位和目的的,是资本主义政治、经济、思想制度的最重要的理论基础之一。它由初期的反封建进步作用逐渐演变为对社会和个人具有危害性。"① 个人主义是"一种强调个人自由、个人利益,强调自我支配的政治、伦理学说和社会哲学。实质上是一种从个人至上出发,以个人为中心来看待世界,看待社会和人际关系的世界观。个人主义的膨胀,必然会损害他人利益和社会整体利益,破坏社会人际关系的和谐,因而为共产主义道德所不容"②。偶尔有人公开为个人主义正名,也不能直明个人主义具有内在价值,而是从其工具性价值着手。如从市场经济与市民社会的角度出发,认为"没有个人的自由和起码的自主地位,便没有自由市场经济;没有以个人的自由和财产权为特征的个人主义和自由市场经济,便没有市民社会。市场经济和自由民主的时代是'个人的时代'(the age of the individual),因此市民社会在很大意义上是个人主义和市场经济的产物"③。

(三)当代中国个人主义的两面

与传统农业社会、计划经济体制下的产品生产不同,现代社会、市场经济体制下的商品生产要求生产要素(生产者、生产资料和产品)最大限度地自由流动,这必然造成个人和企业的独立化。正如亚当·斯密曾言:"每个人……通常既不打算促进公共的利益,也不知道他自己是在什么程度上促进那种利益……他所盘算的也只是他自己的利益在这场合,像在其他许多场合一样,他受着一只看不见的手的指导,去尽力达到一个并非他本意想要达到的目的。也并不因为是非出于本意,就对社会有害。他追求自己的利益,

---

① 罗国杰:《中国伦理学百科全书》第 5 卷,吉林人民出版社 1993 年版,第372～373 页。
② 冯契:《哲学大辞典》,上海辞书出版社 1992 年版,第 78～79 页。
③ 刘军宁:《回归个人:重申个人主义》,见余英时《五四新论》,台湾联经出版事业公司 1999 年版,第 202 页。

往往使他能比在真正出于本意的情况下更有效地促进社会的利益。"①

产权共识与契约责任作为市场经济制度的两块基石,都要求个体的独立、自治和自由。产权共识意味着权利是可以明确界定的;双方都是各自所转让的权利的所有者或至少有权处分,互相尊重对方对其权利的处分。"在君臣父子的纲常社会里,儿子掌握的资源可以由父亲使用。推己及人,爱有差等。个人的资源按照人伦关系的远近往往成为别人的资源,又按照类似的关系利用别人的资源。所以在传统社会里界定清楚每个人的财产权利是非常昂贵或不可能的事情。于是交换只能发生在人伦关系的网络比较疏松的领域,例如村与村之间。同一家庭内部的交换往往以互惠方式和在家长监督下进行,互惠的数量很难算清楚,必须由家长判断,如同'一人经济'的情况。同一村庄内部的交换或由族长来协调,或由交易双方在村外的集市上'明算账'。"② 契约责任要求行动者义无反顾地对自己行为的后果承担责任。它的目的就在于运用法律的权威,确立公平、守信、负责等道德观念在市场中的地位;通过法律,连接个体理性和集体理性,使自利的经济人基于生存理性的计算而不做出损人的行动选择。它的基本理念是责任自负。因此,在传统社会中,父债子还可以成为法律义务;但在现代市场经济条件下,父债子还必定只是一种美德,因为每位法律上合格的主体只为自己的行为担责。

可见,市场经济需要自治的个体,也可以为个人主义的滋生提供温床。可是,为什么个人主义在改革开放后的当代中国仍然受到批判?人们在追求个体化权利时,却又小心避免被人指责为个人主义?在中国农村,个体化选择似乎成为一种新的时尚,特别是在年轻人群体中。自由、独立、自由恋爱和个人发展的概念在农村年轻人之间广泛传播。受个体化理想和更自由、更自足的生活激发,他们离开父母、家庭和社群,进入城市寻求暂时且充满不确定性的工作。农村年轻人不只是考虑他们个体化的利益,相反,他们认为的个人主义在很大程度上同他们对集体家庭利益的关系不可分。尽管他们坚持个体化的权利,通过自由恋爱寻找配偶,他们也寻求父母的支持并认真考虑家庭的利益。尽管他们离开家庭去寻求一种更自由和更充满风险的生活,这些年轻人也表达了他们对身后父母和兄弟的责任,但是他们对家庭也有一

---

① [英]亚当·斯密:《国民财富的性质和原因的研究》上卷,郭大力、王亚男译,商务印书馆1972年版,第27页。
② 汪丁丁:《市场经济的道德基础》,载《人民论坛》1998年第11期。

种依赖和责任。例如，在婚姻对象的选择上，他们会充分尊重父母的意见。①

根据德国著名社会学家乌尔里希·贝克的解释，现代社会的个人要成为个体就必须经历"脱嵌（或译为'脱离'）—去魅—再嵌入"三个阶段。"脱离，即从历史地规定的、在统治和支持的传统语境意义上的社会形式与义务中脱离（解放的维度）；与实践知识、信仰和指导规则相关的传统安全感的丧失（去魅的维度）；以及重新植入——在这里它的意义完全走向相反的东西——亦即一种新形式的社会义务（控制或重新整合的维度）。"② 个体首先从传统社会中脱嵌出来，挣脱了传统熟人社会对个人自身权利与义务的限制。但是，与此同时，个人在与传统社会脱嵌成为独立个体的过程中，也导致了传统的由熟人社会所提供的确定性安全感的丧失，也即"去魅"。个人为了重建自身的本体性安全感，就必须再嵌入社会，通过融入当代社会来获得安全感。

贝克"脱嵌—再嵌入"的解释模式似乎也可以用于分析当代中国相关的社会现象，只是在细节上需要稍作改动。中国社会的个体化进程实际上经历了双重的脱嵌过程。一方面，从"家国同构"的传统祖荫庇佑脱嵌出来，从家庭、亲属和社区所构成的传统网络中抽离出来，摆脱传统封建等级价值规范的束缚；另一方面，也从毛泽东时代计划经济集体的再分配体系下脱离出来，独自地走向市场，依靠自我，积极参与竞争，从而获得生存的空间与发展的可能。但是，这一过程不像西方那样有相应匹配同步跟进的福利安全保障，因而充满了更多的风险。"重塑自我的压力，不仅给中国个人增添了更多责任，也给他们带来了新的负担。一边是市场竞争愈演愈烈，另一边则是家庭、亲属和国家制度的支持日益减少，生活在此夹缝中的不少中国人患上了不同程度的心理疾病。"③于是，尽管个体完成了"脱嵌"，但由于社会并没有提供充足的保障，因此，个人只有寻求旧有的传统组织，特别是家庭，以此化解"脱嵌"后的风险。

---

① Yunxiang Yan, "Introduction: Understanding the Rise of the Individual in China," *European Journal of East Asian Studies*, Vol. 7, No. 1 (2008): pp. 1 - 9.

② ［德］乌尔里希·贝克：《风险社会》，何博闻译，译林出版社2004年版，第156页。

③ ［德］乌尔里希·贝克、伊丽莎白·贝克-格恩斯海姆：《个体化》，李荣山等译，北京大学出版社2011年版，第5页。

这种解释模式将家庭、亲属和其他旧有的传统组织视为个人医治或者舒缓个人脱嵌后心理疾病的工具，因此个人具有最高的目的和价值。但是，它无法富有说服力地解释，为什么成功者或者未患心理疾病者，对家庭、亲属和其他旧有的传统组织依然会有渴求；为什么抛弃家庭、亲属和特定旧有的传统组织的言行，会被社会认为是心理或者精神上患有疾病的表征。

显然，市场经济体制中的中国人需要家庭、亲属甚至其他旧有的传统组织，不能完全秉持工具论式的解释。实际上，在对待个人主义的文化态度上，中国人具有两面性。无疑，经过极左路线的摧残和市场经济的磨砺，中国人深刻认识到个人的尊严、自由和平等的重要性；也体会到个人的自主性、隐私权、自我发展、自我实现和自我完善的必要性；更积极追求个人的独特性与唯一性。这些都是西方式个人主义的重要面向。由于这些内容基本只与个人相关，是个人选项，故暂且称之为"个人主义的价值面向"。但是，除此以外，个人主义尚有重要的内容是同他人和社会有关，是关系选项，作为区分，可称之为"个人主义的道德面向"。改革开放无疑使当代中国在内心深处接受了个人主义的价值面向，但是，却难以使其完全认同个人主义的道德面向。换言之，个人的价值弥足珍贵，但是，若坦言个人凌驾于他人或者组织特别是亲密的他人或者组织之上，这是无法令人坦然接受的道德宣判。其根本的原因在于，深沉的重视整体主义的传统文化基因使得我们对个人主义必然采取"肢解"似的接受。我们悦纳了价值上的个人主义，但在道德观念上始终拒斥个人主义。

就文化传统而言，西方传统具有个人本位的价值取向，强调个人权利与个性自由，保持个人对社会相对独立的地位。这种传统孕育于古希腊城邦时期，但其系统化，并产生广泛而深刻的影响却是文艺复兴运动的结果。西方个人主义的原旨并不是主张损人利己，而是强调个人的至上性、目的性。弗兰克纳的这段话是一个很有代表性的注解："从道德上讲，任何道德原则都要求社会本身尊重个人的自律和自由，一般地说，道德要求社会公正地对待个人；而且不要忘记，道德的产生是有助于个人的好的生活，而不是对个人进行不必要的干预。道德是为了人而产生，但不能说人是为了体现道德而生存。"[①]

在对待个人与社会的关系上，中国传统倾向于群体社会本位的价值取向。即以群体或社会整体利益为核心，对事物、行为作出价值判断，强调群

[①] [美] 威廉·K.弗兰克纳：《善的求索——道德哲学导论》，黄伟合等译，辽宁人民出版社1987年版，第247页。

体不仅是个体的集合，而且是高于个体的；注重个体对群体社会的责任，主张个体对群体、社会的服从。因为在中国传统文化中的个体实际上是复杂人际关系中所显现的中心点，是人际社会相互依存关系中的"网结"。所以，个体或"我"是依附某种群体及其关系而存在的，个体并不具有独立存在的价值和意义，个体与群体、社会的基本关系是依附关系。其逻辑结果是，个体是卑微的，群体、整体是高尚的，故个人要照着关系的规则行事。

尽管自治的个人在儒学中被明确地肯定了，但是儒家从来没有将个人看成是独立的个体；在中国传统社会关系的中心，虽然可以找到个人的思想和作为自治个体的自我，但这并不能被简单地解释为个人和群体的关系。① 杜维明认为，尽管在儒家哲学中有"自我"，但"儒家的自我必须有他人的参与"，因此，"儒家的自我在诸种社会角色所构成的等级结构中不可避免地会淹没于集体之中了"。② 他认为，儒家的自我，"不是孤立的和封闭的个体，而是人类共同体的每个成员都可达到的一种可分享的共同性"，"正是这种对尘世中的共同性的意识，使得三教一致致力于铲除所谓'个人主义'的悖谬"。③ 汉学家孟旦认为，"无我"是中国最早的价值之一，它以各种形式存在于道家和佛学，特别是儒学之中。"无我的人总是愿意把他们自身的利益或他所属的某个小群体（如一个村庄）的利益服从于更大的社会群体的利益。"④

五四运动前后，中国青年视追求个体化为思想领域的时髦。他们反对家庭、反对旧道德、打破旧制度，以实现个体的价值和独立。"我在南京暑期学校读书，曾看见一个青年，把自己的名字取消了，唤作'你我他'。后来到北京，在北大第一院门口碰见一个朋友偕了一个剪发女青年，我问她：'你贵姓？'她瞪着眼看了我一会儿，嚷着说：'我是没有姓的！'还有写信否认自己的父亲的，说，'从某月某日起，我不认你是父亲了，大家都是朋

---

① Cf. Ambrose Y. C. King "The Individual and Group in Confucianism: A Regional Perspective," In Donald J. Munro (ed.), *Individualism and Holism: Studies in Confucian and Taoist Values* (Ann Arbor: University of Michigan Press, 1985), pp. 57 - 77.

② 杜维明：《儒家思想新论：创造性转换的自我》，江苏人民出版社1995年版，第10～11页。

③ 杜维明：《儒家思想新论：创造性转换的自我》，江苏人民出版社1995年版，第22～23页。

④ J. C. Hsiung, D. J. Munro, "The Concept of Man in Contemporary China," *The Journal of Asian Studies*, 38, 1 (1978): 158.

友，是平等的'。铁民也是否认过自己父亲的，但是当1921年，铁民的父亲在家乡死了，他在北京，因父死未葬，家人促其归，而铁民竟因贫未能归。作《孤儿思归引》，情调甚惨。"① 实现个体的价值和独立，是否就必然要切断与家庭或者至亲的联系呢？这显然是荒谬的。但这种荒谬本身也正说明，即使是在个人主义盛行的五四运动前后，中国人对西方个人主义的接受只是截取了其价值论的面向。而"铁民"的态度转变也正说明，个人主义对个人价值的宣扬远难及中国人对特殊群体或者组织的情感认同。

---

① [美]周策纵：《五四运动史》，陈永明等译，长沙岳麓书社1999年版，第268页。

第二章　知识分子的社会意识变动考察

导　言

改革开放以来，中国的经济体制和社会思想观念发生了深刻变化。知识分子无疑是这一过程重要的见证者、参与者和推动者。反过来，这一过程又改变着知识分子的角色和命运，影响着知识分子在社会意识上的变迁，进而影响改革的未来走向。可以说，知识分子的社会意识变化是构成改革开放以来社会意识变化的重要板块，是考察改革开放以来社会意识变化必不可少的环节。本章重点聚焦改革开放以来知识分子的社会意识变化问题。

首先有必要对"知识分子的社会意识"这一范畴作一界定。然而，"知识分子"和"社会意识"都是难以给出具象而清晰界定的概念。从字面上看，知识分子的社会意识与一般社会意识的区别，主要在于指涉对象和范围的不同，即仅仅指知识分子这一群体所特有的社会意识。因此，有必要梳理一下"知识分子"这一概念的内涵。从思想史来看，不仅知识分子的概念有广义和狭义之分，而且中外学界对知识分子概念的理解也有很大差异。从广义上讲，古代所称的"士"或现代所说的"知识分子"就是有学问且以知识谋生的读书人。夏丏尊指出："所谓知识阶级者，是曾受相当教育，较一般俗人有学识趣味与一艺之长的人们。学校教员、牧师、画家、医师、新闻记者、公署人员、文士、工场技师，都是这类的人物。"① 爱德华·希尔斯（Edward Shils）就从广义上把知识分子定义为，任一社会中颇为频繁地运用一般抽象符号，去表达他们对人、社会、自然和宇宙的理解的人。因此，广义的知识分子，也就是那些从事知识的生产、解释、教授、传播以及那些大量应用、消费或管理这些知识的人。② 狭义的知识分子，仅指知识阶层中

---

① 夏丏尊：《知识阶级的运命》，载《一般》1928年5月号。
② 参见许纪霖《20世纪中国知识分子史论》，新星出版社2005年版，第1页。

习惯使用批判性话语的那部分群体,具体指关注专业与职业之外的公共问题,有着独立的精神品格,有着强烈的公共关怀,对社会持有批判精神,体现社会良知的知识群体。有时也被称为"公共知识分子"。从强调公共关怀这一角度,许纪霖给出了狭义的知识分子的定义:"现代意义的知识分子也就是指那些以独立的身份、借助知识和精神的力量,对社会表现出强烈的公共关怀,体现出一种公共良知、有社会参与意识的一群文化人。"① 苏力则将其界定为"越出其专业领域、经常在公共媒体或论坛上就社会公众关心的热点问题发表自己的分析和评论的知识分子,或是由于在特定时期自己专业是社会的热点问题而把自己专业的知识予以大众化的并且获得了一定的社会关注的知识分子"②。显然,知识分子这一概念内涵复杂,甚至歧义纷呈。社会学者郑也夫把知识分子分为非文化型知识分子、传授与应用型知识分子、创造型知识分子和批判型知识分子四大类型。③ 张汝伦从社会功能的角度把知识分子分为技术专家型知识分子和人文知识分子两大类。④ 综合学界的观点和本课题研究可操作的需要,本章聚焦的知识分子,大致相当于前一分类中的创造型知识分子和批判型知识分子,与后一分类中的人文知识分子也较为接近。他们具有这样一些特点:第一,以观念或思想的生产和传播为主要的职业。如学者、作家、媒体知识分子等。不包括那些仅仅从事知识应用的,如工程师、医生、律师等群体。第二,具有理性精神。指理性地思考和探索现实社会中的重大问题、价值观念以及关于自然、人生的一些终极问题。第三,具有公共关怀意识。能够运用自己的专业知识或特长,关心时事,踊跃建言社会,并持积极的批判性态度。知识分子本身所特有的属性,使得知识分子这一群体的社会意识自然表现出与其他社会阶层和群体的社会意识不一样的特性。具体来说,知识分子的社会意识是反映该群体与阶层政治、经济和文化诉求的价值观念表征。它与普通民间社会意识的主要区别在于,知识分子的社会意识表现更为自觉、系统和理性。

对于知识分子社会意识的考察,由于研究旨趣的差异,存在不同的研究进路和范式。从已有研究状况看,包括党史研究路径下的阶级分析范式、文

---

① 许纪霖:《中国知识分子十论》,复旦大学出版社2003年版,第4页。
② 苏力:《中国当代公共知识分子的社会结构》,载《社会学研究》2003年第2期。
③ 参见郑也夫《知识分子的定义》,载《北京社会科学》1997年第3期。
④ 参见陶东风《知识分子与社会转型》,河南大学出版社2004年版,第80页。

化学研究路径下的现代性范式以及经济学范式等。① 这些研究进路和范式无疑为我们提供了重要参考。同时，基于知识分子是一个社会历史范畴，中国的知识分子问题研究固然要借鉴西方学术范式，但是，也不能脱离具体的中国历史语境。也就是说，应回到具体的历史中去认识与考察中国知识分子社会意识的发展和变化。中国的知识分子问题，离不开中国的国情和语境，离不开中国共产党对知识分子的认识及其政策实践的影响。中国的知识分子问题有其特定的"问题"视角。对中国的知识分子问题研究而言，重要的是理解和认识知识分子生成、发展、变化的具体历史过程，而不仅仅是追求一个明晰确定的知识分子概念。一个历史的具体的"知识分子问题"，只能回到具体的历史中去加以认识和寻找答案，此为其一。其二，改革开放以来知识分子的社会意识至少受到三股力量的影响。一是社会存在领域发生的深刻的变化，必然要反映到人们的社会意识上，尤其是知识分子的社会意识上。知识分子社会意识的形成与变动，随着社会存在的变化而不断发展变化，它必然深刻地折射急剧变迁的社会现实和利益分化。二是数千年儒家文化的熏陶，传统士大夫阶层"穷则独善其身，达则兼济天下"的气质和风骨在当代知识分子身上并非荡然无存。文化传统的预制性潜移默化地影响着当代知识分子的价值趋向、思考方式和处世态度。三是自近代中西文化碰撞交融以至改革开放重开国门以来，知识分子以新的视野"睁眼看世界"，西方的现实图景、理论资源和话语霸权伴随"西学东渐"而来，不仅影响着中国知识分子的学术规范、言说方式，还在不同程度上改铸了他们的思想意识和精神世界。在上述三股力量的作用下，改革开放以来知识分子的社会意识已经发生了巨大的变化。

鉴于上述认识，本章拟结合思想史、文化社会学研究范式，并辅以社会访谈，着重从两个维度对改革开放以来知识分子的社会意识展开考察。第一，从改革开放以来知识分子与主流意识形态"合"与"疏"的视角，呈现知识分子的社会意识变迁。由于在当代中国社会转型过程中，国家权威和主流意识形态发挥了主导作用，也直接影响到知识分子社会意识的变动轨迹，这就使得知识分子与主流意识形态的关系成为考量知识分子社会意识的重要变量。具体梳理和分析20世纪70年代末真理标准大讨论以来，面对主流意识形态的发展和创新，知识分子在这一过程中的角色与介入，以及主流

---

① 参见邵小文《中国知识分子问题研究的现状与展望》，载《现代哲学》2010年第4期。

意识形态主导下的思想解放话语与知识分子之间的关联与互动、分歧与错位。第二，以"新左派"和新自由主义思潮的论争为例，考察20世纪90年代以来知识分子社会意识的分化和多元化趋势。在社会转型和主流意识形态思想解放话语体系的推动下，改革开放以来，尤其是1992年邓小平在南方谈话时"不争论"说提出以来，中国社会思潮异常活跃，知识分子无疑是社会思潮勃兴起伏的灵魂人物。因此，以社会思潮为抓手，梳理阐释其主要立场观点和对重大政治问题的价值取向与态度，呈现90年代以来知识分子社会意识的分化和多元化趋势。

如果说知识分子与主流意识形态"合"与"疏"的变奏、知识分子社会意识的分化和多元化，是改革开放以来知识分子社会意识变动的主要特点和趋势，那么，需要进一步追问如何评价这一特点与趋势，以及形成这些特点和趋势的原因和机制。本章第四部分立足历史的长程眼光，立足中国现代化，从知识社会学视角，探讨改革开放前后党的知识分子政策实践与知识分子群体的互动关系，以此说明，现代性是改革开放以来知识分子社会意识变动的真正推手。

总之，受制于急剧变动和深刻复杂的社会变迁、传统儒家士大夫文化传统、西方世界的思想资源和话语霸权的影响，改革开放以来知识分子的社会意识呈现复杂而多元的思想图景，社会意识大一统的局面一去不复返。就社会发展与进步而言，知识分子社会意识的分殊与多元化，是中国现代化进程中不可避免的趋势。[①] 我们难以细致入微地刻画当代知识分子群体社会意识变动的详细图谱，只是试图"由点及面"式地勾勒知识分子社会意识变动的突出特征和基本趋势，期冀达到见微知著的研究意图。

一、知识分子与主流意识形态"合"与"疏"的变奏

近现代中国社会特定的变迁历程，预制了中国知识分子社会意识的形成与变迁，无法脱离与主流意识形态的关系。随着改革开放的推进，中国政治由"全能主义"向后权威主义的转型，主流意识形态给予知识分子更多话语空间，知识分子与主流意识形态的关系变得渐趋松散和多元，推动了知识分子的角色意识与社会参与意识的复苏和滋长。同时，正是从与主流意识形

---

① 参见萧功秦《改革转型期中国知识分子的类型分化》，载《探索与争鸣》1994年第8期。

态或疏离，或合一，或对峙的关联和互动中，凸显了新时期知识分子社会意识图谱的复杂性和多元性。具体来说，在20世纪70年代末至80年代初的改革初启阶段，全国上下人心思定，形成"要发展、不要阶级斗争"的共识，知识分子积极响应官方"思想解放"的动员，与主流意识形态关系融合，知识分子获得话语空间，但随着知识分子的激进化，在90年代该群体出现了分化和边缘化特征。进入21世纪，与知识分子话语的分化相对应，知识分子与主流意识形态的关系亦呈现疏离与融合并存的复杂面向。总的趋势是，改革开放以来知识分子通过参与主流意识形态再解释，既推动了主流意识形态的创新和发展，又彰显了知识分子自身的角色意识与参与意识。

（一）改革初期思想解放背景下知识分子与意识形态再解释

"文革"结束后，随着知识分子政策的调整和落实，知识分子的政治地位得到恢复。1978年3月，邓小平在全国科学大会上的讲话中指出，知识分子"绝大多数已经是工人阶级和劳动人民自己的知识分子，因此也可以说，已经是工人阶级自己的一部分。他们与体力劳动者的区别，只是社会分工的不同"[①]。党的知识分子政策承认，知识分子是"党的依靠力量"。[②] 知识界的"拨乱反正"重新恢复了知识分子的政治地位，新的知识分子政策则使知识分子享有充分的思想自由。这些都为改革初期的思想解放运动提供了条件。

1. 真理标准问题大讨论与"实践标准论"的重提

随着邓小平在中央恢复工作和党的政策的逐渐调整，在意识形态领域，实际上面临着"话语更新"的问题，即从"无产阶级专政下的继续革命理论"更新为一种更为适合新时期经济社会发展的新意识形态。但1977年2月《人民日报》《解放军报》《红旗》等党的权威报刊发表"两个凡是"的观点，表明当时党内对于这种"话语更新"还缺乏共识，甚至存在着强劲的阻力。一开始，无论党的领导人还是知识分子，仍然是在"无产阶级专政下的继续革命理论"框架下来进行调整的。1977年7月，吴江在中央党校内刊上发表《"继续革命"问题的探讨》一文，对"继续革命"理论作出新的阐释。这篇文章指出，"无产阶级专政下的继续革命，就其任务内容来说，既包括上层建筑方面的革命，也包括经济基础方面的革命和技术革命，即生

---

① 《邓小平文选》第2卷，人民出版社1994年版，第89页。
② 《知识分子问题文献选编》，人民出版社1983年版，第53页。

产力方面的革命。不同时期会突出某一方面，我们需要把注意力放在这一方面。过了这个时期，又会突出另一方面……我们要实现'四个现代化'，不首先抓好科学技术革命是不行的"①。这篇文章在当时受到中央领导人的重视。② 然而，对这一"文革"期间意识形态的核心理论做出"旧瓶装新酒"的改造，显然是不合适的。中央后来废止了这一提法。③

与上述对"文革"意识形态理论做出"旧瓶装新酒"的改造不同，邓小平提出了自己的意识形态创新方案——完整准确论。早在复出之前，邓小平就提出："我们必须世世代代地用准确的完整的毛泽东思想来指导我们全党、全军和全国人民。"④ 所谓"准确的""完整的"毛泽东思想的意义，邓小平在1977年7月的党的十届三中全会上这样解释道："我们可以看到，毛泽东同志在这一个时间，这一个条件，对某一个问题所讲的话是正确的，在另外一个时间，另外一个条件，对同样的问题讲的话也是正确的；但是，在不同的时间、条件对同样的问题讲的话，有时分寸不同，着重点不同，甚至一些提法也不同。所以我们不能够只从个别词句来理解毛泽东思想，而必须从毛泽东思想的整个体系去获得正确的理解。"⑤ 然而，到底何谓"准确的""完整的"毛泽东思想，毛泽东思想的"精髓"是什么，仍然需要探索。

正是在邓小平领导的"拨乱反正"的背景下，知识界出现了生动活泼的局面。1978年5月11日，《光明日报》在第一版的显著位置以"特约评论员"的名义发表了《实践是检验真理的唯一标准》一文。这篇文章是由当时中央领导审查同意，并经过《光明日报》和中央党校相关人员多次修改的，但在一开始，却是知识分子自发的创作。文章指出："检验真理的标准是什么？这是早被无产阶级的革命导师解决了的问题。但是这些年来，由于'四人帮'的破坏和他们控制下的舆论工具大量的歪曲宣传，把这个问题搞得混乱不堪。……实践不仅是检验真理的标准，而且是唯一的标准。"⑥ 当年6月2日，邓小平在全军政治工作会议上发表重要讲话，明确肯定了文

---

① 吴江：《"继续革命"问题的探讨》，载《理论动态》1977年第1期。
② 参见吴江《十年的路》，镜报文化企业有限公司1998年版，第22页。
③ 参见杨春贵主编《中国共产党实事求是100例》，中共中央党校出版社2003年版，第197页。
④ 《邓小平文选》第2卷，人民出版社1994年版，第39页。
⑤ 《邓小平文选》第2卷，人民出版社1994年版，第42页。
⑥ 《实践是检验真理的唯一标准》，载《光明日报》1978年5月11日。

章的观点,并号召要"拨乱反正,打破精神枷锁,使我们思想来个大解放"①。在邓小平等中央领导人的支持下,在《光明日报》《人民日报》《解放军报》的带动下,知识界兴起了对真理标准问题的热烈讨论。② 中国社会科学院副院长邓力群和新中国成立以来长期从事宣传理论工作的周扬,都在相关讨论会上发表重要讲话。甚至连自然科学家也用大量的自然科学的例证来论证实践是检验真理的唯一标准这一真理。③

在学术界热烈讨论的同时,邓小平并没有停止对真理标准问题的思考,相反,他进一步把这一问题提到政治的高度:"现在摆在我们面前的问题,关键还是实事求是、理论与实际相结合、一切从实际出发。这是政治问题,是思想问题,也是我们实现四个现代化的现实问题。""实践是检验真理的唯一标准,这是马克思主义,是毛主席经常讲的。毛主席总是提倡要开动脑筋,开动机器。林彪、'四人帮'把我们的思想搞僵化了。思想僵化,就不可能实现四个现代化。"④ 1978年12月13日,在中央工作会议闭幕会上邓小平发表题为《解放思想,实事求是,团结一致向前看》的讲话,高度评价了真理标准问题大讨论。而紧接着召开的党的十一届三中全会,则进一步将确立了"解放思想,实事求是"的思想路线。

知识界提出的"实践标准论",对突破"文革"时期以来的僵化意识形态起到了极为重要的作用。首先,"实践标准论"重构了当代中国的意识形态,并赋予新时期意识形态发展以极为开放的空间。将实践作为检验真理的唯一标准,意味着"文革"是否正确必须经过实践的审判,进而则意味着包括马克思主义、毛泽东思想在内的思想理论,都应当经过实践的检验,而不能作为不假思索的圣旨和教条照搬照抄。⑤ 而在实践中出现的新生事物,例如"包产到户"、承包制、

---

① 《邓小平文选》第2卷,人民出版社1994年版,第119页。

② 据统计,到1978年年底,中央及省级报刊登载的关于真理标准问题讨论的文章就有650多篇。参见刘勇、高化民主编《大论争——建国以来重要论争实录(下册)》,珠海出版社2001年版,第131页。

③ 1978年7月5日至21日,中国自然辩证法研究会筹委会在北京举办了全国自然辩证法夏季讲习会,共有1500多名自然科学家和社会科学家参加,会议主要讨论的问题就是真理标准的问题。

④ 《邓小平年谱(1975—1997)》上卷,中央文献出版社2004年版,第379~380页。

⑤ 1979年3月中央理论务虚工作会议后,即有知识分子用"实践标准论"来论证毛泽东思想,提出毛泽东思想是一个完整的科学体系,不包括为实践所检验了是错误的成分。参见刘嵘《两代伟人哲学思想研究》,广东高等教育出版社1998年版,第457页。

雇工、招商引资等是否正确，也无须以是否合乎传统意识形态的标准来衡量，而应当看是否在实践中行之有效。其次，"实践标准论"并非马克思主义原理以外的思想理论，其本身就存在着充分的合法性依据。以"实践标准论"这一正确的原则来反对当时对马克思主义、毛泽东思想的错误理解，保证了当代中国意识形态的延续性，避免了苏联"非斯大林化"那样的意识形态危机。

2. 社会发展阶段的讨论与社会主义初级阶段论的提出

在反思新中国成立后社会主义的曲折探索的过程中，有人对我国是否已经进入社会主义这一在主流意识形态中答案十分明确的问题发起了诘难。当时出现的异议包括：中国搞的不是科学社会主义而是农业社会主义或封建社会主义，中国需要补上资本主义这一课，中国应当恢复新民主主义制度。① 显然，这股思潮对主流意识形态的合法性构成了威胁。这意味着，主流意识形态必须清楚地界定中国的社会主义是何种性质的社会主义，在社会主义发展史上处于何种阶段。

在1979年春天的理论务虚会议上，有的知识分子提出应对无产阶级取得政权后的社会发展阶段问题进行讨论。同年10月底至11月初，哲学界和理论界的知识分子在江苏无锡举行了全国"社会主义社会发展规律问题"学术讨论会。对于无产阶级取得政权后的社会发展究竟应该划分为哪几个阶段，出现了三类不同看法：第一类是两阶段论，即过渡时期、共产主义社会（高级阶段）；第二类是三阶段论，即过渡时期、社会主义社会（共产主义低级阶段）、共产主义社会（高级阶段）；第三类是四阶段论，包括两种看法，一种即新民主主义阶段（或国家资本主义阶段）、过渡时期、社会主义社会、共产主义社会，一种即过渡时期、不发达不完全的社会主义社会（共产主义初级阶段）、发达的社会主义社会（共产主义中级阶段）、共产主义社会（共产主义高级阶段）。② 引起讨论的代表性文章《无产阶级取得政权后的社会发展阶段问题》，虽敏锐地指出马克思和列宁所谓的"过渡时期"，应当是指从资本主义社会过渡到共产主义第一阶段即社会主义，而非过去所误解的共产主义高级阶段，但又把不发达的社会主义仍然划入"过渡时期"。③ 但不管怎样，这种对社会主义发展阶段的重新解读，无疑成了《关于建国以来党的若干历史问题的决议》提出"我们的社会主义制度还是

---

① 参见《胡乔木文集》第2卷，人民出版社1993年版，第158页。
② 参见《全国〈社会主义社会发展规律问题〉学术讨论会若干问题选辑》，载《国内哲学动态》1979年第12期。
③ 参见苏绍智、冯兰瑞《无产阶级取得政权后的社会发展阶段问题》，载《经济研究》1979年第5期。

处于初级的阶段"这一论断的"背景之一"。①

3. 人道主义和异化问题的论争与"社会主义人道主义"的提出

随着意识形态领域调整工作的深入，必然面对如何评价新中国成立以来的历史和邓小平所提出的如何"准确完整地"理解毛泽东思想的问题。1981年6月，党的十一届六中全会审议通过了《关于建国以来党的若干历史问题的决议》（以下简称《决议》）。从党中央的立场来看，制定这一决议的一个重要目的，是"争取在决议通过以后，党内、人民中间思想得到明确，认识得到一致，历史上重大问题的议论到此基本结束"②。《决议》对新中国成立以来中国共产党的重大历史事件，特别是"文革"，对毛泽东的功过是非、毛泽东思想的基本内容和指导意义，都作出了总结和评价。《决议》彻底否定了"文革"，但对毛泽东思想则采取了分析的态度，认为他对中国革命的功绩远远大于他晚年的过失，毛泽东思想是党的宝贵精神财富，将长期发挥指导作用。《决议》将"文革"发生的原因主要归结为毛泽东个人在阶级斗争理论上的错误及"他的个人专断作风逐步损害党的民主集中制"，和社会主义运动的历史不长、经验不足及"长期封建专制主义在思想政治方面的遗毒仍然不是很容易肃清的，种种历史原因又使我们没有能把党内民主和国家政治社会生活的民主加以制度化，法律化，或者虽然制定了法律，却没有应有的权威"③。应该说，这一决议是新中国成立以来经过32年的艰辛探索，特别是在经历了"文革"时期的一系列挫折之后得来的，实属来之不易。而从其基本结论来看，也"具有不容动摇的科学权威（符合实际）和组织权威（中央通过）"。④

然而，知识分子对新中国成立以来历史的反思和讨论仍在推进。在反思历史的同时，人文知识分子在理论上思考得最多的是人道主义问题和异化问题，并展开了热烈的讨论。⑤当时论争的焦点主要集中在五个问题上：人是马克思主义的出发点吗？何谓人性？如何理解人道主义？如何理解异化？社会主义存在异化

---

① 参见龚育之《党史札记末编》，中共党史出版社2008年版，第124页。
② 宫力等：《邓小平在重大历史关头》，中共中央党校出版社2000年版，第374页。
③ 《十一届三中全会以来党的历次全国代表大会中央全会重要文件选编（上）》，中央文献出版社1997年版，第188～189页。
④ 龚育之：《党史札记》，浙江人民出版社2002年版，第227页。
⑤ 据不完全统计，1978年至1983年下半年，有关人道主义和异化问题讨论的文章有600多篇，其中，1980年年初至1983年年初，全国294种报刊共发表关于人道主义、人性、异化问题的文章达420多篇。参见张静如主编《中共党史专题研究》，北京师范大学出版社2011年版，第228页。

现象吗？从这些问题可以看到，讨论者在理论言说背后所针对的其实还是如何看待新中国成立以来社会主义建设过程中的失误尤其是"文革"时期的悲剧何以发生的问题。关于人道主义，周扬这样论说："许多年来，我们对马克思主义的了解，侧重在阶级斗争和无产阶级专政方面"，然而，阶级斗争究竟不是我国社会的主要矛盾，"人是我们建设社会主义物质文明和精神文明的目的，也是我们一切工作的目的。生产本身不是目的，阶级斗争、人民民主专政本身也不是目的。过去许多同志把这一点忘了。马克思从他成为共产主义者的第一天起，就是以全人类的解放为己任的"。① 周扬不赞成把马克思主义纳入人道主义的体系或者把马克思主义全部归结为人道主义，但他强调："我们应该承认，马克思主义是包含着人道主义的。当然，这是马克思主义的人道主义。"② 在周扬看来，理论界已经开展的关于"异化"的讨论是有益的，应当深入下去。"承认社会主义的人道主义和反对异化，是一件事情的两个方面。"事实上，社会主义社会无论是在经济、政治方面还是在文化方面都存在着异化现象。"承认有异化，才能克服异化。"③

尽管在后来的讨论中，一些非法刊物甚至提出在中国存在着"阶级关系的异化""社会主义制度的异化""党的异化""无产阶级专政的异化""马克思主义的异化"④，但以周扬为代表的知识分子群体更多的是以一种严肃的、批判的精神来反思新中国成立以来的失误尤其是"文革"时期的悲剧，"警示人们重新思考对人道主义的态度"⑤，并寻找意识形态上的原因。然而，周扬提出的"社会主义异化论"无论是从情感上还是从事实上都难以为当时党的领导人所接受。但对于人道主义，意识形态主管部门则采取了分析的态度。即将传统的人道主义一分为二，否定人道主义的世界观和历史观，但吸收人道主义的"伦理原则和道德规范"，并结合革命时期的"革命人道主义"加以改造，形成"社会主义人

---

① 周扬：《关于马克思主义的几个理论问题的探讨》，载《人民日报》1983年3月16日，第4版。

② 周扬：《关于马克思主义的几个理论问题的探讨》，载《人民日报》1983年3月16日，第4版。

③ 周扬：《关于马克思主义的几个理论问题的探讨》，载《人民日报》1983年3月16日，第4版。

④ 华原：《痛史明鉴——资产阶级自由化的泛滥及其教训》，北京出版社1991年版，第22页。

⑤ 黄枬森：《关于人道主义和异化问题的讨论》，载《北京大学学报（哲学社会科学版）》2010年第1期。

道主义"概念。① 这是这次论争取得的重要共识和理论成果,也为新时期意识形态增添了重要内涵。

(二) 20 世纪 90 年代知识分子话语分化与意识形态创新的多元进路

进入 20 世纪 90 年代,尤其是在邓小平南方谈话之后,社会主义市场经济蓬勃发展。就时代特征而言,与 80 年代的理想色彩不同,90 年代务实色彩更浓。在意识形态上同样如此。这突出反映在邓小平关于意识形态的思想中。邓小平一方面强调坚持党的基本路线"一百年不动摇",另一方面又提出"不争论"的观点:他说,"不搞争论,是我的一个发明。不争论,是为了争取时间干。一争论就复杂了,把时间都争掉了,什么也干不成。不争论,大胆地试,大胆地闯。农村改革是如此,城市改革也应如此"②。

与 80 年代相比,90 年代的知识界表现出某种"思想淡出,学术凸显"的特点,但是,这种"思想淡出"只是更深层次的知识分子话语分化的表象。实际上,90 年代的知识分子并没有回避意识形态,而是通过不同的路径,以一种隐蔽的方式面对意识形态问题。

1. 知识分子话语类型的分化

对于 90 年代而言,"市场"无疑是最重要的关键词。对于市场经济在中国的迅猛发展,不同知识分子产生了不同的看法,反映在知识分子的话语中,则表现为"经济话语"和"人文话语"的分裂。

"经济话语"最早是在 90 年代初期姓"资"姓"社"的争论中出现的。在 90 年代初期,一部分知识分子放松了意识形态创新的步伐,他们重新拾起整个 80 年代很少见到的味道浓烈的"左派政治话语",批判"资产阶级自由化"和"私有化"。而 1991 年春季的"皇甫平四论",则响亮地提出中国要积极推进改革开放、发展社会主义市场经济,并提出要破除新的思想僵滞,反对纠缠于姓"资"姓"社"的问题。这些观点,在当时遭到"左派政治话语"的激烈反对。

1992 年初,邓小平在南方视察时发表重要讲话。他明确指出,"计划多一点还是市场多一点,不是社会主义与资本主义的本质区别。计划经济不等于社会主义,资本主义也有计划;市场经济不等于资本主义,社会主义也有市场。计划和

---

① 参见胡乔木《关于人道主义和异化问题》,载《人民日报》1984 年 1 月 27 日,第 1 版。

② 《邓小平文选》第 3 卷,人民出版社 1993 年版,第 374 页。

市场都是经济手段"①。邓小平发表南方谈话之后，对社会主义市场经济没有再进行大规模的讨论，讨论这一问题的主要是经济学领域的知识分子。此时，经济学界对建立新的经济体制大体上形成了三种观点：一是建立计划与市场相结合的社会主义商品经济体制，二是建立社会主义有计划的市场经济体制，三是建立社会主义的市场经济体制。②从这里可以看到，经济学领域的知识分子尽管在经济体制的问题上存在不同见解，但对市场的认同则存在普遍的共识。当党的十四大确立社会主义市场经济体制作为改革目标后，这一共识更加稳固。

而在人文学科知识分子中，市场给人文领域造成的冲击使他们开始反思市场和文化的关系。1993年至1995年间，他们展开了一场"人文精神"大讨论。在讨论中，大多数论者都承认商业化对人与文化造成了侵蚀。有学者提出，"把市场经济意识不加限制地扩大到社会精神活动领域，让道德、教育、文学艺术、人文科学研究等这些凝结、体现并发展着真、善、美价值的东西，在市场竞争中、在商品交换中实现其价值，势必导致极大的思想混乱和社会混乱"③。而其他的学者则不同意这样的观点，如王蒙认为，中国历史上并未存在过真正的人文精神，"一个未曾拥有过的东西，怎么可能失落呢？"④。

无论是否承认人文精神的失落，对于许多知识分子而言，建构一种与新时代相适合的人文精神始终应该是追求的目标。多数学者认为，建构人文精神，首先必须调整知识分子自身的位置。如有学者认为，知识分子应从"庙堂意识""广场意识"退回到"岗位意识"，也就是"知识分子面对经济大潮怎样使人文理想在自己的岗位上贯穿起来"。⑤而这种人文精神应当具备怎样的内容，不同学者则有不同观点。一种观点认为，"儒释道的人文价值理想，在今天仍然是非常重要的资源，值得认真地发掘和发展"⑥。另一种观点则认为，重建社会主义商品经济社会的"人文精神"，无疑应当汲取传统文化资源中"申扬道德、反对物化"的合理内容，但"必须全面地反映国民对于主要表现为富裕和文明生活的自觉自由的追求，而不能仅仅表达少数知识者'高

---

① 《邓小平文选》第3卷，人民出版社1993年版，第373页。
② 参见王伟光《社会主义通史》第8卷，人民出版社2011年版，第372页。
③ 张琼：《略论市场经济意识的泛化》，载《求是》1995年第1期。
④ 王蒙：《人文精神问题偶感》，载《东方》1994年第5期。
⑤ 许纪霖、陈思和、蔡翔、郜元宝：《道德、学统与正统》，载《读书》1994年第5期。
⑥ 郭齐勇：《论中国哲学资源的当代价值》，载《新华文摘》1994年第2期。

远'的（或'终极'的）价值取向"①。

2. 话语立场的分化

20世纪90年代人文知识分子内部的裂变，导致知识分子的话语立场出现明显的分化。如果说这个年代初期主流知识分子主要关注点在于论证"社会主义市场经济"这一创新性概念，那么，到了后期他们的一个重要贡献则在于对毛泽东在延安时期提出的"马克思主义中国化"概念的重新阐发。尽管一开始知识分子主要从毛泽东与马克思主义中国化的关系来探讨这一问题，但随着"中国特色社会主义"和"邓小平理论"这两个重要概念的提出，如何看待中国特色社会主义与马克思主义的关系②，如何看待毛泽东思想与邓小平理论之间的逻辑关系，就成了马克思主义中国化研究不可回避的问题。至少从1996年开始，意识形态相关部门就开始组织召开马克思主义中国化方面的研讨会。③ 主流知识分子认为，邓小平建设有中国特色社会主义理论是"在新的历史时期对马克思主义及其哲学的丰富和发展"，而中共第三代领导集体则正在把这一伟大事业继续推向前进。④ 对于马克思主义中国化的内涵，有学者指出，立足于中国实际，体现民族性、同中国优秀民族文化相结合，有新的理论创造，同时代特征相结合是马克思主义中国化的题中应有之义。⑤

在主流意识形态话语之外，民间知识分子话语逐渐分化，这主要表现在各种社会思潮的出现和勃兴，尤以新自由主义和"新左派"两大阵营的论争最为突出。不同社会思潮展开了激烈争论，试图影响和争夺改革趋向的话语权。这些论争最起码的意义在于他们提出了中国现实所面临的许多问题，

---

① 张曙光：《批判与建设：人文精神的哲学反思》，载《天津社会科学》1996年第6期。
② 据学者查阅邓小平公开发表的著作，没有发现邓小平使用"马克思主义中国化"概念。参见周全华、马爱云：《"马克思主义中国化"命题的提出、消失及重提》，载《党史研究与教学》2012年第2期。
③ 如1996年9月，国家教委社科司先后在北京和上海召开了"关于马克思主义中国化问题"座谈会。1998年12月，中共中央文献研究室和湖南省委在长沙联合召开了"毛泽东、邓小平与马克思主义中国化"理论研讨会。
④ 参见黎明《国家教委社科司在京、沪召开"马克思主义中国化"座谈会》，载《高校社会科学研究和理论教学》1996年第10期。
⑤ 参见张静如《关于马克思主义在中国发展阶段的思考》，载《湖湘论坛》1998年第1期。

而这些问题无疑都需要主流意识形态做出严肃的话语应对。

在主流意识形态与知识分子双重合力的推动下，20世纪80年代至90年代初商品经济体制得以建立。但随着商品经济自身的发展，渐渐有脱离原有体制与思想控制的趋势，使得中国文化格局发生重大变化。在原本时而合一、时而疏离的上述两种文化之外，出现了第三种文化，即城市大众文化。城市大众文化不同于前工业时代口头传播的非规模化的传统民间文化，它与现代市民社会相适应，并以现代传媒（如广播、电影、电视、电脑，其中最重要的是电视）为主要传播渠道，表现了城市市民特别是中等阶级的文化需求。城市大众文化的出现，使90年代出现三种文化鼎足而立的新格局。商品经济一方面要求国家政治体制、道德规范、价值尺度与之相适应，另一方面，突出了大众日常生活中的利益与消费原则。事实上，主流文化虽不同于大众文化，但前者为后者提供了巨大的历史背景，加之90年代的保守主义思潮进场，更为城市大众文化留出了足够的容忍空间，城市大众文化一时江河汹涌，如日中天。在三种文化中，知识分子文化，首先，80年代启蒙理想因在现实中的受挫而导致其失去"庙堂"地位，同时又因城市大众文化逐渐占领大众精神领地而渐渐失去中心话语地位，自认成为社会边缘；和"中心话语"丧失与物质困窘相伴随的，是统一的知识分子文化形态的消隐与不断增强的文化多元性趋势。其次，从文化形态上来看，知识者群体随社会转型而呈同一的运动。一部分人坚持"五四"以来知识者的理性价值与批判精神，一方面立足现实而对社会各种痼疾进行猛烈抨击，另一方面又试图重继中国文人道德、学术合一的余脉，对逐渐滑落的知识分子精神世界再行重组（如人文精神讨论）。应当说，这情形仍有80年代新启蒙主义运动的色彩，但随着90年代转型期社会的种种现实而变得焦灼不安。另一部分人则对新兴商品社会的交换原则由顽强抵制到适应，甚至迎合。应当说，造成知识分子的这种种精神状态，其主导原因来自知识者主体意识形态以及中心话语权力的丧失。当然，中心话语权力的真实性并不存在于所有的时代。稍加辨析便可以看出，传统时代与80年代前期、中期，知识者事实上是借助主流意识形态来占据中心地位的。中国文人素有将学统、道统与政统合而为一的精神惯性，话语中心权力是围绕价值体系而存在的道德、政治建设的要求与反映。旧时代文人"穷则独善其身"式的道德处置，最终所要达到的仍是"达则兼济天下"的政治伦理抱负，"处江湖之远"是"居庙堂之高"的一种"终南捷径"。近代以来，中国知识分子仍处于这种稳定性的思维框架之中。

（三）21世纪以来知识分子对意识形态的多元化参与

进入21世纪，在新自由主义和"新左派"话语之外，兴起了民族主义话语，这种话语的发展势头迅猛，以至于在民间思想界形成了与新自由主义和"新左派""三足鼎立"之势。与大众领域情绪化的民族主义相比，知识界的民族主义主要表现为一种文化民族主义。在一开始，这种文化民族主义表现为"国学热"和新儒家著作在知识界的流行，而随着文化民族主义的成长，持有这种观点的学者开始展示他们对于中国问题的立场，即解决人类危机（包括中国问题）的办法要靠中国的传统。与20世纪90年代主流意识形态对待新自由主义和"新左派"话语的冷淡态度不同，21世纪以来，主流意识形态开始积极应对文化民族主义的思潮，并主动提出讨论马克思主义与儒学的关系问题。

话语立场的进一步分化，其实是知识分子群体自身分化的外在表现。随着当代中国文化体制改革的推进和社会文化的多样化发展，当下知识分子群体出现了明显的分化，根据各自价值取向和自身定位的不同，知识分子群体大体上表现为三种类型：一是主流知识分子，主要包括意识形态部门、党校和高校马克思主义学院中的知识分子；二是学院知识分子，主要包括高校、研究机构中的知识分子；三是媒体知识分子，主要包括以报刊、电视台、网络等为写作和言说平台的各类知识分子。相应的，不同知识分子群体参与意识形态创新具有不同的特点。主流知识分子是在主流意识形态的体系内对意识形态创新做出积极参与和思考。他们站在党的立场和马克思主义立场，对马克思主义中国化的基本理论问题和实践问题发表自己的看法，同时也是传播马克思主义中国化话语的重要力量。学院知识分子则更多基于自己的"岗位"对意识形态问题进行学理思考。媒体知识分子更多展现为对意识形态问题的多元声音，并表现为对意识形态创新的不同参与姿态。

21世纪以来，知识分子参与意识形态创新表现出更为积极的姿态。表现为：

（1）主流知识分子与执政党之间进行积极的理论互动。2004年1月，中共中央发出《关于进一步繁荣发展哲学社会科学的意见》，对进一步繁荣发展哲学社会科学作出了明确的部署，并明确提出要实施"马克思主义理论研究和建设工程"，通过加强马克思主义研究来繁荣发展哲学社会科学。该意见还对这一工程做了整体部署，明确提出加强马克思主义基础理论研究和中国化马克思主义研究，组织编写全面反映中国化马克思主义的哲学社会科学教材，以及培养马克思主义理论教学骨干的任务。中央领导人提出，"在学习借鉴人类文明成果的基础上，用中国的理论研究和话语体系解读中国实践、中国道路，不断概括出理论联系实际的、科学的、开放融通的新概念、新范畴、新表述，打造具有中国特色、中国风格、中国气派的哲学社会科学学术话语体系，是理论界和学术界面临的重大而紧迫的时代课题"①。工程实施以来，主流知识分子基于马克思主义的立场对当代中国发展中的理论和现实问题，如"三农"问题、协商民主、生态文明、社会主义核心价值体系、马克思主义与儒学的关系的探究，为马克思主义中国化在上述各个领域的深化提供了丰富的思想资源。

正如一些经济学家所指出的，"今天的领导人不仅懂得理论的重要性，而且很明智地承认自己并不是理论权威，尤其不是经济理论权威，所以他们很注意听取经济学家的意见，几乎每一个重大的改革决策在拍板之前都要征求一下经济学家的意见"②。进入 21 世纪以来，中国共产党对专家的重视已经体现到经济、政治、文化、社会等各个领域，这突出地表现在中央政治局集体学习上。从 2002 年 12 月至 2011 年 7 月，有 142 位专家、学者相继走进中南海讲课。③ 这些专家、学者实际上是将自己研究中的新观点和新材料提供给中央高层领导参考。而中央高层对知识分子群体参与意识形态创新的支持力度之大，是此前从未有过的。

（2）主流知识分子积极参与学术讨论。大体来看，21 世纪以来主流知识分子参与的意识形态讨论，主要是关于马克思主义与儒学关系的争论、关于社会主义核心价值体系与"普世价值"的争论、关于中国道路与"中国模式"的争论等。与 20 世纪 80 年代的争论最后会有一个主流意识形态的"结论"不同，随着 90 年代以来思想领域的逐步分化，21 世纪以来主流知识分子在参与学术讨论时显然已经不可能再占有绝对的话语优势。例如，对于马克思主义与儒学的关系问题，虽然大多数主流知识分子认为马克思主义与儒学的融合是可能的，但在民间知识分子中，对马克思主义与儒学关系持"对立论"者仍持续发表自己的观点。而对"普世价值""中国模式"的争

---

① 李长春：《在马克思主义理论研究和建设工程工作会议上的讲话》，载《人民日报》2012 年 6 月 4 日，第 2 版。
② 张维迎：《价格、市场与企业家》，北京大学出版社 2005 年版，第 315 页。
③ 参见郑娜《中南海的 10 年必修课》，载《人民日报（海外版）》2011 年 8 月 1 日，第 1 版。

论，虽然在主流知识分子内部达成一定的共识，但在整个知识分子范围内则仍然存在不同观点。此外，21世纪以来，中国共产党更加重视"执政能力"和"学习型政党"的建设，党和国家的领导人不仅积极吸收主流知识分子的研究成果，而且比以前更为重视与在各个领域做出突出贡献的大师级学者进行对话。如费孝通提出"文化自觉"的重要概念；季羡林从中国传统文化中得到启示，提出"内心和谐"概念；钱学森的"钱学森之问"和"创新"理念，都对意识形态创新的推进起到了一定的作用。

（3）媒体的声音。媒体的介入既为主流意识形态的传播提供了平台，也为主流意识形态吸收整合多元话语提供了源泉。进入21世纪，随着新媒体的迅速发展，越来越多的知识分子开始利用网络表达自己的意见，并形成了一批主要以非主流的媒体作为表达自己意见的话语平台的"媒体知识分子"。"他们不但拥有广大的阅听大众，而且身为知识分子，毕生的工作都仰赖阅听大众，依赖于没有面目的消费大众这些'他者'所给予的赞赏或漠视。"[①] 参与意识形态争论并非媒体知识分子的主要工作，但是，由于话语创新本身就是媒体知识分子的工作特点，事实上他们在创新意识形态方面发挥着越来越大的作用。

改革开放以来知识分子积极参与意识形态创新主要表现出以下三个趋势。

第一，由"话语借用"到"话语内生"。从知识分子参与意识形态创新的历程来看，改革初期更多是借用马克思主义经典话语或西方话语，20世纪90年代以来则更多是内生自创的话语。尤其是中国传统和中国马克思主义思想史中的话语资源，越来越得到挖掘和阐发。越来越多的知识分子意识到，创新中国特色的学术话语体系，提升国际学术话语权，使我国的理论研究和学术话语体系与我国的经济政治地位相匹配，"用中国话语来讲述中国的故事"[②] 是中国知识分子不可推卸的责任。随着经济地位的提升，中国对国际话语权的追求提上日程。官方认识到，要创新中国话语体系，提升国际学术话语权，必须给予知识分子适当的空间。知识分子通过话语创新和传输，也赢得了更多的话语机会。

---

① ［美］爱德华·W. 萨义德：《知识分子论》，单德兴译，生活·读书·新知三联书店2002年版，第60页。

② 苑秀丽、余斌：《马克思主义与中国特色学术话语体系——"第五届全国马克思主义青年论坛"综述》，载《马克思主义研究》2012年第12期。

第二,由主流知识分子的"圈子内"参与发展到各类知识分子的广泛参与。尽管在改革初期的真理标准大讨论中出现了自然科学家参与讨论的事实,但由于这一时期的知识界思想并未出现分化,因此基本上可以看作一种"圈子内"的讨论。而进入90年代后,一些知识分子明确表达了与主流意识形态不同的立场,但这种思想分化并没有影响他们对意识形态创新的参与。21世纪以来,更出现了主流知识分子、学院知识分子和媒体知识分子共同参与意识形态创新的景象。

第三,由单向参与到互动型参与。相比较而言,20世纪八九十年代的学术讨论更多是知识分子的单向参与,"政治"和"学术"之间保持着一定的距离。21世纪则出现了中央高层与知识分子的直接对话和互动,甚至出现了中央高层主动向知识分子请教、学习的风气。

知识分子参与意识形态创新,对意识形态工作的开展和进步无疑是有益的。这种促进作用主要表现在以下三个方面:其一,提供意识形态的话语素材。具有较多的知识,是知识分子最明显的特征;学术和思想,是知识分子安身立命之所在。如果说党的政治家、理论家是马克思主义中国化的主要理论建构力量,党员干部和普通群众是当代中国马克思主义最主要的实践探索者或实验者,那么知识分子群体参与的一大特点和贡献,则体现在对当代中国马克思主义话语体系的建构、丰富、传播和解释,尤其是对当代中国马克思主义的话语创新上。他们在不同领域发展出的知识、学术和思想,为当代中国意识形态创新提供了重要的话语素材,对促进主流意识形态的科学化和时代化发挥着重要作用。其二,参与"话语传递"。知识分子既是知识的传播者,也是话语的传递者。知识分子由于独特的身份、地位和观察视角,而对社会大众的生存状况及社会问题形成自己的独特理解。这种理解同政治家的理解显然是不完全相同的。同时,知识分子的学术积累和理论能力使他们能够对社会现象进行理论概括,形成独创性的概念和话语。因此,知识分子的话语表达实际上是在对社会大众和知识分子自身的话语进行综合传递。知识分子话语的民间性和学术性,无疑对主流意识形态的话语创新和理论创新大有裨益。其三,思想碰撞和激发作用。从改革开放三十多年的经验来看,知识分子参与意识形态创新既可能是"体系内"的思索,也可能是"对话式"甚至"批评式"的讨论。例如,20世纪80年代关于人道主义和异化问题的讨论,其重要意义在当时难以为人们所发觉,但在若干年后,便会逐渐显现。因此,知识分子的参与不仅是一种话语传递,很多时候也是一种思想碰撞。有时,知识分子的思想在持有马克思主义传统观点的人看来,有点

"旁门左道"，有点"另类"，甚至被当作"异端"，但"真正的创新，恰恰就是从这里创造出来的"①。

二、知识分子社会意识的分化与多元化：以"新左派"与新自由主义思潮为例

改革开放以来，思想界的重要变化是社会思潮的涌现及其对改革话语权的纷争。这一现象既是改革开放进程催生的结果，反过来又影响着改革的发展与走向。知识分子作为社会思潮的"桥头堡"，既在社会思潮的勃兴中推波助澜，又使得社会思潮成为透视知识分子社会意识变动的重要窗口。由于"新左派"和新自由主义是改革开放以来两大主要社会思潮，"新左派"② 和新自由主义的论争也是邓小平南方谈话以来知识界的重要景观，因此，本小节以"新左派"思潮和新自由主义思潮为核心，通过梳理和再现20世纪90年代以来"新左派"和新自由主义两大社会思潮的理路与诉求，以显示改革开放以来中国知识分子政治与社会意识的分化和多元化趋势。

---

① 龚育之：《马克思主义中国化与"异端"问题》，载《中共党史研究》2007年第3期。
② 20世纪90年代以来，一种被称为"新左派"的思潮逐渐发展传播，并上升为当今中国最重要的社会思潮之一。但到底什么是中国的"新左派"，各种界说仍有很大出入。与自由主义、民族主义不同的是，由于"左"在中国具体语境中的敏感性，有些大家公认的"新左派"知识分子一开始并不同意被归入"新左派"。而反对"新左派"的一部分人，却常常将"新左派"与改革开放前的"左"，特别是"文革"中的极左思潮联系起来，或者说，将所谓的"老左派"和"新左派"视作同一阵营。由于"新左派"实际上是一个松散庞杂的群体——既非有组织的派别，亦非公开宣示的联盟，甚至被划入这一阵营的人观点上也有不少不尽相同、混乱的地方，这一命名又具有非常强烈的政治立场和价值取向的暗示。本书并不打算为"新左派"划定具体的界限，也不认为存在可以被明确界定的"新左派"思想派别。本书所说的"新左派"指的是一种由中国某些知识分子主导的社会思潮。需要指出的是，这一思潮具有如下特点：一是明确的批判对象，这导致它与自由主义的针锋相对；二是较强的学理性，这决定了它与那些怀旧情绪浓厚、意识形态僵化的思潮截然不同；三是"民间"身份，这表明它与主流意识形态保持适当的距离。在这样的前提下，我们更加关注的不是这一思潮是否正确，而是它究竟思考了什么，能够为今天提供什么启示，在这个意义上，我们才有可能真正发掘其价值，而不是妄加臧否。

(一)"新左派"关于中国政治体制改革的言说

改革开放以来,思想界和学术界在不断回顾和论说中国革命、建设和改革的历程与经验,前瞻改革的未来走向。其中较为一致的认识是,中国应该加快政治体制改革步伐,以适应经济社会的巨大变迁。然而,由于立场和凭依的理论资源不同,各方对政治改革趋向与路径的判断存在分歧。"新左派"思潮在反思改革中诉诸公正与民主,在多元复杂的思想话语中颇引人瞩目。从"新左派"主流知识分子有关当代中国社会转型期改革的言述中,不难看出其社会意识之变化与影响。

1. 转型期中国政治体制改革趋向之分析

改革是一项复杂系统工程。与初启时的改革主要为一种静态式的"破旧立新"不同,后续改革由于是在前期改革之结果上进行的,因此,它要求密切跟踪前期改革的成果与问题,不断调整因应之策乃至基本路线图。所以说,后续改革更为动态和复杂。20 世纪 90 年代以来"新左派"主流知识分子关于转型期中国政治体制改革的思考和言说,也是基于他们对改革开放以来中国经济与社会发展进程中产生的矛盾和问题作出的判断。

肇始于 70 年代末期的改革开放,在私有化、市场化、全球化等多重因素的驱动下,获得强大发展动力,中国的经济格局、社会结构和思想状况发生深刻变动,随之也出现了一系列严重的社会问题。这些问题在改革初期并不凸显,但随着市场化改革的全面推进以至市场原则开始席卷非经济领域,它们变得越来越引人注目。到 90 年代末,有些问题已触目惊心,如贫富分化、权力寻租、国有资产流失、生态环境恶化以及地方本位主义的膨胀。人们开始感觉到经济的高速增长并不必然带来社会的全面进步。在市场化模式下,人们享有的社会保障和救助越来越少,人们的生计和福祉基本取决于各自的支付能力,普通工农大众普遍感到上学难、看病贵、买不起房,加之各类事故频发,人们日益缺乏经济与社会的安全感。"在这个背景下,市场改革的金字招牌脱落了,有关市场改革的共识破裂了。"① 那些在改革中利益受损(或受益不多)的阶层对新推出的市场化改革不再毫无保留地支持,而是变得顾虑重重。90 年代中后期,阶级阶层差异化的利益格局日益凸显,并由之出现多元芜杂的社会意识等日益增多的社会离心力。

---

① 王绍光:《大转型:1980 年代以来中国的双向运动》,载《中国社会科学》2008 年第 1 期。

"新左派"认为，必须对改革的目标和内涵做出新的、更为深入的解释和界定，方能重新凝聚改革共识，推动改革顺利发展。在"新左派"看来，其关键就在于，要调整和平衡分化的利益，实现社会公平。他们指出，"经济增长本身不可能解决超大规模的、急剧的、多重的转型引发的各种相互关联的社会问题和政治问题"①，针对"发展是硬道理"，提出"社会公正也是硬道理"，认为"遏制分配不公平，纠正社会不公正已经不仅仅是一个社会伦理问题，而且是危及社会稳定的社会问题以及国家政权合法性稳定的政治问题"②。如果说这是"新左派"从价值层面对改革目标和内涵的重申，那么更为重要的是如何从制度层面落实这一新的改革共识。正如某一"新左派"知识分子所说："所有这些不断增生中的新的社会差异、社会矛盾和社会冲突，事实上都突出了一个基本问题：在社会高度分殊化发展后，中国将以什么样的政治机制和政治过程来达成社会整合？"③

然而，在一些"新左派"知识分子看来，当今中国社会整合的机制和能力已经相当脆弱，集中表现为日益突出的"中央与地方"这一基本张力。至于中央社会整合权力不足的根本原因，有的"新左派"知识分子把它归因于国家意志受控于资本，无法反映人民大众的利益诉求④；有的认为，问题的症结在于日益严重的精英主义及其在政治领域的渗透⑤；有的则认为，缺乏一套能使社会大众都参与其中的全国性政治过程和政治机制。⑥

尽管"新左派"知识分子各自的观察视角具有差异，但都倾向于主张：为了实现社会公平，转型期中国政治体制改革的核心问题是创造制度条件，让人民大众把参政潜能发挥出来。在他们看来，只有通过大众参与的民主，才能加强中央社会整合的合法性、有效性和公平性。显然，拓展大众民主，强化党的执政合法性并巩固中央政府的权威，通过中央和民众的结合，矫正

---

① 王绍光、胡鞍钢、周建明：《第二代改革战略：积极推进国家建设》，载《战略与管理》2003年第2期。

② 王绍光、胡鞍钢、丁元竹：《经济繁荣背后的社会不稳定》，载《战略与管理》2002年第3期。

③ 甘阳：《走向"政治民族"》，载《读书》2003年第4期。

④ 参见汪晖《中国道路的独特性与普遍性（下）》，载《社会观察》2011年第5期。

⑤ 参见王绍光《"王道政治"是个好东西？——评"儒家宪政"》，载《开放时代》2010年第9期。

⑥ 参见甘阳《走向"政治民族"》，载《读书》2003年第4期。

改革中的不公正，抑制和平衡地方政府和社会强势利益集团等中间阶层的势力，是"新左派"主流知识分子对中国政治体制改革任务和趋向的基本判断，其背后的致思倾向是均衡市场、国家和社会三者之间的力量，避免因反拨计划经济时代的国家全能主义而滑入"市场神话"的泥淖。

2. 未来民主建设的三个维度

与对中国政治体制改革趋向的判断相关联，尽管"新左派"知识分子内部存在不同看法，但都强调未来中国大众民主建设的三个维度。

第一，不仅政治民主很重要，而且经济民主等其他民主形式同样重要。在一些"新左派"知识分子看来，民主的本义是人民的统治，然而典籍和历史都表明，从古希腊到19世纪上半叶，欧洲社会上层精英一直把这种古典民主看作洪水猛兽，担心它会带来"多数暴政"，危及资产阶级的统治和权力。但人民大众对民主的要求日益高涨。19世纪的思想精英面对民主潮流且战且退，不得不通过在民主前面加修饰词的办法来阉割和驯化民主。近代以来，"民主"二字之前平添了自由、宪政、代议、选举、多元等修饰词。加了修饰词的民主，保障的是形式上的政治自由，人们实际享有权利的程度受到其所处社会地位和支配资源能力的限制。这种民主必然更多代表强势集团。[①]"新左派"的一些知识分子根据对西方民主实践的观察，指出加了修饰词的民主，把民主变成了选主，"实际上，在'选主'体制下，广大人民群众参与政治决策的范围、深度、广度都很受局限，而各种资源（金钱、知识、相貌、家世）的拥有者在这种体制里却如鱼得水、占尽先机"[②]。

针对上述弊端，"新左派"强调权力平等不能仅仅局限在政治领域，经济资源和文化资源占有的不平等同样会导致权力关系的不平等，导致各种压迫关系，所以，他们认为，对于民众而言不仅政治民主很重要，经济民主与文化民主同样重要。[③]

第二，重视国家能力建设对民主的积极作用。国家权力包括两个层面，即国家的专制权力（despotic power）和国家的基础性权力（infrastructural

---

[①] 参见王绍光《"王道政治"是个好东西？——评"儒家宪政"》，载《开放时代》2010年第9期。

[②] 王绍光：《民主四讲》，生活·读书·新知三联书店2008年版，第243～244页。

[③] 参见陈燕谷《历史的终结还是全面民主？》，见李世涛主编《自由主义之争与中国思想界的分化》，时代文艺出版社2002年版，第237页。

power）。① 要防范和规约的是国家的专制权力，而非国家的基础性权力，即国家能力。"新左派"知识分子也是在此意义上强调，当代中国的经济、社会转型是由中央政府自上而下启动，中国特色的改革使得国家能力建设对于推动中国民主转型、保障民众民主权利具有重要意义。他们认为，应以民主制度来改进和完善国家权威，而不是无限制下放权力或削弱国家力量。就中国发展所面临的问题而言，扩大个人自由、加快民主进程无疑是必要的，但只能解决其中的某些问题，大量经济、社会、政治、法治方面的问题不能以制约公共权威的方式解决，而必须要靠建立和完善国家制度才能解决。"因此，中国的政治转型应着眼于强化和改善公共权威，并使之民主化，而不是盲目地取消和限制公共权威。"② 在中国政治转型的过程中，不仅应该将现有国家机器民主化、制度化和程序化，而且应该大力加强国家制度的薄弱环节，建立一个高效、有很强的良治能力的政府，不能以所谓"扩大自由、实行民主、提高效率"的名义削弱公共权威。分权改革不仅不能解决既有的问题，还有可能造成更为严重的社会矛盾——在当下中国民主建设过程中限制国家权力，实际上就是限制底层民众借助国家力量反抗特权阶层和强势集团的侵夺和压制。③

"新左派"主流知识分子不仅不认为民主与强大的国家能力相矛盾，而且试图通过国家权威与大众民主的双向互动和型构，来共同约束和控制强势阶层以及与之相勾结的地方政府，达到推进民主进程和解决民生福祉的目标。

第三，强调继承社会平等的历史遗产。人类民主实践的演进历程显示，民主包含两个重要的发展向度，即作为政治体制的民主与作为社会形式的民主。前者赋予个人言论自由、结社、集会和普选权等个人政治权利，后者的核心是社会平等。在法国革命和美国革命时期，社会平等的核心诉求是身份的平等，即要破除等级身份制，以国家-公民的关系形成民主的社会模式。当代语境中的社会平等，主要体现为再分配、社会保障和公共物品向全体社

---

① 迈可·曼与约翰·豪等人的社会学研究显示，自由主义国家与弱国家并不是同义语。迈可·曼区分了国家权力的两个层面。参见王焱编《宪政主义与现代国家》，生活·读书·新知三联书店2003年版，第35页。

② 王绍光、胡鞍钢、周建明：《第二代改革战略：积极推进国家建设》，载《战略与管理》2003年第2期。

③ 参见王绍光《公共财政与民主政治》，载《战略与管理》1996年第2期。

会成员的开放。在"新左派"主流知识分子看来,新兴民主的内在矛盾以及第三世界国家的民主困境表明,如果忽视民主两个向度的均衡发展,就难以实现真正的民主,主张转型期中国民主建设应该继承社会平等的历史遗产。

他们认为,在贫富差别、城乡差别和区域差别持续发展的状态下,民主问题不仅牵涉政治体制,而且涉及社会形式。在中国革命和社会主义历史中形成的平等遗产理应作为民主的前提来对待。很多第三世界国家缺少平等的社会遗产,如南亚和拉丁美洲就从未完成过土地改革,而没有这个平等的社会遗产,就难以产生民主的两个方面的协调发展,就会形成新的社会冲突。没有实质上的公平,没有公民之间的相互平等关系,政治民主的公民权就变成了空洞的形式主义观念。因此,重要的并不是要不要政治民主,而在于怎样才能够使得政治民主拥有社会平等的内涵。如果否定了社会主义和社会主义遗产,那就会使不平等分配持续化。市场社会不会自发地趋向均衡,恰恰相反,如果没有合理的调节、制度保障与为争取平等、正义的社会斗争,那么民主的政治形式与社会形式之间的分离和断裂将是常态。很多第三世界国家模仿西方政治民主,却未能形成一个民主的社会,等级性、专制和垄断常常与民主政体并行不悖,这也说明不能限于某一方面讨论民主问题。他们高度肯定毛泽东自20世纪50年代后期致力于用种种方式促进人们在经济、社会、政治、文化地位上的平等,认为未来中国改革要继承毛泽东时代所形成的追求平等和正义的传统。[①]

(二)"新左派"关于民生问题的论述

在"新左派"思考的各种问题中,民生问题毫无疑问是非常值得关注的。21世纪以来,经济高速发展的同时,社会领域各种矛盾不断显现并激化,人们对改善民生、和谐发展的诉求越来越明显。对市场经济和社会不公抱着鲜明批判态度的"新左派",对此发表了许多见解。他们的主张获得了一些人尤其是年轻人的呼应[②],对现实社会产生了较大的影响。

---

① 参见王绍光《坚守方向、探索道路:中国社会主义实践六十年》,载《中国社会科学》2009年第5期。

② 作为一种社会思潮的"新左派"对高校大学生的影响不容忽视。调查表明,青年学生对"新左派"思潮的基本观点和一些热点问题方面的看法持有相当的认同度。参见孙一先等《关于新左派思潮对大学生影响状况的调查报告》,载《南昌航空工业学院学报(社会科学版)》2006年第1期。

1. 对民生领域不公现象的批判

一般认为"新左派"在20世纪90年代初开始形成。他们最初更为关注的是民主、国家、现代化等问题，对于民生问题只有一些零星的探讨，主要涉及贫富差距、农民增收、农民工和就业等内容。然而，这时已有一些"新左派"敏锐地看到，1992年以后市场经济的迅速发展和分配领域改革的滞后，导致在收入分配结构上平均主义和贫富悬殊交织。"虽然从理论上说，我国的收入分配原则是按劳分配，但在实际的个人收入分配中，这一原则却很少得到准确的体现。"① 他们尖锐地指出：在农村，各种农业税费大量存在，"农民收入增长赶不上负担增长"②。在城市，大量农民工涌入城市，在一些人眼里成了"洪水猛兽"。③ 同时，随着国企的减员增效，从1993年开始出现了大规模的城镇职工下岗失业，这已经成为"我国经济社会中最突出的问题"④。

从90年代末期开始，民生问题得到了"新左派"的真正关注。从讨论民生问题的人员看，不再限于经济学、社会学领域的专家、学者；从讨论的深度上看，则已经从现象的批判进入更为实质性的批判。

1999年1月，学者甘阳在《读书》杂志上发表了《自由主义：贵族的还是平民的?》一文，直接表露了自己的平民立场。甘阳尖锐抨击中国的自由主义者"主要谈的是老板的自由加知识人的自由"，而闭口不谈"自由主义权力理论的出发点是所有人的权利，而且为此要特别强调那些无力保护自己的人的权利：弱者的权利、不幸者的权利、穷人的权利、雇工的权利、无知识者的权利"。甘阳尖锐地说："难道中国知识界的这种市场经济主义不早就是最流通的官方硬币吗？难道现在还有比市场经济主义更主流的意识形态吗？"⑤甘阳的文章直击中国自由主义者在平民权利保护问题上的有意回避，客观上为"新左派"知识分子在民生问题上迈开思想步伐提供了动力。

2000年，话剧《切·格瓦拉》在北京上演，标志着"新左派"思潮走上文艺舞台。该剧最核心的内容，是对贫富差距严重扩大的批判和穷人与富

---

① 孙立平：《我国收入分配的结构及存在问题》，载《战略与管理》1994年第4期。
② 温铁军：《制约"三农"问题的两个基本矛盾》，载《经济研究参考》1996年第5期。
③ 参见孙立平《农民工是洪水猛兽吗?》，载《探索与争鸣》1996年第2期。
④ 胡鞍钢：《中国城镇失业状况分析》，载《管理世界》1998年第4期。
⑤ 甘阳：《自由主义：贵族的还是平民的?》，载《读书》1999年第1期。

人关系的讨论。由于该剧以20世纪拉美最著名的左翼革命家为题,并频频使用"革命"这一词汇,在社会上引起很大争议。但剧作者称,他看重的是切·格瓦拉的符号意义,因此,"这个戏是拿来气人的,气那些既得利益者。……我不见得看好采用这种革命斗争形式。目的只是提醒"①。

与人文学者的深入批判相对应,这一时期经济学、社会学领域的"新左派"在言述方式上也更为直接和犀利。1998年,政府提出:决心花三年时间,基本解决国企裁员问题。下岗失业形势更为严峻。2000年,著名"三农"问题专家,时任湖北监利县棋盘乡党委书记李昌平给朱镕基总理写信,直言:"农民真苦、农村真穷、农业真危险!"在学界引起对农民生存境遇的广泛关注和讨论。《读书》杂志从1999年年底开始连续发表多篇关于"三农"问题的文章,而在此之前,"有关部门都不承认存在'三农'问题"。② 2003年全国范围内出现的非典型肺炎疫情,直接引发"新左派"知识分子对中国医疗卫生体系弊端的思考。同时,在收入分配、教育公平、住房、社会保障等问题上,各种矛盾越来越突出。此间,"新左派"经济学家杨帆于2001年出版了他主编的论文集《以民为本 关注民生》(石油工业出版社2001年版),汇集了包括他本人在内的"非主流经济学家"的多篇相关文章;经济学家、国情研究专家胡鞍钢则于2008年出版了专著《中国:民生与发展》(中国经济出版社2008年版);其他"新左派"知识分子也开始大量发表对民生问题的看法。"新左派"指出:"中国在连续保持20多年经济持续快速增长,创造人类经济奇迹的同时,也产生了多维的不平等和不公平。"③ 在他们看来,改革确实使"一部分人先富起来",却偏离了"先富带动后富"的预想,社会底层的民众为改革承担了过多的代价,却没有能够分享足够的成果,社会不公正、不平等成为影响中国持续发展的最大问题。"一个健康发展的社会不应该是绝对平均主义的,精英阶层自有其存在的理由。然而,精英集团应该认识到其他阶层的生存理由,精英集团取得大大高于平均水平的财产份额的理由应该是大大高于平均水平的对社会的贡献。否

---

① 吴菲、王卫:《唱罢〈切·格瓦拉〉再吟〈鲁迅先生〉》,载《北京青年报》2001年4月20日。

② 程恩富:《正确对待七大思潮 自主创新社会科学》,见中国社会科学网(http://www.cssn.cn/news/472956.htm)。

③ 胡鞍钢:《追求公平的长期繁荣》,载《中关村》2006年第8期。

则，这个社会就不可能长治久安。"①

应当说，社会不公的事实存在，不仅是人们能够直观感受到的感性认识，而且为学界所普遍认同。从官方到民间，也都十分重视社会不公问题可能导致的严重后果。关键在于，怎么看待这种社会转型过程中出现的社会不公，而产生社会不公的根源又是什么。

有的观点主张，改革过程中不可避免地会出现社会不公与贫富分化，然而随着市场经济的发展完善和其他社会体制的建设健全，这些问题可以逐渐得到解决。而"新左派"知识分子则十分强调社会公正公平的重要性，认为经济发展并不会自然而然地带来社会公平，不公正、不公平的经济增长正是转型期中国社会不稳定的根源，人们对社会不公形成的社会积怨，对社会长治久安和党的执政合法性的潜在威胁更是不言而喻。

对于有的观点主张衡量社会公正的标准在于是否"机会平等"，"新左派"知识分子也明确表示不同的看法。在他们看来，所谓"机会平等"决不等于公平公正，有的学者不无辛辣地批评道："'自由主义者'在赞扬市场时一般声称，市场规定了人人赚钱平等的原则，规定了法律面前人人平等的原则，因而，只有市场才能把我们带到民主、公正的世界里去。但是，他们很少去指出名义上的机会均等与现实不平等的关系，形式上公正的法律在现实中是怎样运用的以及遭遇了什么样的问题。""不是契约里规定的平等，也不是法律条文上规定的平等，而是现实政治、经济和文化资源的占有量，决定了我们实际上的不平等和根本不可能平等。"②

从上面这段话也可以看出，"新左派"知识分子明确地把社会不公的根源与改革中的市场化导向联系起来，并且认为，正是改革过程中过于强调"效率优先"的原则，却有意无意地忽略了公平原则，才导致社会民生领域滋生诸多不公平、不平等的现象，"将效率置于一切之首的实用主义，为新的社会不平等创造了条件"③。同时，改革通过资源的重新分配，尤其是资源私有化的过程，使得精英阶层占有和获得了越来越多的资源。"很显然，为数很少的政治精英、经济精英和知识精英占据了几乎全部的组织、经济、

---

① 王小东：《应妥善处理政治与经济的制约关系》，见杨帆、卢周来主编《以民为本 关注民生》，石油工业出版社2001年版，第341页。
② 韩毓海：《在"自由主义"姿态的背后》，载《天涯》1998年第5期。
③ 汪晖：《当代中国的思想状况与现代性问题》，见公羊主编《思潮：中国"新左派"及其影响》，中国社会科学出版社2003年版，第13页。

文化资源，而为数众多的大众阶层则仅占有丁点儿的资源。"① 这就导致了社会不同群体之间极不平等的权利状况，这是社会不公的深层次原因。

正是基于这种认识，"新左派"知识分子对市场化改革出现的弊端给予尖锐的批判，强调需要对改革进行反思："在中国选择改革的路径方案，不仅要考虑到提高经济效益，还要考虑到实现社会公平和社会和谐。从长远来看，如果没有社会公平和社会和谐，任何改革都是无法持续、无法成功的，而且还会激化在改革过程中造成的社会分化、社会冲突乃至社会动荡。"② 而过去一段时期的改革在发展策略上过于强调和依赖市场力量与市场机制，势必加剧社会分化与社会不平等。

"新左派"知识分子认为，政府在处理社会公正公平问题上负有不可推卸的重要职责："政府政策偏好对加剧扩大不平等或缩小不平等具有重要的影响作用，而调整收入不平等是政府的重要职能之一；国家汲取财政能力下降是削弱中央实现再分配能力的重要原因。"③ 基于此，胡鞍钢提出，中国政府的主要职责必须"从追求增长转向解决民生问题"，"政府提出经济增长率目标是必要的，老百姓关注更多的却是切身利益和需求目标。经济增长率与民生问题并不一定是必然联系的，只有当政府（经济）政策能够促进民生的解决，经济增长才能够与百姓密切相关。人民关心的是民生问题，而政府应当解决人民关心的问题，政府的职责就是切实解决民生问题"④。

总之，实现社会公正公平是"新左派"知识分子强烈坚持的首要价值诉求。也正因此，"新左派"思潮更多地站在谴责社会不公的弱势群体一边，更强调实现广大民众对改革成果的平等共享。

2. "新左派"知识分子解决民生问题的思路和主张

因与关于民生问题的流行看法不同，"新左派"知识分子提出了不少独到的意见。

（1）分配不公问题。在"新左派"知识分子看来，中国的分配不公已经到了相当严重的程度，对于这种现象，"新左派"知识分子更多地将原因

---

① 胡鞍钢、胡联合等：《转型与稳定：中国如何长治久安》，人民出版社2005年版，第161页。
② 胡鞍钢：《我们需要对改革进行反思》，载《读书》2005年第1期。
③ 王绍光、胡鞍钢：《中国：不平衡发展的政治经济学》，中国计划出版社1999年版，第2页。
④ 胡鞍钢：《中国：民生与发展》，中国经济出版社2008年版，序言第5页。

归结为政府在指导思想上过于强调"效率优先"、没有真正"兼顾公平"导致的偏差。因此,"为实现长治久安,中国必须建立一套行之有效的再分配机制,以救助最困难的社会群体、补偿利益受损者,为大多数人提供收入保障,使之不会因失业、患病、年迈而陷入贫困,并尽可能运用再分配手段缩小贫富悬殊"①。有的"新左派"知识分子还提出,光靠二次分配调节贫富差距是不够的,"共同富裕与所有制密切相关:随着公有经济在整个国民经济的比重下降,劳动收入在整个国民收入的分配比重下降。中国特色社会主义可能要更多地在一次分配上下功夫"②。对于收入分配,现阶段可实现"罗尔斯原则","即能平等分配则尽量平等分配;如果某种不平等分配对最底层民众更有利,也可以接受这种不平等。然而,对最底层民众有利是允许不平等的前提条件"③。经济学领域的"新左派"知识分子提出,应在全国范围内实行包括收入分配在内的基本社会保障,"统一制度,统一实施,有利于在各地区差异甚大的情况下起着均衡器和调节器作用"④。同时,应"加强对高收入者个人所得税征收"⑤。政治学领域的"新左派"强调,不能仅仅从个体的层面来看待贫富差距与收入分配问题,而同时应注意到地区和群体层面上的分配不公。因此,"要真正解决中国的共同富裕问题",可能首先要解决的"就是地区差距、城乡差距"⑥。中国不可能走西方那种依靠对外移民、殖民、侵略、扩张和发动战争来转移城乡矛盾的道路,在中国,"城乡一体化是实现共同富裕的关键"⑦。同时,还要特别注意进城务工的农民工的收入分配问题,他们往往由于户口制度的限制,成了"再分配制度的

---

① 王绍光:《中国国情分析研究报告》。转引自《中国四大不平等扩大 亟须建立有效再分配机制》,见搜狐财经网(http://business.sohu.com/47/47/article200604747.shtml)。
② 王绍光:《更多地在一次分配上下功夫》,载《人民论坛》2011年第15期。
③ 王绍光:《安邦之道:国家转型的目标与途径》,生活·读书·新知三联书店2007年版,第238页。
④ 吴敬琏、胡鞍钢等:《社会保障体系建设专家谈》,载《劳动保障通讯》2000年第10期。
⑤ 胡鞍钢:《加强对高收入者个人所得税征收 调节居民贫富收入差距》,载《财政研究》2002年第10期。
⑥ 王绍光:《更多地在一次分配上下功夫》,载《人民论坛》2011年第15期。
⑦ 黄平:《城乡一体化是实现共同富裕的关键》,载《人民论坛》2011年第22期。

死角"。① 社会学领域的"新左派"知识分子强调，之所以收入分配制度、所得税问题、贪污腐败问题、瓜分国有资产问题等各种不同因素能共同加剧贫富分化，背后的原因是不同群体在表达和追求自己利益的能力上失衡。因此，"问题的关键是建立起一种相对平衡的、有制度保障的利益表达机制。建立有效的利益表达机制，实际上是构建相对完善的市场经济体制的一个不可缺少的组成部分"②。"在一些贫富分化不断加剧的社会里，如何保护和扩展社会流动的渠道，特别是下层向上流动的机制，就成为优化社会结构的一个重要内容。"③"三农"问题研究领域的"新左派"知识分子则具体分析了如何实现农民增收的问题。有学者提出：如果仅仅强调增加农业投入而不配套必要的强有力的改革措施，则"恐怕只能是导致农业成本突然上升，农民负担进一步加重"④。

（2）就业难问题。"新左派"思潮的兴起与就业问题实际上有着密切的关系。国企和事业单位改革过程中出现的职工大规模下岗，当时即引起"新左派"知识分子的高度关注。他们认为，这一改革过程是典型的"高增长，低就业"模式，政府以维持高速的经济增长为首要目标，而"经济增长并不一定必然带来较高的就业增长，也不会主动转化为就业机会的扩大"。更重要的是，就业问题绝不仅仅是经济领域的问题，"大规模企业职工下岗以及日益增多的城镇失业人口的出现，产生了社会的急剧分化，相当比例的人口收入水平的绝对数下降了，生活状况恶化了，成为社会的弱势集团"⑤。因此，扩大就业实际上也是避免弱势人群增多、贫富差距拉大的基本策略。这就不仅把扩大就业问题看作经济发展过程中的必然举措，而且将之与政府对民众的政治承诺、对社会公平的保障联系起来。"新左派"经济学家认为，扩大就业能够产生良好的社会经济效应，中国需要向"高增长，高就

---

① 王绍光：《安邦之道：国家转型的目标与途径》，生活·读书·新知三联书店2007年版，第194页。

② 孙立平：《重建社会：转型社会的秩序再造》，社会科学文献出版社2009年版，第248页。

③ 孙立平：《重建社会：转型社会的秩序再造》，社会科学文献出版社2009年版，第129页。

④ 温铁军：《三农问题与世纪反思》，生活·读书·新知三联书店2005年版，第108页。

⑤ 胡鞍钢：《中国：民生与发展》，中国经济出版社2008年版，第181页。

业"模式转变,应实施"以就业为中心"的经济增长模式。①"新左派"知识分子十分赞同中央政府将就业问题作为"民生之本",提出创造就业是政府的重要目标,扩大就业是政府的重要任务之一。

(3) 房价过高问题。近年来,房价过高问题不仅随着"蜗居""蚁族""房奴""裸婚"等新词的流行而出现在社会大众的话语中,也频繁出现在"新左派"知识分子的文章和著作中。在"新左派"经济学家看来,房价虚高的主要原因在于市场和地方政府的利益推动。从市场方面来看,最主要的根源是国内的信贷膨胀。"这种信贷膨胀为购买商品住宅者提供了巨额的资金,这些购买资金很自然地引起住宅售价与其销售额一起暴涨。"② 某些专家、媒体在利益的驱动下成了房地产商的喉舌,误导了购房者的预期和行为。从地方政府方面来看,"房地产商作为中国特殊利益集团,正是利用增加地方政府财政收入这样的'捐税'行为,成功俘获了地方政府",导致中央调控政策的失败,最终让普通大众承担双重成本。③"新左派"知识分子认为,住宅具有社会保障和公共福利性质,不能完全由市场经济左右,更不可由地方政府与大开发商共同垄断。摆脱造成房价暴涨困境的根本出路,在于回到"公有制为主体"的城市住宅体制上来。当然,这并不意味着以公有开发商为主体,而是意味着"有大量的公有住宅出租给居民"④。为防止地方政府被资本俘获,应"把房地产调控作为考核地方政府善治的'硬约束'",并创造条件使民众监督地方政府;"尽快寻找房地产业之外的地方政府新的经济与财税增长点",改革税制从而减轻地方政府对土地财政的依赖。⑤

(4) 医改问题。医疗卫生体制改革是近年来社会民生领域的一项重大改革。"新左派"知识分子在这个问题上尤为强调公平的重要性,提出:

---

① 参见胡鞍钢《实施"以就业为中心"的经济增长模式》,载《新闻周刊》2002年第30期。

② 左大培:《房价暴涨的根源在于信贷膨胀》,见乌有之乡网(http://www.wyzxsx.com/Article/Class4/200912/120627.html)。

③ 参见杨帆、卢周来《中国的"特殊利益集团"如何影响地方政府决策》,载《管理世界》2010年第6期。

④ 左大培:《城市住宅与公有制》,见红色文化网(https://www.hswh.org.cn/wzzx/llyd/jj/2013-05-02/6655.html)。

⑤ 参见杨帆、卢周来《中国的"特殊利益集团"如何影响地方政府决策》,载《管理世界》2010年第6期。

"我国卫生改革的取向必须坚持社会效益与经济效益统一,并将社会效益放在第一位;在公共卫生服务方面,牺牲公平不一定能导致经济效率提高。"①他们认为,在过去很长一段时间里,中国的医疗改革迷信市场发展模式,在设计路径时过多地考虑效率,却在很大程度上忽略公平,结果在公平和效率两方面都做得不成功。王绍光在反思"非典"事件时指出,对经济增长的迷信和对市场的迷信是"非典"危机爆发和后果严重的制度性原因。在他看来,前者导致政府在财政资源的分配方面一直对卫生支出不够重视,政府失职;而后者更加剧了居民个人的卫生支出负担,导致了市场失灵,即市场对医疗卫生资源的配置既违反公平原则,也缺乏效率。②因此,医疗卫生体制和公共卫生领域的改革,在理念上,"政府应该把为全体公民提供基本医疗服务看作自己义不容辞的责任"③,为缩小不同人群之间的健康差距,公共卫生政策"应优先为低收入人口提供最基本的医疗卫生服务和医疗保障";在方式上,医改的核心问题——医疗融资问题必须破除对市场模式的迷信,"最重要的是界定政府的角色","美国式的市场发展模式中国不光学不来,而且不应该学"。④胡鞍钢也提出:"我国卫生改革的战略选择应该是:实施投资于人民健康的公共卫生服务宗旨;公平有效地分配卫生资源;实现基本公共卫生服务均等化;坚持'低水平、广覆盖、高效率'的方针;建立面向社会、人人参与的多元化医疗卫生投资体制。"⑤王绍光还特别提到了新中国历史上曾经行之有效的农村医疗合作制度,认为今天仍然值得借鉴。正是在王绍光提出这一观点的同一年,新型农村合作医疗制度开始在全国部分县(市)试点。⑥参与并推动中国医改的学者李玲也认为:"新中国成立后前三十年的医疗卫生体制,在世界上创造了奇迹,1978年被世界卫生组织评价为'发展中国家的唯一典范'。这几十年的经验,十分值得认真总结。实际上,与学习国外经验相比,认真总结我们自己的历史经验,更有

---

① 胡鞍钢:《低收入人口优先受益》,载《中国改革》2000年第8期。
② 参见王绍光《中国公共卫生的危机与转机》,载《比较》2003年第7期。
③ 王绍光:《医改不存在迷局》,载《书城》2005年第10期。
④ 王绍光:《医改不存在迷局》,载《书城》2005年第10期。
⑤ 胡鞍钢:《低收入人口优先受益》,载《中国改革》2000年第8期。
⑥ 参见卫生部等《关于加快推进新型农村合作医疗试点工作的通知》(卫农卫发〔2006〕13号),见中华人民共和国国家卫生健康委员会官网(http://www.nhc.gov.cn/wjw/zcjd/201304/46a098fa391f4854a944b10abb0ed553.shtml)。

意义和紧迫性。"① 可以说，在某种程度上，"新左派"知识分子的上述观点推动了中国医疗卫生体制的改革。今天，关于医疗卫生体制改革的具体做法还有许多争议，但是必须坚持回归公平和公益，政府应当调整相关政策，逐步完善医改方案。这已经成为国家从上到下越来越多人的共识。

（5）教育公平问题。"新左派"知识分子认为，教育领域存在的最大问题是教育不公平，而且已经成为落后地区加快发展的制约因素，教育在城乡之间的发展不平衡也相当严重。他们强调，中国的教育改革与教育发展，促进教育公平应该是主要议题。政府应当向公民做出两个方面基本服务的承诺，即承诺所有的孩子都有机会接受具有基本质量保障的义务教育，实现基本公共教育服务均等化；承诺所有的非义务阶段的学生都不会因贫困而失去受教育机会，完善非义务阶段教育的奖、助、贷制度。同时，促进各级各类教育发展，推动公民多样化教育需求的实现。②为了打破受教育机会上的不公平现象，个别学者还提出："教育部门必须要采取非常手段，要大力向农村孩子倾斜的手段，要多考那些带有实践性的、劳动性的内容。"③

"新左派"知识分子还对国企改革问题、税收政策调整、农民增收和权益保障问题、环境污染等提出了各种各样的看法，其内部也有差异。然而无论他们具体的观点是偏向于激进，还是偏向于温和，社会公平都是他们共同的价值诉求，并都对以私有化和市场化为核心的改革模式提出质疑。④ 这就涉及对中国改革开放以来实践经验的认识与评价。事实上，这也是"新左派"作为一种社会思潮"出场"时面对的核心问题。"新左派"思潮的"学术出场"，是20世纪90年代中期与自由主义爆发的论战。这场论战，是当中国开始落实市场经济、经济高速增长、富强目标全面兑现的时刻，知识界内部围绕着这场改革的合理性、价值评价和发展趋向，发生了深刻的分歧，

---

① 李玲：《健康强国——李玲话医改》，见《透过争论看医改》，北京大学出版社2010年版，第5～6页。

② 参见胡鞍钢《中国：民生与发展》，中国经济出版社2008年版，第188～189页。

③ 孔庆东：《农村新生跌破三成教育不公触目惊心》，见第一视频新闻网（http://tv.vl.cn/khs/2011-8-22/1313988798914v_2.shtml）。

④ 用汪晖的话说："也许可以说，'新左派'只能通过对于发展模式的批判性思考来界定，因为环境危机、贫富分化、三农问题、公平与垄断等议题是我们共同关心的。我们也普遍怀疑市场原教旨主义，不承认中国改革只有私有化——无论是土地的私有化还是国企的私有化——一种方式。"参见汪晖《中国道路的独特性与普遍性》，载《社会科学文摘》2011年第4～5期。

而展开的全方位的论战。①

总的来说,"新左派"思潮在社会民生问题上的看法,可以概括为:坚持以社会公正为价值诉求和衡量标准,保持对市场经济的批判性思维,注重从中国国情的特殊性和复杂性出发,强调国家(政府)的角色与作用,侧重保障底层民众和弱势群体利益的立场与关怀。

(三)新自由主义思潮及其遮蔽性

作为一种政治经济哲学的新自由主义(Neoliberalism)② 兴起于20世纪30年代,其代表人物有弗里德里希·冯·哈耶克与米尔顿·弗里德曼等。70年代末期,新自由主义取代凯恩斯主义相继成为英国和美国的主导经济意识形态。在当代中国,自改革开放尤其是90年代以来,随着官方意识形态对市场经济的承认以及市场化改革的深入,新自由主义由于与经济改革和社会转型有着某种"经验相似性",一度在我国知识界特别是经济学界占据了相当重要的位置。

新自由主义的研究客体,主要包括三个维度:一是作为经济学理论的新自由主义;二是作为公共政策的新自由主义;三是作为意识形态的新自由主义。③ 诺姆·乔姆斯基指出:"'新自由主义',顾名思义,是在古典自由主义思想的基础上建立起来的一个新的理论体系,亚当·斯密被认为是其创始人。该理论体系也称为'华盛顿共识'④,包含了一些有关全球秩序方面的内容。"⑤ 乔姆斯基的定义揭示了新自由主义是对古典经济自由主义的继承和复兴,并指出"华盛顿共识"是其理论的成熟形态。大卫·哈维(David Harvey)在《新自由主义简史》中给出一个描述性定义,勾勒出新自由主义的制度形态,即"新自由主义首先是一种政治经济实践的理论,即认为通过在一个制度框架内——此制度框架的特点是稳固的个人财产权、自由市场、

---

① 参见胡鞍钢《中国:民生与发展》,中国经济出版社2008年版,序言第2页。
② 中文中的"新自由主义"一词,在英文中对应两个词:Neoliberalism 和 New Liberalism,后者是指罗尔斯、德沃金一脉的政治哲学,二者的主张和诉求截然不同。
③ 本章主要在经济意识形态和政策维度使用"新自由主义"一词。
④ "华盛顿共识"是1989年提出的针对拉美国家和东欧转轨国家的一整套政治经济理论,被认为是"新自由主义的政策宣言",包括削减公共福利开支、金融和贸易自由化、取消对外资自由流动的各种障碍以及国企私有化、取消政府对企业的管制等10项政策措施。
⑤ [美]诺姆·乔姆斯基:《新自由主义和全球秩序》,徐海铭、季海宏译,江苏人民出版社2000年版,第3页。

自由贸易——释放个体和企业的自由和技能，能够最大程度地促进人的幸福。国家的角色是创造并维持一个适合于此类实践的制度框架"①。通俗地讲，新自由主义认为，在自由市场经济模式下，不同的市场主体（私有企业）可以通过价格机制自发调整行为，使资源得到最优化配置。同时，市场经济体制下的经济自由可以保障公民的政治自由。② 因此，新自由主义强烈反对中央计划经济体制，反对"大政府"和福利国家制度，主张政府放松对市场的管制、自由贸易、产权私有化、市场行为最大化、国家角色最小化，"管得最少的政府是最好的政府"，政府是"裁判员"或"守夜人"，是规则制定者。在具体政策方面表现为降低税率，国企私有化，削减教育、医疗等公共服务开支，限制劳工权利，对外开放货物与金融市场，等等。上述诉求在意识形态上则描绘成保障个人自由、促进市场竞争与创新，通过自由贸易和市场交换达成社会利益最大化，最大限度地实现人的幸福。新自由主义不同于无政府主义，它肯定政府在维护自由市场经济制度以及国防等极少数公共事务中的作用。不过，极端形态的新自由主义经济思潮往往神化市场的作用，坚称自由市场本身就能确保经济繁荣和增长，市场化是解决所有经济问题的"灵丹妙药"，它"一放就灵"，实质是"市场原教旨主义"。自20世纪80年代以来，新自由主义以市场化、私有化、机会均等、自由竞争、效率至上等话语推进的一整套价值观念和制度安排不断从经济领域泛化到政治、法律、文化、伦理等社会各个领域，对普罗大众的生活方式和思考方式产生广泛而深刻影响。"市场交换本质上具有伦理性，能够指导一切人类行为，它试图把一切人类行为都纳入市场领域。"③ 综上所述，新自由主义已成为一种统治人的思想的强势话语，它在现实社会中业已成为人们判断问题的思考方式之一，具有强大的影响力。

环顾国内，改革开放三十多年来，在人的思想意识中影响最深、转换最大的莫过于经济意识形态。从以往的计划经济体制逐步过渡到社会主义市场经济体制，这种通过先行先试，从局部到全局渐进发生的带有"松绑"意

---

① ［美］大卫·哈维:《新自由主义简史》，王钦译，上海译文出版社2010年版，第2页。
② 参见［美］米尔顿·弗里德曼《资本主义与自由》，张瑞玉译，商务印书馆2004年版，第13页。
③ ［美］大卫·哈维:《新自由主义简史》，王钦译，上海译文出版社2010年版，第4页。

味的制度演进离不开相应的意识形态支持,这种制度演进与新自由主义的影响有密切的关系。与此同时,市场经济实践也强化了这一意识形态的影响。在后全能主义(post totalitarianism)体制[①]下,新自由主义在提高经济效率、推动经济高速增长方面确有其独到的一面,但也带来一系列严重的社会问题。由于历史传统和制度环境的预制性,当代中国的新自由主义与西方新自由主义既有"共相",也有"异相",它有自身独特的表现形态和理论旨趣。正如汪晖指出的,"中国社会在国家权力结构的延续形式之下推动了激进的市场化过程,并在这一国家的政策主导之下,成为全球经济体系的积极参与者。这一延续与非延续的双重特点形成了中国新自由主义思潮的特殊性"[②]。20世纪90年代中后期以来,随着市场的发育与壮大,经济与社会转型的困境凸显,隐藏在新自由主义背后的泛市场化、非政治化和权贵化的复杂面相正逐渐被人们所辨别,得到揭蔽。

1. 新自由主义话语及其影响

20世纪80年代早期,正是英国和美国逐渐放弃凯恩斯主义,大力推行新自由主义政策的时期。此时,我国的改革开放进程刚刚起步,急需借鉴外国发展经验。东亚的市场经济模式以及作为西方主流经济学的新自由主义为密集出国考察的政府官员[③]和大量派遣的留学生所了解,并为国内一批较少受到意识形态束缚的青年经济学家所推崇[④],逐渐开始影响我国的经济体制改革思路和经济政策。在当时计划经济占统治地位的情况下,强调发挥价格机制的作用,主张国家对经济活动"松绑"的新自由主义经济精神具有重要的思想解放的意义。但是,新自由主义经济学的消极影响也在20世纪80年代中后期的经济改革中迅速显现出来。例如1988年的价格"闯关",这次激进改革使得物价飞涨,通胀预期迅速形成,加上"官倒"活动蔓延,引发了民众不满,最终酿成严重的政治后果。

[①] 学者萧功秦将从全能主义计划经济体制中演化过来的现代化权威体制称为后全能主义体制,全称是"后全能主义型的技术专家治国型的新权威主义体制"。见萧功秦《中国的大转型——从发展政治学看中国变革》,新星出版社2008年版,第3页。

[②] [美]大卫·哈维:《新自由主义简史》,王钦译,上海译文出版社2010年版,第121页。

[③] 改革初期,中国政府频繁派出许多代表团到欧美和东亚国家考察,学习经济发展经验。

[④] 20世纪80年代,在国家经济体制改革委员会和国务院发展研究中心活跃着一批从事改革政策研究的有影响力的青年经济学家,如张维迎。

第二章 知识分子的社会意识变动考察

在整个 80 年代,新自由主义经济话语的影响仅限于经济领域,中国社会的市场关系还没有完全展开。新自由主义真正占据中国主流话语是在 90 年代。在搁置意识形态争论的大背景下,随着 1992 年官方意识形态对市场经济的承认,中国经济的市场化转型急剧加速,新自由主义话语开始盛行(市场竞争、全球化、市场化、发展、效率优先、产权改革、结构调整、自由贸易、降低交易成本等)并逐渐影响国家的经济与社会政策,这种影响随着 90 年代后期大规模的结构调整和国企改制以及教育、卫生医疗与住房的市场化改革而突显出来。2001 年,中国加入 WTO,全面融入新自由主义规则主导的世界经济体系。加入 WTO 以倒逼国内经济改革的方式使新自由主义的市场逻辑对中国社会的影响趋于强化。

新自由主义的扩张是促成 21 世纪初中国经济繁荣、文明进步、人民整体生活水平大幅提升的重要因素之一。但是,它的另一面,贫富差距的扩大和严重的社会不公也被完完全全地呈现在世人的面前。诺贝尔经济学奖得主阿玛蒂亚·森在讨论中国的贫困和不平等问题时指出,"在近些年里,收入持续增长的巨大成就似乎是通过加大不平等来实现的。即使是在消除贫困方面,所取得的惊人成就也随时间有所不同,而且还存在着地区差异"[1]。贫富差距的扩大并不仅表现为结果不平等,还表现为市场化改革过程中的机会不平等,而后者又进一步强化了结果不平等。在国企改制中产生的大量下岗和失业群体成为市场化改革成本的主要承担者。一小批人在市场化转型过程中借机"设租""寻租",获取大量的经济利益,使得某些领域的市场化改革表现出权贵化的倾向。"巨额的租金总量,对我国社会中腐败蔓延、贫富分化加剧和基尼系数的居高不下产生决定性影响。"[2] 因此,尽管市场化改革使民众总体生活水平有所提高,但相对剥夺感却日益强烈,引发一些民众对市场化改革的质疑和不满。

另外,市场关系从经济领域扩展到政治、文化、伦理等社会各个领域,出现了泛市场化倾向。市场规则以国家主导的制度安排的形式渗透到人们的日常生活,产生强大的支配力量,使整个社会从属于市场,不断引发自发的社会保护运动。在 20 世纪 90 年代之前,市场逻辑通过价格机制仅仅在经济领域内有限地发挥作用,而在此之后,市场逻辑却通行于整个社会,在经济

---

[1] [印] 阿玛蒂亚·森:《能力、贫困和不平等:我们所面临的挑战》,见姚洋主编:《转轨中国:审视社会公正和平等》,中国人民大学出版社 2004 年版,第 52 页。

[2] 吴敬琏:《当代中国经济改革教程》,上海远东出版社 2010 年版,第 75 页。

之外的几乎社会各个领域通行无阻。"当西方新自由主义来到中国之后，对中国影响最大的莫过于社会领域，包括医疗卫生、社会保障和教育。这些领域都是政府应当担负责任的公共服务领域，但可惜的是，这些领域都通过不同的方式让给了市场和各种形式的资本。"① 社会有其自身的运作逻辑，一旦将市场关系扩展到社会生活的各个领域，使社会按照"自我调节的市场"法则塑造自身，不可避免地对社会造成了一种来自国家权力之外的新的强制，即要求整个社会按照市场逻辑的工具理性来运作，以通过理性手段获得效益最大化为最高目的，这对包括家庭在内的传统社会价值和社会关系造成了巨大损害。

以历史的眼光看，20世纪70年代末以来中国的市场化转型不是孤立的，它既在某种程度上反映了美国主导的新自由主义转向对中国经济改革的影响，也反映了国家精英在传统社会主义挫折后寻求进一步变革的努力，带有强烈寻求现代化的意味。汪晖将中国新自由主义意识形态的主要特点概括为"由激进市场主义、新保守主义以及新权威主义等各个方面共同构成的：在稳定条件下要求将放权让利的过程激进化、在动荡的条件下以权威保护市场过程，在全球化的浪潮中要求国家全面退出"②。

由于历史条件、发展阶段以及制度环境的差异，当代中国的新自由主义呈现与西方新自由主义不同的复杂面相。它是在一种国家营造的非政治化的语境下，通过国家主导的经济与社会政策将市场关系从经济领域强行扩展到社会各个领域，以推动经济高速增长。而后全能主义体制的高度社会动员能力则进一步强化了新自由主义政策对中国经济与社会的影响。

新自由主义奉行实用主义原则。它不受特定的意识形态束缚，只遵从市场逻辑——只要能促进经济增长，其他概不关心。它要求"把饼做大"，宣称做大以后才能解决"分饼不公"问题。"作为一种理论，经济自由主义往往易于忽视经济活动后果的道义性和平等性。尽管它堂而皇之为创造一个'客观'的福利经济而奋斗，但不重视对国家内部以及国家之间财富分配问题的考虑。"③ 与东欧转轨国家相比较，20世纪90年代中后期盛行的新自由

---

① 郑永年：《保卫社会》，浙江人民出版社2011年版，第184页。
② 汪晖：《中国"新自由主义"的历史根源》，见《去政治化的政治：短20世纪的终结与90年代》，生活·读书·新知三联书店2008年版，第126页。
③ [美]罗伯特·吉尔平：《国际关系政治经济学》，杨宇光等译，上海世纪出版集团2006年版，第43页。

主义由于在某种程度上免除了"民主分家麻烦大，福利国家包袱多，工会吓跑投资者，农会赶走圈地客"的"拖累"①，强制性地降低了交易成本，从而为资本和自由市场创造了其他国家所不具备的制度条件。这一制度约束优势在经济全球化的条件下得以放大，成为创造"中国经济奇迹"的重要原因之一。

新自由主义偏爱"消极自由"，拒斥"积极自由"。"消极自由"是"免于……"的自由（being free from something），它关涉私人领域的自由，核心是个人权利的保障，对新自由主义者来说，首要的就是保障私人产权。"积极自由"是"去做……"的自由（being free to do something），它涉及公民的政治参与，其核心是个人自主的观念。② 新自由主义者认为，"积极自由"有可能外化为某种集体意志，迫使个人服从，成为国家侵害公民权利的借口。因此，新自由主义者保守"消极自由"底线，对"积极自由"持强烈的警惕态度，直至简单否定"积极自由"的作用。持"消极自由"的新自由主义者没有认识到，如果一个社会大多数公民缺乏对公共政治事务的积极参与，那么"消极自由"的制度基础就难以保障。有学者指出，"一种被掏空了积极自由的自由主义，将不再是民主化的自由主义，而只是威权主义保护下的、仅仅在乎个人私利的自由主义。在当代中国，没有直接加入论战的'经济自由主义'者，正是这样的只要经济自由，不要政治权利的'消极自由主义'者"③。然而，简单否定"积极自由"，也否定了国家在实现社会正义中的作用。自由竞争导致资本向少数人集中，手中握有资本的少数人获得了充分的"积极自由"。这时候，他们要求国家保障其"消极自由"。但是，市场竞争中的失败者和社会弱势群体甚至连最基本的"消极自由"都有可能被剥夺，对于这些人而言，自由不是更多了，而是更少了，甚至连免于饥饿和恐惧的"自由"都没有。假如政府在诸如公共医疗、教育、住房等关系民众基本生存尊严的领域交由自由市场调节，而在构建社会保障安全网方面无所作为，那么社会弱势群体的"消极自由"在生存的意义上又具有何种价值？他们的"积极自由"更无从谈起。

---

① 秦晖：《"降低交易费用"的独特方式：中国奇迹（1992—2001）》，载《南方周末》2008年2月21日。

② 以赛亚·伯林：《两种自由概念》，见《自由论》，胡传胜译，译林出版社2003年版，第167页。

③ 许纪霖：《当代中国的两种"自由"》，载《二十一世纪》2001年12月号。

新自由主义将个人自由化约为经济自由，以自由遮蔽民主的价值。为了成功地将新自由主义内含的"自由"价值融入民众的"常识"，必须使"自由选择"成为民众日常生活的真实感受。国家机器透过制度安排，还有媒体、教育机构等将民众的自由"渴望"定向到"消费自由"。"市场主义意识形态机器更为直接的表达者是媒体、广告、超级市场和各种各样的商业机制——这些机制不仅是商业的，而且也是意识形态的，它的最为有力之处在于诉诸感官和'常识'，即诉诸所谓日常性和感官需要将人转化为消费者，并使他们在日常生活中自愿服从其逻辑。"① 通过一种鼓励消费的大众文化，不断地刺激人的消费欲望，这一方面提高了工业产品的需求，刺激了经济增长；另一方面，琳琅满目的消费品市场给个人提供了一种"纯粹个人"的选择权力，这种"消费自由"是完全自主的，而且不涉及对他人权利的干涉。"我消费，故我在。"消费主义大众文化使人不由自主地陷入了市场的控制，成为商品交换的奴隶，成功地将"个人自由"化约为"经济自由"，使个人自觉服从市场逻辑。并且，新自由主义视"自由"为最高价值，有意无意地遮蔽了其阶级属性，贬低了民主的价值。而现实是，国家主导的新自由主义政策常常出于维护资本的"自由"，削弱工会的力量，限制劳工与资本集体博弈的"自由"，同时也给个人自由设下许多限制。"新自由主义……所偏爱的政治形式是相对的民主：民主，但不要太多。……迄今为止，淹没于政府重压之下的个人自由获得了新自由主义意识形态的强调，不过作为一种政治表现制度的民主却遭到了贬低。"② 在西方发达国家，经过工人阶级与资本家阶级几百年的博弈抗争，民众的民主权利已有一定的制度保障，不可能轻易地被收回。但是，在威权主义国家，资本往往和权力紧密结合在一起，缺乏反制的力量。通过许诺某种程度的"经济自由"（如消费自由，生活水平的提高），公民的个人自由被圈定在私人"消极自由"领域，从而可以大大缓解公民的政治自由诉求对国家权力结构产生的压力，米尔顿·弗里德曼指出，"历史仅仅表明：资本主义是政治自由的必要条件。

---

① 汪晖：《去政治化的政治、霸权的多重构成与60年代的消逝》，见《去政治化的政治：短20世纪的终结与90年代》，生活·读书·新知三联书店2008年版，第51页。
② [英]罗纳德·芒克：《新自由主义、政治学和新自由主义政治学》，见[英]阿尔弗雷多·萨德－费洛、[英]黛博拉·约翰斯顿编《新自由主义：批判读本》，陈刚等译，江苏人民出版社2006年版，第84页。

显然这不是一个充分的条件"①。

2. 公共知识分子对中国新自由主义的批评和反思

面对20世纪90年代转型中国内出现的新问题,被视为公共知识分子②群体的"新左派""自由左派"③在中国特色的市场化改革——新自由主义议题上发出了自己的声音。诚如汪晖所言,"正如新自由主义在当代中国是一种思潮而不是完整的理论一样,对于新自由主义的批评也不是一种系统的理论批评,而是通过重新思考现代性问题而逐渐展开的"④。概括而言,"新左派"和"自由左派"对不受充分制约的公权力介入市场化进程"寻租"都提出了尖锐的批评,共同揭示了中国新自由主义及其思潮的反民主的特征。二者的不同之处在于,"新左派"对中国有可能重新"资本主义化"的前景和"泛市场化"的现实保持了批判性的态度,并且呼求一种不同于西方资本主义"现代性"的另类中国化道路。"新左派"对新自由主义主要诉诸权力和资本的双重批判。而"自由左派"认为中国市场化改革中出现的严重社会不公问题的主因是"权力搅买卖",因而主要致力于权力批判。

当代中国知识界存在三个不同的文化权力场域,不同的场域内有着不同的运行规则、研究范式,这三个不同的场域分别是:以重新塑造国家意识形态为中心的权力内部的理论界、以现代学院体制知识分子为基础的专业学术

---

① [美]米尔顿·弗里德曼:《资本主义与自由》,张瑞玉译,商务印书馆2006年版,第14页。

② 按照学者许纪霖的理解,所谓"公共知识分子"既不是国家意识形态的代言人,也不是受狭隘的知识分工限制的专家、学者,而是活跃于民间关注社会生活和文化生活等公共事务的专家、学者。公共知识分子的言说具有民间化(相对于国家意识形态而言)和公共化(相对于专业的学科而言)特征。参见许纪霖《当代中国的启蒙与反启蒙》,社会科学文献出版社2011年版,第10页。

③ 用"新左派"这一称谓来指称一批具有"平等"倾向的批判性公共知识分子是化约主义的做法,因而是不确切的。这一群体自己也不承认这种称谓。但"新左派"所指代的知识分子群体有哪些主要的代表人物,他们的主要思想趋向是什么,这些都是清晰的。"自由左派"是相对"自由右派"而言的。在自由优先的前提下,"自由左派"较为注重社会公正;而"自由右派"则坚持自由至上主义,不承认或者选择性忽视社会公正问题的存在,是单纯的经济自由主义者和市场化改革的激进推动者。

④ 汪晖:《中国"新自由主义"的历史根源》,见《去政治化的政治:短20世纪的终结与90年代》,生活·读书·新知三联书店2008年版,第157页。

界和以民间的跨学科的公共领域为活动空间的公共思想界。① 理论界的知识分子——体制内的背景和知识背景决定了他们自由发挥思想的空间相对有限，他们有着服务国家意识形态及其再生产的要求。由此，他们对20世纪90年代市场化改革所暴露的"掌勺者私占大锅饭"式的"私有化"等严重的社会不公现象采取了选择性忽视的姿态，拒绝深入探讨分析问题产生的原因，而是将之视为改革所要必须付出的代价，是改革的"阵痛"。进入90年代之后，伴随大学体制改革和学术基金制度的建立，大多数专业学术界知识分子逐渐褪去80年代参与社会公共事务的激情，转而寻求在学术领域从事专业知识的生产和再生产，他们不再对公共事务公开发表意见。而一批积极参与并推动80年代集体社会动员的知识分子由于种种原因而对90年代中后期国内所发生的事情没有切身的感受，他们的声音也难以出现在国内的公共思想界。真正将中国市场化改革引发之社会公正问题的讨论引向社会政治制度层面，并且上升到政治哲学、精神价值层面的是处于权力体制之外的"新左派""自由左派"等被视为公共知识分子的群体。

  邓小平的南方谈话发表以后，当神州大地吹响经济市场化改革的号角之时，知识分子们对前景普遍抱持着乐观的态度。一方面，政治风波之后沉寂和凝重的政治空气所折射的可能回到过去"左"的传统的疑虑一扫而光；另一方面，尽管政治改革悬置，但市场化改革所象征的"自由化"在一定程度上满足了知识分子尤其是自由主义知识分子的一部分改革诉求，极大地缓解了自由主义知识分子和国家权力体制之间的紧张。知识分子欢迎这一动向，是因为他们相信只要进行改革，形成市场经济，中国的民主化进程就会逐渐到来；海外舆论欢迎这一动向，是因为中国重新走向"历史终结"这一既定目标。80年代末社会运动提出的基本问题被搁置到了一边。② 由此，虽然90年代国家的经济市场化改革的"转向"，没有全部回应80年代社会集体动员的激进主义诉求尤其是政治民主化的改革诉求，但是大多数知识分子都相信，恩格斯所讲的历史发展的"平行四边形"法则预言的图景正在中国出现。他们相信，在政治改革明显受挫的情况下，只要市场改革能够顺利发展，国家机制就会相应地发生变化，从而自发地导致民主；民主的真正

---

① 参见许纪霖《当代中国的启蒙与反启蒙》，社会科学文献出版社2011年版，第3页。
② 参见汪晖《中国"新自由主义"的历史根源》，见《去政治化的政治：短20世纪的终结与90年代》，生活·读书·新知三联书店2008年版，第127页。

第二章　知识分子的社会意识变动考察

基础在于市场社会的形成，一旦市民社会形成，社会的分权形式也就产生了。①

但是，历史的吊诡之处也在于，单纯的市场化改革并没有如绝大多数知识分子的预期那般形成一个以中产阶级为主导的稳定社会结构，反而在原来较为"同一"的社会内部出现了较为严重的社会不公和贫富分化。学者孙立平用"断裂"来形容这个时代与之前时代的关系，一个与80年代有着很大不同的新的社会正在我们的生活中出现并开始逐步定型化。② 对于抱有理想主义的知识分子而言，这是一种巨大的思想震荡，由此一部分在80年代呼求"现代化"（"现代化"内在包含了"市场化"要求）的知识分子，纷纷陷于一种对那个年代"现代化""市场化"呼求的反思之中，他们开始审视之前的"市场化"呼求是不是过于热切和单纯，以致忽略了市场经济背后还潜藏着"好"的市场经济和"坏"的市场经济之分。③

资本力量的高涨，权力与资本的纠缠，市场关系突破经济领域对人的生存状况产生的巨大影响，对当代中国重新"资本主义化"的可能及其现实的不满，促使一股中国新自由主义的批判思潮开始在中国的"新左派"知识分子群体中出现。在众多被视为"新左派"的公共知识分子中，对中国新自由主义及其思潮做出较有深度的思想批判的当属它的代表人物汪晖。1997年，汪晖刊发的《当代中国的思想状况与现代性问题》长文和其后的《中国"新自由主义"的历史根源》一文在公共知识界激起了巨大的反响。

汪晖从事新自由主义批判的言说背景是，20世纪90年代以后中国经济的市场化转向以及日益融入新自由主义主导的全球经济秩序。汪晖认为，苏联东欧社会主义体系瓦解之后，资本主义的当代形态——新自由主义的全球化过程已经成为当代世界的最为重要的世界性现象，中国的社会主义改革已经将中国的经济和文化生产过程纳入全球市场之中。在这个逻辑下，西方资本主义业已暴露的"现代性问题"也开始或将在中国的场景中出现，一种马克思批判的社会形态已在神州大地破茧而出。

---

① 参见汪晖《中国"新自由主义"的历史根源》，见《去政治化的政治：短20世纪的终结与90年代》，生活·读书·新知三联书店2008年版，第131页。

② 参见孙立平《断裂——20世纪90年代以来的中国社会》，社会科学文献出版社2003年版。

③ 参见王晓明《九十年代与"新意识形态"》，见《近视与远望》，复旦大学出版社2012年版，第161页。

"在这个巨变的时代,我们见证了市场社会如何将教授、医生、律师、诗人、学者、艺术家、媒体工作者'变成了它出钱招雇的雇佣劳动者'(马克思语),见证了社会主义实践力图压抑的各种社会要素如何破茧而出,成为新秩序的基础——伴随20世纪的大幕落下,那些构成'19世纪'之特征的社会关系重新登场,仿佛从未经历革命时代的冲击与改造一般。"[1]汪晖勾勒出了体制内新自由主义的特征,赋予中国新自由主义的特定内涵,显示他对新自由主义的批评指向的是国家权力和资本,所谓"新自由主义意识形态"基本上是由激进市场主义、新保守主义以及新权威主义等各个方面共同构成的:在稳定的条件下要求将放权让利的过程激进化、在动荡的条件下以权威保护市场过程,在全球化的浪潮中要求国家全面退出,这就是中国新自由主义的主要特点。[2]在反思激进主义和保守主义的现代化理论影响下,新自由主义意识形态宽宥了腐败等制度性的现象,放弃了通过社会运动、民主建设与制度改革的互动推进民主进程的机会,从而根本不可能对中国的民主以至世界范围内的民主做出贡献。[3]汪晖在这里的分析直指新自由主义维护市场,压抑了民主,即只要经济自由,不要政治自由的本质。

在市场化改革导引的走向开放社会的过程中,在非政治化的背景下,体制内只求经济发展而不要政治改革的新自由主义的拥护者寄希望于市场化取得的经济发展成就赋予公权力以合法性。因此,为了推动经济高速增长,"泛市场化"在某种意义上是内在的包含在这种发展逻辑之中的。而一部分有着古典自由主义倾向的学者和主流经济学家尽管呼求与经济改革相适应的政治改革,但在呼求无望的情形下,他们则寄望在现有体制内通过不断扩张的市场力量抑制没有受到充分制约的公权力对公共生活的侵蚀,压缩公权力"寻租"的空间。"新左派"对中国特色的新自由主义及其思潮的批判指出了中国"新自由主义"只要市场化改革,悬置政治改革;只要经济自由,不要政治自由的反民主倾向和泛市场化倾向。

有必要指出的是,对新自由主义的批判并非否定改革和市场经济,而是

---

[1] 汪晖:《去政治化的政治:短20世纪的终结与90年代》,生活·读书·新知三联书店2008年版,第2页。

[2] 参见汪晖《中国"新自由主义"的历史根源》,见《去政治化的政治:短20世纪的终结与90年代》,生活·读书·新知三联书店2008年版,第126页。

[3] 参见汪晖《当代中国的思想状况与现代性问题》,见《去政治化的政治:短20世纪的终结与90年代》,生活·读书·新知三联书店2008年版,第126页。

指出中国国情下的新自由主义价值维度上的偏差有可能对改革进程的误导。由此,我们必须警惕两种"装扮成经济科学和良善政策的意识形态与特殊利益"的新自由主义:一种是以"华盛顿共识"为代表的,借助一套普遍主义外在形式,实际上具有特定价值和利益指向的价值原则和政策体系,为霸权国家向民族国家经济扩张做合法性论证的"新自由主义";另一种是在非政治化的舆论氛围与制度安排掩护下,由权贵阶层推行的以泛市场化和权贵化为特征的新自由主义,它打着"市场化改革"和发展经济的旗号,罔顾社会公正,在改革过程中塞进自己的"私货",牟取特殊利益,极大地败坏了改革的形象。

(四)"新左派"与新自由主义的分歧与共识

就"新左派"和新自由主义的论争而言,其论域非常广泛,不仅涉及现实的社会政治制度,而且关涉若干价值观念。他们在广阔的知识视野和全球背景下讨论20世纪80年代的思想解放运动、改革合法性、市场经济、国企改制、经济全球化、传统的社会主义遗产("大跃进""人民公社""文革")甚至五四新文化运动;在学理层面探讨自由、民主等价值观念,对资本主义现代性或批判或维护。这里简要罗列二者在现实问题上的基本分歧,揭示他们的价值取向差异。

在对"腐败"的成因分析上,新自由主义思潮与"新左派"对这一社会现象的病因诊断截然不同。"新左派"认为,过度的市场化改革是中国出现贫富不均、分配不公现象的元凶,实行市场机制必然导致穷者越穷、富者越富的"马太效应",还造成了经济危机、权钱交易、生产的无政府状态、分配的不合理,加剧了特权阶层的特权。新自由主义则认为,事实与"新左派"的诘难相反,中国的分配不公现象并不是正常的市场经济的结果,而主要是掌握权力者凭借权力牟取不当利益造成的,这恰恰与长期实行的计划经济体制及相应的政治制度有关,也正是市场化改革不彻底不充分、残余的计划经济和现行政治体制孳生出权钱交易的结果。①

在对"现代性"的理解上,新自由主义者认为,现代西方发达资本主义国家奉行的价值和制度就是对现代性的最好诠释。"新左派"认为,应该走出一条超越资本主义和传统社会主义的"制度创新"道路。在政治领域,新自由主义政治改革后面的价值取向是消极自由、间接民主;而"新左派"

---

① 参见徐友渔《自由的言说:徐友渔文选》,长春出版社1999年版,第268页。

则主张积极自由和直接民主。①

在社会经济领域，尽管"新左派"和新自由主义的价值取向分歧严重、对问题成因的解释也大不相同，但新自由主义者和"新左派"都承认，20世纪90年代以来改革和经济发展中出现了严重的社会不平等和腐败。"新左派"和新自由主义在批判"权贵私有化"上应该是一致的。秦晖呼吁"新左派"和新自由主义寻求基本的共识，提出"共同的底线"。"新左派"要与传统左派、老左派划清界限，自由左翼要与自由右翼、寡头主义划清界限。②

这场论争表明，持续了20多年的中国改革和开放，在如何继续、往什么方向发展这样的大问题上，面临着一个重大的选择，在诸多具体分歧的背后，是西方启蒙的价值冲突在当代中国公共思想界的表征，是诸神的冲突——自由优先还是平等至上。更深入地分析，知识界内部的这场论争是对"何种自由"（消极自由与积极自由、形式自由与实质自由等）、"谁之自由"、"何种平等"（机会平等与某种程度的结果平等）、"谁之平等"这些价值理念的追问与回答。

从某种意义而言，知识界内部的思想分歧是社会内部不同的群体之间利益分化与冲突的表征，反映了不同群体的价值诉求和社会意识。但是，分歧的存在并不表明思想界和社会内部不同利益群体之间"改革共识已经基本破裂"，分歧的存在恰恰表明了他们对改革必要性的认同。其分歧主要集中在改革的路径和方法，他们在反对贪腐、缩小贫富差距、分享改革成果、追求基本的社会公正等方面有着共同的目标诉求。

三、现代化与知识分子的社会意识变化

（一）知识分子社会意识的整体表征

前面的分析显示，20世纪70年代末主流意识形态思想解放话语的出场以及90年代市场化改革的全面推进，中国日益卷入全球化浪潮，极大地释放了知识分子的话语空间。一方面，知识分子积极展开与主流意识形态的互动和对话，积极参与意识形态再解释，彰显了知识分子的角色意识和参与意

---

① 参见许纪霖《当代中国的启蒙与反启蒙》，社会科学文献出版社2011年版，第71～86页。

② 参见秦晖《共同的底线》，江苏文艺出版社2013年版。

识；另一方面，新的"中国问题"——市场力量膨胀、资本与权力纠缠、贫富分化、人文精神失落等不断突显，一个与80年代大不相同的中国景观，萦绕在知识分子的头脑中。知识分子力图从理论上去把握和阐释市场化改革导引的当代中国的复杂巨变，但由于立场、知识背景、问题意识、学术视野和话语方式的差异，他们反思现实的问题意识以不同的路径展开，往往对同一种现象有着不同的解读，甚至是截然相反的解读，折射出知识分子的社会意识呈现日益分化和多元化的特点。前述90年代中后期知识界内部发生的"新左派"与新自由主义的论争，正是这一特点的突出表现。

知识分子类型化的出现也印证了知识分子社会意识分化和多元化趋势。90年代以来，根据知识分子在现实问题上的思想观点和价值取向的差异，人们将知识分子重新划分为不同类型。有学者根据社会功能把知识分子划分为两大类：一类是技术专家型知识分子，他们给决策者提供咨询，充当智囊和顾问；另一类则是所谓的"人文知识分子"，与前者不同，他们与实际事务的直接联系少，更多地从形而上层面关心社会，更多地着眼于精神文化的问题。[①] 即使在同一类型知识分子内部，也逐渐出现分化。以人文知识分子为例。1989年以前，中国人文知识分子内部分化程度不大，观念与行为方式上均呈同质性，他们一般都具有较高的政治参与热情，彼此以"思想解放"和"改革动员"的入世使命感相激励。虽然各种文化沙龙层出不穷，但是讨论的差不多是同样的话题，政治倾向与心态也大同小异。1989年后，知识分子的思想、情感、思维方式与政治心态出现了变化，由此引发群体内部的类型变化。这一分化在1992年邓小平发表南方谈话以后表现得尤为明显。根据这些知识分子各自的知识学理的不同类型、他们在学术和社会分工上的自我定位、他们与政治决策中心的接近程度以及他们的政治参与程度，可以把人文知识分子分为以下四种类型。

一是经世致用的国策派。这种类型的知识分子一般都有较主动的与决策层协作的倾向，他们力求运用自己的经济学、政治学等专业学科知识，对中国改革与现代化过程中出现的实际问题进行独立的研究，并力求以自己的研究成果影响政府决策。在政治理念上，他们一般具有这样的共识，即通过中国特色的渐进改革以实现政治民主与经济现代化。

二是恪守学术本位的学院派。与国策派不同，学院派有意识地与政治运作保持距离。他们关心政治，却并不想直接参与政治。他们在1989年后均

---

① 参见陶东风《知识分子与社会转型》，河南大学出版社2004年版，第80页。

对1989年前知识分子中的浮躁、亢奋与激进浪漫的心态有过反省，并认同决策层在政治稳定的条件下进行的渐进改革。他们与国策派一样，也有着相当强烈和敏锐的"问题意识"，并从中国现代化产生的"问题"与困惑中寻找学术关注点。但他们认为知识分子应以学术为生命，通过学术引进和借鉴，建构规范化学术框架，用之反省历史、认识现实、展望未来。他们认为，对于中华民族来说，最需要的是"思维方式的科学化"，只有通过思维方式的规范化、严格化，才能改变国民性中的偏执、狭隘和教条化心态并发展理性精神，而这一事业才是中国知识分子的真正使命。与国策派比较，学院派关注的是一些更深层次、更为抽象的理论问题，如中国现代化的历史、中国的市民社会、公共领域与中国组织、儒家传统的转化与中国民族性以及宗教、意识形态与政治的关系问题等。

三是以清流自好的文人派。与国策派、学院派不同，文人派可以说是与现实政治和社会问题最为疏离的知识分子群体。他们对自己所崇尚的人文主义精神与理念相当执着，甚至怀有一种近乎审美的热情。他们最常用的语汇是"人文精神""终极关怀""人的个体性""拒绝媚俗"等，对现实的政治与社会问题抱持距离。

四是浪漫激进的社会批判派。如果说，中国社会政治发展的主流是在保持现存体制的历史连续性的条件下，渐进地走向市场经济和中国式的民主，那么，社会批判派是指那些对这一主流趋势抱批判态度且具有"浪漫主义"政治与思想倾向的人。他们在理论上借鉴西方左派的"依附性发展理论"和"罗马俱乐部"、法兰克福学派的主张。这些人以"新左派""新社会主义者"为典型。他们反对中国走"资本主义市场经济"的道路，担心中国成为"帝国主义世界市场"的牺牲品。他们借鉴西方"新左派"的理念，认为"资本"是对"人性和人的尊严的全面奴役和控制"，"市场经济"的推进必然牺牲大多数下层民众的利益。[①]

具体地说，20世纪90年代以来，人们的分歧不再是要不要改革、改革是姓"社"还是姓"资"，而是如何改革、往什么方向改革，而这一切又与对什么是中国的现代性、现代性中的一系列重要问题如自由、民主、公正、平等的理解有重要的关系。知识分子对中国改革的现实、道路和发展前景的分歧大大加深，原先的"态度的同一性"不复存在，思想界的裂缝越来越

[①] 参见萧功秦《改革转型期中国知识分子的类型分化》，载《探索与争鸣》1994年第8期。

深，以至于达到无法弥补的程度。① 公共知识分子在 90 年代的论争焦点复杂而多样。那时公共知识界内部的论争表明，知识分子在 80 年代形成的启蒙阵营的"态度同一性"宣告瓦解。

知识分子社会意识的上述变化，是中国现代化进程催生的必然结果。一个社会的现代化过程实际上就是社会结构不断分殊化与功能多元化的变迁过程。知识分子社会意识的分化和多元化，正是当代中国社会转型中社会结构不断发生分化和多元化的反映及表征。随着中国社会转型的推进，利益格局多元化已经是不争的事实，由此必然催生站在不同立场上、代表不同群体利益的观点与诉求。这就是改革开放以来各种各样社会思潮勃兴和激荡的缘由之所在。知识分子作为社会思潮的"桥头堡"，在其中扮演着重要角色，发挥着重要作用。社会思潮的激荡起伏，折射出改革开放以来知识分子的社会意识所受的影响及深刻变化。日趋分化的知识分子以社会思潮为中介，竞相争夺改革话语权。

允许和尊重社会思潮多样化，给予知识分子参与社会意识重塑的空间，应该更有利于对现实问题的认识与思考，也能够为解决之道提供更多的参考借鉴。尽管各种社会思潮难免存在一些偏颇和局限，但只有在碰撞和交流中，才能不断激发面向具体问题的严肃思考和交流，才能推动各种社会意识的相互理解。尤其是在改革进入攻坚克难的当下，多种利益交织，矛盾杂陈，形势日益复杂，抛弃非此即彼的二元对立思维模式，才更有助于解放思想，探索具有中国特色的解决之道。

尽管改革开放以来知识分子的社会意识呈现多元化趋势，但知识分子的社会参与意识不是减弱了，而是增强了；知识分子的社会意识在出现分化的同时，也存在不同程度的共识，整体呈现健康和积极向上的态势，具体表现为：

（1）认同党和政府的大政方针，坚定支持深化改革开放。党的十七大报告明确指出："改革开放是决定当代中国命运的关键抉择，是发展中国特色社会主义、实现中华民族伟大复兴的必由之路。"② 作为改革开放政策的

---

① 参见许纪霖《当代中国的启蒙与反启蒙》，社会科学文献出版社 2011 年版，第 17 页。

② 胡锦涛：《高举中国特色社会主义伟大旗帜 为夺取全面建设小康社会新胜利而奋斗——在中国共产党第十七次全国代表大会上的报告》，人民出版社 2007 年版，第 10 页。

直接受益者，大多数知识分子拥护党的路线、方针、政策，支持改革开放，高度肯定改革开放的历史性成就。2012年7月，我们围绕着"改革开放进程：怎么看，怎么办"这一主题，对知名学者以及大学生等群体进行了深度访谈和问卷调查。调查结果显示，大家一致认同改革开放以来取得的巨大成就。并且，在坚持继续改革开放的共识前提下，对中国共产党不断增强执政能力、构建和谐社会、逐步实现依法治国等持肯定态度。对党和政府在经济社会发展新常态下驾驭复杂现实问题的能力充满信心。对改革开放以来民主政治的发展持基本肯定态度。[1] 知识分子在思想上比改革开放初期更趋理智和理性，对改革开放和现代化建设的实际问题有更趋实际的理性思考，苦闷、困惑、怀疑的现象减少。知识分子对改革形势认识清楚，前景乐观，对改革开放进程中存在的问题有着较为一致的思想认识：今日中国社会的诸多弊端，不是改革造成的，而是没有改革、改革不彻底、改革被扭曲造成的。从根本上解决存在的问题，还要继续依靠深化改革开放，不断完善社会主义市场经济体制。[2]

（2）关心社会民生，具有较强的担当意识和忧患意识。儒家士大夫"国家兴亡，匹夫有责"的担当意识在当代知识分子身上并未消失。中国知识分子关心国事、天下事，关心国家前途和民族命运，希望国富民强，十分关心社会民生问题，关心社会弱势群体权益，显示出比较强烈的社会责任感和相对独立的政治意识。他们对党和政府关注民生、积极推动经济发展和社会和谐的政策主张表示赞同，对党和政府在处理突发事件和重大事件中所表现出来的驾驭复杂局面的能力给予积极评价，对党的十八届四中全会确立的依法治国主题给予高度评价和期许，对我国政府成功应对国际金融危机冲击，保持经济快速稳定增长给予高度评价，对实现新的发展目标充满信心，能比较客观地分析和冷静地对待社会热点、难点问题。

（3）认同中国特色社会主义民主政治，支持不断推进与经济体制改革相适应的政治体制改革。在改革开放三十周年、中华人民共和国成立六十周

---

[1] 参见《真实的民意诉求与表达机制——来自改革开放前沿广东五大群体的实证调查》，见《成果要报》，2013年。此成果依托于李萍教授主持的国家社会科学基金重大项目"改革开放视域下我国社会意识变动趋向与规律研究"。

[2] 参见《真实的民意诉求与表达机制——来自改革开放前沿广东五大群体的实证调查》，见《成果要报》，2013年。此成果依托于李萍教授主持的国家社会科学基金重大项目"改革开放视域下我国社会意识变动趋向与规律研究"。

年、建党九十周年以及辛亥百年之际,知识界也在回顾和论说中国革命、建设和改革的历程与经验,前瞻改革的未来走向。尽管由于立场和凭依的理论资源不同,知识阶层内部对政治改革趋向与路径的判断存在分歧,但较为一致的认识是,中国应该加快政治体制改革步伐,以适应经济社会的巨大变迁。① 在访谈中他们较为一致地希望建立一个民主法制社会。但民主体制不能一哄而上,也不是一块橡皮糖,供人玩耍。民主要让老百姓有一定的体系来表达,要能让大家坐在一起讨论问题,还要有制度保证人们讲了真话、说了错话不会有麻烦。民主问题不能照搬国外模式,要根据中国国情探索合适的模式,要做实事。

(4) 关注社会公正问题,公共事务参与意识强。社会公正问题是中国转型期面临的最大挑战之一,也是知识分子关注的焦点。大多数知识分子深受儒家"入世"精神的影响,他们关心现实,富有社会正义感。他们作为社会各阶层利益的传递者或代言者,勇于将自己对于问题的新观点、新见解公之于众,敢于为各自代表的群体传达利益诉求。这也是古代士人"志于道",不惜"以身殉道"的意识在当代知识分子身上的体现。他们对于如何治理国家和社会具有高度的责任感与热情,积极为改革开放建言献策。一部分知识分子还积极投身政治实践,作为掌握政治权力的主体积极推动中国的发展。

当然,改革开放给知识分子提供了参与的平台和施展才学的广阔天地,同时,又给知识分子带来了市场竞争的压力,以及各种芜杂思想的冲击。知识分子传统的"重义轻利""重学轻商""君子固穷"的思想意识逐步改变,代之以市场意识、主体意识、利益意识和效率意识、日益重视自我价值的实现以及自我利益的保护。少数知识分子舍弃人文情怀、放松道德自律,社会关怀和责任意识变得淡漠,产生了一些不良社会意识。

(二) 现代化与知识分子社会意识变迁:基于作为"问题"的知识分子形成和消解的视角

要理解改革开放以来知识分子社会意识的上述变动,有必要对制约知识分子社会意识变化的内在机制进行分析。鉴于中国知识分子问题的中国语境,这里主要通过梳理和分析中国改革开放前三十年作为"问题"的知识分子的形成,到改革开放后作为"问题"的中国知识分子的消解以及知识

---

① 参见广州某高校教授全面深化改革的访谈,访谈时间:2014年3月22日。

分子阶层再回归,来呈现改革开放以来知识分子社会意识变动的时代背景及其与中国现代化的关联。

1. 现代化与作为"问题"的中国知识分子

从20世纪90年代开始,当许多知识分子热衷于谈论知识分子价值的时候,官方话语中的"知识分子问题"却慢慢消失①,在党的十七大、十八大报告中,几乎看不到它的踪迹。这就有必要对这一现象做全程式考察。

在现代中国,所谓"知识分子问题"可以概括为:中国革命(与建设)需要知识分子,但知识分子并不自动合乎需要,必须经过一定的改造后才能满足这种要求。被需要的只是其部分的知识能力,而要改造的则是与其出身相关联(甚至因获得知识而自然产生)的资产阶级或小资产阶级立场。与之相关的政策,叫作"团结、教育、改造"。这种在20世纪20年代党创建初期就触及的问题,一直延续到60年代末的党的九大之后,形成一种与革命意识形态相始终的情结。甚至到了80年代,邓小平也不得不承认:"中国的知识分子问题是一个特殊的问题,我们至今还没有解决好。解决这个问题非常迫切和重要。"②

用"世界观"(或"立场")定义知识分子的阶级属性,其实与经典马克思主义的思想方式存在很大差异。这种意识形态的解释,本身就需要被解释,我们尝试从知识社会学的视角做以下分析。

(1)革命视域知识分子的二重性。

问题的根源不仅寄生于中国现代革命史,而且深植于中国近代社会土壤中。因此,不仅在革命中知识分子成为问题,其他政治观察家同样有类似的观点。先看党的一大文献的相关论述:

"同志们,北京共产主义组织仅仅是在十个月以前才产生的。此外,加入这个年轻组织的,只是为数不多的知识分子,他们多半缺乏革命经验……

"知识界的人士认为,改造社会时必定会运用他们的知识,科学事业会使他们获得有影响的地位,因而往往渴望受到广泛的教育。他们把无产阶级看作是很无知的、贫穷而又软弱的阶级,因而可以利用他们来达到自己的目

---

① 世纪之交,李世涛主编了"知识分子立场"丛书,是三册文集(时代文艺出版社2002年版),主题分别是"激进与保守间的思想动荡""民族主义与转型期中国的命运""自由主义之争与中国思想界的分化"。其内容也包含部分知识分子从观察社会到理解自身的过渡。

② 《邓小平论统一战线》,中央文献出版社1991年版,第266页。

第二章 知识分子的社会意识变动考察

的。知识分子认为自己非常重要,而无产阶级则微不足道,他们的这种倾向极为明显,结果就成了工人革命运动的极大的障碍。

"同志们,综上所述,我们面临着需要立即着手解决的两个重要问题:第一,怎样使工人和贫民阶级对政治感兴趣,怎样用暴动精神教育他们,怎样组织他们和促使群众从事革命工作;第二,怎样打消他们想成为学者并进入知识界的念头,促使他们参加无产阶级的革命运动,怎样使他们成为工人阶级的一员。"①

这一文本产生于20世纪20年代初,恐怕是"问题"的最早表述。它既强调革命需要知识分子对大众的启蒙,又意识到知识分子与劳动大众之间的身份性隔阂是他们成功扮演革命者角色的障碍。因此,革命的知识分子的方向,就是努力成为工人阶级的一员。由于"知识分子"是相对于当时的无产阶级而言的,因此它泛指所有接受不同程度文化教育的人。其最低程度,就是区别于文盲而已。但随着社会教育水平的提高,这个概念所指涉者的教育程度的下限在具体语境中不断被提高。因此,它同批判的、有价值担当的、启蒙的之类的知识分子定义有所不同,虽然后者也可包含在前者之内。随着运动的发展,当革命的主力由知识分子转变为劳动大众的时候,党对知识分子的态度便越来越严肃。1929年,党在《组织问题决议案》中就指出:"知识分子党员一般失业的恐慌,只有向社会中工厂中求生活出路,才能振起战斗的精神和决心。且这些同志如不能从积极工作、积极斗争中找革命出路,必致要发生动摇、消极怠工以至落伍而分化出党的现象。当然党不应该否认知识分子党员在党内的积极作用,特别是为党求理论上的进步,但知识分子入党,必须从斗争中选择,必定要有较长期的候补。"② 由此,知识分子必须先接受考验,才能获得革命的"入场券"。

在党外,1930年,游离于革命之外的社会活动家梁漱溟,在总结近代政治运动的经验时,对知识分子与中国社会的关系做了若干观察以及很到位的评论,可供对比。其观点包括以下三个方面。

第一,中国问题的解决必须依靠知识分子:

---

① 《北京共产主义组织的报告》,见《中共中央文件选集(1921—1925)》,中共中央党校出版社1989年版,第10、12、13页。

② 《组织问题决议案》(中国共产党第六届中央执行委员会第二次全体会议文件,一九二九年六月底至七月初,一九二九年六月二中全会通过),见《中共中央文件选集(1929)》,中共中央党校出版社1990年版,第221页。

中国问题的发动,不能不靠其社会中的知识分子,而且必须是最先与外面接触的知识分子。因为问题虽普遍地及于中国人之身,而看见了解这个问题的只有他。问题之紧迫虐苦或更在蠢蠢无知之分子,而感触亲切成为问题并有一方向摆在面前的,则必在他。我们试按之于历史事实,自变法维新运动立宪运动以迄两度革命运动,其发动奔走者何人,就可证明了。日本人长谷川如是闲的话是对的,他说:"中国革命几为知识阶级的事业,是一种孤立状态。"又说:"这知识阶级,人虽是中国人,但产生他们的是欧美日本近代国家的历史。"我们还可以加上一句注释:第一度革命多是游日学生;第二度革命则是游俄学生。而革命人物多出自沿江沿海的南方各省,革命势力且必以南方为根据地,似亦皆由问题性质所规定而然。①

第二,中国革命只是知识分子而非大众的事业,这是革命不会成功的根本缘由:

(二十年来中国的政治革新)却是出于少数知识分子所作的摹仿运动,在大多数人是全然无此要求的。这少数分子以日本的游学生,或受其激动感化的为中坚;连热心者附和者统算起来不能超过四万人。这在中国人全体里,只是万分之一。说句笑话,还有三万九千九百九十六万人,不具附和之情,不参与这种运动。以士农工商来说,农工商三项人都不附和,士人亦只一小小部分。而这件事却是要待多数人来作的,试问如何能成功?②

第三,知识分子的存在,本身就是一大社会问题:

现在中国社会中吃饭最成问题的,似更在受过教育,有些知识的那般人。在简拙的旧农业上用不着知识分子,而像前所说农民勤苦的习惯能力,他又已没有。因此,在农业道上没处养活他。况他生活欲望已高,亦自然要竟趋于都市的。但这没何等工商业可言的国家,都市中又何曾替他们开辟出许多位置来?于是就都拥到军政学界来了,其无处安插之苦,生存竞争之烈,已是有目共睹,无烦多说。大局的扰攘不宁,此殆为有力原因;他们固自不同乎无知无识的人比较好对付的。③

---

① 《中国问题之解决》,见《梁漱溟全集》第5卷,山东人民出版社2005年版,第212页。

② 梁漱溟:《我们政治上的第一个不通的路——欧洲近代民主政治的路》,见《梁漱溟全集》第5卷,山东人民出版社2005年版,第141页。

③ 梁漱溟:《山东乡村建设研究院设立旨趣及办法概要》,见《梁漱溟全集》第5卷,山东人民出版社2005年版,第225～226页。

第二章 知识分子的社会意识变动考察

梁漱溟的评论，与 10 年前党的自我检视相比较，二者的共同之处在于，同样认为革命是知识分子的运动，同样指出知识分子与劳动大众存在感情的隔阂，且同样要求知识分子同劳动大众相结合，这是解决中国社会前途的出路。二者的差别在于，党的文献所包含的想成为革命者的知识分子的自我检讨，与革命者对知识分子的要求，都是在坚持革命前提下的思考。因此，随着革命形势的变化，对知识分子的定位也发生了调整。而梁氏对革命充满抗拒，对知识分子也无好感，直接将其当作社会不安定——革命的根源。由此可见，二者对"知识分子问题"的认识，英雄所见略同。不过，更重要的是梁氏还追溯了问题的历史根源。

党因应形势的发展而对知识分子态度的变化，均见诸正式的革命文献。1939 年，党中央《关于大量吸收知识分子和培养新干部问题的训令》还指出："于工作开展，老干部不足，吸收革命知识分子参加军队工作，成为目前干部政策上一个重要任务。由于中国历史的特点，使中国知识阶层的某些部分有参加革命以至变为共产主义者的可能。同样，正因为出身的关系，他们常常表现出思想上、行动上的弱点，因此要使他们成为一个健强的干部必须经过长期的教育与锻炼。"[①]

至 1942 年，在《整顿党的作风》中，毛泽东的话就说得很尖锐："有许多知识分子，他们自以为很有知识，大摆其知识架子，而不知道这种架子是不好的，是有害的，是阻碍他们前进的。他们应该知道一个真理，就是许多所谓知识分子，其实是比较地最无知识的，工农分子的知识有时倒比他们多一点。"[②]

知识分子于革命表现出来的两面性，使得革命需要对知识分子进行"改造"。这种特定的立场，只能从历史中得到解释。轻视知识分子的梁漱溟，不止一次地提及："中国革命几为知识阶级的事业，是一种孤立状态。""这知识阶级，人虽是中国人，但产生他们的是欧美及日本的近代国家的历史。"这些言论源于日本长谷川如是闲对中国革命的评论："革命，倘若只是由于知识阶级的动机而生的事业，那末当时的中华帝国，即清朝，或尚不致灭亡亦说不定。但是中国之近代国家化，当清朝之末世，最初由政府自身的自觉，知以军国国家的组织为基础的传统的国家组织之变更，实不容缓，既而

---

① 《总政治部关于大量吸收知识分子和培养新干部问题的训令》，见中央档案馆编《中共中央文件选集（1939—1940）》，中共中央党校出版社 1991 年版，第 134 页。

② 《毛泽东选集》第 3 卷，人民出版社 1991 年版，第 815 页。

一般政府部也意识到这情形,由所谓'变法自强'的根本的改革,以应此时代的要求。由当时单纯的知识阶级的要求,我们即推扩其政策至于极端,或者还是以保存帝国而加以近代国家化为满足的,但革命不是此种知识阶级的要求,这是代表由商人社会之进化而与帝国的国家形态不相容的,近代意识的产物,革命的图谋,便是想把欧美近代国家的形态立即移置于中国。这到底还是知识阶级的事业,但却不是旧来中国所产的知识阶级,这是为欧美近代国家运动的产儿的知识阶级。这知识阶级,人虽是中国人,但是产生他们的是欧美及日本的近代国家的历史。本来,这种倾向,近代国家的趋势,早已入于昔日中国之商人社会,故产生中国革命家的欧美的近代国家的意识,同时亦为中国商人社会之潜意识——因为他们自身,还没有自觉呢。"①

这则评论的内容很丰富,而梁漱溟拈出的关键句——发动中国革命的"知识阶级,人虽是中国人,但是产生他们的是欧美及日本的近代国家的历史"更是紧要。它试图解释,为什么知识分子会革命,以及这种革命为什么难以成功。当然,问题必须再深入,其关键在于对知识的来源与性质的理解。从近代西方舶来的知识,包括直接留洋获取与在华办洋教育所传播的,内容均与西方社会结构与文化状况相关,而与中国历史文化情势存在或紧张或隔膜的关系。知识有文、理之分,毛泽东喜欢称"阶级斗争知识"与"生产斗争知识",直接引发冲突的自然是文科知识,而外在的则是理科知识。梁氏说革命者多是游日或游俄的学生,是直观的事实。这些人绝大多数是学文科,传播革命或造反的思想,甚至直接发动革命。以留日学生为例,十月革命前有朱执信、马君武、宋教仁、江亢虎等,十月革命以后则以李大钊、李达、陈独秀为主要代表。较著名的还有周恩来、陈望道、胡汉民、戴季陶等。鲁迅、郭沫若都是到日本后改学文科的。另外,留法勤工俭学者,也是革命家的来源,后来成为中共领导人的,就有周恩来、朱德、邓小平、陈毅等二三十位。其实,所有当局者都担心文科学生的革命倾向。据留学生史料:"晚清之际,清政府鉴于文法科留学生容易滋生革命意识,限定庚款留美学生必须80%选读理工科。受其影响,其他官费留美学生亦以学习理工科为多。民国以后,这一传统基本上被保持下来。"②

---

① [日]长谷川如是闲:《对中国作如是观》,载《新生命》1929年第2卷第3号,第9~10页。
② 王奇生:《中国留学生的历史轨迹(1872—1949)》,湖北教育出版社1992年版,第28页。

那么，学理工是否就具有建设性呢？也不尽然。科学社会学告诉我们，知识的发展与应用都需要制度与物质条件。默顿在解释同时代不同科学家各自独立发现类似问题的现象时指出："托里拆利和盖吕克、波义耳和马略特，可能还包括胡克和帕平等人基本上独立作出的发现，都起源于当时的科学家对于一个相对有限的力学领域的深切关注。这一兴趣焦点显然是与特定的技术需要相联系的，经济的发展使得这些技术需要成为紧迫的任务。"①这意味着，知识的移植也是需要条件的。而20世纪上半叶从西方传入的理工知识，对中国社会的经济技术条件而言，就多是无法兑现的概念支票。知识如果没有应用的机会，它就不是知识者表现力量的工具。相反，知识的拥有者会因此而有伤自尊。所以，虽然理工知识不是革命的思想根源，理工知识的拥有者也可能因自身利益的不满足或者对社会秩序不合理的感受而成为革命的同情者或支持者。梁氏说当时"吃饭是最成问题的，似更在受过教育，有些知识的那般人"。其实，不一定基于个人利益，只要是知识者，就具有把社会理想与社会现实相对照的能力。容闳是19世纪的留洋知识分子，他也不是革命者。但在他的笔下，对知识、理想同现实之间的纠结，就有深切的体会："予当修业期内，中国之腐败情形，时触予怀，迨末年而尤甚。每一念及，辄为之怏怏不乐，转愿不受此良教育之为愈。盖既受教育，则予心中之理想既高，而道德之范围亦广，遂觉此身负荷极重，若在毫无知识时代，转不之觉也。更念中国国民，身受无限痛苦，无限压制。此痛苦与压制，在彼未受教育之人，亦转毫无感觉，初不知其为痛苦与压制也。"②所以，不管学文学理，这些由舶来的知识造就的"分子"，就是中国社会"问题"之所在。

只不过，一旦站在革命的立场上，具有阶级斗争功能的文的知识比理的知识更有用武之地。毛泽东就把前者说成先进的中国人向西方寻找的"真理"。只是当革命的主力换成农民之后，革命阵营中的很多知识分子，同其他中国社会中的同类一样，依然存在着找不到根的感觉。只要这种感觉存在心中，它就会是革命阵营内部的异己因素。1942年毛泽东在《在延安文艺座谈会上的讲话》中"现身说法"："革命了，同工人农民和革命军的战士在一起了，我逐渐熟悉他们，他们也逐渐熟悉了我。这时，只是在这时，我

---

① ［美］罗伯特·K.默顿：《十七世纪英格兰的科学、技术与社会》，范岱年、吴忠、蒋效东译，商务印书馆2000年版，第203页。

② 容闳：《西学东渐记》，徐凤石等译，湖南人民出版社1981年版，第22页。

才根本地改变了资产阶级学校所教给我的那种资产阶级的和小资产阶级的感情。这时,拿未曾改造的知识分子和工人农民比较,就觉得知识分子不干净了,最干净的还是工人农民,尽管他们手是黑的,脚上有牛屎,还是比资产阶级和小资产阶级知识分子都干净。这就叫作感情起了变化,由一个阶级变到另一个阶级。"①

梁漱溟对西化知识分子的不满,只是一种态度的描述,毛泽东则在革命理论中直接给其贴上阶级的标签。把知识分子同资产阶级相联系,根源于他们的家庭出身多属于社会中上层的关系,但也有不自觉把知识视为"资产"的标志的意味。实际上,对知识分子而言,不是其家庭出身,知识的实际社会功能才是其社会地位包括政治态度的决定因素。在革命中,无用武之地的知识客观上成为知识者身上的"负资产"。改造知识分子,实际就是要改造知识分子身上特有的与时代不合的质素,这就是"知识分子问题"长期无解的症结所在。

(2)改造"分子"。

当梁漱溟说中国知识分子是西化的产物时,他同样是在说,这是中国追求现代化的产物。无论是清末派留学生还是办新式学校,都是基于培养社会建设人才的动机。但是,由于社会、政治的原因,原本传入中国应当为现代化服务的知识,却在动乱、革命的时代变成无用的知识。故知识分子如果不是趋时附势向非知识分子的角色转化,就只能被社会边缘化。虽然如梁氏所说,"他们固自不同乎无知无识的人比较好对付",但这样的人投身革命去了。剩下者,即使真能同气相求,以四万(没有知识力量的知识分子)与四万万(民众)的对比,无论如何难以成为独立的社会势力。②

1949年以后,看似出现了一个机会,即在安定、统一的社会政治秩序中,在掀起社会主义建设新高潮的运动中,把知识与知识分子整合到中国现代化的轨道上。事实不然,社会结构的变迁,难以在短时间内大量提供知识运用的空间。相关的因素包括:应用或推动知识发展的社会条件没有大的改善,而在原来的敌人被消灭以后,革命意识形态的惯性更容易把知识分子推向政治的对立面。1951年,党中央在《关于在学校中进行思想改造和组织清理工作的指示》中明确:"学校是培植干部和教育人民的重要机关。党和人民政府必须进行有系统的工作,以期从思想上、政治上和组织上清除学校

---

① 《毛泽东选集》第3卷,人民出版社1991年版,第851页。
② 参见陈少明《作为"问题"的中国知识分子》,载《开放时代》2013年第5期。

中的反动遗迹,使全国学校都逐步掌握在党的领导之下,并逐步取得与保持其革命的纯洁性。因此,必须立即开始准备有计划、有领导、有步骤地于一至二年内,在所有大中小学校的教员中和高中学校以上的学生中,普遍地进行初步的思想改造的工作,培养干部和积极分子,并在这些基础上,在大中小学校的教员中和专科以上(即大学一年级)的学生中,组织忠诚老实交清历史的运动,清理其中的反革命分子。"①

此后,就是知识分子的思想改造运动,还有发动批俞平伯、批胡适、批梁漱溟、批胡风等思想斗争。至1955年,党中央又有《关于宣传唯物主义思想批判资产阶级唯心主义思想的指示》,焦点依然指向知识分子。

1956年,周恩来做了一个《关于知识分子问题的报告》,全面分析当时的知识分子状况,为党的知识分子政策定下基调,值得解读。报告的背景是在一连串的思想改造后,知识分子人数正在增加,需要一个恰当的评估。关于知识分子"是工人阶级的一部分",还有"团结、教育、改造"的方针,都表述在该报告中。报告充满辩证的思想,一方面指出:"当前的根本问题,就是我们的知识分子的力量,无论在数量方面,业务水平方面,政治觉悟方面,都不足以适应社会主义建设急速发展的需要;而我们目前对于知识分子的使用和待遇中的某些不合理现象,特别是一部分同志对于党外知识分子的某些宗派主义情绪,更在相当程度上妨碍了知识分子现有力量的充分发挥。"另一方面,报告又提出知识分子的思想改造要求:"在我们的企业、学校、机关里,在社会上,都还有这样的知识分子:他们在共产党和国民党之间、中国人民和帝国主义之间不分敌我;他们不满意党和人民政府的政策和措施,留恋资本主义甚至留恋封建主义;他们反对苏联,不愿意学习苏联;他们拒绝学习马克思列宁主义,并且诋毁马克思列宁主义;他们轻视劳动,轻视劳动人民,轻视劳动人民出身的干部,不愿意同工人农民和工农干部接近;他们不愿意看见新生力量的生长,认为进步分子是投机;他们不但常常在知识分子和党之间制造纠纷和对立,而且也在知识分子中间制造纠纷和对立;他们妄自尊大,自以为天下第一,不能够接受任何人的领导和任何人的批评;他们否认人民的利益、社会的利益,看一切问题都从个人的利益出发,合乎自己利益的就赞成,不合乎自己利益的就反对。当然,所有这些错误一应俱全的人,在现在的知识分子中是很少数;但是有上述一种或者几种

---

① 毛泽东:《关于在学校中进行思想改造和组织清理工作的指示》,见《建国以来毛泽东文稿(第2册)》,中央文献出版社1989年版,第526页。

错误的人，就不是很少数。不但落后分子，就是一部分中间分子，也常有以上所说的某一些错误观点。胸怀狭窄、高傲自大、看问题从个人的利益出发的毛病，在进步分子中也还不少。这样的知识分子如果不改变立场，即使我们努力同他们接近，他们同我们之间也还是会有隔膜的。"①

这种一方面需要"知识"，另一方面又要求改造"分子"的思路，典型地体现了"知识分子问题"的内在性质。但是，为什么经历社会与思想双重革命之后，问题依旧不变呢？周恩来对知识分子"安排"与"使用"中"闲得发慌"与"用非所学"现象的不满，正好道出问题的症结：

在许多机关里，因为工作分配得不适当，或者工作组织得不好，也还有使少数知识分子"闲得发慌"的情形，而这些知识分子往往正是因为有某种专门知识，才被分配到这些机关里来的。这种浪费国家最宝贵的财产的情形，必须加以消灭。

有些地方，在对知识分子的安排和使用上，用非所学的情形也还存在。有一部分科学家，本人愿意做科学研究工作，也以做科学研究工作对国家最有利，却被分配做机关行政工作或者学校行政工作。还有一部分专家，由于工作分配中的错误，完全没有理由地被指定担任他们所没有学过的工作，有时今天叫干这个，明天又叫干那个，可是就不让他们调回本行。根据国务院第四办公室就轻工业部的所属五个单位统计，这种用非所学的情况，在高级知识分子中就约占百分之十，这是多么严重的损失！②

一方面是急需更多知识分子参加建设，另一方面是现成的知识分子无用武之地。事情发生在中央政府直属机关，即理应不该发生的地方，原因不难理解，就是被后来的"右派"言论指责为外行领导内行。按常规，中央政府一定比地方政府的管理者更有知识，而中央尚且如是，地方就更每况愈下。中央即使意识到这一点，或许会在上层机关有所作为，但对整个基层社会则是鞭长莫及的。这意味着，由于历史的惯性，知识分子并未有效整合到社会主义建设的机制之中。知识没有应用就没有力量，知识分子的作用自然也就无足轻重。就整个社会而言，知识是否有用，并非从观念上认识，而是在生活中切实感受到它的作用。这样，知识分子才算扎根社会，否则就是浮萍。

---

① 周恩来：《关于知识分子问题的报告》，见《周恩来选集》下卷，人民出版社1984年版，第175～176页。

② 周恩来：《关于知识分子问题的报告》，见《周恩来选集》下卷，人民出版社1984年版，第168～169页。

如果知识只被视为无用,那么知识分子至多是不被重视。但如果被冷落的知识分子按有知识就有价值的信念期待被承认,就会滋生失落的情绪。这样,拥有知识不仅无用,更可能是有害的。平心而论,描绘知识分子的负面形象,绝非周恩来报告的基调。然而,虽然没人公开说知识分子必然会产生这些症状,但没有知识的人一定不会有上述毛病。由此,我们也可以把知识划分为有用的知识、无用的知识,以及有害的知识。所谓"有害的知识",当然是意识形态上唱反调的内容。但错误或落后的知识分子,不一定是因其拥有有害的知识,而是怀有因不受尊重而带来的不满情绪。后来被划为右派的人,其中大多数属于后者而非前者,即不满者而非敌对者。

周恩来批评某些知识分子"轻视劳动,轻视劳动人民,轻视劳动人民出身的干部,不愿意同工人农民和工农干部接近",储安平则指责"很多党员的才能和他们所担当的职务很不相称。既没有做好工作,使国家受到损害,又不能使人心服,加剧了党群关系的紧张"。还原问题的实质,就是知识分子对缺乏知识的官员表达自己的不满。

一年后,1957年的反右运动,是对知识分子大规模改造的实践。关于它的成因或性质,已经有很多研究成果,这里依然从知识与社会的关系理解问题。对周恩来报告的解读提示我们:第一,1949年之后短短几年,知识或知识分子并未整合为以革命为导引的社会秩序的有机部分,它仍然是被防范或警惕的;第二,知识分子的人数有大幅度的增长,它加剧了相关的社会矛盾。二者都为反右的爆发积聚了能量。

关于知识分子数量的快速增长,据周恩来报告提供的数据,高级知识分子约十万,其中有三分之一是新增加的。如果不区分"高级"与"普通",就"已经有统计数目的科学研究、教育、工程技术、卫生、文化艺术五个方面的知识分子来看,共有三百八十四万人"[①]。毛泽东说:"关于我国知识分子的情况。中国究竟有多少知识分子,没有精确的统计。有人估计,各类知识分子,包括高级知识分子和普通知识分子在内,有五百万左右。"[②]这个急剧增加的数字,与教育投资有关。"国家预算中的教育经费从1951年的

[①] 周恩来:《关于知识分子问题的报告》,载《周恩来选集》下卷,人民出版社1984年版,第164页。

[②] 毛泽东:《在中国共产党全国宣传工作会议上的讲话》(1957年3月12日),见中共中央文献研究室编《建国以来毛泽东文稿(第6册)》,中央文献出版社1992年版,第381页。

8.13 亿元增加到 1957 年的 29.06 亿元。""从 1951 年到 1956 年，国家预算的中等教育经费增长了七倍，高等教育经费增长了五倍。"①"1949 年全国只有 83.6 万小学教师和 8.3 万中学教师，1957 年两者分别达到 188.4 万和 29.3 万。"② 按当时的标准，不但所有教师属于知识分子，中学毕业生也系知识分子的一员。与之对比的情形是，"中共领导人员当中（区委以上），将近 50% 是文盲或文化不高，华北地区 150 万党员中，竟有 130 万是文盲或半文盲"③；至 1956 年，"在福建的 2.5 万名乡长和乡党委书记中，2/3 的人是文盲或半文盲"④。当然，在党的高级机关中，在城市里情况不至如此，否则没法解释中国革命的胜利。

一方面是知识分子的增长需要安顿，另一方面是管理者尤其是基层管理者位置多由知识素养不相称者占据。从管理者的立场看，这个增长的力量就是不安定的因素。毛泽东对新生的知识分子，同样表达出不信任："五百万左右的知识分子，如果拿他们对待马克思主义的态度来看，似乎可以这样说：大约有百分之十几的人，包括共产党员和党外同情分子，是比较熟悉马克思主义，并且站稳了脚跟，站稳了无产阶级立场的。"⑤ 1957 年 6 月，毛泽东接连发表《事情正在起变化》《组织力量反击右派分子猖狂进攻》⑥，吹响反右的号角。研究发现："全国有 55.3 万名右派，有意思的是右派不是集中在北京、天津、上海这些知识分子集中的大城市，这一现象耐人寻味。不仅是大城市的右派比重低，当年经济比较发达的东北、江浙地区的右派比重也低，反而是经济落后地区的右派相对比重高。""估计在右派分子中间，40%～50% 是中小学教师，另外 20%～30% 是县级以下基层干部，还有 5% 左右是大中专学校的学生。也就是说，这些小人物构成右派分子的 70%～

---

① ［美］吉尔伯特·罗兹曼主编：《中国的现代化》，"比较现代化"课题组译，江苏人民出版社 1988 年版，第 530～531 页。
② 李若建：《庶民右派：基层反右运动的社会学解读》，载《开放时代》2008 年第 4 期。
③ 李扬：《五十年代的院系调整与社会变迁》，载《开放时代》2004 年第 5 期。
④ ［美］吉尔伯特·罗兹曼主编：《中国的现代化》，"比较现代化"课题组译，江苏人民出版社 1988 年版，第 537 页。
⑤ 毛泽东：《在中国共产党全国宣传工作会议上的讲话》，见中共中央文献研究室编《建国以来毛泽东文稿（第 6 册）》中央文献出版社 1992 年版，第 382 页。
⑥ 二文分别参见中共中央文献研究室编《建国以来毛泽东文稿（第 6 册）》，中央文献出版社 1992 年版，第 469～476 页、第 496～498 页。

80%，甚至更多一些。"① 而"经济落后地区的右派相对比重高"则意味着，经济越落后，对知识的吸纳能力越低，稍有知识的人就容易成为秩序的对立成分。知识究竟是知识分子在社会政治上的资产还是负资产，取决于相对的社会结构。

发展政治学研究曾揭示识字率与社会不稳定之间存在着联系，"若按照识字率的水平对不同国家加以分类，那么我们也会看到，识字率与不稳定之间的关系表现为一种宝塔形的模式。在识字率介于25%～60%之间的国家中，有90%不稳定，而识字率低于10%的国家中，仅有50%不安定，识字率高于90%的国家中，只有22%不安定"②。也就是说，比较而言，最安定的是识字率较高的国家，次安定的是识字率较低的国家，而最不安定的则是识字率向中间状态发展的国家。识字率实际也就是知识者在社会中的比例的一种测定，它所体现的问题就是社会对知识拥有者的整合能力。知识饱和状态的社会，不存在有知识社会集团与无知识社会集团的对立情况，同时也容易达成社会共识，建立理性的社会秩序；太少而孤立的知识分子，没有足够的力量挑战其不满意的社会，或者社会就是他们自身控制的。只有知识分子数量的比率从低端向中端发展，尤其是急速发展的状态时，容易打破秩序的平衡。因为知识是携带着理想与欲望的，尤其是世俗社会中的世俗知识。

在20世纪50年代，通过浴血奋战而取得执政机会的新政权，面临着巩固政权与国家建设两个任务。本来建设也是巩固政权的必需手段。但是，建设需要大量知识分子，而新政权的社会基础却在吸纳知识分子方面存在障碍。这就导致一面要发展、一面要改造矛盾。理想的状态是发展一支有益无害的知识分子队伍，培养新知识分子是基本途径。然而，只要是知识分子，与知识相关的社会禀性就难以摒除。一旦执政者感受到危机，就会发动阶级斗争。当它把新知识分子也定义为资产阶级时，依据的不是生产资料的掌握，而是其世界观的性质。这无异于说，秩序与知识永远处于紧张状态。反右不久，毛泽东提一个口号，叫"又红又专"。"红与专，政治和业务的关系，是两个对立物的统一，一定要批判不问政治的倾向，一方面要反对空头

---

① 李若建：《庶民右派：基层反右运动的社会学解读》，载《开放时代》2008年第4期。
② ［美］塞缪尔·亨廷顿：《变革社会中的政治秩序》，李盛平、杨玉生译，华夏出版社1988年版，第43页。

政治家，另一方面要反对迷失方向的实际家。"①似乎可以看作弥合矛盾、培养自己专业知识人员的理想。但效果不佳，反右之后，20世纪60年代初遭遇天灾人祸，休养生息两三年后，斗争之弦又紧绷起来。

1964年，全国第二次人口普查数据：人口总数过7亿（723,070,269）人。大学文化程度的近290万（2,875,401）人，具有高中文化程度的超900万（9,116,831）人，具有初中文化程度的有3,200万（32,346,788）人。如果把大专和高中程度的人数加起来，就近1,200万（11,992,232）人，按当时标准，知识分子有1,200万人，占人口总数约1.7%。②要是再加上初中程度的话，足足超过4,000万人。想想反右时知识分子人口也才500万人。在社会经济基础没有根本变化的情况下，这个知识大军将会给社会带来多大的压力。"文革"的动因不论有多复杂，其中一条不能排除的，便是"分子"问题。

《中国共产党中央委员会关于无产阶级文化大革命的决定》（1966年6月6日）指出："改革旧的教育制度，改革旧的教学方针和方法，是这场无产阶级'文革'的一个极其重要的任务。在这场'文革'中，必须彻底改变资产阶级知识分子统治我们学校的现象。"林彪在党的九大政治报告中对知识分子着墨最多，代表"文革"的政策：

在上层建筑领域中，文化、艺术、教育、新闻、卫生等部门占着极其重要的地位。党的七届二中全会就决定了"必须全心全意地依靠工人阶级"的路线。这一次，在毛主席"工人阶级必须领导一切"的号令下，无产阶级革命的主力军工人阶级和它的巩固的同盟军贫下中农，登上了上层建筑的斗、批、改的政治舞台。1968年7月27日起，工人阶级浩浩荡荡地开进了长期被那些走资派统治的场所，开进了一切知识分子成堆的地方，这是一个伟大的革命行动。无产阶级能不能把文化教育阵地牢固地占领下来，用毛泽东思想把它们改造过来，是能不能把无产阶级"文革"进行到底的关键问题。③

"文革"中被斗争的对象，包括走资派和知识分子。后来有人用权力斗

---

① 《工作方法六十条（草案）》，见中共中央文献研究室编《建国以来毛泽东文稿（第7册）》，中央文献出版社1992年版，第52页。

② 数据来源为政府相关公报，部分比率系作者的推算。

③ 林彪：《在中国共产党第九次全国代表大会上的报告》，见《中国共产党第九次全国代表大会文件汇编》，人民出版社1969年版，第29页。

争解释其起源与批判走资派有关。但开端与终结，均与教育相关。从批判反动学术权威到上山下乡，打击的对象都是知识分子。特别之处在于，它同时还是通过发动学生整治教师的途径来进行的。即通过新知识分子斗争老知识分子的方式，既打击前者，也警示后者，达到二者同时改造的目的。问题在于，经过以 1949 为年代标志的社会政治改造，以及 20 世纪 50 年代的思想改造与反右运动之后，新培养的知识分子为何仍然是资产阶级属性？对此，"文革"时期的回答是："文革"的前 17 年，教育战线依然是"资产阶级专了无产阶级的政""资产阶级知识分子独霸的一统天下"；而知识分子的主力，教师与学生，其"世界观基本上是资产阶级的"，属于资产阶级知识分子。此即 1971 年 8 月，全国教育工作者会议提出的"两个估计"。本来，在 50 年代，还选派上万的根正苗红的干部与工农子女到苏联留学，这是培养非资产阶级的知识分子的万全之举。但成本太高，人数太少。同时，由于 60 年代以来反修的需要，这些人政治的纯洁性同样没法保障。所谓"世界观"的问题，实质就是对知识拥有者的理想与欲望的"定性"。知识分子把知识当作"资本"，正是问题的根源。"文革"从革知识分子的命开始，教育革命最终则是革了教育的命。

（3）"教育要革命"。

"学制要缩短，教育要革命，资产阶级知识分子统治我们学校的现象，再也不能继续下去了。"这是"文革"中非常流行的一则"毛主席语录"。"文革"与反右不同之处，在于它既想改造分子，也致力于改造知识。当然，在改造分子方面，二者也有一定的差别，即反右的对象是"老"分子，而"文革"还面对着更多的"新"分子。由于后者是"十七年"中培养起来的，故只有改造知识，才是改造分子的根本战略。

如前所述，知识是有关于社会的与关于自然的区分的。革命也需要知识，即毛泽东常说的"阶级斗争"知识，它是整个社会知识中的一部分。而西学中的社会知识，与西方社会的历史发展相关，既包括理想的社会观念的不同表达，也包括有助于稳定、促进资本主义秩序的制度管理的分析与主张。因此，它既包括中国共产党革命意识形态的思想或理论资源，也包括与其相敌对的思想内容。后者统称为资产阶级意识形态，是需要革命改造的对象。自然知识看起来比较单纯，价值中立，是建设需要的知识，似乎没有副作用。其实不然，因为它包括从理论到应用的不同层次，而一旦所学知识没有应用价值，不仅是教育投资的浪费，而且会成为让相关知识分子离心的因素。因此，即使是自然知识，也有"教什么"或"向什么方向发展"的问题。

梁漱溟也是较早意识到中国现代教育出问题的人。在《教育的出路与社会的出路》中，他说：

在教育界服务的人，数十年来常常感觉所办教育之失败，教育自身无出路；社会亦时常诅咒教育，以社会上许多病象皆为教育所结不良之果。然而说得太过，好像一切罪过皆由教育制度错误和办教育的人错误而来。其实不然的。数十年来中国教育之所以无出路，大半为中国社会无出路之故，不应当一切归咎于教育制度和办教育的人。

....

有许多人不明白此理，只见社会生计日窘，而教育的结果总是养出大批吃饭的人，便高呼生产教育！生产教育！幻想生产教育办起来，社会的生产便可增加。真是糊涂好笑！社会生产事业不兴，纵有工业人才、农业人才亦何所用？眼见好多生产技术人才未得其用，再培养许多，又将如何？不先求社会为生产的社会，而求教育为生产的教育，其事固不可得。

....

认识得教育的出路与社会的出路相关之理，过去的功罪无须多论。要问：我们今后应当如何？因为教育固不能外于社会自有其出路，但非谓教育的命运，就只能是被决定的。吾人可以体认把握社会的出路所在，而努力以求之。在力求社会出路之时，教育亦是要运用的一件法宝；同时即从社会出路里面，教育亦得其出路。①

梁氏所说的教育制造出问题，概括起来，便同前文所述及的，一方面是没有让知识发挥应有的建设或生产作用，另一方面是生产出有社会问题的人来。他意识到问题的根源在于社会，在于缺乏适用人才的条件。他也主张改造教育，并且改造教育同改造社会同步。不过，作为改良主义者，他的纲领是"纳社会运动于教育之中"。而毛泽东及其同道，在看到同样的问题时，依其立场，则力图在对社会做革命性改造的基础上改造教育。即既改造知识，也改造"分子"。

在20世纪50年代初期，党有机会实施毛泽东的改造计划了。1951年，党中央发布《关于在学校中进行思想改造和组织清理工作的指示》，指出该工作的重点在组织问题，"在大中小学校的教员中和专科以上（即大学一年级）的学生中，组织忠诚老实交清历史的运动，清理其中的反革命分子"。

---

① 梁漱溟：《教育的出路与社会的出路》，见《梁漱溟全集》第6卷，山东人民出版社2005年版，第383～387页。

1955年，《中共中央关于宣传唯物主义思想批判资产阶级唯心主义思想的指示》则重在改造知识分子："由于我们对民族资产阶级还采取联合的政策，由于小资产阶级还像汪洋大海一样地存在，由于资本主义包围的存在，资产阶级错误思想在广大劳动人民中间，在知识分子中间，在学术和文化领域中间，以至在党内很大一部分党员和干部中间，都还有深刻的影响。许多人分不清唯物主义思想和唯心主义思想的区别，有不少党的干部或者自己在思想上是唯心主义者，或者在实际上被资产阶级唯心主义的世界观所俘虏。"①

实际上，在从西方输入的社会知识中，除了少量为革命意识形态的来源者，几乎都是在资本主义历史背景中产生发展出来的，说包含资产阶级的世界观也是合乎逻辑的。对之发动大规模意识形态批判，就是对文科知识的改造运动。与之相配合，20世纪50年代高等学校的院系调整，便是大幅度压缩文科教育。对那场"院系调整"的研究表明："院系调整后，全国高等学校从211所调整为182所。所有的私立大学消失，它们全部被并入公立高等学校，民间办学的传统至此中断，民间教育空间不复存在；工科专业137种，教育的重心与经济建设紧密结合；而政治学、社会学、心理学、人类学等学科被取消，财经与政法学科被削减；作为现代教育轴心的综合性大学被严重削弱，全国综合性大学由调整前的55所减为13所，由占大学、学院总数的41.4%（1947年），下降为8.5%（1953年），在校文科类学生由调整前的33.1%，下降为14.9%。院系调整后，中国成为世界上综合性大学、文科在校学生和文科教育比重最少的国家。"②

上述报道显示，其时被取消或压缩的主要是文科中的社会科学，而非文史哲之类的人文学术。西方的社会科学的确就是关于资本主义的社会知识，追求纯粹社会主义理想的中国真的不需要。相对而言，文史哲不仅有前资本主义的文化根源，而且中国民族文化也有相关丰富的内容可以传授，通过批判或许可以规范其发展方向。

这一年在党的八届二中全会上，毛泽东连续做了四次基调一致的讲话。第一次讲话结尾，他说："这个题目，叫'破除迷信'，不要怕教授，也不要怕马克思。"轻视知识，无视规律的后果可想而知。1959年，在《给生产队长的一封信》中，口风大变："包产一定要落实，根本不要管上级规定的

---

① 中共中央文献研究室编：《建国以来重要文献选编（第6册）》，中央文献出版社1993年版，第64页。

② 李扬：《五十年代的院系调整与社会变迁》，载《开放时代》2004年第5期。

那一套指示,不管这些,只管现实可能性。例如去年亩产实际只有三百斤的,今年能增产一百斤、二百斤也就很好了,吹上八百斤、一千斤、一千二百斤,甚至更多,吹牛而已,实在办不到,有何益处呢?"①思想从天堂回到人间,但它也意味着,其时的社会建设秩序仍不知道如何寻求知识的帮助。接下来,便是三年困难时期。社会经济的创伤,至"文革"前才稍有恢复。

60年代中期,毛泽东发动了"文革"。就改造教育而言,除了对文科知识的警惕,还惦记着理科知识如何才能在社会生活中有效应用的问题。1964年8月24日,毛泽东在与北京大学周培源等学者的谈话中说:"中国知识分子有几种。工程技术人员接受社会主义要好一些。学理科的其次。学文科的最差。"偌大的政治运动,竟是以批判戏剧《海瑞罢官》之类作为前奏的。在斗、批、改之中,文科几乎想停办,但理科不然。毛泽东在"文革"高潮,大学教育几乎停顿的时候指示说:"大学还是要办的,我这里主要说的是理工科大学还要办,但学制要缩短,教育要革命,要无产阶级政治挂帅,走上海机床厂从工人中培养技术人员的道路。要从有实践经验的工人农民中选拔学生,到学校学几年以后,又回到生产实践中去。"②

这则语录在"文革"中流行,很有意思。一方面,它暗示在革命意识形态中,文科是可有可无的;另一方面,则流露出对理工科知识保留的愿望。只是对后者的发展方向有具体的期待,即以培养技术人员为目的,把教育实用化。这绝非这位政治领袖的个人偏好,它是近代中国人摆脱经济贫穷、生产落后所形成的历史情结。梁漱溟不是早就说公众以为教育的出路在于生产教育,在于培养社会需要的技术人才吗?

毛泽东认为,现代学校教育不是仿效欧美就是苏联,与中国实际脱节,其教育革命的愿望是由来已久的。这种脱节的具体表现是什么?让我们读读他狠批"城市老爷卫生部"的一个指示:"医学教育要改革,根本用不着读那么多书,华佗读的是几年制?明朝李时珍读的是几年制?医学教育用不着收什么高中生、初中生,高小毕业生学三年就够了。主要在实践中学习提高,这样的医生放到农村去,就算本事不大,总比骗人的医生与巫医的要好,而且农村也养得起。……书读得越多越蠢。现在那套检查治疗方法根本不适合农村,培养医生的方法,也是为了城市,可是中国有五亿多农

---

① 《党内通信(一九五九年四月二十九日、五月二日)》,中共中央文献研究室编:《建国以来毛泽东文稿(第8册)》,中央文献出版社1993年版,第235页。

② 《建国以来毛泽东文稿(第12册)》,中央文献出版社1998年版,第505页。

民。……尖端的问题不是不要,只是应该放少量的人力、物力,大量的人力、物力应该放在群众最需要的问题上去。"①

医学与医疗需要的矛盾,是所有知识与需求相脱节的现象中表现得最尖锐的。在资源不足、设备简陋的情况下,最有意义的不是高、精、尖的医学,而是满足大多数人解除眼前苦痛的普通医疗知识。这样做不仅有用,而且省钱,在贫穷的年代,其实是自然的选择。毛泽东把它当作教育能否做到理论联系实际的原则来思考。这样,教育改革的方向,就是普及应用性知识,抑制理论研究。1968年,毛泽东从"赤脚医生"这一新生事物中找到范例,他在为《从"赤脚医生"的成长看医学教育革命的方向》一文写的批语中,号召知识分子接受工农兵的再教育。② 这与同时期"理工科大学还是要办"的指示,完全是配套的思路。它再次表明,知识只有获得应用的机会才有力量。同时,最有意义的知识,就是满足多数人眼前需求的知识。因此,不仅带着"资产阶级世界观病菌"的文科知识需要改造,就是没有阶级意义的理工知识也需要改造,这才能为整个社会建设秩序所用。普及低层次教育,不但可以扩大知识在社会生活中的应用面,还可以使受教育者因知识水准的降低而降低其对社会的期望值。这也就是"农村也养得起"的问题。与工农兵结合,不仅是用所学的知识为工农兵服务,同时还可接受工农兵的再教育,起到改变自己身份认同的效果。因此,任何单纯专业知识的追求,都可能存在走白专道路,即存在政治不正确的嫌疑。当年还发明了一个词,叫"精神贵族"。贵族是剥削阶级,是贬义词。但精神贵族不是因为出身,而是因为拥有知识及其相应的观念品味,所以成为需要改造的对象。当然,这不排除为了国家安全考虑,而集结少量理工专家从事类似两弹一星之类的尖端研究。不过,它与整个社会经济建设无多大关联。

前文提及,"文革"前夕的人口统计表明,在全国7亿人口中,具备大学与高中文化程度者超过1,200万。要是再加上初中程度的话,有一定知识的社会成员足足超过4,000万。"文革"的斗、批、改,不但冲击了教育的秩序,也冲击了工厂的秩序。很快地,城市就面临成千上万的学生既没有升学也无法就业的问题,而这些青年学生在"文革"初期所响应的"造反有

---

① 《对卫生工作的指示》,见《毛泽东思想万岁(第2册)》,中央文献出版社1998年版,第126页。
② 《从"赤脚医生"的成长看医学教育革命的方向——上海市的调查报告》,载《红旗》1968年第3期。

理"的号召,客观上是变相接受了类似20世纪二三十年代"左"倾知识分子的反秩序热情。他们一旦变成新的城市游民群体,当局如何控制社会局面将成为非常棘手的问题。借梁漱溟当年的评论,必将是"大局扰攘不宁"的根源。问题的出路在于上山下乡。1968年12月22日,《人民日报》刊登了《我们也有两只手,不在城里吃闲饭!》,按语转引了毛泽东的最新指示:"知识青年到农村去,接受贫下中农再教育,很有必要。要说服城里干部和其他人,把自己初中、高中、大学毕业的子女送到乡下去,来一个动员,各地农村的同志应当欢迎他们去。"于是全国掀起了上山下乡的新高潮。据说,从"文革"至1981年上山下乡结束,下乡知青总人数为2,170万,其中又以1968年、1969年、1970年、1971年这四年的人数最多,占总上山下乡人数的60%。[①] 2,170万这个数据,差不多占全国初中以上文化程度者的一半。

1981年10月,国务院知识青年领导小组办公室起草的《25年来知青工作的回顾与总结》中说道:"知识青年上山下乡是50年代根据中国人口多、底子薄、就业难的国情提出来的,是党解决就业问题的一次大试验。它不是'文革'的产物。"理由是,早在1955年12月,毛泽东在《中国农村的社会主义高潮》一书中为一篇文章写的按语里说:"组织中学生和高小毕业生参加合作化的工作,值得特别注意。农村是个广阔天地,到那里是可以大有作为的。"其实,如果你愿意,还可以追溯到20世纪二三十年代知识分子与劳工结合的运动。这说明,中国的社会结构变化,在很长一段时期内无法充分发挥知识分子的创造力,而这种情况在改革开放阶段迎来了大变局。

2. 改革开放与知识分子阶层再回归

1976年,"文革"结束。新的领导人在国民经济迟滞的背景下,强调改革。其中非常重要的决策,就是在1977年恢复了中断十年的高考。这一决策的历史影响意义深远。在政治层面上,1978年12月举行的党的十一届三中全会是历史的转折点。全会停止使用"以阶级斗争为纲"及"无产阶级专政下继续革命"之类的口号和理论,作出把工作重点转移到社会主义现代化建设上来的战略决策。据说,这是党第一次明确解决了从1957年以来一直未能解决好的工作重点转移问题。同年,出现了一系列重视知识与知识分子的说法。邓小平在《在全国科学大会开幕式上的讲话》中,提出知识分子是工人阶级的一部分,虽然仍然会提醒"在社会主义历史时期中,只要还

[①] 参见劳燕主编《反思——上山下乡记录、讨论》,中国戏剧出版社2006年版,导言第1页。

存在着阶级矛盾和阶级斗争，知识分子就需要注意解决是否坚持工人阶级立场的问题"，是固有意识形态的痕迹。同年，胡耀邦在讨论《关于落实党的知识分子政策的几点意见》时，还特别解释对知识分子"团结、教育、改造"的方针必须放弃的理由。

1982年，邓小平在《前十年为后十年做好准备》的讲话中，又强调知识分子问题："你们还提出把科学技术工作和人才培养使用工作做好，我看最难的是这一条。没有一套办法，怎么能把几百万知识分子骨干用起来？'文革'前大专学校毕业的和自学成才达到同等水平的知识分子，总有几百万吧。用好这些人，是很顶事的。我们不是没有人才，问题是能不能很好地把他们组织和使用起来，把他们的积极性调动起来，发挥他们的专长。现在科技人员一方面很缺，另一方面又有很大的窝工浪费，用非所学、用非所长的现象很严重。"① 这种现象与周恩来1956年所面对的情景有些类似，二者的差别在于，邓小平已经没有阶级斗争的防范意识了。同年，胡耀邦在《中国共产党第十二次全国代表大会上的报告》中说道："我们努力落实党的知识分子政策，使全党和全社会认为知识分子同工人、农民一样是我们建设社会主义的依靠力量，并且决心尽可能创造条件，使广大知识分子能够心情舒畅、精神振奋地为人民贡献自己的力量。"该报告还特别提出："今后使用和提拔干部必须把学历、学习成绩同工作经历、工作成绩一样作为重要依据。"② 1983年3月13日，胡耀邦在党中央召开的卡尔·马克思逝世一百周年纪念大会上，作《全党必须确立对待知识和知识分子的马克思主义观念》报告，号召以马克思作为知识分子的光辉榜样。

1987年，党的十三大报告对中国社会经济与文化依然落后的现实，有非常清醒的认识："突出的景象是：十亿多人口，八亿在农村，基本上还是用手工工具搞饭吃；一部分现代化工业，同大量落后于现代水平几十年甚至上百年的工业，同时存在；一部分经济比较发达的地区，同广大不发达地区和贫困地区，同时存在；少量具有世界先进水平的科学技术，同普遍的科技水平不高，文盲半文盲还占人口近四分之一的状况，同时存在。"正是怀着让中国社会摆脱这种困顿的焦虑，以及憧憬未来的希望，党的十三大报告强

---

① 邓小平：《前十年为后十年做好准备》，见《邓小平文选》第3卷，人民出版社1994年版，第17～18页。

② 胡耀邦：《全面开创社会主义现代化建设的新局面——在中国共产党第十二次全国代表大会上的报告》，1982年9月1日。

调:"从根本上说,科技的发展,经济的振兴,乃至整个社会的进步,都取决于劳动者素质的提高和大量合格人才的培养。百年大计,教育为本。必须坚持把发展教育事业放在突出的战略位置,加强智力开发。"呼吁"必须进一步造成尊重知识、尊重人才的社会环境,继续改善知识分子的工作和生活条件,努力做到人尽其才,才尽其用"。①

如果把这些论述同党的九大报告对知识与知识分子的说法相对比,那么新的论述认识更清醒。它延续 1978 年以来的基本路线,方向正确,而且前后伴随有相应的方针、政策。然而,两年之后的"政治风波"表现了部分知识分子对现存政治秩序的不满,因为运动的主力是大专院校的学生及青年教师,而且这次是知识分子在政治环境最宽松的情况下进行的。其深层的矛盾仍然是:起步不久的经济改革秩序在短期内不能吸纳急剧增长的知识分子人口。1990 年第四次全国人口普查离 1989 年时间最近,把它同 1982 年第三次全国人口普查的数据对比,便能显示知识分子增长的状态:1982 年中国内地总人口刚过 10 亿(1,008,175,288)人,具有大学文化程度(包括肄业和在校生)的约 600 万(6,016,969)人,占城市人口的 4%。1990 年,中国内地总人口 11.3 亿(1,133,682,501)人,具有大学(指大专以上)文化程度(包括毕业、肄业和在校)为 1,600 多万(16,124,678)人,占城市人口的 7.6%。大学文化程度人数,1990 年是 1982 年的 2.68 倍。为何仅统计大学文化程度人数,而不考虑高中文化程度人数?理由在于,社会对知识分子的界定是相对于整个社会受教育的水平的。在 1964 年全国 13 岁以上人口 32.26% 为文盲,而 1982 年 15 岁以上人口 22.81% 为文盲,1990 年 15 岁以上人口文盲率则为 15.88% 的情况下,社会不会把高中文化程度当作知识分子的衡量基准。更重视大学生同城市人口的比例,而非同全国人口的比例,是因为绝大部分大学生是居住在城市的。

与教育发展迅猛的形势相比,经济改革困难得多。1989 年之前,改革的第一个十年中,有几项重大措施值得一提。其中,设经济特区(1979 年)与家庭联产承包责任制(1982 年)主要发生在农村,与城市关系不大。四个特区的特殊政策并不一样,其中发展快速的深圳、珠海原本就是农村。另外两项改革是,实行有计划的商品经济制度(1984 年)与启动全民所有制企业改革(1986 年)。前者引发全民经商,导致收入与价值脱节。收入与价

---

① 赵紫阳:《沿着有中国特色的社会主义道路前进——在中国共产党第十三次全国代表大会上的报告》,1987 年 10 月 25 日。

值脱节,被形容为"脑体倒挂"。它指的是在商品流通领域最为有利可图,从事小商品经营及服务业(如出租车司机)的收入,远高于知识分子(如高校教师)的现象。而为消除价格"双轨制"的副作用采取的"闯关"措施,引发了严重的通货膨胀。1988 年,全国 GDP 为 14,928.3 亿元,人均 GDP 为 1,355 元,而 CPI 竟然比上年上涨 18.8%。[①] 知识分子包括准备走出校门的大学生因此产生了强烈的焦灼感。

中央稳定局势后,召开内部讨论时,邓小平说到"教育的失误"。这一说法可以有两种解释:一种是意识形态教育不够;另一种就是指高等教育的盲目扩张,与社会经济发展的实际需求存在结构性矛盾。第一种解释指出一个事实,就是从"实践是检验真理标准"的讨论开始到对外开放政策的实施,更有高等教育中文科的恢复与发展过程,西方文化(特别是自由民主观念)不可避免地对新一代知识分子有更大的影响。显然,改革开放之后主流意识形态如何面对西方价值观的挑战,考验当政者的智慧。第二种解释则更具说服力。大学招生完全是计划经济的产物,国家按自己追求现代化的意志大批量生产知识分子。而经济形势则是,不但生产力发展水平低,而且经济结构处于计划向市场调节过渡期,进入不受控制的无序状态。"让一部分人先富起来"中的那"一部分人",社会形象尤其负面。从 1977 年恢复高考以来进入大学的学生,绝大部分怀有成为社会中坚力量的抱负并对社会充满期待,而陡然扭曲的利益分配结构以及首次与高通胀的遭遇,使这个群体(特别是仍然在校者)把迸发的热情从对秩序的拥抱变成推拒。它依然是,但可能也是最后一次出现的"知识分子问题"。此后,大学招生数量下降:1988 年,全国共录取 67 万人,1989 年则降为 59.7 万人。至 1992 年,招生数量才重新扩展为 75.15 万人。研究生方面,1988 年全国共招收 3.6 万人,1989 年则收缩为 2.9 万人。[②]

与反右、"文革"相比,这次是知识分子公开挑战政治秩序,而党在危局控制之后,只处理了少数人。1990 年,江泽民借纪念五四运动七十一周年之际,发表《爱国主义和我国知识分子的使命》,重申"知识分子是工人阶级的一部分",努力缓和紧张的气氛。1997 年,党的十五大报告关于知识分子的论述,只用了 140 个字。2002 年,江泽民作党的十六大报告,主要讲"三个代表",几乎没有关于知识分子的专门论述。胡锦涛在 2007 年党的十

---

① 数据来源:国家统计局《新中国 50 年统计资料汇编》。
② 参见唯才教育网(http://www.hnlc.com/gaokao/zs/50658.html)。

七大与2012年党的十八大所作的报告中,也没有关于知识分子的论述。一句话,"知识分子问题"消失了,转变为建设社会主义国家的人才培养问题。原因在于,党以经济建设为中心的路线没有动摇,现代化的追求成为新的意识形态核心。过了历史的那道坎后,知识与知识分子就被一步步整合到现代化的发展秩序中了。

20世纪90年代中期,已经有人注意到知识分子的社会身份因社会变迁而改变,"这些改变中国'知识分子'社会身份的社会变迁包括:现代社会日趋分工严密的职业化过程,现代企业和公司内部的科层制的发展,国家体制内部的技术官僚化,以及与之相伴随的社会价值取向的转移。原有知识分子阶层正在分化为专家、学者、经理人员、技术官僚,并被组织到中国社会日益发展的科层制度之中"①。给这一论断添加一个简单的注脚,就是中共中央政治局委员高学历的比例在不断增加。在第十八届中共中央政治局委员25人中,有博士学位者5人,有硕士学位或研究生学历者10人,本科学历9人,大专学历1人。党的十二大报告提出的"今后使用和提拔干部必须把学历、学习成绩同工作经历、工作成绩一样作为重要依据"的要求,几乎完全成为现实了。②虽然曾经存在官员为政治投机而混文凭的普遍现象,但它只是阶段性的问题。政治如此,知识经济时代各行各业对从业人员知识训练的要求,就更不用说。知识只有在社会生活中发挥作用时,它才具有力量,知识的拥有者才不会成为社会的异己因素。

除此之外,理解"知识分子问题"的消解,还有一个更基本的因素不能忽略,就是高等教育的加速发展。2000年第五次全国人口普查结果显示,全国近13亿人中,接受大学教育者有4,571万人。十年后,2010年,第六次全国人口普查结果显示,全国13.7亿人,大学文化程度者近1.2亿(119,636,790)人。如果考虑他们中的绝大部分人都生活在城镇,尤其是城市,那么他们在都市人口中的比率是很高的。如果按20世纪五六十年代的标准,那么都市的打工者,特别是有机会接触互联网的人群,都是"知识分子"。知识分子范围的确立,原本是相对于无知识者的存在而言的。如果一个社会知识不断普及,所掌握的知识程度又不断提高,那么认同为知识分子身份的人的比例不是更多,而是更少。今日的大学生中,又有多少认为自己

---

① 汪晖:《当代中国的思想状况与现代性问题》,载《天涯》1997年第5期。
② 参见郑也夫《官僚的学历》第三节"从数字统计看官员学历的剧变",载《战略与管理(内部版)》2013年第3~4期。

是知识分子的呢？而历史的吊诡在于，现代化产生的"知识分子问题"，是被现代化的发展所消解的；知识分子作为一个社会集团，不是因政治改造而被消灭，而是被现代化历史消解掉的。

回首百年的历程，知识分子与社会秩序的紧张呈现脉动式的状态，起伏交替。以1949年为界，依社会结构不同，表现形式不一样。新中国成立前中国的知识分子人数虽然不多，但有革命阵营内、外之分，只有革命阵营内的分子，才须面对"问题"的困扰。不过，在革命年代，它常被更严峻的问题掩盖着。新中国成立后，在缺乏弹性的制度机制中，知识分子有计划的增长同艰难转型中的政治、经济秩序构成直接的紧张冲突。反右、"文革"与1989年政治风波，是其中呈现这种走向的历史节点。改革开放在把中国社会推出历史的峡谷的同时，也把"问题"消解在更复杂的前景中。

现在的问题是，"问题"消解之后，知识分子是否继续存在？简略的回答是，必须重新给知识分子下定义。在社会教育范围不断普及、程度不断提高的情况下，如果还像过去那样按受教育程度来定义知识分子，那将变得没有意义；反之，如果只把那些关怀精神价值，有宗教式热诚、有批判意识的人界定为知识分子，则它又不能体现当今知识激增的时代特征。一种可能的选择是，围绕着知识问题，把从事知识生产与知识传播的职业人士称为知识分子。一方面，它区别于管理、技术或政务等不同职业类型的知识应用者；另一方面，它也不必特指善于指点江山，激扬文字的思想术士。这样既避免知识分子概念的滥用，也不会把它神化。知识虽有自然与社会的相对区分，但大部分的知识是可以或必须保持价值中立的。正是知识这方面的特性，成为确保专业知识分子存在的理由。专业知识分子尤其是社会、人文学术研究者当然应当关怀公共价值或精神文化问题，但这种关怀的职业要求是创造、提供丰富的、有深度的公共知识，而不是从事某种宗教或政治取向的煽情行为。只要有充足有价值的公共知识可以传播，它就有被应用的机会。不一定只是新闻记者、社会批评家、政治异见人士，或者叫"公共知识分子"，才需要公共知识，规模越来越大、理解能力越来越高的中国"网民"，都是这些公共知识的受惠者或应用者。

"问题"消解之后，知识将有更广阔的运用空间，知识分子阶层的回归也就水到渠成。历史说明，古老中国现代化的脉冲式发展，推动着作为"问题"的知识分子的出现和消解，并由此推动知识分子社会意识的分化和多元化趋势。

第三章　民间社会意识的形成机制与变动趋向

导　言

改革开放三十年是社会结构调整与社会巨大变迁的三十年，社会意识的发展在一个快速变化的时代呈现特有的多元性与变动性，为当代社会意识的发展研究提供了时代的诉求与条件。本章研究以改革开放为时代场域，以民间社会意识为研究对象，深入探索改革开放三十年我国民间意识的形成机制，力求把握民间社会意识的变化与趋向。

对民间社会意识的研究有助于把握群众的特点，更能有的放矢地开展意识形态工作。2013年8月19日，习近平在全国宣传思想工作会议讲话中强调意识形态工作的重要性，强调党性与人民性的结合，把实现好、维护好、发展好最广大人民根本利益作为出发点和落脚点，坚持以民为本、以人为本。对民间社会意识的研究即对人民性的研究，这一研究不仅有助于深化当代社会意识的形成和发展规律的探讨，进一步丰富历史唯物主义的社会意识理论，更是全面深化改革凝聚共识和形成改革合力的需要，具有理论与现实的重要意义。

改革开放是很多人一生的转折点，是当时人们普遍的共识，这源于与十年"文革"的历史参照。秦晖认为"文革"是一个"负帕累托过程"，走出"文革"是一种空前的社会共识。① 改革开放带来了经济的快速发展，中国的GDP从1978年的3,645.2亿元增长到2013年的568,845亿元，真切地使人们的生活水平得到了提升。2011年7月，本课题组在广州市各高校中开展《改革开放：怎么看，怎么办》的问卷调查，发出问卷500份，回收496

---

① 参见秦晖、王蕾《解读中国奇迹——改革三十年回顾（下）　中国为何选择这条路》，载《时代教育（先锋国家历史）》2008年第9期。

份。其中，有95%的人认为改革应"直面问题，在解决问题中继续前进"，彰显了该阶段的改革共识。

但是，改革共识的另外一面，是当时弥漫在民间社会中的焦虑与百姓的弱势心态。《人民日报》2011年8月4日之《他们为啥感到焦虑？》一文指出，人们有就业焦虑、身份焦虑、财富焦虑等情绪，并将原因指向剧烈的社会变革。[①] 中央党校吴忠民教授在接受《光明日报》采访时认为，社会焦虑会引发社会越轨行为，需理顺社会结构、规则才能缓解。[②] 市场经济在中国的普遍确立促使人们开始转变思维，融入市场之中，也与社会发展产生了一定的张力。人们普遍感觉到弱势心态，在行动上以群体性事件为表现方式，在语言上则采用流行语、段子等方式。[③] 在经济迅速转型期，人们的发展方向也更为多变，同时也丧失了对生活的掌控感。

社会焦虑与社会发展、改革共识形成了"民间社会意识与主流意识形态"的悖论。一方面，改革共识体现了国家主流意识形态与民间意识形态的一致性；另一方面，社会焦虑又呈现一定程度的异质性。当主流意识形态与民间社会意识出现严重分歧时，可能会产生不良后果。其一，社会凝聚力遭到破坏，出现群体性事件。布鲁默、斯梅尔塞对社会怨恨、仇恨等的研究阐述了可能的后果。社会焦虑容易促使人们降低社会信任，进而影响社会团结，产生社会失范。其二，对政治合法性的怀疑。普遍的社会焦虑容易对政治合法性产生冲击，人们对自身及社会丧失了稳定的社会期待。其三，对社会主流价值观的不认同。主流意识形态对民间社会意识的整合力弱化，各种社会亚文化的兴起，使社会越发多元化。[④] 这就迫切要求我们对民间社会意识进行研究，为主流意识形态的整合提供一定的借鉴。

然而，在探讨民间社会意识话题时，学界可能会面临两个难题：一是如何辨别与社会意识相似的其他概念，如社会思潮、社会心态、社会心理和价值观念等；二是如何区分民间社会与其他社会类型（公民社会或市民社会）间的差异。换句话说，民间社会意识是一个被广泛使用但含义并不很明确的

---

① 参见杜海涛《他们为啥感到焦虑？》，载《人民日报》2011年8月4日，第18版。
② 参见吴忠民《社会焦虑的负面效应及其应对》，载《光明日报》2011年12月6日，第11版。
③ 参见林滨《民间社会意识价值诉求的表达方式》，载《现代哲学》2013年第3期。
④ 参见邱敏《社会焦虑——一个微观层面的社会问题》，载《社会》2003年第3期。

术语。清楚地界定民间社会意识的内涵并设计出有针对性的测量指标，是本研究首先要回答的核心问题。

其一，民间社会意识的概念。从字面上看，民间社会意识常常被理解为与社会心态、社会心理、社会思潮和价值观念相似的术语。有一些学者习惯从研究对象、学科视角出发对它做有选择的界定，结果是同一个概念往往指涉不同的内容。当然，也有人放弃精确的定义，直接对民间社会意识与统治思想之间的关系做讨论。[①] 这样做固然丰富了概念内容，却预设或悬置了对民间社会意识概念的厘清。为此，本课题组采取了属加种差的做法，先将"民间社会意识"分为"民间社会"和"社会意识"两个概念，分别讨论它们的含义，随后在二者含义的基础上归纳出民间社会意识的最终定义。

本课题组归纳出来的民间社会意识概念是指，在特定社会历史条件下，伴随社会结构的整体变迁，一种反映普通民众政治、经济和社会文化特征的价值观念，同时也是大众社会心理倾向在社会层面上的集体表现。它与社会心态概念相似，但强调价值观念诉求是其核心内容；它与社会思潮一样强调价值诉求，但偏向非理论化的表述；它以社会心理为基础，但强调它在社会层面上的展现；它属于意识形态的某一类型，但都以价值观念诉求为核心，不过也包含没有价值观念的意识内容。[②] 对民间社会意识的进一步探讨可从价值诉求与表达方式两方面切入：一是考察它所包含的各类价值观念诉求内容，如政治生活中的正义观、经济生活中的利益观、社会生活中的认同观、文化生活中的审美观、精神生活中的信仰观、情感生活中的婚恋观和道德生活的道德观；二是全面分析它的表达方式在不同社会历史时期的变化，如从心理层面研究社会心态（幸福感、安全感和信任感）的变迁，从组织层面研究民间社会组织（慈善和环保意识）的演变，从表达层面探讨它的媒介表达方式的变化（报纸、网络、文本和影像等），从行动层面关注典型个案和价值诉求，等等。

其二，将民间社会意识的抽象概念转化为经验指标。学界将这个过程称为"操作化"，目标是获得概念的操作定义。"操作定义可以是一份调查问卷、在实地场景中观察事件的方法、在大量媒体中测量符号内容的方法，以

[①] 参见刘泽华、张分田《开展统治思想与民间社会意识互动研究》，载《天津社会科学》2006年第3期。

[②] 感谢中山大学景怀斌教授为民间社会意识概念提出的宝贵意见，特此致谢！

及任何有研究者反应、归纳或表示构想在概念定义中所表示内容的过程。"①民间社会意识来源于且高于个体成员意识,它不仅包括影响个体生活行动的各种观念意识(隐藏在心中),而且包括媒体从业者针对民间意识现象提炼归纳出的文字或图片资料(呈现在眼前)。进而言之,如果要了解它的具体内容和型态,我们既能通过调查普通成员的生活观念来了解它(把它揭示出来),也能借助分析文字或图片二手资料来认识它(把它梳理出来)。这两种做法分别对应的是介入性研究和非介入性研究,前者的研究方法有问卷调查和访谈调查,后者的研究方法有内容分析法和文献研究法。以前者为例,测量民间社会意识关键是区分它的不同层次和维度,随后将它转变为不同层次和类型的经验指标,也就是说,通过对被访者进行问卷调查和深度访谈来获得一手资料,如将政治生活中的正义观(经济生活中的利益观等)转化成具体的问卷题目或访谈提纲,这是直接测量。对于后者,研究者可以深入探讨由民间社会意识呈现出来的各种社会心理文化现象,如流行歌曲、社会流行语、谣谚等,借助内容分析法梳理这些二手资料来了解它的内容与型态,这是间接测量。

客观而言,把握民间社会意识状况、形成机制与变动趋向的难度很大,因为它不似国家主流意识形态,可以通过中央文件、文献等加以体现;它也不同于知识分子的理论化的社会思潮,可以通过论著加以把握,它是隐性的、弥散的,也无法用单纯的定性和定量的方法进行研究。因此,本研究采用的是前者,即个案研究法。将民间社会意识的抽象概念转化为以价值为核心的相关范畴。民间社会意识是一种意识表达,价值诉求是其核心,是民间社会在政治、经济、社会、文化等不同维度的利益与价值观的集中表达。

1. 经济价值诉求

经济维度主要涉及人们的义利观、财富观等与经济运行相关的观念系统,而很多社会冲突都源于经济权利分配不均等问题,如社区中围绕着物业管理费的争端、业主维权、城市拆迁的钉子户问题、土地问题等。经济价值诉求较容易转向行动,占据了公民日常生活意识中的显性部分。经济价值诉求分为两部分:私人消费与集体消费。宏观层面上,民间社会意识的经济价值诉求要求统筹城乡发展,降低贫富差距。国家层面以经济建设为中心,社会主义市场经济确立,自我调节的市场逐步发展壮大,但市场的发展带来地

---

① [美]劳伦斯·纽曼:《社会研究方法:定性和定量的取向》,郝大海译,中国人民大学出版社2007年版,第223页。

区资源分布的失衡，导致贫富差距的扩大。在这种状况下，落后地区的人们面临着机会不平等的局面，他们在经济上的价值诉求则在于降低贫富差距，以提升自身的经济权利。这与社会主义核心价值体系所强调的"共同富裕"和"公平"是一致的，是一种平等发展权的要求。①

2. 政治价值诉求

政治维度指涉内化于居民认知、情感和评价之中的政治系统②，包括政治心态、政治参与意识、民主意识、政治认知模式、政治忠诚度、公民意识等内容。它强调制度公正、公民权利意识苏醒，要求参与公共事务。人们往往围绕着利益诉求而行动，一旦利益诉求未能循着合法的渠道实现，则很容易从经济利益的诉求转向政治权利的追寻，如要求政府对自治权利的承认，体现了一种日常生活的政治倾向。③ 现阶段的群体性事件已经部分地从经济权利转向政治权利，体现了价值诉求重点的转变。

3. 社会价值诉求

社会维度涉及人们的社会观等相关的观念系统、意识形态，包括社会关系的意识、家庭观等诸多方面，要求对个人社会性的实现。社会维度还强调生存与发展的社会保障权利。类似于马歇尔所提到的公民身份第三阶段——社会权利的争取，人们希望获得支持与帮助，使自身不至于被社会所遗弃。在城市中体现为最低生活保障的要求，在农村则体现为现阶段农村合作医疗、城镇医疗保险、养老保险等一系列的福利制度重建。

4. 文化价值诉求

文化指涉人们对主流文化、流行文化、亚文化等文化因素的意识；价值观则是人们对社会好坏的评价系统，对某些观念是非的判断等。文化价值诉求要求文化的传承与共融。城市化的迅速推进对文化产生了一种破坏性的作用，在拆迁与重建的双重过程中，体现了经济发展与文化建设的矛盾。民间文化的传承与发展是民间社会意识的重要价值诉求，如城市村落对自身文化保存、少数民族文化的教育、旅游地文化的保护等。除了要求文化独立性，

---

① 参见姜建成《价值诉求、目标与善治：当代中国城市化发展中人文关怀问题探析》，载《哲学研究》2004年第11期。

② [美]加布里埃尔·A. 阿尔蒙德、[美]西德尼·维巴：《公民文化——五个国家的政治态度和民主制》，徐湘林等译，东方出版社2008年版，第13页。

③ 参见孟伟《日常生活的政治逻辑——以1998—2005年间城市业主维权行动为例》，中国社会科学出版社2007年版，第20～26页。

文化共融的趋势也在进行中，体现了整体文化的发展。另外，在社会发展过程中，道德沦丧等文化价值问题纷纷出现，人们对于文化价值诉求还体现在对价值观的重构上。

在此基础上，本课题组采用个案研究策略，对不同个体进行深度访谈，城市样本贯穿北京、广州、武汉、金华、兰州五个城市，最终总共获得有效的访谈样本95个，包括政府官员、公务人员、企业家、知识分子、中产群体、个体工商户、自由职业者、工人、农民工、农民十大群体。[①] 通过对这95个逐字稿的理论编码分析，力图描绘出改革开放三十多年民间社会意识的变化，从中探求民间社会意识的形成机制。

结果显示，改革开放以来，民间社会意识的发展呈现从乐观到纠结的心态转变。以改革开放的三十年来看，在前二十年，民间社会意识是一种乐观、积极的社会意识，体现为对成功的渴求和目标的实现；在后十年，尤其是社会矛盾凸显的当下，则因流动的固化出现不同程度的纠结与不确定的心态。人们对生活的"盼头"和个体发展的期待是类似的，但由于地位、利益与认知的差异，不同阶层呈现社会意识差异。首先，从阶层的等级来看，先富群体更为强调稳定和对既得利益的保持；其次，对于成功的因素，人们逐步强调外在的因素，改革开放初期乐观的流动意识已经发生了变化；再次，在乐观的流动意识之后，中产群体呈现查尔斯·赖特·米尔斯（Charles W. Mills）所描述的"地位恐慌"或"地位焦虑"；最后，底层群体在改革开放的过程中出现了深深的"相对剥夺感"。党的十八大之后，党直面改革进入深水期的矛盾与问题，回应百姓诉求，力求使人民共享改革开放的成果，让每个人都有人生出彩的机会，而民间社会意识从纠结与不确定中开始对未来又有了期许。

改革开放视阈下，民间社会意识的转型逻辑嵌入"社会发展"之"个人和群体发展"中。民间社会意识是在多种力量共同作用下发生变迁的。主流意识形态对民间社会意识具有前置效应，体现在生产力和意识形态的"双重革命"中；社会结构的共变效应，产生了不同的阶层意识；个人与群体的生命历程产生了生命的体验效应，体现在政策际遇、经济好转与家庭境遇的变迁之中。个人和群体的心理倾向、价值观念和行为嵌入社会制度和结构中的，国家、社会以及个体之间多元化、复合性牵引机制共同发挥作用。

[①] 所有访谈在2011年6—9月间完成，因此本章研究反映的是2011年及之前的民间社会意识状况。

民间社会意识价值诉求的核心是公平与正义,其本质是一种"底层政治"与日常形式的抗争,而"过上好日子"则是最根本的民生诉求。民间社会意识与主流意识形态的关系存在同质性与异质性。建构主流意识形态与民间意识"异中求同"的内在张力是社会意识整合的重点与目标。因为异质性是民间社会意识保持活力的基础,如果用主流意识形态把民间意识完全同质化,社会便没有发展活力与弹性空间。但如果异质性较大,则可能会导致社会失范。

2013年3月17日,习近平在十二届全国人大一次会议闭幕会上发表重要讲话:"中国梦,归根到底是人民的梦","要实现中华民族伟大复兴的中国梦,就是要实现国家富强、民族振兴、人民幸福"。这其中蕴含着国家富强与人民幸福的双重发展。因此,必须将发展共识作为主流意识形态和民间社会意识统合的基础。发展共识体现在三个方面:其一,经济的改善成为价值认同的基础;其二,社会的发展应该为个人的发展创造更多的机会;其三,最强烈的诉求是公平正义。

一、概念框架:从社会变迁到个体生命体验

民间社会意识是合法性资源的载体。民间社会意识与社会发展紧密联系在一起,我们试图从个人和群体的生命历程视角理解民间社会意识的形成,提出个人和社会的发展共识命题。

(一) 主流意识形态与民间社会意识

民间社会意识需与社会心态、社会心理、社会思潮和价值观念等概念区分开来。社会心态是整个社会的情绪基调、社会共识和社会价值观的总和,社会思潮是社会经济政治生活的"晴雨表",社会心理是非系统化的、不定型的、自发形成的和低层次的社会意识,价值观念则具有一定的评价准则。[①] 民间社会意识对应于民间社会,反映了大众社会心理,反映经济、政治、文化等多维度的特征。

人们往往把民间社会意识跟主流意识形态视为一组概念。马克思在《德意志意识形态》中指出,以阶级统治为目的的意识形态通过建构人们对自身

---

① 参见张杨波《民间社会意识:概念辨析与分析进路》,载《现代哲学》2013年第3期。

的虚假观念以获取统治地位:"人们迄今总是为自己造出关于自己本身、关于自己是何物或应当成为何物的种种虚假观念。"① 在旧市民社会中,社会意识往往是统治阶级塑造出来的虚假观念,国家代表统治阶级的利益,却使大家认为国家所采取的法律代表了全民的普遍利益,法律成为虚假意识的载体。费尔巴哈没有意识到社会历史环境对社会意识的影响作用,世代的更替直接决定了"自我意识"的产生。哪个阶级是社会上占统治地位的物质力量,它同时也在精神上占统治地位。所以,统治阶级的思想是每一个时代中占统治地位的思想。

葛兰西认为,主流意识形态与市民社会的一致性体现在统治阶级的"文化领导权"上,如果失去了"文化领导权",市民社会则不稳定。市民社会是国家的延伸,并且是国家的坚强壁垒。② 同样的,阿尔都塞提出"意识形态的国家机器"的概念用以解释国家意识形态塑造的过程:"任何一个阶级如果不在掌握政权的同时把意识形态国家机器置于自己的控制之下并在其中行使自己的霸权的话,那么它的统治就不会持久。"③ "文化领导权"实质上是市民社会对统治阶级的认同,是主流意识形态进入市民社会意识的重要方面。为了夺取政权的胜利,无产阶级必须先夺得市民社会的文化领导权,打赢"阵地战"。葛兰西将统治集团长治久安建基于"统治"和"知识与道德的领导权"之上,而阿尔都塞强调国家意识形态机器对市民社会主体的"询唤"作用,对市民主体结构形成过程的影响。意识形态是一种表象,表示了个体与其客观的现实状况的一种想象关系。在意识形态的观念体系中,"主体"们具有意识,而且认为是自愿接受的观念、意识,并且按照这个观念去行动,认为自己是自由的主体,个人因被"询唤"而成为主体。④

当社会主体被"询唤"完成之后,即会按照原先设定的框架进行思考,取代原先的个人意识。国内的意识形态研究强调阶级性、相对独立性、支配性等意识形态单向的重要特征,主流意识形态的政治功能主要体现在政治合

---

① 中共中央马克思恩格斯列宁斯大林著作编译局编译:《马克思恩格斯全集》第3卷,人民出版社1960年版,第15页。
② 参见[意]葛兰西《狱中札记》,曹雷雨、姜丽、张跣译,中国社会科学出版社2000年版,第199页。
③ [法]路易·阿尔都塞:《意识形态和意识形态国家机器》,李迅译,《当代电影》1987年第3期。
④ 参见[法]路易·阿尔都塞《意识形态和意识形态国家机器(续)》,李迅译,《当代电影》1987年第4期。

法化、政治动员、政治论证、政治团结上。① 这个视角是重要的，但必须纳入民间社会意识的分析，即构成民间社会的主体如何在主流意识形态的引导下建构而成。当转而使用自下而上的视角去看待民间意识问题时，我们可见各种不同的机制在发生作用，民间社会意识有其自身形成的内在逻辑，某种意识形态一旦形成，即会相对自动运转，再生产出本身的话语结构。

主流意识形态通过多种方式整合社会意识，以达至社会共同价值观的形成。国家主流意识形态体现为大多数人的根本利益，体现为对社会主义核心价值观的认同。现阶段，意识形态"文化化"是国家主流意识形态发展的诉求选择，是中国马克思主义大众化的重要路径，核心是达成对社会主流价值观的接受和认同。② 重视意识形态建设已经成为全球化背景下民族国家的同一选择，在这种语境下，建构社会认同实质上就表现为国家意识形态如何为理性和反思能力日益提高的民众接受并且内化③，要求对社会意识具有"主动权"④。社会结构和社会意识对国家稳定有着较大的影响，在中国体现为政府对民众需求的回应，因此要求对民间社会意识有较好的把握。⑤

（二）生命历程与民间社会意识

当讨论整体的意识形态对民间社会意识的作用时，民间社会意识理应是整体的、统一的，但事实上复杂性、多元性却是民间社会意识的重要特征。社会意识本身对应于社会结构和社会层次，是多元化的，而非单一的，因此必须重视社会结构和社会层次对社会意识的研究。⑥ 生命历程正试图将社会结构的变化与个人的发展连接在一起。

1. 嵌于历史时间、实践中的生命历程与民间社会意识

"我们在各种特定环境中所经历的事情往往是由结构性的变化引起的。

---

① 参见黄新华《当代意识形态研究：一个文献综述》，载《政治学研究》2003年第3期。

② 参见林滨《当代意识形态的发展与"文化化"》，载《教学与研究》2011年第4期。

③ 参见李友梅、肖瑛、黄晓春《社会认同：一种结构视野的分析：以美、德、日三国为例》，上海人民出版社2007年版，第15页。

④ 张艳国、王勇：《主动权：社会意识形态安全的一个解证》，载《社会主义研究》2005年第6期。

⑤ 参见樊鹏《中国社会结构与社会意识对国家稳定的影响》，载《政治学研究》2009年第2期。

⑥ 参见李澄《应重视社会意识结构和层次的研究》，载《哲学动态》1987年第11期。

第三章　民间社会意识的形成机制与变动趋向

所以，要理解许多个人环境的变化，我们需要超越这些变化来看待它们。"①生命历程与社会变迁紧密联系在一起，一方面是共同的变化导致的"同"，另一方面则是个人的生命体验所带来的对社会的认知差异。②生命历程从20世纪60年代以来，得到了跨学科的迅速发展，主要涉及个人生命事件和角色转换，以及先后顺序等，个人生命历程被视为更宏大的社会力量和社会结构的产物。③

生命历程关注具体内容、时间（timing）的选择，以及个人发展的历程和时间顺序等。④ 在芝加哥学派经典著作《身处欧美的波兰农民》中，托马斯、兹纳涅茨基开创性地使用生活史、信件记录等方式对移民生活进行了深入研究，用纵贯的方式来研究群体的生活体验，这是生命历程视角的萌芽。新的社会史学寻求从自下而上的视角去讲述个体的故事，托马斯、兹纳涅茨基坚信群体对个人的影响，美国社区解体之后产生的诸多问题对移民产生的影响等，都是群体社会意识的反映。⑤ 1970年出版的《大萧条的孩子们》是生命历程中的开创性研究，埃尔德刻画了大萧条危急对经历其中的人们的影响，危机时刻重构了个人的生命历程。生命机会（life chance）取决于历史环境，取决于个人在社会结构中所处的位置。⑥ 社会变迁与个人生命历程之间的关系逐渐成为社会学比较广泛的研究领域。⑦

社会变迁通过个人生命历程进入社会意识之中，如托马斯等在书中提及

---

① ［美］查尔斯·赖特·米尔斯：《社会学的想象力》，陈强、张永强译，生活·读书·新知三联书店2001年版，第9页。
② 参见李强、邓建伟、晓筝《社会变迁与个人发展：生命历程研究的范式与方法》，载《社会学研究》1999年第6期。
③ 参见李强、邓建伟、晓筝《社会变迁与个人发展：生命历程研究的范式与方法》，载《社会学研究》1999年第6期。
④ 参见李强、邓建伟、晓筝《社会变迁与个人发展：生命历程研究的范式与方法》，载《社会学研究》1999年第6期。
⑤ 参见［美］托马斯、［波兰］兹纳涅茨基《身处欧美的波兰农民》，张友云译，译林出版社2000年版，第131页。
⑥ 参见［美］埃尔德：《大萧条的孩子们》，田禾、马春华译，译林出版社2002年版，第420～469页。
⑦ Cf. Elder G H Jr, "Models of the Life Course," *Contemporary Sociology*, vol. 21, no. 5 (1992).

的"社会恐惧",成为维系移民群体的一种意识①;埃尔德发现,童年经济受损对成年后心理健康影响较大,社会不满、社会愤怒等更为明显,并且这种心态是持续的②。除了对个人产生影响外,个人的体验也会通过口耳相传等传播方式,影响后代的社会心态等。周雪光等人对"文革"中上山下乡的知青进行研究,发现在农村的经历可能激发他们对生活的强烈憧憬,培育了他们的冒险态度,在后续的生活中能够持之以恒,这种意识也反过来推动了"文革"之后再分配体制的打破。③ 很明显的是,一代人有着一代人的集体记忆,这种集体记忆通过符号等保留下来④,并进入社会意识结构之中。

在这些经典研究中,毕生发展融入生命历程的理论之中,强调人们发展的主体性、能动性,而改变了原先过浓的心理学色彩。⑤ 波兰农民、大萧条和"文革"中的孩子们更多地为个人和群体在社会中的适应和发展所困扰。轨迹(trajectory)、转变(transition)、延续(duration)等生命历程的时间概念概述了个人的发展过程,不同的发展过程影响了个人或群体的行为或心理状态、倾向。⑥ 时间反映了不同的社会期望,反映了依照不同年龄层级安排生命中各种变化,并反映个人生命历程在历史中的位置。⑦ 这种时间就是发展的时间,而个人发展又嵌于社会发展的过程中。徐静、徐永德通过对不同类型的老年人贫困现象进行研究,得出了老年人生命历程中步入贫穷的不同过程,在这个过程中也不断彰显社会结构、个人发展对个体意识的影响。⑧ 盛智明对 CGSS 2006 数据进行分析,发现改革开放和经济发展为民众提供了

---

① 参见[美]托马斯、[波兰]兹纳涅茨基《身处欧美的波兰农民》,张友云译,译林出版社 2000 年版,引言第 7 页。
② 参见[美]埃尔德《大萧条的孩子们》,田禾、马春华译,译林出版社 2002 年版,第 357 页。
③ 参见周学光、侯立仁《"文革"中的孩子们——当代中国的国家与生命历程》,见中国科学院社会学研究所编《中国社会学》第 2 卷,上海人民出版社 2003 年版,第 372~407 页。
④ 参见李达梁《符号、集体记忆与民族认同》,载《读书》2001 年第 5 期。
⑤ 参见包蕾萍《生命历程理论的时间观探析》,载《社会学研究》2005 年第 4 期。
⑥ 参见包蕾萍《生命历程理论的时间观探析》,载《社会学研究》2005 年第 4 期。
⑦ Cf. Elder G H Jr, "The Life Course as Developmental Theory," *Child Development*, Vol. 69, No. 1 (1998).
⑧ 参见徐静、徐永德《生命历程理论视域下的老年贫困》,载《社会学研究》2009 年第 6 期。

大量向上流动的机会，乐观的社会流动意识有助于加强政治信任，成为中央政府的合法性来源，个人发展与社会发展同步能够促使民间社会意识与国家主流意识形态更加靠近。① 这些研究无不体现了社会发展、个人发展、民间社会意识等的路径传递作用。个人嵌入历史时间、生命实践中，而民间社会意识则由个人意识所汇聚成为整体社会意识，体现了社会的烙印。

2. 不同群代的生命体验与群体意识

年龄使不同的个体处于不同的位置和特定的出生组（cohort，世代）。在生命历程中，"出生组"或"代"的概念相当重要。卡尔·曼海姆认为，社会位置具有"内在趋势"，个体被赋予在社会和历史过程中类似的位置，限制了自我表达的范围，"代位置"由特定的经验与思想模式形成的方式决定，同时"代人"作为一个整合的群体参与到某些共同事件中。②

青年早期的主要经验常成为意识中最古老的层面，并且他们倾向于将自身稳定化为自然的世界观。③ 因此，时间具有了深刻的社会学意涵，不同人的人生阅历不同，个体、群体意识也不同。生命体验决定了他们的视野，决定了他们对事物的看法。埃尔德所选取的大萧条时期的孩子们都出生在20世纪20年代的头两年，大萧条时期正好是他们的少年期或青少年期，他们完整地经历了这个时期。④ 剧烈的社会变迁使他们拥有共同的经验并受到种种影响，如经济受损、萧条、失业等，而这些青少年期的经历又深深地烙在了他们的人格发展之中。周雪光等研究的"文革"中的孩子们，抽取的样本是1967年至1978年之间参加工作的城市青年，其中有三分之一的人被送到农村。⑤ 上山下乡的经历使他们有了共同的生活体验，对社会有着类似的看法。艾歌丽、若斯顿对774名中国的与784名美国的经理人和专业人士进

---

① 参见盛智明《社会流动与政治信任——基于CGSS 2006数据的实证研究》，载《社会》2013年第4期。

② 参见[德]卡尔·曼海姆《卡尔·曼海姆精粹》，徐彬译，南京大学出版社2005年版，第63～67页。

③ 参见[德]卡尔·曼海姆《卡尔·曼海姆精粹》，徐彬译，南京大学出版社2005年版，第69页。

④ 参见[美]埃尔德《大萧条的孩子们》，田禾、马春华译，译林出版社2002年版，第23页。

⑤ 参见周学光、侯立仁《"文革"中的孩子们——当代中国的国家与生命历程》，见中国科学院社会学研究所编《中国社会学》第2卷，上海人民出版社2003年版，第372～407页。

行了世代价值观取向调查,发现1949年后的三代中国人(巩固时期、"文革"时期和社会改革时期)比民国一代更容易接受变革、更自强,美国三代人的价值观取向除了自我超越价值观之外,遵循一条与年龄有关的模式。①

在统一的时代精神背后又分裂出不同的支流,不同世代中有着不同的群体或阶级、阶层。在大萧条中首当其冲的则是中下层群体,经济受损对占优势地位的社会群体而言影响更小。② 在"文革"中,上山下乡的知青与未经历过此事的青少年的发展也有极大地不同。社会意识本身对应于社会结构和社会层次,是多元化的,而非单一的,因此我们必须重视社会结构和社会层次对社会意识的研究。③ 已有诸多学者就社会阶层对社会意识的影响做了详尽的分析,如高收入群体、私营企业家、中产群体、工人阶级、低收入群体等,从客观社会位置、公平感、态度倾向、阶级意识④等角度进行分析。⑤ 在转型期,社会阶层分化加剧,从社会价值系统的演化角度看,不同群体竞争与冲突现象同样普遍存在,并承担着推动社会价值系统演化的角色。⑥ 社会的价值观念更难以整合,而需关注社会下层物质利益的获取,改革不合理的制度规范,构建与科学发展观相一致的、和谐的阶级阶层关系等。⑦ 不同群体在交织互动中相互参照,进而产生了"异"或"同"的社会意识。

客观地说,民间社会意识作为一种对社会存在的反映,表现出民众对社会共享的话语以及情感结构,随着社会结构的变化而发生变化。同时,民间社会意识嵌入改革开放的历史过程,并非一蹴而就,当以历史发展的视角看

---

① 参见[加拿大]卡洛琳·艾歌丽、[美]大卫·若斯顿等《世代和个人价值观:中美对比》,李宁、吴爱虹译,何健校,《南大商学评论》2005年第4期。
② 参见[美]埃尔德《大萧条的孩子们》,田禾、马春华译,译林出版社2002年版,第357页。
③ 参见李澄《应重视社会意识结构和层次的研究》,载《哲学动态》1987年第11期。
④ 参见翁定军《阶级或阶层意识中的心理因素:公平感和态度倾向》,载《社会学研究》2010年第1期。
⑤ 参见张翼《中国城市社会阶层冲突意识研究》,载《中国社会科学》2005年第4期;陈浮《城市高收入阶层生活方式与生活意识调查研究》,载《人文地理》2002年第2期;李路路、王宇《当代中国中间阶层的社会存在:阶层认知与政治意识》,载《社会科学战线》2008年第10期。
⑥ 参见张军《价值与存在》,中国社会科学出版社2004年版,第185页。
⑦ 参见张翼《中国城市社会阶层冲突意识研究》,载《中国社会科学》2005年第4期。

其发展。民间社会意识的核心为价值诉求,指社会主体在与其他主体相互作用的过程中,对自身生存及发展样式等的价值要求以及随之而来的一系列行动取向。① 价值诉求容易转化为改造社会的行动,而其根本的核心落在个人和社会相对应的发展中。当强调社会的整体发展时,必须考虑个人和群体在社会发展过程中的共同发展,即双重的发展共识。当这种共识存在时,社会普遍呈现乐观的情怀;当这种共识被打破时,民间社会意识则被割裂,主流意识形态失去对民间意识的统合力,而产生不同程度的冲突,改革共识和社会焦虑并存便不难理解。因此,结合理论文献与实证研究,我们提出以社会变迁、生命历程、民间社会意识为分析框架,将社会发展与个人发展联系在一起,投射到个人发展的生命历程视角中(图3-1)。

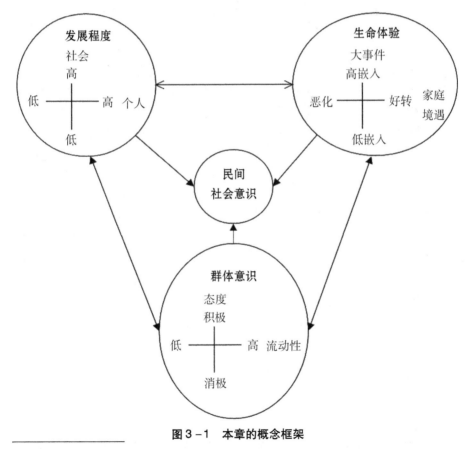

图3-1 本章的概念框架

① 参见黄晓星《民间社会意识的核心:价值诉求》,载《现代哲学》2013年第3期。

二、双重革命：发展主轴与发展共识

改革开放是一种具有教育功能的社会变迁，渐进性的社会转型培养人们的社会适应能力。主流意识形态能够通过媒体等方式将社会意识内化到民众的社会心理中，发展共识逐步达成，这种内化受个体遗传、认知特点、社会文化等多方面因素的影响。① 这种变化是从社会变迁、经济好转到发展共识的过渡。

（一）"双重革命"的政策际遇

社会结构的变化往往与思想变迁并不同步，而体现了主流意识形态对民间社会意识的前置效应。改革开放"是一场社会的革命——既有生产力的革命，又有意识形态的革命"，是从一个"封闭的社会"转向"开放社会的过程"。② （lead－LR－M－70p）

改革开放的三十年可以分为三个阶段：第一阶段是20世纪80年代。当时的改革开放是从一个封闭的社会（完全照搬苏联的计划经济模式，意识形态和思维模式表现以为阶级斗争为纲）转到以经济建设为中心的社会。第二个阶段是20世纪90年代。要做的事是建立一个新的经济体制。怎么建立，靠什么来建立？要靠政策。第一个阶段是靠胆量去冲破，第二个阶段是靠政策去推行。第三阶段是进入21世纪后。当时，中国正好加入了WTO，所以在21世纪，中国已经发展了生产力，已经告别了短缺经济。

本章以深度访谈资料为主，兼用政府报告、领导人讲话等文本资料进行分析。从他们的话语中，我们可区分出方向、体制、政策、目标四个层次。

第一个层次在方向上，国家意识形态的主导方向是"解放思想"，打破"文革"的束缚。改革开放是从思想解放开始的，要冲破旧的观念，主流意识形态起着承前启后的作用。"那时候很多观点既要冲破，还要找旧的观念来做根据，因此很矛盾。"（lead－LR－M－70p）观点不断在碰撞，如围绕着"市场经济姓社还是姓资"、"雇工问题"、剥削问题、租借风波、洋浦风波等，引用马克思的话语对话原先的计划经济话语，是一种"大胆做"、对

---

① 参见王奋宇《论社会意识形态向社会心理的内化及其过程》，载《社会学研究》1988年第5期。

② 本次访谈的政府官员为退休的老领导，是改革开放的直接推动者和亲历者，他们的话语代表着改革初期的主流意识形态。

话愚昧观念的过程。

"翻天覆地"是他们经常使用的语言：

从旁观者的角度看，从存在者的角度看，比较客观地、实在地、稳定地看它，反差很大，是一个非常大的变化。从整个国家的国力增强，以及从社会经济改革、社会成果、经济成果这些方面来看，这个成绩是很大的，尽管我们的水平还很低，有些人，他的职业素养、眼光很高，但是我觉得能够达到这个水平应该说是翻天覆地的，这个我觉得应该充分肯定。（lead - S - M - 60p）

"翻天覆地"跟LR的"双重革命"是在一个层次上的，生产力创造了奇迹：

我们这代人刚好经历了党的后六十年，前三十年我们经历过，改革开放三十年我们也经历过。应该说改革开放三十年我们是很成功的，我们取得的成绩连外国人都无法否认，外国人说中国创造了奇迹。我们广东改革开放三十年，如果从2008年开始，GDP每年都增长3.8%①，今年人均GDP接近6,000美元，连续保持这样一个两位数的增长，连资本主义国家也没有出现过。（改革开放）是集合生产力、经济体制、意识形态多方位的改革。（lead - N - M - 60p）

意识形态安全是意识形态的文化领导权等的重要体现，党和国家通过把握"主动权"维持社会的稳定和发展。②没有改革开放，就只有"死路一条"（lead - LR - M - 70p、BJ - LXS - M - 39、LZ - LQL - M - 50p、LZ - FDX - M - 45），这是各个阶层的共识。官方"解放思想"（lead - N - M - 60p、lead - ZH - F - 70p、lead - ZQ - M - 90p），打破意识形态的禁锢，在民间社会体现为"认知解放"。解放思想是经济改革的基础：

改革开放取得的最大成绩就是人们的思想开放了，接受了很多的新鲜事物，理念、思维模式发生转变。思想的解放、思想的开放是一切行动的纲领，我觉得这很关键，思想没有放开，什么事都做不成。（ent - LGF - M - 30p）

上层的解放思想唤醒了大众的意识，使民众充分融入这个潮流。底层大众对主流意识形态的变迁存在"滞后效应"：

---

① 此处应为口误，应为8.3%。——作者注
② 参见张艳国、王勇《主动权：社会意识形态安全的一个解证》，载《社会主义研究》2005年第6期。

开始的时候有点不理解，闹不清楚，摸不着头脑，到底要怎么办，毕竟像我们从那个时代过来的人，突然有这么大的变化……政治上，我们一直是跟党走的，一路都很正统，所以一开始觉得有点乱。(BJ-ZLS-M-62)

"文革"的影响犹存，民众抱着怀疑的态度：

当时是官方先试水，到下海。对于民间意识就得那样做。因为解放之初反右运动等给当时的年轻人很大的打击，所以刚开放的时候，包括曾经的年轻人，也告诫当时的年轻人，不要乱动。……"摸着石头过河"，还没到海边。(GZ-XH-M-50p)

因此，以主流意识形态变化作为牵引，经济的发展更多是由意识解放之后的大众所推动的，私有经济的发展活跃了整体经济体系。"思想解放"是改革开放第一阶段的重要特征，也为各个阶层群体所提及，成为改革开放的重要映像。

第二个层次在体制上，从计划经济转向市场经济。邓小平认为："生产力方面的革命也是革命，而且是很重要的革命，从历史的发展来讲是最根本的革命。"[①] 改革开放的两个重要背景是"文革"和20世纪70年代的新兴科技革命，当时中国在经济上处于"内忧外患"的局面。[②] 三十多年的改革开放取得了巨大成就，以邓小平同志为核心的党中央第二代领导集体将党和国家工作中心转到经济建设上，开创了中国特色社会主义。改革开放过程中总设计师邓小平的作用是巨大的。企业家CZ提到了这一点：

其实也是中国发展的一个历史，但我们的领导人怎么去总的指导，指引国家就这样走下去，这确确实实是起了很关键的作用的。……我觉得不单是企业感受到了，应该是全国人民都感受到了。就走访一下，以前相比现在比较偏远的地方啊、城镇啊，现在过去看一下，整个建设规模，人的面貌基本上都发生了很大的变化。反观三十年前，我们也没有，为什么说呢，我们以前就很幸运啊，分配到一个国营企业做事，没想象到我们的现在。做一辈子，在哪里分房子、退休。就是想到以后都是很平淡地去生活，就是没有想到……（ent-CZ-M-50p）

兰州的公务员ZHM也认为：

在主流意识形态转变、经济体制重塑的过程中，领导人成为"历史功臣"。(LZ-ZHM-M-44)

---

① 邓小平：《邓小平文选》第2卷，人民出版社1993年版，第311页。
② 参见胡锦涛《继续把改革开放伟大事业推向前进》，载《求是》2008年第1期。

第三个层次在政策上，强调探索与行动，悬置意识形态问题的争论与困惑。改革开放需打破原先的意识形态束缚，某市时任市长 LR 提及：

当时有一件事启发很大，有一个"傻子"的事情，当时他炒瓜子赚了点钱，就有很多信件寄到北京，寄到邓小平那里去了，说他搞资本主义，说他发财了，说他偷税漏税了，就要抓。邓小平当时说不能抓，这一抓改革开放就做不下去了。……所以这也给我们个启发，不要管，所以当时 FS 市很多东西就随它发展了。(lead – LR – M – 70p)

LR 组织市委常委讨论该问题，用马列原著反驳剥削说，但悬置该问题。他认为：

我说我们不要讨论这个问题。刚刚改革开放，让我们去做，让市场引导商品流通，当时只能提商品流通。当时在 FS 市感觉很好，大家很讲道理，大家觉得有道理就过了。(lead – LR – M – 70p)

因此，他们更加强调探索与实干。1978 年，当时 ZH 在 RH 县做县委书记，直接推动了农村改革。地委书记反对家庭联产承包制的改革，ZH 就率先在其所在的县推动改革。当地委书记来考察时，他们就汇报说长得漂亮的禾苗是集体种的，但事实上已经分田到户。在改革初期，集体种植和分田到户并行，家庭联产承包责任制逐步扩大。

改革开放是不断尝试革新的过程，"解放思想""摸着石头过河""不管是黑猫白猫"等官方话语都带着不确定性，是主流意识形态逐步重塑的过程，但社会思想得到激发，社会整体呈现"蓬勃发展"（GZ – LIAO – F – 64）、"开放"（GZ – XH – M – 50p）的"美好大局"。

今年是改革开放 33 周年，我们每一个同志都是实践者，都有不同的体会。总体来说，没有改革就不可能有今天的美好大局。可以说，新中国成立以来最好的时期是现在，原因还是改革开放，所以这次总书记提出继续坚持改革开放，这是我们的基本国策，不改革是不行的，可以说这是真理。(lead – ZH – F – 70p)

第四个层次在目标上，让一部分人先富起来，然后实现共同富裕。1980 年 1 月 16 日，邓小平在《目前的形势和任务》中提及："我们提倡按劳分配，对有特别贡献的个人和单位给予精神奖励和物质奖励；也提倡一部分人和一部分地方由于多劳多得，先富裕起来。这是坚定不移的。"①

这些话语也体现在民间社会意识中，大家认为改革开放三十年已经完成

---

① 邓小平：《邓小平文选》第 2 卷，人民出版社 1993 年版，第 258 页。

了"先富"的目标,需要走向"带动后富"。

改革开放我知道的就是邓小平南方谈话,去深圳画了一个圈。改革开放就是让少数人先富起来。改革开放对老百姓最好了,没有改革开放就没有人们现在的好日子。老百姓总是够吃够喝就行了,改革开放让老百姓吃饱喝好,最好了。(BJ - CXS - M - 43)

后面那句话我们就不太注意了。其实邓小平提出要先富帮后富,其实我们现在也已经到了先富帮后富的这个阶段。还是应该坚持有一部分人先富起来,但不能让先富的人就什么也不管了,现在是先富了,就应该帮助后富的人。对后面的那句话我们就忽视了,要先富带动后富。先富帮助后富的阶段还是应该坚持有一部分人先富。(GZ - CXM - M - 50)

因此,改革开放是"双重革命"的经济大转型,中国政府推动了一系列的经济改革,完成从计划经济到市场经济的体制改革,在意识形态领域相应转变。① "双重革命"的基础是对"文革"的反思,革命对象是旧的观念和旧的经济体制。20世纪80年代以来,全球化的科技革命给中国创造了极好的条件。"双重革命"是全方位的,从领导者到普通公民,在认知结构上进行革命,意识形态革命为生产力革命开辟可能,生产力革命使意识形态革命得到认同,二者互为促进。随着市场的建立,人们生活逐步改善,国家通过改善人们的生活来获得合法性资源,这在改革开放初期获得了巨大的成功。② "双重革命"打开了新中国成立以来最佳的政策际遇,成为重要的社会变迁过程,而进入个人发展的历程之中。

改革开放的主导话语是"发展",包括社会的发展(国家经济、外交、政治、文化各方面)和个人的发展(人民生活水平的提高)。主流意识形态话语对民间社会意识的前置效应和链接体现在后者的价值诉求上——个人的发展。在对三十年宏观社会经济改革的阶段进行划分时,民间社会意识呈现与国家划分较为一致的阶段性特征。

第一阶段:"求富裕"。这一特征体现在生活的改善中。参照改革开放前的经济社会发展,从20世纪80年代初到1989年,"分田到户""从缺粮到有粮""打破大锅饭""打开窗户""突破经商限制""探索期""脑体倒

---

① Cf. Dingxin Zhao, "Decline of Political Control in Chinese Universities and the Rise of the 1989 Chinese Student Movement," *Sociological Perspectives*, Vol. 40, No. 2 (1997).

② 参见王宁《消费制度、劳动激励与合法性资源——围绕城镇职工消费生活与劳动动机的制度安排及转型逻辑》,载《社会学研究》2007年第3期。

挂"等是该阶段的主题词,但在双轨制实行的过程中,也出现了"投机倒把"等问题,总体来说欣欣向荣。

第二阶段:"求公正"。在该阶段,"南方谈话""国企改革""自谋生路""双向选择""减员增效"等是主题词,人们生活日益好转,开始讨论分配与再分配的问题,社会福利改革开始推行。1992年,南方谈话具有历史性意义,这也结束了第一阶段不确定的意识形态。民营企业家发展壮大,市场的发育、壮大是改革开放的成果,而改革开放成功的关键则在于正确处理好政府与市场的关系。[①]

第三阶段:"爱恨交织"。这是改革开放的攻坚阶段,一方面,经济进一步发展,政府重心下移,新农村建设促使社会保障重新构建,人们得到了实惠;另一方面,通货膨胀、物价飞涨带来了巨大的生活压力,住房、医疗、教育问题等凸显,贫富差距拉大,民间社会意识相对弱势化。

(二) 个人与社会的发展共识

在"双重革命"的推动下,社会普遍出现了乐观的意识,并发展为普遍的社会共识——改革开放。从话语分析中可以发现,这种共识有以下三个层面。

第一,"解放思想"与"认知解放"。官方的"解放思想",在民间社会体现为"认知解放"。解放思想是经济改革的基础,是改革开放第一阶段的重要特征,也为各个阶层群体所提及,成为改革开放的重要映像。

第二,"先富带动后富"与实用主义。"农村、城市都要允许一部分人先富裕起来,勤劳致富是正当的。一部分人先富裕起来,一部分地区先富裕起来,是大家都拥护的新办法,新办法比老办法好。"[②]"先富带动后富"是鼓励生产力发展、克服原有意识形态桎梏的重要话语,最终将达至"共同富裕"的理想目标。

第三,发展共识弱化与"弱势心态"。20世纪90年代,市场经济地位确立,原本的个体户被企业家所取代,资本的规模效应逐步显露。改革开放带来了经济的极大发展,但2000年以来物价飞涨、贫富差距迅速扩大,改革进入深水期。另外,社会福利、社会化改革使人们的教育、医疗、住房等成本增加。民间社会意识开始呈现出"老百姓"的弱势心态和社会焦虑,

---

[①] 参见胡书东《中国经济现代化透视:经验与未来》,格致出版社、上海三联书店、上海人民出版社2010年版,第89页。

[②] 邓小平:《邓小平文选》第3卷,人民出版社1993年版,第23页。

"过日子""混日子""浮萍""命""得过且过""吃个饭而已""自力更生"等是反复出现的词语,用以概括"老百姓"的心态。"老百姓"的弱势心态与两种力量相参照:其一为市场的力量,体现在"钱"上,对有钱人来说机会更大,对没钱人来说,购买住房遥不可及,"看病贵"等;其二更为主要,为政府的力量,当提及"百姓""民"时,另一方往往是政府,"官家""官老爷""歪嘴和尚念经""上梁不正下梁歪""官本主义"等词语显示了与政府关系的疏远以及"百姓"的弱势、渺小。在这种情境下,"百姓"成为一个自贬的群体化词语,是一种模糊的概念运用。[1] 人们使用一种调侃的方式,用一些比喻性的词语或段子、流行语表达社会的变化和自己的心声。[2]

可以说,在民间语言中,流行语作为一种家喻户晓的语言,最能反映时代的变迁。[3]如2009年流行语"不差钱""躲猫猫""低碳""被就业""裸""纠结""钓鱼""秒杀""蜗居""蚁族"反映的是底层生活状况及一些政治事件的影响;网络流行语"哥吃的不是面,是寂寞""你妈妈喊你回家吃饭""不要迷恋哥,哥只是传说""昨晚忙着偷菜""杯具(悲剧)和餐具(惨剧)""不差钱""你out了"是对某些生活事件的反映;2010年流行语"神马都是浮云""给力""我爸是李刚""鸭梨山大""围脖""蒜你狠系列"("豆你玩""糖高宗""姜你军")等亦是如此。[4] 迷茫的心态、仇官的情结与民生的艰难在流行语中时隐时现。与流行语相比,段子较能相对完整反映民众的社会情绪与价值诉求。"段子"原是相声文本中的一个术语,在进入网络时代后,其内涵与外延逐步扩充,逐渐成为当下民间流行语最为常见的一种文本样式,成为平民百姓日常精神消费中的重要内容。[5]

从本质而言,民间语言在一定意义上,是以"公开的文本"与"隐藏的价值"来表达民间社会意识的价值诉求的,在日常空间"用嬉笑怒骂、插科打诨使他们的意识形态得以社会化","山寨文化"或"恶搞文化"便

---

[1] 参见黄明明《试析"老百姓"一词的语用模糊性》,载《语言教学与研究》2007年第3期。
[2] 参见林滨《民间社会意识价值诉求的表达方式》,载《现代哲学》2013年第3期。
[3] 参见祁伟《试论社会流行语和网络语言》,载《语言与翻译》2002年第3期。
[4] 根据网络资料整理。
[5] 参见黄集伟《从1998到2018,他收集了20年中国流行语》,见网易网(https://www.163.com/dy/article/E69B267D0512D3VJ.html)。

是其典型。① 它们是一种"底层政治"与日常形式的抗争,"经常是不自由的产物,是无奈的另类表达,抑或仅仅是情绪的发泄,其非但不具官方认可的合法性,还常带有针对正统的颠覆性、抗争性"②。

三、自我发展:大事件、家庭境遇与生命体验

生命历程将个体生活(human lives)和社会变迁(changing society)、生命的时间性(the timing of lives)、相互联系或独立的生命、能动性等联系在一起,研究不断流逝的时间和不断变动的情景中个人的生活与发展。③ 在社会性时间(social timing)不断发展的过程中,个体的社会意识也在发生转变,从而塑造了社会的性格。

(一)"大事件"与个人发展

改革开放是一个历史事件,围绕着该历史事件的时间构成了不同受访者在历史中所处的位置,即他们所受改革开放影响程度的不同,导致其形成了不同的社会认知。国家政策既形塑个人的生活机会,也形塑个人的社会地位,进而影响个人的社会意识。④

1. 恢复高考的"连锁效应"

改革开放对于很多人来说是急剧的社会变迁,而这种变迁往往从"恢复高考"这个大事件开始。在"文革"期间,高考被取消,只能推荐上大学,高等教育对于农村或城市底层群体来说是可望不可求的,高考恢复重新打通了这个渠道。"恢复高考"是访谈中50岁左右的受访者最常提及的社会事件,并视为对他们影响最大的事件。1977年,企业家FGQ刚好高中毕业,去农村劳动了几个月之后,报名参加了恢复高考后的第一届高考,成为全县

---

① 参见徐小涵《两种"反抗史"的书写——斯科特和底层研究学派的对比评述》,载《社会学研究》2010年第1期。

② 郭于华《山寨文化的山寨理解》,见历史千年网(http://www.lsqn.cn/wenhua/ms/msyj/200909/150155.html)。

③ Cf. Elder G H Jr, "Time, Human Agency, and Social Change: Perspectives on the Life Course," *Social Psychology Quarterly*, vol. 57, no. 1 (1994).

④ 参见周学光、侯立仁《"文革"中的孩子们——当代中国的国家与生命历程》,见中国科学院社会学研究所编《中国社会学》第2卷,上海人民出版社2003年版,第372~407页。

两个考上大学中的一个。"那个时候正是有了这个机会，才有了我今天的成长。"（ent-FGQ-M-50p）如果不恢复高考，他们会重复下乡务农、入厂做工人、退休等生命轨迹，而"不可能有这么大的幅度去改变人生的道路"。（ent-OXW-M-50p）企业家OXW对此记忆深刻：

这是改变我们人生的一个重要事情，不管怎么说，是这辈子都抹不掉的一个事情，也是最深刻的事情。应当是这样的……我们这个年代的，谁也不能够继续再读书了，就是高中毕业之后就下乡，哪有大学，那时没有大学，全部都关闭了，只有劳动大学，共产主义劳动大学。（ent-OXW-M-50p）

"恢复高考"成为"震动"人们的头等大事：

给我印象最深的就是高考。恢复高考，然后大家都参加高考了，很爱学习，而且高考改变了很多人的命运。我没有参加第一次高考，就是因为1978年那时候我们已经读书了……我是1975年开始读小学的，那时候读小学就是觉得好好玩，很开心的那样子，学多少算多少，父母的期望是好好读书那种。但是，恢复高考以后，父母就很紧张，那时候就老是说高考，因为他们本身也是读大学出来的……这给我的感受非常深。然后读书读到初中，特别是高中的时候，教育也要做评比，就是说给老师、学校一个评价，就有了重点中学、非重点中学，然后老师，特别是上了高中以后老师要求就特别严了：说你不能再像以前那样了；不要毕业了就去找工作，就去顶替上班；你们一定要考大学。那时候高考就好像是一个指挥棒。这是给我的最深的印象。（GZ-LIU-F-42）

高考使一批人从农村或城市底层实现了向上流动，进入体制内，成为社会的中坚力量。某种意义上说，他们是国家政策打开的机会结构的受益者，也逐步成为后续发展中的既得利益者。

恢复高考与毕业分配紧密联系在一起，促成了这些人的人生轨迹的"连锁效应"：

收益就是说，如果没有改革开放，没有恢复高考这个制度，我们现在就没有大学生这个身份，没有大学生身份也就没有国家干部这个身份。（访问员：没法在社会中走到现在）没法在社会中走到现在，可以这样讲。我们只是在面上这么理解，我们的选择面宽了。说不定你个人素质很高，当时收到了推荐，也可以。（WH-XCZ-M-50，某政府部门处长）

毕业分配工作往往决定了个人今后的去向，而成为当时大学生的"终身大事"，因此要通过打关系、走后门的方式去获得一份好工作（ent-CZ-M-50p），"大学毕业就是体制内的人，要你干这个你得干这个，你不能干别的"(ent‐OXW‐M‐50p)。虽然大家并没有太多选择权,但是毕业分配成为当时城乡底层群体的青年进入中产群体的重要渠道,成为与高考联系在一起的"香饽饽"。当时大部分毕业分配进单位的人后来都在体制内发展,成为所在单位后来的领导者,如大学教授、中学老师、医生等。接受高等教育也是进入中产阶级的重要渠道。恢复高考和毕业分配是当时重要的政策际遇,当谈及这段历史时,大部分人都感触尤深。也因为高考与毕业分配的机制,大部分受教育者都被体制内所吸收;相反的,20世纪80年代首先下海经商的个体户基本上是教育程度较低者,他们中出现了"万元户""暴发户"等。

2. 市场经济与"下海"经商

1992年之后,社会主义市场经济的地位确立,"下海"经商成为另一个重要的社会事件。改革开放是不断"改写履历"(ent‐CZ‐M‐50p、ent‐OXW‐M‐50p)的过程,恢复高考、进入大学(20世纪80年代末)、进入机关、"下海"经商(1992年后)是这次访谈中企业家普遍的人生轨迹。"改写履历……后来就选择出来,不想去党政机关。所以当时××本来叫我去TH城。我从有背景的国企到私企,就是ZH广场,再到自己创业。"(ent‐OXW‐M‐50p)MZC原先是政府经济部门的公务员,亲历了改革开放的政策变化:"企业逐渐有了经营权,企业家们脑袋就活了起来。……我在消防队当到了队长,然后以工代干,去当保卫处工作人员,(如果不'下海'的话)经过自己的努力混到现在也许能当到保卫处副处长。中国多了一个保卫处副处长,少了一个企业家。"(ent‐MZC‐M‐54)对于这批人来说,生命轨迹具有极大的延续性,他们一直处于政策机遇把握的前端,而与其他人拉开距离。

3. 市场化、城市化与利益格局重构

改革开放提供了很多政策机遇,但有一部分人的利益相对受损。在20世纪90年代推行的国企改革中,国家的定位是维持公有制为主导地位,靠"政策来转变体制"(lead‐LR‐M‐70p)。在20世纪90年代上半段,人力资本较高的人"下海",离开国企,获得更高的收入;但在20世纪90年代下半段,人力资本较低的职工"下岗",则获得比其他人更低的收入。[①] 对于市场经济的建立和发展来说,国企改革是激活经济的重要一步,很多国企

---

① 参见邢春冰《经济转型与不同所有制部门的工资决定——从"下海"到"下岗"》,载《管理世界》2007年第6期。

也因此倒闭，导致大部分工人下岗，使他们只能另觅职业。下岗职工再就业存在养家糊口和因为就业状况的变化而导致的社会职业与社会地位状况变化的双重压力，相对应存在"给钱就干"与"找满意的工作"之间的多种选择。① 20 世纪 90 年代下岗的职工要么已经重新就业，要么还处于失业状态，但当回忆起这段经历，他们不免有些怨忿，尤其是当时 40～50 岁年龄段的人。"买断工龄""走人"等字眼经常被提起。(LZ - DYB - M - 50)

（一次就）买断工龄了嘛。我刚刚不是说，30 年（工龄）给了 4 万块钱嘛（36,000 多）。人家给你买断，给你写了条子，你就下岗了。就是这个样子了。老百姓能怎么样，（全厂都是这样子）几千人就是这个样子。（我们厂 4,000 人）你找谁去？(LZ - PJT - M - 50)

近阶段，人们普遍反映的是城市化所带来的拆迁、改造问题，是另一种政策际遇，不同城市、城乡之间呈现极大的差异。城市拆迁改造涉及社会发展（公共利益）与利益分配、生活方式改变的民生问题。但在我国城市拆迁中，公共利益缺乏制度的明确界定，强制拆迁和补偿安置问题频出，地方政府与开发商形成了利益链，地方政府、开发商与被拆迁人等不同利益主体陷入冲突之中。②

城市拆迁改造归根到底是利益的问题，如何形成较好的协商机制，解决失地者的生计、社会保障等各方面的问题是很重要的。

因此，改革开放的政策际遇极大地改变了人们的生命历程，迅速重构了社会的利益格局，重塑了人们对社会的观感。当评判社会发展的结果时，他们的依据是政策际遇如何影响了他们的生活。在不同群体的话语中，社会公平正义的议题呼之欲出，社会发展与个人发展相对应的价值诉求也显而易见。

（二）经济好转与家庭境遇

当提及改革开放时，经济好转往往是第一印象，宏观层面的经济发展是举世瞩目的。1978—2012 年的 35 年中，有 17 年的 GDP 增长率在 10% 以上。经济好转成为 30 年民间社会意识的显性意识，本小节选取经济好转的境遇式解释，即经济好转对不同个体来说意味着什么，他们如何看待。经济好转不是持续性的，而是不断地波动，随着经济周期的变化而变化，家庭境遇也

---

① 参见张翼《不同身份下岗职工的再就业》，载《中国人口科学》2002 年第 1 期。
② 参见李怀《城市拆迁的利益冲突：一个社会学解析》，载《西北民族研究》2005 年第 3 期。

第三章　民间社会意识的形成机制与变动趋向

随之变迁。经济好转与个体的家庭境遇产生互动，进而影响个体与群体的社会心理。经济好转通过作用于家庭生计与境遇影响群体意识和个人意识，进而塑造民间社会意识的状态。

经济好转首先体现在20世纪80年代人们生活水平的极大提高，温饱问题得以解决，"从缺粮到有粮"上。北京的李先生回忆起那段经历，感受最深的就是从没有粮食到有粮食，从缺粮到有余粮，剩余的则卖给国库。以前在每年的2—5月，全家人都没有大米吃，经常要互借粮食，靠吃红薯、南瓜过活。由于他父亲是工人，不能在农村里面算工分，因此只能算"半边户"，一个人吃国粮，其他人在农村。当1984年分田实行家庭联产承包责任制之后，他们家第一年就已经将粮仓装满，有极大剩余，生产积极性极大提高。①（BJ-LXS-M-39）"从吃不饱到现在挑食吃，民以食为天。"（LZ-CXS-M-44）人们开始逐步有一些耐用消费品，如电视机、通信工具等，有了属于自己的住房（盖房或买房），这些都是人们对生活美好回忆的重要组成部分。经济好转首先反映在温饱问题上，其次是大家受教育的机会越来越多，不用担心交不起学费。（BJ-LXS-M-39、JH-LLS-M-40等）

经济好转对个人的家庭境遇产生了极大影响，"越来越好"是很多人的共同认识。中国人对生活的定位是家庭式的，以家庭的整体变迁叙述个人的变化。来自内蒙古的北京作家LIXSZC谈论了其家庭的变迁：当他读书的时候（"文革"期间），家中四兄弟姐妹都要读书，家庭情况非常困难，一无所有。待他结婚的时候，家里没有任何支持，直到后来才逐步好转。（BJ-LIXSZC-M-61）武汉的个体户李先生提道：

> 生意比原来强一些，家里的生活条件、生活水平都比以前要有所改善。……改革开放以后，总体来说，底层的老百姓生活水平都提高了。不管是在物质水平还是精神生活方面，都提高了。（WH-LXS-M-50）

乐观的生活话语中"忆苦思甜"的机制起了很大作用。经济好转的过程主要与改革开放前相比较，或者跟自己的过去相比较，产生一种比较乐观的意识。市场经济与计划经济相比较，计划经济不流通，物质极大匮乏，大家对票证经济记忆尤深："刚开始的时候肯定受计划经济的影响，很多东西都是非常传统的……一个月粮食是36斤，如果粮食吃完了就没有了。……很多东西在慢慢地开始变化。"（ent-FGQ-M-50p）企业家MZC 1955年出生，改革开放时刚好是23岁的大好年华，但他完整地经历过"文革"。他

---

① 老家在湖南农村，政策实施滞后。

父母在 1969 年被下放到湖南攸县,他也下乡当了知青,用他的话来说"实际上是进入了社会最底层"。因此,他很珍惜改革开放的成果,反感现阶段大家过度放大对社会的不满:"把这个贫富差距和这个房子太贵就归结为改革开放的不正确,那么请这些人回到 1971 年,1971 年他爸爸住什么房子,他也住什么房子。这些人如果愿意,我送他一套房子,那送他一套房子他还得承认这是改革开放的成果。这些人是数典忘祖。"(ent - MZC - M - 54)建筑工人 MSF 回忆他小时候家庭境遇时提道:

> 家里人口多,亲属多,有四弟兄。那时候我们连吃都吃不饱。穿衣又穿不到,没有布匹,靠发(指公发的物资),还要限制。每个人都要发几尺布票才能买得到布。吃粮食的问题,又要劳动得多才分得多,劳动得少就分得少。那时候,父母养活五六个娃儿,他们缺乏劳力了。(BJ - MSF - M - 60)

"文革"期间全中国在"闹革命",学生们也无法受教育。广州的包工头 DU 提道:

> 1976 年那时候,我们才 11 岁,还在读小学,只晓得那时候日子难过,家里穷,气候又不好。那时候不是"打黑淋"(冰雹的意思)冻死人,就是旱死人,那时候"打黑淋",漫天遍野都是冰雪,所有的蔬菜都冻死了,连蔬菜都没的吃,所以后来就吃南瓜叶刺岗苗(一种野菜)。那种生活环境里,就是天寒地冻。……改革开放之后,生活逐渐好转,后来还是盖起了瓦房,这是农村最大的变化。现在大家又想住楼房,这就是实际的变化。(GZ - DU - M - 46)

(三)生命事件:阶段性与民间社会意识

生活模式包含重要的社会转变(social transition)——正规教育的完成、成为劳动力、结婚、成为父母——的时机(timing),不同的生命事件对个体意识的影响不同,而出生组的不同又导致这些生命事件所发生的时间不同。① 社会转型意味着生命历程的极大不确定性,这种不确定性有助于他们在生活中形成不同的价值观、意识等。个体的变化与生命事件的时机交错在一起,影响他们的个人意识和群体意识。

生命历程早期对人们的人生发展的影响是巨大的,塑造了人们的个人意识。对于经历过"文革"的 20 世纪五六十年代的出生组人群来说,他们的

---

① 参见[美]埃尔德《大萧条的孩子们》,田禾、马春华译,译林出版社 2002 年版,第 211 页。

第三章 民间社会意识的形成机制与变动趋向

早期事件与食物匮乏紧密联系。他们的教育或被中断，或与上山下乡等事件紧密联系。当他们划分人生阶段时，往往会参考改革开放的不同阶段，因此与政策际遇挂钩。LIXSZC 这样划分他的人生经历：1968 年到 1971 年，知青年代，生活在农村，为后续的写作奠定了基础；1971 年到 1991 年，从店员成长为常务副书记，职位升迁与权力增长；1992 年到 2000 年，调动到山东任威海市文化局副局长，但没有实权，处于人生中的低谷期；退居二线，因为两个孩子在北京大学和中央民族大学读书，所以举家迁至北京，开始从事儿童动物文学创作。（BJ - LIXSZC - M - 61）这些经历决定了他的社会认知和人生理解，政策的巨变（"文革"）使他的人生更加颠簸。MSF 叙述他的生活阶段则与分田到户联系在一起。（BJ - MSF - M - 60）跟政策际遇挂钩的阶段划分尤为体现在恢复高考之后考上大学的老三届及之后十多年的大学生中，恢复高考意味着命运的改变，从农村到城市、从体制外到体制内等。如果没有改革开放，那么很多人可能会延续之前的逻辑，上山下乡、进工厂、退休等，但政策的极大变迁注定使这些人发生极大的变动，引发他们人生的震动。

可见，在社会转型期生命轨迹有着极大的不确定性。而对于 20 世纪七八十年代以及之后的出生组人群而言，他们所处的阶段相对平稳一些，他们的生命阶段划分往往依据其教育经历、家庭变化、工作经历而定，而非依照政策划分。30 岁的大学教师 BLS 这样概括他的生活轨迹："我不觉得这两者（个人与改革开放）之间有什么必然的联系，因为这是我个人的生活轨迹。……我可能只会分为两个阶段：求学和工作。"（BJ - WLS - F - 30）这些体现了正常的社会化不同阶段的划分，整体的社会变迁进入相对平稳的阶段，也使个人的社会认知相对稳定。

当然，每个人的生命历程都是有差异的。除正常的阶段划分之外，某些重大事件剧烈影响个人的社会意识，如亲人去世、工作调换、环境转变等。这些经历体现为民间社会意识中个人生命历程的过程效应。金华的王经理在提及他的生命历程时，称给他留下深刻印象的是他父亲的去世，时间刚好是在改革开放前后。他父亲只是因为劳累过度，但当时的医疗水平太低。这件事使他们家陷入了困境，家庭关系也较为紧张，他在村里被其他人欺负，这使他养成了比较好强的性格。（JH - WJL - M - 40）武汉的 MQGLRY 提到影响他生命轨迹的重大事件是，当年他第一次高考的时候，由于他没有背景，而被另外一位同学顶替上了大学，这使他对社会的程序公正产生了极大的负面印象，"这种被挤掉的感觉非常糟糕……（如果当时没被挤掉的话，可能

是另外一种风景)"。(WH – MQGLRY – M – 31)

当我们审视不同人对社会的看法时,个人生命历程的过程效应是极其重要的,体现了政策际遇的变化与个人社会化不同阶段的交相互动。改革开放的不同阶段性导致了不同出生组人群的生活机会不同,变迁的程度也因此反映在民间社会意识中。

四、群体意识:阶层差异与社会分化

在市场转型的过程中,中国社会阶层发生极大变迁,社会分化为不同的利益群体。社会阶层结构的开放性映射在民间社会意识中。以改革开放的三十年来看,在前二十年,是一种乐观、积极的社会意识,体现为对成功的渴求和梦想实现的喜悦;在后十年,尤其是社会矛盾凸显的当下,则因经济改善和流动固化双重的影响出现纠结与不确定的心态。从乐观、积极到纠结、不确定的心态转变,在很多国家和地区都有体现,如"美国梦""香港梦"的形成与消失等。中国改革开放的不同阶段中,也相对应形成了不同的民间社会意识,体现为"机遇把握"和"流动的门"。

(一) 政策鼓励与开放的社会结构

中国改革开放可视为中国社会市场的培育史,市场是国家孵育出来的。中国处于两次大转型的潮流之中。① 改革开放初期,需要"改革"是共识,但具体的政策并不明确,宏观层面意识形态发生变化,具体的实施则体现在前沿省份、城市领导人的政策执行中。第二阶段为先行先试的"探索期",政策的变动推动了社会结构的变化,使社会结构从封闭走向开放,创造了乐观的社会意识。

改革开放的方针政策推动了社会结构的变化。改革开放前,生产、消费等都是在计划经济下实施的,国家控制了一切。中国社会中的社会组织基本上都是各种类型的单位组织,个人依附于单位,从而成为"去个人化"性格的单位人。② 社会的分层结构是以户籍等先赋条件为基础的身份制为主

---

① 参见沈原《社会转型与工人阶级的再形成》,载《社会学研究》2006 年第 2 期。
② 参见李汉林《中国单位现象与城市社区的整合机制》,载《社会学研究》1993 年第 5 期。

体，城乡二元割据，形成了由政治和行政制度分割成的社会阶层结构。① 这种阶层结构不是个人努力和素质差异的结果，而是制度区隔的产物。因此，这个阶层结构是固化的，很难看到垂直的社会流动，仅存一些制度区隔的缝隙（如工农兵大学、获提拔重用）能够为少数个体提供垂直流动的机会。② 1978年以来的社会流动可分为两个阶段：1978—1991年，计划经济体制仍然居于主导地位，但市场机制已经开始发挥作用；1992年以来，市场机制已经上升为主要的机制。③

社会流动是社会结构变化的直接机制，改革开放通过市场重构了社会阶层结构，使人们能够通过自己的努力改变自己的阶层位置。社会结构的开放体现在不同的阶层中，尤其体现在企业家群体和中产群体中。个人生活跨越边界的复杂方式是形成人们所处阶级结构方式的重要因素之一。④ 改革开放第一、第二阶段的阶级边界渗透性是动态的，人们能够依赖财产、权力、技能等多种因素实现阶层向上流动。受访的企业家中有一部分从工人、农民家庭向企业家流动，他们的成功源于市场经济确立过程的不确定性、从上而下的思想解放，以个人的技能为基础，加上努力和运气。这某种意义上类似于"美国梦"或者"香港梦"，一部分有技能的人以极佳的能力把握机遇，迅速穿越国家打开的机会大门，改变自己的阶层地位。对于中产群体来说，社会结构的开放体现为他们大部分人是通过教育阶梯实现了向上流动。而相对于普通民众来说，他们能享受到的好处即是赚钱的机会增多了，能够跨区域流动，如进城务工。

这种开放性是与改革开放初期经济的跨越式发展、市场的逐步完善紧密联系在一起的，机会迅速增多。但这种机会稍纵即逝，有学者指出中国私营企业主阶层形成的主体机制已经从精英循环发展为精英复制。⑤ 阶层固化使

---

① 参见陈光金《身份化制度区隔——改革前中国社会分化和流动机制的形成及公正性问题》，载《江苏社会科学》2004年第1期。

② 参见陈光金《身份化制度区隔——改革前中国社会分化和流动机制的形成及公正性问题》，载《江苏社会科学》2004年第1期。

③ 参见陆学艺《当代中国社会阶层的分化与流动》，载《江苏社会科学》2003年第4期。

④ 参见［美］埃里克·奥林·赖特《后工业社会中的阶级：阶级分析的比较研究》，陈心想译，辽宁教育出版社2004年版，第158页。

⑤ 参见陈光金《从精英循环到精英复制——中国私营企业主阶层形成的主体机制的演变》，载《学习与探索》2005年第1期。

乐观的社会意识迅速减弱，转而成为一种纠结与不确定的心态。

（二）"流动的门"：把握机遇的能力

民间社会意识很多时候是社会潜意识，是社会意识的"蓄水池"。[①] 其具有较大的隐蔽性、不系统性和丰富性，但对个体行为却有着极强的指导性，能将民间社会个体整合起来，呈现一种集体意向性的特征。[②] 改革开放促成了社会阶层结构等的极大变迁，不同阶层的社会意识产生共变效应，成为其与主流意识形态相一致的重要基础。

企业家是民间社会意识中市场话语的主体，他们对改革开放有着清晰的认知，这反映出三十多年的政策变化轨迹。改革开放打破了阶层之间的界限，使一部分企业家一跃成为社会的上层群体。在20世纪80年代"下海"的主要是底层劳动力群体，个体工商户等的受教育程度相对较低。1992年邓小平南方谈话之后，中国出现一个"下海潮"，企业家的受教育水平逐步提高。[③] 90年代市场经济氛围已经相对成熟，这批下海的企业家知识水平较高，他们强调思想解放，也勇于创新。"下海"成为潮流，放弃体制内的"大锅饭""铁饭碗"到市场中创业，着实体现了这批人在国家思想解放下的冒险精神及把握机会的能力。80年代"下海"体现了官方"大胆做"的解放思想话语。（ent‐LL‐M‐49）"机遇把握"是企业家的关键词：

很受惠，没有改革开放，就没有我们的今天。在机遇上，在发展空间、平台上，受惠都比较大。（ent‐MF‐M‐46）

1985年出来后，1988年到了省地震局，省地震局派遣援藏2年，到西藏待了2年，回来以后就走向市场。觉得在机关里待着，一个是老同志看不上我们，再一个我们年轻人活泼一点，好动一点，也觉得这个机关不适合我们，所以出来自己干，自己做生意。1989年出来自己做生意。到了1990年、1991年、1992年，就召几个合得来的同学联合起来做生意。……这也是一种必然趋势。那个时候也非常混乱，没有现在这么规范。现在是越来越规范了。那个时候，我们的感觉就是遍地是机会。（LZ‐ent‐TZW‐M‐48）

[①] 参见邵道生《当代社会的病态心理——分析与对策》，社会科学文献出版社1990年版，第7页。

[②] 参见黄晓星、黎熙元《转变参与：结构变迁与共识建构——香港中小学教师的社会参与研究》，载《学术研究》2013年第4期。

[③] 参见陈光金《身份化制度区隔——改革前中国社会分化和流动机制的形成及公正性问题》，载《江苏社会科学》2004年第1期。

知识分子是社会思潮话语的主体，他们的机遇是从"脑体倒挂"到逐步获得尊重。1987年，知识密集型的工作年平均工资是1475元，而劳动密集型企业半年平均工资是1572元，二者的反差由1985年的41元扩大到97元。①"脑体倒挂"成为20世纪80年代末的热门词语。"脑体倒挂"与80年代实施的工资双轨制有关。② 这是当时特有的现象，主要看哪些群体先进入市场，这在90年代中后期已经得到了全面逆转，转变为"脑体正挂"。③"脑体倒挂"决定了知识分子的职业声望，这使知识分子处于非常尴尬的位置，他们支持改革开放，但却难以分享改革开放的成果，进而产生很多不满。由于"脑体倒挂"，当时社会也弥漫着"读书无用论"的观点。在1992年邓小平南方谈话之后，出现一股经商热潮，其中就有一部分是高校教师及政府、事业单位人员。当市场进一步开放之后，"脑体倒挂"也就消失了。"脑体倒挂"的消失源于以下四种推力：其一，大批知识分子下海；其二，科教文卫等事业单位创收现象较为普遍；其三，知识升值较快；其四，知识分子聚集的单位优势开始显现。④ 90年代的工资改革提高了知识分子的收入，"脑体正挂"使他们的职业声望提升，教师的社会认可度也逐步提高：

我觉得我还是获利了。在生活水平上、精神面貌上，获利了。过去住四五十平方米的房子，现在有一套70平方米的房子，我自己还买了套100平方米的房子（一次性付清的，我买得早。五六年前，40多万）。要是在改革前我一间房也买不起，现在自己攒钱能自己买房了，生活条件也改善了。过去对教育不重视，"文革"时期，"四人帮"那个时期，教师工资很低。我1975年回北京上了两年师范（学校），1977年我开始工作，第一年工作就43块钱。北京真正改革是1981年以后了，那时对老师还是不重视，一个月挣一点钱，又特别辛苦。改革开放对我来说还是好的，提高了生活水平，也提高了精神面貌，现在人人都重视教育，老师的声望也在不断提高。经济上获利了，精神上也感觉比较充实了。（BJ-TLS-M-58）

---

① 参见解书森、陈冰《脑体收入倒挂的现状、体制原因及改革出路》，载《社会科学》1989年第3期。

② 参见解书森、陈冰《脑体收入倒挂的现状、体制原因及改革出路》，载《社会科学》1989年第3期。

③ 参见李强《"脑体倒挂"与我国市场经济发展的两个阶段》，载《社会学研究》1996年第6期。

④ 参见李强《"脑体倒挂"与我国市场经济发展的两个阶段》，载《社会学研究》1996年第6期。

毕业以后我留校了，那时好像不太重视教育，教师也没什么社会地位，出去以后大家说得很经典的一句话就是"浙师大的红色校徽带着，小偷都不会来偷"。科研的氛围，像我们这个学校，我想你们那边也差不多的，八几年的时候大家都不太重视。我记得我们学校有个数学老师发了一两篇 SCI 的论文，全校就一两篇，所以他蛮有名的。我就觉得那几年蛮可惜的。那时我们刚毕业当助教、改改作业什么的，也整天玩。后来慢慢地大学里越来越重视科研了。后来慢慢地，就感觉社会上蛮尊重学校里的老师的。这块儿变化其实还是蛮大的，说当老师不是因为钱多，我觉得就是能得到社会的认可，就是尊重。（JH-HJS-F-50p）

包括知识分子在内的中产群体构成了民间社会意识"显性意识"的主体部分，他们能够清晰表达社会的变化并反映群体的价值诉求。中国的中产阶级不仅是工业化和现代化的产物，还是社会转型的结果，与中国的改革开放紧密联系在一起。[1] 改革开放创造了"流动的门"，使流动机会增多，转型的不确定性也使中产阶级的构成更为复杂，老式中产阶级、新式中产阶级在1978年后同时产生和发展，从不同维度可区分出职业中产、收入中产、消费、主观认同等指标。[2] 中产阶级成分不确定，意识也更为多元化。但总体来说，中产阶级的政治态度具有后卫性[3]、是保守主义的[4]。一方面，他们是改革开放成果的受益者；另一方面，他们也可视为在通过个人的努力和奋斗去实现向上流动，并能看到持续改善生活的希望。[5] 在中产群体中，"流动"是被反复提及的字眼，他们对于教育作为向上流动的渠道持肯定的态度，但也表现出对现阶段流动机会减少的深深忧虑。武汉的公务员 LJ 形象地用"流动的门"来概括他的观点，并一直强调他是"幸运的"，因为他通过公平公正的考试成为一名公务员：

我是幸运的！我是幸运的！首先，我个人足够努力，为了通过考试，我

---

[1] 参见周晓虹《中产阶级与中国社会的改革开放》，载《探索与争鸣》2008年第7期。
[2] 参见李春玲《中国当代中产阶层的构成及比例》，载《中国人口科学》2003年第6期。
[3] 参见周晓虹《中产阶级：何以可能与何以可为？》，载《江苏社会科学》2002年第6期。
[4] 参见李春玲《寻求变革还是安于现状——中产阶级社会政治态度测量》，载《社会》2011年第2期。
[5] 参见周晓虹《中产阶级：何以可能与何以可为？》，载《江苏社会科学》2002年第6期。

学习努力，非常认真。其次，有那么一两扇门，在恰当的时候为我敞开了而我又抓住了机会。大学毕业我也没有想到找这样的工作。我学的是企业管理，所以我签了四家公司，都是公司，一家外企，一家合资，另外两家国内的。后来，我选择了其中一家公司，准备签合同的时候，辅导员找到我说："你是不是一定要到公司去？"我说："怎么了？"他说："我这里有一份工作，你去试一下！"说是考试院。考试院是干什么的？我也不知道，当时也不知道。他说："你不用管啦！反正待遇很好！"就让我去考试。后来考试院只要一个人，而且我通过了考试，我为什么说我很幸运呢？——考试是公平的。湖北，给了我一个公平的机会！至少据我了解，没有其他人用什么手段去左右考试的结果，能够让我的真实成绩有一个客观公正的认定，所以很幸运的我被录用了。这也是为什么我喜欢"考试"，喜欢这个工作，不想轻易改变的原因。你可以想象，当时如果没有这个机会，我就去公司了，我今天还是这样的人吗？所以说，这里面一个是考试的问题，"门"的问题，一个是公平公正的问题。要有很多的"门"打开，同时要有机制来约束它，让它公平公正地分配社会的资源，就可以了。（WH-LJ-M-28）

很多人都提及"读书改变命运"，通过教育实现向上流动。中产及以下群体对该观点更持肯定的态度，并视该观点为社会稳定的重要方面："可以，而且也必须可以。有些人说人要认命，但是命是自己创造出来的。一个人要想改变自己，得靠头脑，靠胆识，靠智慧，靠谋略。"（BJ-LIXSZC-M-61）另外，通过读书逐步进入体制内向上流动："一个穷人家的孩子，考上公务员，或者去乡镇当个村干部，慢慢上升，还是有机会的。"（BJ-TLS-M-58）相对来说，通过高考、考公务员等考试的方式改变自己的地位对于底层群体更为重要，而且在很大比例上是唯一的道路："对穷人来说，只有教育才能改变命运，这句话是千真万确的。"（JH-LLS-M-40）一方面，国家对教育的投入增加、义务教育的逐步普及使底层群体公平地享受教育的权利；另一方面，社会的发展也给受教育者提供了更好的机会，从而使他们实现向上流动，这种流动充分体现在现阶段以教师、律师、医生等职业为主体的技术、管理人才中。

对于底层群体来说，他们直接强调"赚钱的门路"。改革开放所带来的巨大成果是社会安定的基础。中国人惯用"过日子""混日子"等话语来概括其从生到死的生命过程，尤以底层群体更为突出。①"日子"有好坏之分，

---

① 参见吴飞《论"过日子"》，载《社会学研究》2007年第6期。

交织着各种情感。在 20 世纪 80 年代初期，社会流动增强，大家外出打工、经商，"赚钱的门路"增多，"日子"过得越来越好；但到了近些年，"过日子"开始为"混日子"所取代，乐观的意识开始弱化。改革开放三十多年经历了从"赚钱难"到"门路多"再到"找钱难"三个不同的阶段。来自四川的农民工 ZDJ 反复强调"赚钱的门路"："改革开放刚开始的时候，赚钱也不是那么容易的，门路都没那么多……现在的路就很多了，看自己怎么去创造。"（JH-ZDJ-F-44）80 年代初对于社会流动还处于相对抑制的阶段，80 年代中期开始允许流动，但也是在统一安排的政策之中。因此，ZDJ 等人在该阶段都处于观望状态，而到了 90 年代，尤其是 1992 年之后，政策引导有序流动，大批的农民涌入城市。乡镇企业和小城镇等的大量发展、城市化抑制解除给农民进城创造了更多的机会。① 大家对该阶段持相对乐观的态度，认为赚钱的机会多了："就是能够挣钱。一来就是经济比较活跃。改革开放后，我们这些人才能来打工，才能够走出农村，进入城市。"（GZ-HE-M-40）因此，八九十年代基本上是改革开放前的极度抑制解除之后的释放，而社会转型创造了流动的空间，企业家群体、中产群体、底层群体在这方面的感受都是类似的。

（三）不同群体的社会意识差异

不同的群体都不约而同地将自身的成败归因于"把握机会的能力"，是一种内向的归因。经济改革改变了机会结构，并创造出大量的就业渠道，呈现在民众乐观的社会意识中。② 民间社会意识存在于价值诉求中，最终体现为个体改造社会的实践行动，价值的本质在于人的实践能力及其对象化。当这种价值诉求被满足时，乐观的意识就会出现。虽然不同群体对社会的认知不同，对社会问题理解的深度、高度不同，但具体来说，对生活的"盼头"是类似的。但对不同群体的话语进行比较，可得出不同阶层的社会意识差异。

首先，从阶层的等级来看，先富群体更为强调稳定和对既得利益的保持。企业家群体是改革开放的受益者，但做大做强之后，他们的意识转向"求稳"。一方面，当财富积累到一定程度之后，企业家的事业走上轨道，

---

① 参见周其仁《机会与能力——中国农村劳动力的就业和流动》，载《管理世界》1997 年第 5 期。

② Cf. Victor Nee, "A Theory of Market Transition: From Redistribution to Markets in State Socialism," *American Sociological Review*, Vol. 54, No. 5 (1989).

正常运作使他们畏惧以前赖以成功的风险，进入"沉静和沉淀"的生活状态。

（20世纪90年代初）可能在思想上放得开一些，后面随着我们企业的一直发展，可能一开始我们希望开拓发展，走到一定规模的时候，就考虑求稳了。在思想上也有这个问题，规模大了，就要稳，前面创业阶段想上到一定规模。到了一定规模之后，就希望控制风险。那时候氛围比较好。后来越来越规范，思想上没有那么活跃了。希望有一个平稳的增长，但还是要发展，要增长。（ent - MF - M - 46）

另一方面，企业家安全感缺失。第一，担心走回计划经济的老路，用行政手段干预市场。第二，资产安全感缺失，部分人将资金转移到国外或移民。（ent - ZXC - M - 47、ent - JN - F - Q）

其次，对于成功的因素，人们逐步强调外在的因素，改革开放初期的乐观流动意识已经发生了变化。在强调向上流动、"改变命运"的机会时，虽然大部分人还是强调个人的能力，但越来越多的人倾向于认为关系、背景的作用非常大，阶层开始固化。当社会流动频繁、阶层开放的机遇过去之后，底层群体则产生了一种深深的无助感和惋惜感。

我认为，首先是在教育上越来越不平等。现在越来越多家庭条件好的孩子也都能够考上大学。……现在，在中国寒门难出贵子，寒门孩子除了个人见识、家庭氛围欠缺以外，更重要的是教育资源不平等。也许他们从小就不能获得好的教育环境，而这种教育环境现在已经不足以提供一个孩子通过苦读就能上大学的机会，而上了大学之后呢？所谓的综合素质、见识也会极大地局限他发展的可能性。他也许没有机会继续深造，比如读研、出国念书，每一步都会走得非常艰难。就是说，他总体改变命运的难度相比改革前是增加的。（BJ - WLS - F - 30）

最大的问题就是公平的机会越来越少，比方说你的出身基本上就决定了你以后的发展。我觉得也可以理解，因为毕竟在社会转型期。（GZ - CHEN - M - 31）

再次，在乐观的流动意识之后，中产群体呈现米尔斯所描述的"地位恐慌"或"地位焦虑"。[①] 这主要表现在以下三个方面：其一，流动的"门"减少，当人们进入中产阶级之后，向上流动的位置越发减少。其二，生活压

---

① 参见［美］查尔斯·赖特·米尔斯《社会学的想象力》，陈强、张永强译，生活·读书·新知三联书店2001年版，第200页。

力增大压缩了中产群体的生活质量，房价高使他们的生活被透支，而难以摆脱。这种情况在北京、上海、广州尤为突出。"中产阶级职位、收入等相对稳定，当房价等物价飞涨时，他们则显得相对弱势化。"（BJ－LYG－M－58）其三，社会转型的不确定性最直接地体现在中产群体身上，他们清晰地意识到社会的变化，但对社会及自身生活的掌控感却不足，表现为深深的"焦虑"。①

我觉得中国人压力太大，太焦虑。每个人活得都很焦虑，不管你在干什么。当官的焦虑，做老师的也焦虑，当学生的也焦虑；有工作的焦虑，没工作也焦虑；钱多焦虑，钱少也焦虑。大家都很焦虑，我觉得这样非常不好。当然这个不是一个人两个人的问题，因为整个社会都在发展，都在转型，大家都面临着挑战，可能这也是难免的。但是，美国人遇到那么严重的金融危机都没有那么焦虑。中国社会挺累的。（BJ－WLS－F－30）

最后，底层群体在改革开放的过程中出现"相对剥夺感"。自 20 世纪 90 年代中期以来，教育、经济资本迅速成为社会流动的重要方面，改变了以往体力劳动者率先获得改革开放成果的局面。在这种情境下，工人、农民等群体首先受到损害。一方面，国家发展策略和体制选择决定农村就业的机会空间；另一方面，农村劳动者的素质决定他们抓住就业机会的能力相对不足。② 经济越发展，资本的集聚能力越强，而体现出极大的"马太效应"。底层群体在发展过程中"相对剥夺感"非常强："对有钱人就是大的机会"（GZ－HE－M－40）、"从心态上来讲，他越来越不能忍受了"（GZ－ZXY－M－45）、"出去做生意也是挺好的，事业有成的还是比较多"（JH－HXS－M－34）。贫富差距、物价飞涨越发严重使人们的幸福感被吞噬，而产生了比较无助的感觉。在分"蛋糕"的过程中，人们越发感觉未享受到改革开放的成果，从而相对应地对社会公正等问题产生了质疑。"共同的观点认为，只要不是好吃懒做，不会威胁到生存问题，但通过自己的努力使家人过上好日子却越来越难"。（GZ－CHEN－M－31）

从心态上来讲，他越来越不能忍受了。刚改革开放的时候谁家是万元户那就是值得宣传的一件事情了，因为他家有一万块钱存款那就是很多的钱

---

① 该话语说的是中国各个群体普遍出现了"社会焦虑"，但中产群体对此感受最深。

② 参见周其仁《机会与能力——中国农村劳动力的就业和流动》，载《管理世界》1997 年第 5 期。

了。那时毕业是每人几十块钱,大学毕业也就五十块钱。现在你有一百万,那又算什么呢?很多都值这个,一套房产很可能就值一百万了。那问题就是虽然你的房产值一百万了,你看看那些人弄(钱)的手段,卖假药,几个亿几十个亿,你就会心里不舒服。所以心理上比以前70年代开放之前更难承受,问题很大。这就是为什么现在转型期间人们有很多心理疾病和不满情绪,然后他会采取极端的手段。这是一个比较大的问题。(GZ-ZXY-M-45)

("蛋糕"划分)不均匀啊,我真的感觉现在社会贫富差距太大了。为什么我们小的时候那么快乐,因为大家都一样:你们家有这个好吃的,我们家也有;你们家没有,我们家也没有。其实贫富差距拉大从深圳开放就有了,有股票以后就开始有了,炒股以后就有人开始有钱了。当时,我们有同学就炒股,说现在有多少钱,我们当时一听都吓死了,从来没见过那么多钱。而且那时候他带我们到深圳那边去玩。我觉得他们比我们过得好,因为有的人自己开公司了。你知道,我们那个时候是比较早的大学生,我们总有同学比较早就开公司赚钱的,我们那个时候就比他们要差。(WH-CXJ-F-45)

五、民间社会意识的变动趋向与转型逻辑

改革开放三十多年,民间社会意识呈现怎么样的变动趋向?以社会心态加以观之,可以概括为从乐观到焦虑的发展态势。

(一) 社会心态折射社会发展的进程与变化

社会心态"是一段时间内弥散在整个社会或社会群体/类别中的宏观社会心境状态,是整个社会的情绪基调、社会共识和社会价值取向的总和"[①]。在当代中国社会三十年改革发展的过程中,社会心态的变化与之紧密相关,它像一面镜子反映和折射社会发展的进程与变化。"社会心态是不断演进过程中的社会的主观精神状态,因其变动不居和现实可感而常常成为社会变迁的晴雨表和风向标。"[②] 它是人自身对变动发展的社会的感受与心境,虽具

[①] 杨宜音:《个体与宏观社会的心理关系:社会心态概念的界定》,载《社会学研究》2006年第4期。

[②] 周晓虹:《改革开放以来中国社会心态的变迁——有关中国经验的另一种解读》,载《中国社会科学辑刊》2009年夏季卷。

有主体性的特点,但归根到底是对社会发展客观过程的反映,"社会心态是与特定的社会运行状况或重大的社会变迁过程相联系的动态社会心理学"①。社会是变动不居的,社会心态也具有动态性,"在那些重大社会历史转型时期,都会伴随着社会心态的转变和重塑"②。据此,我们可以把社会心态的变迁作为理解和把握中国改革开放三十年社会发展变化的一个重要参照。不仅如此,由于社会心态的主体具有全指特点,即它非指官方意识形态,而是整个社会,因此更是我们了解把握民间社会意识核心机价值诉求的主要路径。

社会心态的本质是"社会成员对社会的发展变迁的喜怒哀乐所体验到的自身所处的社会情绪基调,社会成员的社会价值取向和态度汇聚而成的共识(social consensus),共同发展成为一个可以称为共享的现实性(shared reality)社会存在"③。任何在社会中生存的个体或群体,皆会从意识层面形成对客观的社会存在的反映。社会心态虽然来自社会个体心态的同质性,但并不能简单等同于个体心态的加总。社会心态与个体的关系呈现互构的性质:一方面,社会心态是个体心理意识在社会情绪与价值诉求等方面同质性的外化表达,是主体客体化的一种形式,是个体建构社会的一种方式,了解社会心态便是了解个体自身的欲求和观念;另一方面,社会心态也是"社会群体成员共享的心理现实性和社会现实性"④,一经形成,便以客体性影响或形塑个体的心理与价值观,这是客体主体化的一种方式,也是个体社会建构的一种方式。"在社会心态无可避免地镶嵌进个人生活中的同时,个人也通过大众化(massification)过程,成为所谓的'大众人'(mass men)。这时,社会心态就成为个人和社会的联系纽带,深刻地改变了社会成员。"⑤

对社会心态的具体分析把握,需要建立在对社会情绪的总基调、社会共识的达成情况和社会价值观的根本诉求的了解基础之上。社会的情绪基调是

---

① 马广海:《论社会心态:概念辨析及其操作化》,载《社会科学》2008年第10期。

② 周晓虹:《文化、价值观与社会心态》,见李培林、李强、马戎主编《社会学与中国社会》,社会科学文献出版社2008年版,第439页。

③ 王俊秀、杨宜音主编:《2011年中国社会心态研究报告》,社会科学文献出版社2011年版,第2页。

④ 王俊秀、杨宜音主编:《2011年中国社会心态研究报告》,社会科学文献出版社2011年版,第2页。

⑤ 王俊秀、杨宜音主编:《2011年中国社会心态研究报告》,社会科学文献出版社2011年版,第2页。

构成社会心态的不可缺少的部分，它是个体或群体对共同体应具有的互惠性在情感、价值与利益等主要方面的得失所产生的心理感受或反映。社会情绪总基调是积极还是消极、是乐观还是悲观，是民众对社会满意与否的整体反映，这在一定程度上则源自生活在社会中的个体是否能够普遍拥有良好的共同体的感觉，即"成员资格、影响、需要的整合与满足、共享的情感纽带。共享的情感纽带是真正的共同体的决定性因素——这种共同情感纽带，必须让人真正体验到归属感和意义感，必须体现人的价值和尊严"[1]。从个体生存与发展的需要来看，个体日常社会生活感受包括："①安全感、风险感、压力感、社会稳定感等；②信任感、支持感、归属感、参与感、效能感等；③公平感、平等感、社会关系亲密感、和谐感等；④满意感、幸福感、成长发展感等。"[2] 然而，社会感受并不仅是心里的感觉，还有强烈的价值理性内隐其后，只不过是以感受性的方式表达出来而已。即社会的情绪基调貌似与价值观无关，实质却不然，它既是社会价值形成的心理基础，也是社会价值的感性体现。因为"价值观既是个体的选择倾向，又是个体态度、观念的深层结构，它主宰了个体对外在世界感知和反应的倾向。因此是重要的个体社会心理过程和特征；与此同时，价值观及信仰还是群体认同的重要根据——共享的符号系统，因此又是重要的群体社会心理现象"[3]。正是基于这样的看法，所以"在常见的社会科学表述中，社会心态常与价值观相提并论，这是因为无论是价值观还是社会心态，都是一个社会共同的精神现象或主观表征，并且广义的社会心态也常常包含了一个社会的价值取向"[4]。社会如果拥有了社会成员共同的价值诉求，也就拥有了一定的社会共识。

社会共识是个体价值同质性的表达，是社会生活得以存在的基础。一个社会倘若没有社会共识，即在社会发展的大政方针上官民没有共同的社会价值判断与发展取向，那么社会将是一盘散沙，没有聚合的力量，这不仅难于发挥整体合力的优势，也绝少拥有较好的发展态势与美好的前景。因此，对

---

[1] 成伯清：《社会建设的情感维度——从社群主义的观点看》，载《南京社会科学》2011年第11期。

[2] 王俊秀、杨宜音主编：《2011年中国社会心态研究报告》，社会科学文献出版社2011年版，第4～5页。

[3] 王俊秀、杨宜音主编：《2011年中国社会心态研究报告》，社会科学文献出版社2011年版，第4页。

[4] 周晓虹：《改革开放以来中国社会心态的变迁——有关中国经验的另一种解读》，载《中国社会科学辑刊》2009年夏季卷。

社会心态的把握，还必须对社会价值观及信仰的层次加以了解，它是"深层、稳定的社会心态"①，关乎社会的整合与发展。总而言之，社会情绪、社会共识与社会价值的总和共同决定着社会心态的风貌。

当个人和社会发展的共识存在时，民间社会意识是乐观积极的：

那时候农村人口多、田地少，农村生活条件差，所以都出来打工。我们家人很多，父母都是农民，靠种田吃都吃不饱。现在越来越好了，能够赚钱了，起码吃得饱，穿得暖了。（BJ - CXS）

家庭经济情况变化那是相当大的，我念书的时候我们家是非常困难的。四个兄弟姐妹，家里一无所有；我结婚的时候，父母没有给我任何财产；直到我工作以后，家庭生活才逐步改善。因为之前一直得供孩子读书，我到北京以后，经济情况才算比较好。到北京以后，我写作有了收入，我原来山东的单位给我每个月发三千多退休工资，我自己退休了还做点工作又可以挣些钱。孩子工作了也有收入，我爱人也有劳保工资，现在生活今非昔比。我把山东单位分的房子卖了，在北京也买了房子。（BJ - LIXSZC - M - 61）

现在家庭的经济状况，嗯，我们家庭的经济状况应该说是越来越好吧。现在是这样的。1998 年到 2008 年，是我们国家发展最快的阶段，也是真正的改革开放进入状态的阶段。这十年的发展速度是非常快的，而且很多东西变化也是很快的。像 1998 年以前，家里看的电视就是黑白的，以前我们家看电视就是说，当时在我们村里买电视也是很早的，也是当时看《天龙八部》，然后村子里或附近几家他们全部都跑到我们家（高兴），大家拿着凳子一起看电视；但是，到了现在的话买就不会有那么多人。因为那个时候大家一起挤在你家看电视，看电视你也会很开心嘛，你家有那么多人；但是，现在的话，肯定不会这样子。（那时）因为挤在一起互相也是会有交流，对吧？（GZ - CAO - F - 23）

而当个人和社会发展的共识弱化时，这种乐观积极则迅速消失：

我是比弱势群体稍强的群体。（Q：您的划分标准是什么？）我按照我的社会地位来分，毕竟我现在是个作家，从知识上得到社会尊重，在收入上比弱势群体要高一些，所以我觉得我是比弱势群体稍强的群体。（Q：为什么只是稍强？）我到不了中层，中层比我要强好多，比如我的创作、我的收入、我孩子的生活水平等再往上提升，那我可能能达到中层。但是，这个社会的

---

① 王俊秀、杨宜音主编：《2011 年中国社会心态研究报告》，社会科学文献出版社 2011 年版，第 4 页。

中层不好混，日子也不比底层好过。（BJ – LIXSZC – M – 61）

（二）转型逻辑：嵌于个人与社会发展中的民间社会意识

将社会变迁、生命历程结合在一起，以发展共识的视角探讨民间社会意识的转型逻辑，其主旨意在揭示一个时代或一定团体的思维结构、一个社会的主体的认识态度是怎样形成的。

改革开放所带来的社会整体发展塑造了社会的"美好大局"，开放的社会结构促使乐观的民间社会意识的产生。从以上分析中可归纳出三个阶段：第一阶段，改革开放初期，民间社会意识处于懵懂状态，以解放思想下的不知所措为特征。第二阶段，当社会经济迅速发展时，民间社会意识是在实践中认同，主流意识形态与民间社会意识呈现"同"的状况。一方面，改革的战略认同基于人的发展，"以经济建设为中心"体现了人们的需求；另一方面，社会内部"求同存异"，在发展的过程中社会总体来说是包容的。"同"的重要依据在于人们享受到改革开放的成果，日子过得越来越好。改革开放和经济发展为民众提供了大量向上流动的机会，乐观的社会流动意识有助于加强政治信任，成为中央政府的合法性来源。[①] 第三阶段，"爱恨交织"体现了民间社会意识的矛盾状态，这反过来成为进一步推动改革开放的力量。在社会发展的过程中，不同阶层、群体、个人所分享的社会成果是不同的。尤其在2000年之后，物价飞涨（住房、医疗、教育等）在很大程度上消解了人们乐观的社会意识。除了上层群体，人们普遍出现"弱势化"的心态，区分出"官家"和"老百姓"两种话语，进而产生分歧、冲突与异质性。不同群体对社会的观感不同，群体化与个体化的体验决定了民间社会意识的碎片化，而给主流意识形态带来整合困难：

作为我们这些平头百姓，哪里想过拥有什么权利，根本没想过拥有什么权利，也不想在哪里去说一说。要那个权利，你是个什么样的人，你就说什么样的话，做什么样的事。这个人都要量体裁衣，我们也不可能去想得个什么样的权利，只想现在人人平等，法治社会，相互都讲道理，都有个和谐的社会、安定的环境，能够生活，就心满意足了，根本没想过自己还要有个什么权利。（GZ – DU – M – 46）

怎么说呢？我跟你说一条，你回去可以看一下。以前，政府说我们人民

---

① 参见盛智明《社会流动与政治信任——基于CGSS2006数据的实证研究》，载《社会》2013年第4期。

群众，现在说的是老百姓。他至少在说人民群众的时候在意识形态上，至少会想到自己还是人民群众的一部分，他是一个平级，不是高高在上的。但他现在一个小小武警、一个小小公安，老百姓怎样怎样。他们在说这话的时候是高高在上的、居高临下的。(GZ – ENT – LMX – 27)

三个阶段显示了民间社会意识的转型逻辑——嵌于"社会发展"之"个人和群体发展"（图3-2）。民间社会意识是在多种力量共同作用下发生变迁的。主流意识形态的前置效应体现了党和国家对民间社会意识的文化领导权，"双重革命"代表着改革开放的主流话语；由改革开放的方针政策所推动的社会结构转型带来了社会阶层的开放结构，从而带来了"流动的门"的历史机遇，包括体制内机遇和体制外机遇；在这种政策机遇的背景下，个人出现了"嵌入性"行为，个人的发展嵌于社会的发展中，如改革开放初期下海、高考等诸多行为。以上三种力量的综合促使民间社会意识发生变迁，出现一般性信念、认知解放、社会焦虑等状态；反过来，民间社会意识也进一步影响个人的生命历程、社会结构转型，进而影响国家意识形态。在多种力量的共同决定下，民间社会意识不是单一的整体，而是一个复合的集合体。

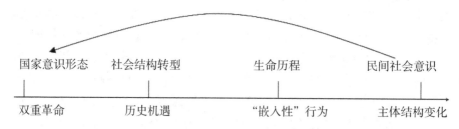

图3-2 嵌于个人与社会发展中的民间社会意识

这些发展可整合在社会变迁背景下的生命历程之中，即改革开放带来了经济好转，促使个人和群体家庭境遇的改善。诸多大事件决定了个人和群体的生命走向，给人带来不同的生命体验，从而产生不同的社会意识。当把民间社会意识置于社会发展与生命历程两个维度来看待时，社会发展与个人发展的同步性极其重要。个人和社会发展是民间社会意识中价值诉求的根本，在中国这种价值诉求体现为"过上好日子"。当回忆三十多年的个人发展历程时，这是一种显意识，直接决定了个人对社会关系的认知与判断。人和群体的经历则成为一种记忆，以往的记忆决定了现在对社会的看法。当个人与社会发展的共识产生断裂，则会出现社会发展与社会焦虑的悖论。

六、民间社会意识与主流意识形态的同异质性

民间社会意识与官方主流意识形态相对应,后者为统治阶级在一定阶段所推行、提倡的主流意识形态,官方意识形态包括国家与市场的意识形态话语。从其基本动机而言,意识形态的存在与发展即在于引导人们观念意识的"合理"构建。整体意识形态是解决问题的关键,其揭示一个时代或一定团体的思维结构、一个社会的主体的认识态度是怎样形成的。[①] 所以,主流意识形态的话语在民间社会意识中体现出来的,既有同质性的一面,又有异质性的一面。

(一) 民间社会意识与主流意识形态的同质性

1. 与国家意识形态的同质性

民间社会意识的价值诉求必须置于更广泛的外部稳定情境中才能得以实现,社会的和谐是民间社会意识价值诉求的基础,脱离了这一点,三十年改革开放的成绩是无法取得的。在宏观的社会基础上,市民社会(公民社会或民间社会)首先相对应于国家。"市民社会"经历了资本主义长久以来的发展才得以成型,市民社会指的是一系列社会组织,这些社会组织独立于国家。各种社会经济组织的产生是公民社会产生的条件之一,必须有宪法和有关法规保障的自治组织和民主运作方式的出现。[②] 在西方城市中,大量的独立社团组织充当起国家与个人之间的中介机构,从而成为市民社会的中坚力量。在此意义上,民间社会成为个人与国家广泛的缓冲层,是社会稳定的基础。

民间社会意识蕴含于人类的日常生活中,具有很大程度的隐蔽性,但对个体行为有着极强的指导性,能够将民间社会个体整合起来,从而呈现一种集体意向性的特征。所以,民间社会意识与主流意识形态的同质性是稳定的基本构成要素,虽然不同的社会主体呈现不同的意识形态,但其核心前提是一致的,不然就会出现较大的混乱。

国家主流意识形态强调对民间社会意识的统合性,在改革开放前发挥着

---

① 参见季广茂《译者前言》,见《意识形态的崇高客体》,中央编译出版社 2002 年版。
② 参见夏建中《中国公民社会的先声——以业主委员会为例》,载《文史哲》2003 年第 3 期。

巨大作用，使社会主义建设得到顺利开展。改革开放后，主流意识形态力求通过价值共识进行社会意识与思想的整合，提出了"三个代表"、构建和谐社会、社会主义核心价值观、文化体制建设等，认为社会和谐是中国特色社会主义的本质属性，并提出了和谐社会建设应遵循的基本原则，包括以人为本、科学发展、改革开放、民主法治、在党的领导下全社会共同建设、正确处理改革发展稳定的关系，确立了协调发展、以制度建设保障公平正义、加强社会管理、构建和谐文化等制度化的目标。在2011年召开的党的十七届六中全会提及坚持马克思主义指导地位、坚定中国特色社会主义共同理想、弘扬以爱国主义为核心的民族精神和以改革创新为核心的时代精神、树立和践行社会主义荣辱观等思想道德基础。

和谐社会的关键词是人本、公正、民主及和谐，基本内涵为以"以人为本"为价值基点、以"共同富裕"为价值目标、以"公平正义"为核心。[①] 以人为本、公平正义、和谐发展、共同富裕等是党和政府一直奉行的意识形态，人本、公正、和谐、共同富裕等观念着重强调人民作为社会主体的地位，同样的价值诉求也反映在民间社会意识中。这些观念体现了主流意识形态与民间社会意识价值诉求的同质性，维护了社会整体和谐的要求。

2. 与市场意识形态的同质性

改革开放前，我国在基层社会实行单位制管理，对民间社会采取高强度控制的方式。单位制的确立与新中国成立初期的社会经济背景有极大的关系，面对经济凋敝、社会解组，经济重建、社会整合是当时政权的重要目标，计划经济体制是实现这个目标的重要手段，与之相对应的特殊的组织形式则是单位制。单位制具有政治、经济与社会"三位一体"的属性，以行政性、封闭性、单一性为特征，在当时起到了政治动员、经济发展、社会控制的重要成效，但在四十多年的发展中亦带来了严重后果，培育了总体性社会和人们的依赖性人格。[②] 在单位制时期，个人是单位人，单位严重缺乏竞争性，而个人亦不需要依赖个人的能力去竞争，只需采取与单位的人际关系结构等相适应的生存策略，便可以获得单位中的晋升。

党的十一届三中全会以来，中国确立了改革开放的方针，并逐步由"有

---

① 参见陈静、周丽《社会主义核心价值观基本内涵探要》，载《马克思主义研究》2007年第6期。

② 参见何海兵《我国城市基层社会管理体制的变迁：从单位制、街居制到社区制》，载《管理世界》2003年第6期。

计划的商品经济"过渡到"社会主义市场经济"。虽然还是保持了表面上意识形态的一致性——四项基本原则，但国家的合法性基础已经从原先的共产主义意识形态转变成为国家的道德展示以及经济发展。① 通过带动经济的发展，市场得以发展并解决了大部分国民的生活问题。市场经济的地位在中国逐步确立，人们从原先单位和户口的束缚中逐步解放出来，成为独立的个体，也逐步接受通过市场竞争获得资源的方式。在20世纪80年代末至90年代，国企改革使很多人直接下岗或离开工作岗位，而走向市场，另谋生路。高校毕业生分配方式改革，以及私有经济等的发展已经完全改变了原先依赖国家和单位的思路，目前依赖个人能力去竞争成为常态。

通过改革开放三十多年的发展，大部分国民已经从单位人转向社会人，逐步扭转了原先依赖单位的社会心理状态。从上述民间社会意识的经济、政治、社会、文化四个维度来看，民间社会意识的重点更在于要求国家或市场对"规则"的履行。② 对市场的要求在于通过良性的市场机制保障个人生活安全（食品安全、医疗安全等），提供一定的发展机会，逐步缩小贫富差距等。民间意识的价值诉求的核心是公平与正义，要求在共同的平台上机会平等，有向上流动的渠道等，与市场意识形态的同质性即在于对竞争的肯定，对良性竞争保障机制的渴求等。

（二）民间社会意识与主流意识形态的异质性

民间社会意识的价值诉求与主流意识形态具有一定程度的同质性，但改革开放直至近年来发生了不可忽视的明显变化，统合性逐步弱化。民间社会、国家、市场意识形态的异质性加大源于社会结构发生的明显变化，如"丁字型"社会结构的结构紧张导致的价值冲突。③ 在后续市场经济纵深发展的20年中，群体心理意识、社会心理（心态）等继续在分离，并越来越具有隐蔽性，进而出现了民间社会意识与主流意识形态分道扬镳的状况，体现了民间社会意识与主流意识形态的异质性。

---

① Cf. Dingxin Zhao, "Decline of Political Control in Chinese Universities and the Rise of the 1989 Chinese Student Movement," *Sociological Perspectives*, Vol. 40, No. 2 (1997).

② 参见［美］裴宜理《中国式的"权利"观念与社会稳定》，阎小骏译，载《东南学术》2008年第3期。

③ 参见李强《"丁字型"社会结构与"结构紧张"》，载《社会学研究》2005年第2期。

1. 与国家意识形态的异质性

我国正处于转型时期，和谐社会、社会主义核心价值观是我国的主流意识形态，与民间社会意识的价值诉求的目标是一致的，但主流意识形态的文本特征与民间社会意识价值诉求的具体性产生了张力。政府虽然一直在努力塑造公平正义的和谐环境，但文本的规则转化成现实中的规则难以一步到位，而跟民间社会意识的价值诉求存在一定的差距，从而产生了异质性。

在前述民间社会意识价值诉求的四个维度中，与国家相对应的最重要的价值诉求在于政治维度。政治价值诉求实现的制度化手段不足，目的与手段的不一致也可能导致价值失范，进而出现行为的失范。在此情况下，民间社会通过组织的生长、网络的舆论等方式表达自身的价值诉求，但并非完全与国家相对立，而是希望建立一种新的联系。[①] 公民或社会组织以国家的法律政策等为自己的话语，遵循规则意识而非对前者进行挑战。[②] 但人们所赖以满足自身需要的制度化手段较少，信访、行政诉讼等制度化手段满足不了现实需求，导致人们只能采用非常规的手段，如堵路、自焚、爬桥等方式表达自身的要求，或者铤而走险、触犯法律，这些都是民间社会意识所谓的价值失范的表现形式。因此，价值失范更多地指民间所采取的价值实现手段的行为失范，相对于国家来说，这种手段的失范则成为不稳定的因素，成为与主流意识形态不相吻合的重要方面。和谐社会的主流意识形态给社会提供了导向的共享价值观，但并未有可操作性的制度化手段产生，而当民间社会意识价值诉求所指向的国家"规则"未能实现时，则更容易产生剧烈的冲突行为。

2. 与市场意识形态的异质性

改革开放实践以及社会主义市场经济的勃兴，使社会生活领域发生剧烈的振荡，从而出现行为的选择性增强、关系的契约性突出、社会的异质性提高等社会效应，并促使人们在观念意识上由客体意识转向主体意识、由集体意识转向公共意识、由贵贱意识转向平等意识等。[③] 实现个人或群体价值诉求目标的手段越发多元化，但制度化的手段却是欠缺的，因而导致了个人或

[①] 参见项飚《普通人的"国家"理论》，载《开放时代》2010年第10期。

[②] 参见裴宜理《中国式的"权利"观念与社会稳定》，阎小骏译，载《东南学术》2008年第3期。

[③] 参见孙嘉明《观念代差——转型社会的背景（1991—1994）》，上海社会科学出版社1997年版，第58页。

群体行为的策略性、权宜性，而非通过合法的渠道去解决。与市场意识形态的同质性在于民间对竞争引入的认可，但异质性也在于市场化的竞争越发进入一种不平等的状态，贫富差距越来越大，且阶层结构越发固化，难以通过个人的努力实现向上流动的梦想。

在20世纪90年代推行的改革中，教育制度、医疗制度、住房制度等进行了不同程度的市场化及商品化改革，尤其是住房商品化更加迅速地推进了资源的重新分配以及社会不平等，形成了以资本为主导的分配形式。孙立平认为，在转型期，权力与资金结合在一起，形成了总体性资本，占据了大部分社会资源，这也是市场过度发展并且与国家权力紧密结合在一起的结果。[①]

在此情境下，市场形成了对民间社会压倒性的优势。改革形成了低福利成本的市场运作，成为企业与工人冲突的根源，如农民工在工作过程中缺乏保障、企业未承担劳动力再生产的成本等。在市场逐利本性的指引下，食品安全、医疗安全事故频发，工厂欠薪、农民工讨薪的行为时有发生，但国家及市场缺乏保障民众合法权益及惩罚非法市场单位的有力制度手段，进而导致了企业与民众直接的行为冲突。在没有制度保障的情况下，也产生了很多极端化的群体性事件，从隐蔽的民间社会意识转向价值诉求的显性行为，而体现了不同意识形态话语的冲突。

要从根本上解决社会矛盾，中国社会必须要完成社会结构的转型，即从紧张型社会进入宽松型社会，但我们也应清醒地认识到"社会结构的变化是一个长期的历史过程，很难期望在短期内完成；如果完全不顾历史发展的进程，人为地干预社会结构的变化，反而会带来更为惨痛的教训"[②]。因此，在对社会结构进行渐进式改革而建立一种具有弹性化、开放性的社会结构的同时，需要探求民间社会意识与主流意识形态统合的理路。

---

① 参见孙立平《总体性资本与转型期精英形成》，载《浙江学刊》2002年第3期。
② 李强：《"丁字型"社会结构与"结构紧张"》，载《社会学研究》2005年第2期。

第四章　当代中国社会意识的变动分析

导　言

本章在知识分子社会意识和民间社会意识个案分析的基础上，着力研究当代中国社会意识的结构变动、发展趋势，并以改革共识为个案对当代中国社会意识变动问题进行具体研究。

按照社会意识提供的主体进行划分，当代中国社会意识主要包括基于国家主体的主流社会意识（主要指官方意识形态）、知识分子社会意识和民间社会意识等。当然，对这些主要社会意识形式的内部也可以进一步进行细分，由此形成一个当代中国社会意识的复杂流变谱系。与这些构成因素相匹配，不同社会意识形式之间也会在彼此作用中形成不同的结构关系，其主要相互作用的模式有灌输模式、自发模式、吸纳模式、流言模式、对话模式五种类型。与此同时，当代社会意识结构变动还呈现若干特点，在实证调研和访谈材料的基础上，我们将这些特点概括为自生性增强、下移性凸显、碎片化呈现、激荡性并存等。基于此，当代中国社会意识结构的变动还将给政治合法性的维护与更新、国家意识形态主导权的掌握与引领、党的知识分子理论和政策的制定与完善、社会生活的和谐与稳定等带来深刻的影响。应该说，分析当代中国社会意识结构变动是了解整个中国社会变动的一个重要视角，是党和国家推进意识形态建设这一极端重要工作不可或缺的重要维度。

除此之外，还必须对当代中国社会意识的发展趋势问题进行分析。为使分析具有可操作性，我们选取两个重要的视点：一个是多元社会意识（主要以社会思潮为例）的演进趋势及其影响。以改革开放的历史进程作为分析背景，呈现不同历史时期具有重要影响的多元社会意识，并在此基础上分析当代社会思潮的发展趋势，包括社会思潮日益多样化趋势，社会思潮向更加关注现实和向制度性、可操作性层面发挥作用转移的趋势，社会思潮在错综复杂中彼此交锋的趋势。之后，进一步探讨多元社会意识的发展趋势对主流社

第四章　当代中国社会意识的变动分析

会意识的影响。另一个是主流社会意识整合多元社会意识的变动趋势。概括地说就是一种"此消彼长",即权力垄断式社会意识生态①整合方式正在式微、价值认同型社会意识生态的整合方式正在兴起。研究发现,以权力垄断为特质的社会意识生态已经难以一统天下,众声喧哗消解了精英阶层的社会意识主宰特权,同一性社会意识生态不同程度地出现了危机,封闭固定性的传统社会意识生态正被打破。与此形成对比的是,一种价值认同型社会意识生态正在兴起,并在"谁的社会意识"和"何种表现形式"上呈现更为丰富和复杂叠加的构成场景。不仅如此,不同社会意识及其表现形式除存在对抗竞争的面向外,还存在相互协同和彼此转化的传递面向。所以,如何学会在这样一种新型的价值认同型社会意识生态中进行价值引领,如何增进主流意识形态对多元多样多变社会意识的有效整合和共识凝聚就成为当代中国意识形态建设的重要议题。

其后,选取改革共识这一极具代表性的当代中国社会意识个案进行具体深入分析。改革是当代中国最鲜明的特色,同时也是解读当代中国的重要关键词。它是决定中国命运的关键抉择,也是中国追赶型现代化迎头赶上的重要法宝。党的十一届三中全会召开以来的改革实践,已经取得了举世瞩目的中国奇迹。这种奇迹的背后,是与改革共识凝聚的巨大动力分不开的。可以说,用改革共识凝聚改革合力从而推进改革事业,是过去改革实践得出的一条重要经验,也是全面深化改革、继续释放改革红利的重要内容。学界围绕着改革共识已形成了诸多讨论,讨论形成的最大共识在很大程度上却止步于"必须改革"这一基本判断,而对"谁的改革共识""为什么要改""改什么"以及"怎么改"等系列问题的展开缺乏足够的学术自觉。因此,围绕改革共识的理论内涵、历史变迁和实践模式等方面进行研讨,将有助于深化对"凝聚改革共识"问题的认识,为全面深化改革提供理论支持。

在改革共识的变动轨迹上,2011年我们从进行的大型社会调研与访谈中发现,当代中国改革共识的历史变动既不是"改革共识破裂",也不是"改革共识流失",更不是"改革共识替代",而是"改革共识升级",即从初始形态的改革共识升级到当代形态的改革共识。改革开放之初即"文革"结束后,大家都切身感悟到"文革"的道路不能继续,政治家、知识分子

---

① 这里的"社会意识生态"主要指由官方意识形态、知识分子社会意识和民间社会意识等构成的彼此制约、相互影响的发展状态。这一提法在一定程度上受到了当下流行的"文化生态""政治生态"等的启发。

和普通民众中的绝大多数人在思想认识上形成了高度的改革共识。这便是初始形态的改革共识，这一共识的基本内涵包括：第一，否定"阶级斗争为纲"，确立"以经济建设为中心"；第二，改革高度集中的计划经济体制，解放和发展生产力；第三，"摸着石头过河"。并且，这一共识带有与生俱来的两个重要特征：其一，这一共识是在国家遭遇危难的特殊时期形成的，每一个一开始持有异见的社会成员在最终接受这一共识的同时都扮演着某种"临危受命"的角色；其二，以邓小平为代表的党的老一辈革命家，以其政治权威顺利推动了共识的形成，避免了共识过早流失的危险。然而，当威望很高的改革家逝去后，随着时间的流逝人们对于"文革"的受难记忆逐渐淡忘时，当改革必然要触及人们的现实利益时，当改革本身的负面影响逐渐呈现时，人们对改革的"无条件"认同必然受到影响。在包括政治家、知识分子、农民、工人在内的许多人中，初始形态的改革共识虽然延续下来，但已经难以构成继续深化改革的强大精神支撑。因此，全面深化改革时期的改革共识的凝聚就不能停留在初始共识上，而必须从各个阶层对改革的新思考和新期待中找出共性，从改革的内容布局、体制完善和路径方法等方面对初始形态改革共识进行更新和升级。诚然如此，改革就能够在建设一个好的市场经济与社会的讨论平台上，牢牢把握正确的方向，积聚政府、专家、广大群众的集体智慧，以治理的思维取代简单的政府行动，在反复磋商中凝聚改革共识、激活改革的动力、提升改革的效力。

在改革共识形成路径的变迁上，我们选取美国作为参考视角进行分析。中国以往历次重大改革都是在中国共产党和社会内部达成某种"妥协性共识"的情况下出台的，因而也在最小阻力下取得了最大的成就。但也出现过改革共识难以达成的困境，并在相当程度上危及"深化改革"目标的实现。"改革共识"缺位的原因可归结为利益分化、权力失衡，以及共识平台的缺乏等。为达成新的利益整合和力量制衡，就必须反思自上而下进行的价值整合模式，即从单纯地追求"凝聚共识"转为建设"共识平台"。这就意味着可以借鉴美国等其他国家以"政治市场"等"共识平台"成功整合国内共识的经验，通过自下而上的路径凝聚"深化改革"的新共识，为长期的观念和价值整合创造全新有效的模式。通过建设中国改革"共识平台"这一路径，更多的群体进行有序的政治参与，而不是一味的无序性的政治起哄。只有这样，才能在参与平台常规化、参与人群组织化、参与方式规范化的情况下，更加平稳地形成理性改革的共识，为推进全面改革新的伟大事业凝聚力量。

在改革共识形成模式的嬗变方面,我们从国家与社会的角度来进行分析。不可否认,社会意识是在国家与社会相互作用的复杂关系中产生的,因此,国家与社会关系的视角有助于我们洞察中国改革共识的形成模式及其嬗变历程。就理论而言,考虑到中国传统文化、毛泽东时代的制度遗产以及中国经济发展主义的目标,相比市民社会的视角,国家合作主义视角或更能解释中国改革共识的形成模式。就现实而言,尽管"原合作主义"和"国家合作主义"这两种国家主导的模式分别促成了20世纪80年代初和90年代初的两次改革共识的凝聚,但该模式遭遇了新环境的挑战。这些挑战包括大量民间组织自主性增强后对改革提出了不同的利益诉求、公民意愿表达的开放性伴随的碎片化现象、一些"既得利益集团"的形成和固化等。面对这些挑战,新时期所追求的改革共识或许可以对国家合作主义社会基础的"强共识"做出让步,退而求其次地追求一种基于各种力量之间相互妥协的"弱共识"。所以,为了形成某种新型的改革共识,必须从重新定位政府在改革共识达成中的角色、引导民间社会力量的健全成长和重构政府与民间合作的新平台入手,形成某种新型的合作主义模式,从而推动全面改革新时代改革共识的达成。

一、当代中国社会意识的结构变动

一个国家内部的社会意识主要由国家意识形态、民间社会意识和知识分子社会意识等组成。在当代中国社会结构变化的背景下,社会意识结构出现了什么变化?其结构性特点及社会影响如何?接下来将进行逐一分析。

(一) 当代中国社会意识的基本构成及其关系

社会意识是社会生活的精神方面,是社会存在的总体反映。马克思在《1844年经济学哲学手稿》中说过:"有意识的生命活动直接把人跟动物的生命活动区别开来。正是仅仅由于这个缘故,人是类的存在物。"[①]这种"有意识的生命活动"包括人们的政治、法律思想、哲学、艺术、宗教等意识形态和总体的社会心理等。作为社会生活的一部分,社会的意识结构必然建立在一定的社会经济结构基础之上并受社会政治结构制约。

根据课题的前期研究,我们把社会意识归为政治、法律思想、哲学、艺

---

① 马克思:《1844年哲学经济学手稿》,人民出版社2000年版,第56页。

术、宗教等意识形态和人们的风俗习惯、社会心理等，并认为，在一个国家中，因创造社会意识的主体不同，社会意识可分为国家意识形态、知识分子社会意识和民间社会意识三种。这三种社会意识构成了一个国家最基本的社会意识结构框架，并共同受到某种政治经济结构的制约。而在一个开放的社会中，此三种社会意识还会受到某些外来思潮的影响。

1. 国家意识形态

国家意识形态主要是由国家（政府）创造并维护、反映并服务于经济基础的社会意识。这种意识形态反映并服务于经济基础，属于上层建筑范畴。爱国主义、政治信仰、法律观念是其核心组成部分，在其外围则是服务于核心意识形态的一系列道德、艺术、宗教学说，以及哲学和大部分社会科学、文学艺术创造等，它们共同构成了国家意识形态的主要内容。

作为一种主导性的社会意识，国家意识形态表现出一系列的特点。这包括：

（1）真理性与价值性的统一。当代中国的国家意识形态是当代中国马克思主义或中国特色社会主义理论体系。这一理论本身既基于人类社会发展规律和中国社会发展规律的科学判断，又体现出鲜明的价值诉求，即坚持以人为本，以谋求最广大人民群众的根本利益作为基本使命。

（2）民族性与时代性的统一。中国特色社会主义理论体系既是马克思主义中国化的产物，也是马克思主义时代化的产物。就前者而言，它实际上拥有两个"老祖宗"：一个是马克思、列宁"老祖宗"，另一个则是中国自己的"老祖宗"。[①] 就后者而言，它既继承了马克思主义的基本原则，又结合时代发展的特点对马克思主义理论中的个别观点进行了补充、更新和完善。

（3）阶级性与大众性的统一。马克思主义是关于无产阶级和人类解放的理论学说，无产阶级立场是其最为根本的立场。但在社会主义初级阶段，阶层结构多元化的特点和社会发展的阶段性任务又决定了中国特色社会主义必须为最广大的人民群众服务。

（4）稳定性与开放性的统一。中国特色社会主义理论体系既是关于改革开放的理论，也是坚持四项基本原则的理论。正如邓小平所指出的，"解

[①] 参见许全兴：《两个"老祖宗"都不能丢》，载《北京大学学报（哲学社会科学版）》2010年第4期。

放思想决不能够偏离四项基本原则的轨道,不能损害安定团结、生动活泼的政治局面。全党对这个问题要有一个统一的认识"①。

以上特点决定了国家意识形态在整个社会意识中的位置及其与其他社会意识的复杂关系。例如,从当代中国社会意识的基本结构来看,国家意识形态显然处于这一结构的上层,但国家意识形态的马克思主义特征表明它同时也是一种强调工人阶级立场、强调保护弱势群体利益的意识形态,它与民间社会意识之间始终存在着某种亲缘关系。又如国家意识形态作为当代中国的马克思主义和马克思主义中国化的理论成果,必然体现出强烈的民族文化属性,但同时,国家意识形态对民族性与时代性二者的辩证把握,又意味着它并非简单地排斥国内社会思潮和国外文化。恰恰相反,它非常强调对国内社会思潮和国外文化的有益成分的综合吸取。

2. 知识分子社会意识

知识分子社会意识是由知识分子创造和传播的社会意识。知识分子是有意识、有目的地创造社会精神文化产品的人群。他们的创造或出于政治目的、经济目的,或出自纯粹的自我兴趣,但总能以人类社会的深厚知识和观念积累为动力、以现实社会的具体问题为催化剂,创造出影响国家意识形态和民间社会意识的新的精神产品。他们的创造物包括哲学和其他学术思想、社会科学研究、文学、艺术等。公共知识分子则致力于塑造进步的政治和社会观念,并影响公共事件的发生及走向。

随着社会主义市场经济的发展,当代中国的知识分子队伍发生了新的结构性变化,由单一形态转向多样形态。在计划经济体制下的知识分子只作为一种单一形态存在于单位的统一结构中,虽然没有多大的差异性,但是在市场经济体制下,知识分子呈现多种类型。比如,由来自不同所有制结构(全民所有制、集体所有制、民营企业、个体企业和混合所有制等)组成的,或者由不同职业(公务员、教师和企业管理人员等)组成的,抑或由不同分配方式(按劳分配或按生产要素分配等)组成的知识分子。知识分子结构的多样性也使得知识分子的社会意识呈现多样性、多元性和复杂性的特点。比如,不同职业、不同年龄、不同群体的知识分子就会在价值观念和思想信仰等方面呈现各不相同的社会意识。

就知识分子的社会意识内容而言,新时期知识分子在观念意识和思维方式上都发生了重大变化。一方面,他们开始打破各种落后的传统意识和观

---

① 邓小平:《邓小平文选》第2卷,人民出版社1994年版,第279页。

念，逐渐增强了以"竞争"和"公平"为核心的市场意识、以"谨慎"和"创新"为核心的科学意识，以及以"自主"和"参与"的民主意识。他们开始以更积极的意愿投身改革的伟大实践，社会参与的深度和广度均明显得到了拓展，知识分子对国际、国内的变动趋势有更高的关切度，对各种国家社会经济问题也有了更敏锐的嗅觉。他们始终保持着主动进取的姿态，其知识结构日益更新充实，思维方式不断发生着积极的变革和转换，文化素质也越来越富于现代化的品味。另一方面，随着市场化和全球化的深化，在多元社会意识的背景下，特别是在各种西方资产阶级没落社会意识的冲击下，不少知识分子经不起考验，思想道德滑坡，拜金主义和享乐主义盛行。因此，有必要对知识分子的社会意识结构和变动加以深入的分析和研究。

3. 民间社会意识

民间社会意识是指在特定社会历史条件下，反映普通民众政治、经济和社会文化特征的价值观念和大众社会心理倾向，它的核心内容就是民间大众的价值诉求。就价值观念层面而言，民间社会意识主要包括各类价值观念诉求内容，如政治生活中的正义观、经济生活中的利益观、社会生活中的认同观、文化生活中的审美观、精神生活中的信仰观、情感生活中的婚恋观和道德生活的道德观等。就社会心理层面而言，民间社会意识主要包括各种社会心态，如幸福感、安全感和信任感等。

与国家意识形态相比，民间社会意识具有更明显的差异性、碎片性和自主性。在传统比较单一的社会结构中，民间社会意识的差异性并不显著，特别是在"家国天下"的儒家大一统思想占主导地位的传统中国，"百姓"并不是真正的"百"姓，而是国家意识形态成功教化中单一的"臣民"。然而，随着现代化、市场化和全球化的深入，单一的社会结构逐渐被多元的社会结构所代替，而民间社会意识也愈益呈现多元化的态势。民间社会意识的碎片性是由民间大众的广泛性和利益群体对利益表述的差异性决定的。民间社会意识的自主性也随着公民社会在中国的发展不断凸显出来，公民精神的日益彰显就是很好的佐证。公民社会与传统社会最为显著的区别是它所具有的独特的价值信念，也就是所谓的"公民精神"。公民精神无疑是公民社会的灵魂所在，是公民社会的价值体现，是维系并支撑公民社会健康发展的核心要素。作为与政治国家和市场日益相分离的一个独特的公共领域，公民社会所彰显与倡导的基本精神包括了诸如志愿精神、人本精神、法治精神、契约精神和自治精神等。显然，随着公民精神的深化，民间社会意识的自主性会得到更大的强化，而与国家意识形态之间的相互作用也显得更为重要。与知识分子的社会意识相比，许多民间社会意识可能显得缺乏足够的理性思考。因此，如何更好地发挥知识分子社会意识对民间社会意识的理性引导，以及如何发挥国家意识形态在协调和整合多元社会意识中的作用尤显重要。

4. 国家意识形态、知识分子社会意识与民间社会意识相互作用的五种模式①

随着当代中国社会意识结构的变化，国家意识形态、知识分子社会意识以及民间社会意识之间的相互作用也日益呈现多样性。为了更好地整合各种社会意识，从理论分析上至少可以通过以下五种模式来处理上述三者之间的作用关系。

第一种是灌输②模式（图 4-1）。

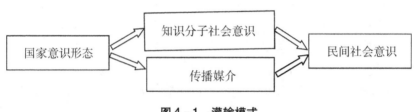

图 4-1 灌输模式

采用灌输模式时，国家确定意识形态的内容，并通过由其控制的知识分子或媒体传播给民间，最终把国家社会意识形态转化为民间社会意识。在民众信息较为封闭的情况下，灌输模式的可控性决定了它是一种高效的意识形态控制模式，因为意识形态的内容完全由国家确定，民间大众缺乏足够的信息选择权，只能被动地接受灌输。然而，随着信息传播途径的日益丰富以及信息流通的日益开放，灌输模式在意识形态控制上的效果则开始受到挑战。

---

① 该五种模式的分析受益于李明对大众传播运转模式的分析。参见李明《大众传播社会意识形态运作的五种模式》，载《新闻记者》2013 年第 10 期。

② "灌输"一词至少可以追溯到列宁和考茨基。他们认为，社会主义学说是知识分子创造并发展起来的，所以工人阶级不可能自发具有社会主义意识形态，为了将自发的工人运动变为自觉的革命运动，必须将社会主义意识形态从外部灌输给工人阶级。灌输理论被斯大林等苏联后来的领导人继承和发扬，成为苏联等社会主义国家意识形态运动的理论基础。参见李明《大众传播社会意识形态运作的五种模式》，载《新闻记者》2013 年第 10 期。

第二种是自发模式（图4-2）。

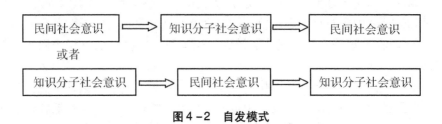

图4-2 自发模式

自发模式不同于灌输模式的是，意识形态象征形式并不来自相关官方机构。它是由民间自发形成，并由相关知识分子总结升华形成更清晰的社会意识；最终进一步影响民间社会意识。或者直接由知识分子发起，并由媒体直接影响人民大众形成民间社会意识，最终进一步反馈到知识分子那里，知识分子又会对它进行不断的修正。就现实而言，这一模式看似完全尊重民间大众的自主性，所以更容易在民间得到认同。尽管在一个阶级社会里统治阶级通过各种手段维护主流意识形态是不可或缺的，但是就国家意识形态的主导权而言，过度依赖民间自发的社会意识，则有可能丧失对民间社会意识的掌控。

第三种是吸纳模式（图4-3）。

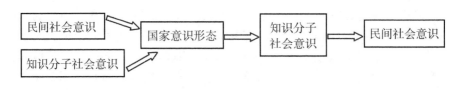

图4-3 吸纳模式

吸纳模式的特点在于，意识形态象征形式来自民间或者知识分子，而不是官方的某些机构制造出来的。当这种象征形式以人际传播或小群体的方式传播，被官方机构发现，随后对之进行采纳和改编，使之负载官方意识形态意图，再经过相关知识分子提炼升华，最后通过传媒传达给社会大众。吸纳模式可以说是灌输模式和自发模式的有机结合。一方面，与灌输模式相比，吸纳模式尊重民间社会意识的自发性，在形式上更容易为民间大众接受，能使得意识形态工作取得更大效果；另一方面，与自发模式相比，它强调了国家意识形态的主导作用,避免了民间社会意识自发性和分散性的弊端。当然,这只是理论逻辑的理想状态,在现实操作中,如何在尊重民间自发性和国家主导性之间寻求合理的界限是较为困难的问题。

第四种是流言模式(图4-4)。

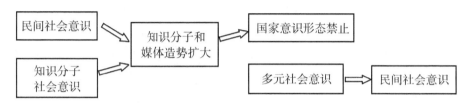

图4-4 流言模式

基于民间社会意识多元性、分散性和零碎性的特点,往往形成游离于国家意识形态的各种社会意识,甚至是以"流言"的形式存在。如果这些多元社会意识得到一些知识分子和部分媒体的大肆论证和宣传,则极有可能导致社会意识的混乱局面。为了防止这种局面的产生,意识形态的流言控制模式就形成了。与吸纳模式吸纳和国家意识形态趋同的多元社会意识不同,流言模式的本质就是国家禁止那些与国家意识形态发生冲突的多元社会意识。具体来说,当一种多元社会意识在民间或部分知识分子那里产生,并经人际或媒体传播,在这个过程中,经过资深公共知识分子的加工和提炼,最终产生更广泛的社会影响,并且国家相关机构意识到这些多元社会意识会对国家主流意识形态产生破坏作用的时候,国家就会通过各种手段来禁止这些多元社会意识的流传。就理论而言,为了社会的稳定发展,国家应该掌握社会意识的主导权,通过教育与灌输把分散的社会意识整合到主流意识形态中。因此,与国家主流意识形态相冲突的多元社会意识就应该被禁止。然而,就现实而言,我们要思考,国家意识形态的令行禁止究竟会有怎么样的效果?如果效果不好的话还会引发什么问题?

就现实的人而言,人不但具有客观现实性,而且具有主观能动性。因此,人们如何对待国家意识形态以及如何应对非主流的社会意识,国家相关机构可能无法完全把握和控制,导致很难做到正确地对多元社会意识进行管控。即使能够把握人们的主观意向,国家意识形态机构或许也会缺乏足够的手段来加以全面控制,特别是在信息化程度不断提高的社会里。所以在现实中,总会有游离于国家意识形态的某些意识通过非官方的途径流传于民间,如若听任其发展则可能损害国家意识形态的权威，进而会影响国家社会的稳定秩序。因此，国家有关机构要加强这方面社会意识的管理。然而，在行政管理中，也不能一味靠"堵"，过度的"堵"可能会引起负面的效果，特别是当国家社会控制力不强的情况下，尤其容易适得其反。

第五种是对话模式（图4-5）。

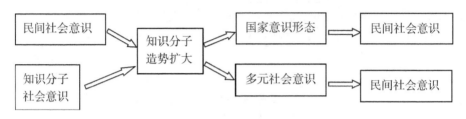

图4-5　对话模式

对话模式是对吸纳模式和流言模式的补充、发展。与吸纳模式相比，对话模式不仅包含了吸纳模式中为国家意识形态认同的社会意识，而且考虑到与国家意识形态相冲突的非主流的社会意识。与流言模式相比，国家意识形态在对话模式中采取了更为开明的态度，对于多元社会意识，官方机构并非一味禁止，虽然官方控制的媒体不会宣扬多元社会意识，但允许多元社会意识在非官方的渠道小范围传播。这样一来，在对话模式中，民间大众的社会意识既受到国家意识形态的影响，又可以接触到多元社会意识，形成国家意识形态与多元社会意识在民间社会层面的对话态势。

客观上讲，对话模式更有利于国家意识形态的发展，因为国家意识形态并非简单的再生产和简单的复制。随着国家社会的日益开放，对多元社会意识一味采取禁止的态度，可能会导致国家意识形态的再生产走向封闭，甚至会引发民间大众对国家意识形态的认同感的下降。当然，国家机构不会允许多元社会意识试图颠覆现有主流意识形态。因此，在对话模式中，关键是如何通过法治的建设来规范民间社会意识的传播，如何通过制度的构建来为对话构建平台，既让国家意识形态得到维护，又使多元社会意识获得表达的空间。

（二）当代中国社会意识结构的变动特点

正如马克思在《〈政治经济学批判〉序言》中所说："我们判断一个人不能以他对自己的看法为根据，同样，我们判断这样一个变革时代也不能以它的意识为根据；相反，这个意识必须从物质生活的矛盾中，从社会生产力和生产关系之间的现存冲突中去解释。"① 当代中国社会意识结构的形成有一系列现实原因，与现实社会结构的转型紧密地交织互动，并成为社会转型的一个组成部分。中国正在经历的社会结构转型是一种全方位转型：经济层面由计划经济向市场经济转变，政治层面由权威型体制向民主政治转变，价值层面则由一元结构向多元结构转变。在这个转型的过程中，中国社会结构出现了下述几个意义深远的变动趋向，足以对社会意识的创造和生长过程造成决定性的影响。

这些变化首先体现在社会自由空间的出现和扩展。中华人民共和国成立后形成的社会结构是一个刚性较强的社会结构，其特点是国家几乎控制着所有社会资源，社会成员较难按照自己的意愿做出选择。个体在大多数时候都是作为单位人的身份而存在的。在传统的社会结构中，一个人如果脱离单位，其社会生活成本就会加大，甚至无法生存下去，个体对单位及其所代表的社会活动空间的依赖性非常严重。但市场经济社会中，人们在一个单位干不下去了还可以换单位。市场经济给原本僵化统一的社会结构最大的冲击就是：在原有的国家控制一切的社会结构之外，创造了企业、个人自由生长的空间。社会空间的拓展实际上意味着个体自由空间的拓展。在这个空间内，个人能够按照意愿安排自己的命运、目标，以及思想的方向。在如此相对开放的文化氛围和相应的机制改革中，媒体特别是微博等新媒体作为社会思潮的交流和对垒平台，也更加开放，微博传播的立场化、偏激化、阵营化提供了更多社会意识生产、呈现和互动的空间。

越来越宽松的政治、经济、文化环境为自由空间的生长提供了必要的条件。而社会分化的前提，是不受国家控制的社会自由空间的存在。在此发展空间下，社会分化经济层面的转型在短短几十年的时间里就带来中国社会职业结构、城乡结构、阶层结构、收入结构的深刻改变。仅就阶层结构而言，陆学艺认为，中国社会"已经从'两个阶级一个阶层'的结构，转变为由国家和社会管理者阶层、经理人员、私营企业主、科技专业人员、办事人员、个体工商户、商业服务业人员、产业工人、农业劳动者和失业半失业人员等十个阶层构成的社会阶层结构"②。从事非公有经济等新社会阶层发展

---

① 《马克思恩格斯全集》第13卷，人民出版社1960年版，第9页。
② 陆学艺：《当代中国社会结构与社会建设》，载《学习时报》2010年8月30日，第4版。

壮大起来。从长远看，这些阶层所支配的社会资源将会不断增长，在整个社会资源总量中所占的比重也可能会增大。与其相适应的新社会意识必然会不断成长，在新生阶层的坚定支持下其生命力也变得极强。

显然，社会结构分化后的各阶层发展进度是不平衡的。社会结构发展与经济结构发展严重不匹配，而社会结构内部也严重不平衡。社会结构的核心是社会阶层结构。社会阶层结构的标志性指标是中等收入者阶层的比重。2008年，我国的中等收入者阶层的人数只占总就业人员的23%，离现代化国家应有的两头小中间大的"橄榄型"社会阶层结构还有很大距离，即使达到工业化社会中期水平的社会阶层结构也还差很多。[①] 与之相反，既得利益集团出现、各种利益群体在经济发展中获益相差越来越大，却成为中国社会阶层分化的动因。

社会结构的转变也带来一系列社会关系（人与人之间的关系、阶层与阶层之间的关系、政府与社会之间关系）转变的需求。如在政府与社会的关系层面，传统上的"政治中心、社会和市场从属"的政社关系已经不适应现代社会结构的需求。市场经济要求现代政府在性质上和职能上从维护政治统治转向全面履行社会公共管理的职能。这种对社会关系转变的期许在很大程度上已经成为重要的社会思潮，影响到政府职能的实际定位。这带来了社会意识领域特别是政府观念变革的一系列难题。同时，在社会阶层关系方面，政治等级制度在经济领域和社会领域被废除。改革开放之前，人与人之间在政治上是不平等的，但在经济上分享着共同的贫穷。而改革开放则意味着阶层关系在政治上的平等化和在经济上的差异化的进程。阶层之间、人与人之间关系的变化如果缺乏精神道德层面的调节，社会失范就在所难免。在中国社会结构、社会关系发生根本性转型的情况下，当代中国社会意识呈现一系列新的特点。

所谓"事物的特点"，是一种与相关对照物比照之后的描述。我们在这里是从两个维度来理解当代社会意识发展的新特点：一是与以往时代的社会意识相比较，二是与同时代其他国家的社会意识相比较。从这两个比较的维度出发，可以看出，在当代中国，除原有的统治阶级意识形态（共产主义意识形态）依然保持着在全社会的统治地位之外，随着民间社会在经济、政治和文化层面具有越来越多的自主性，其自发生成社会意识的能力也在提升。

---

① 参见陆学艺《当代中国社会结构与社会建设》，载《学习时报》2010年8月30日，第4版。

同时，在一个多元的社会格局下，知识分子创造精神文化产品、形成社会思潮的能力也在增强，再加上开放时代来自外部思潮的影响，中国的社会意识结构形成了不同以往的格局。民间社会意识和知识分子思潮在其发展的过程中，既有机会自我生成，又彼此交叉互动，造就了当代社会意识的一些全新的特点。具体说来，包括四个方面。

1. 自生性增强

这里的自生性指的是社会脱离国家的掌控而自主创造社会意识的能力和特性。传统中国社会的社会意识在很大程度上是由上层建筑和政治系统设计好的（如周公之礼），或者利用已有的社会意识资源（如儒家思想）加以改造并推广至全社会的，是统治阶级意识形态在民间社会和知识分子群体中的体现。在国家的全面控制之下，社会自我生成社会意识的能力非常微弱，统治阶级很容易自上而下向全社会灌输某种社会意识，并在很长一段时间内成为民间社会的自觉意识。因此，才会有"统治阶级的思想在每一个时代都是占统治地位的思想"[①] 这样的说法。这种社会控制在战争和内乱时期会由于国家权威的削弱而有所削弱，而这样的时期往往是民间社会意识和知识分子思潮蓬勃发展的时期。如春秋战国时期的百家争鸣、魏晋南北朝时期的文艺兴盛等。

而在最近的百多年时间里，中国社会先后经历了外敌入侵、启蒙救亡、革命、抗日战争、"文革"、改革开放等种种剧烈的历史变迁。中国社会原有的统治思想受到极大动摇，包括对统治阶级拥有意识形态合法性的信仰本身也被大大动摇。官方意识形态大一统的局面不再；相反，民间社会意识独立性逐渐增强并显性化。民间社会自己制造社会思潮、思想形态的能力大大增强。在当代，对民间社会意识的创造力形成动力的因素有：开放社会所引入的其他国家，特别是西方国家的现当代社会思潮；民间社会的自我反思；民间知识分子的产生等。

其中，改革开放初期西方社会思潮在中国的流行有着特别的意义。与传统的中国集体主义意识形态不同，启蒙时代以来的西方社会思潮大多强调个性发展、鼓励个人的独立思考，为公民个体形成自我反思的习惯和能力奠定了重要基础。而经过"文革"等政治运动的冲击之后，民间社会的主动反思在20世纪80年代也达到了高潮，伤痕文学、先锋诗人对政治专制主义的批判，哲学和文学领域对传统文化的反思，即使在现在看来，也达到了相当

[①] 《马克思恩格斯选集》第1卷，人民出版社1995年版，第98～99页。

的思想高度和学术高度。至于80年代经历了上山下乡的一代青年回归主流社会，也带来了相当程度的思想的力量。他们中产生的77级、78级大学生，无论是后来成为学院知识分子，还是民间知识分子，其中很多人都自觉地站在民间立场，成为民间社会代言人。此类因素的叠加在官方意识形态之外形成了强大的、属于民间社会的社会意识生产能力。

2. 下移性凸显

如果把社会意识大体分为国家意识形态、知识分子社会意识和民间社会意识的话，传统的社会意识的话语权属于国家意识形态。如执政党的意识形态更多地侧重于从政治和思想上层建筑的角度进行表达，带有鲜明的政治性特点。社会意识虽然涵盖的层面要宽泛得多，但其核心理念则来自上层建筑所宣扬的主流意识形态。而在当代社会，社会结构的变化深刻影响了社会意识结构。改革时期的金钱激励、自由竞争、开放自主等社会变化，成为自上而下的灌输式意识形态影响力衰退的重要原因，这一时期国家已经无法依靠政治动员和意识形态教育激发社会成员的参与热忱。社会意识结构出现了话语权下移的状况。也就是说，一方面，官方意识形态对民间社会意识和知识分子思想观念的主导性大大降低；另一方面，来自民间的社会意识越来越因其被广泛认可而可能对官方意识形态形成某种约束或改造。

在此变化中，民间社会通过新的信息载体如网络等创造概念、传播概念，并引领社会舆论。在传播领域，网络甚至成为传统媒体的新闻来源；在学术领域，学院知识分子的研究也被网络所牵引；在政治领域，网络更成为新的政治参与、公民影响政府的渠道。如"服务型政府"提法即出于知识分子从西方行政学引入的理念；民主、平等等概念则在民间得到了广泛的认可。这些来自民间的社会意识不但对主流意识形态的话语进行了改造，而且在具体的事件中被用以评价官员的行为，甚至成为政府的政策选择。

民间社会意识领域出现了不自觉地进行意识创造和表达的行为。这种行为以网络"围观"现象为代表。所谓"围观"，是指由网络开始，把个案演化为公共事件的行动。在围观中，参与者关注事件、评论事件但较少采取行动。而在众目睽睽之下的政策制定、执行过程就不得不加以调整。这种网络现象成为中国社会传播的重要途径，甚至平面媒体、电视媒体也在跟随网络媒体的话题而进行传播活动。这些传播活动大多会引起政府相关部门的回应，直至议程设计和公共政策内容本身的变化，具有现实的政策影响力。围观现象的实质是网民在现实生活中缺乏参与公共事务的渠道，于是借围观而获得参与公共事务的机会和感觉，并在官方传播渠道之外的民间自己的传播渠道，建立自己的议题和关注，体现了其自我塑造社会意识的意愿和能力。此外，围观离采取群体性行动只有一步之遥。

3. 碎片化呈现

在一个转型的社会中，由于核心价值尚未确立，必然存在着多种社会思潮。各个社会阶层也会利用社会意识从多个角度进行有利于自己的阐释。而中国发展的不均衡，人群之间、地区之间的经济和政治发展水平的差距极大，导致不同的人群生活在不同的时代，中国人与中国人之间生活状态的差距大到前所未有。社会意识之间也因此存在着人群、地区、阶层、时代等各种各样的区别，呈现碎片化状态。

同时，在社会意识的表达形式上，从原来的传统媒体长文章表达、论坛的长帖子、博客文章，转变为现在140个字以内的微博短文。表达意见的方式也显示出越来越碎片化的趋势，不但观点背后的思考逻辑不被重视，甚至整合性、系统性的思想表达也已不再符合当代人们表达的习惯。思想的碎片化背后是人们整体观念及核心信仰的难以确立。

更重要的是，在社会转型的过程中，由利益分化而导致的人们价值诉求和社会意识的多样化，大大增加了社会意识整合的难度。这意味着，各种社会意识之间彼此的通约性并没有建立起来。这就带来了各种社会思潮、意识形态之间碎片化的形态。甚至每一阶层内部的思潮也并未得到整合。如主流意识形态和知识分子的民主政治思潮之间是一种相互隔绝而非彼此理解的关系，自由市场经济的倡导者和政府主导型经济的倡导者之间的论战持续数十年，民族主义者和主张学习西方融入全球化的人之间经常爆发上升至人格攻击层面的争论。这种碎片化形态在很大程度上破坏了改革共识，使得社会在精神层面陷于内耗。由于这些社会思潮都各有其理论依据或群众基础，因此，对此类思潮的整合就不可能通过一厢情愿的"主流意识形态"灌输来实现，而必须经由各种思潮的深刻互动、辩论，逐渐接近真理和社会现实需求而得来。但在中国社会中，恰恰极度缺乏这种理性对话的渠道和习惯。

4. 激荡性并存

各种社会思潮的相互激荡性指的是，包括主流意识形态、外来思想、民间社会意识、知识分子内部的不同思潮等在同一时代共存，但并非和平地共存。它们彼此斗争，争夺话语权，但没有一种思潮能够占据绝对主导的位置，也没有一种思潮会被彻底消灭。这些思潮之间相互独立，无法融合，带来严重的社会认同方面的问题。

而社会意识的主要创造者——知识分子——虽然有了一定的创造空间和

思想言论空间，但仍存在重要缺陷，表现为知识创新能力不足。主要原因是：在客观层面，知识生产的过程仍然受既定知识生产机制的严格限制；在主观层面，过于依赖既定的意识形态话语、外来概念，或者古代传统学说，无法探求出符合时代需求的有影响力的社会思潮，也无法引领和融合不同的社会思想。而知识分子相互之间也是观念分殊、认识歧异、对同样事物的评价截然不同。如此一来，中国的知识精英未能整合主流意识形态、民间社会意识和知识分子思潮，反而自己也陷入这种观念纷争之中。所谓"左派""新左""右派"或"自由主义""民族主义"等立场定位取代了客观中立的知识建构和理性分析，加大了思想观念领域的激荡、冲突与非理性色彩。

这样的情况延展到民间社会，使得社会意识纷争更加表面化。网络论坛上经常发生的"地域攻击""五毛党美分党之战"等，就是这种非理性社会意识纷争的一个侧面体现，甚至还有代与代之间的对立。"这个国家发展得太快，所以'00'后、'90'后的整个价值观、整个行为模式，他们对生活的向往，他们心目中的世界和心目中的中国，跟我们这一辈是完全不一样的。世界是他们的，但社会的精英和主流常常是四五十岁的人，而且越高层年龄越大……所以这是一个产生巨大冲突的时代。"（scholar - CCS - M - 55 - 2014）在社会意识结构中主要表现为出现 U 型（U-Curve）民意结构。U 型民意结构意味着民众对不少社会问题往往形成相互对立、互斥、冲突的看法。中国的 U 型民意结构存在于"对政治体制的评价""对官员的评价""对财富的认识""对国家的认识（民族主义）"等领域。在这些领域中两极化的意见分歧、相互对立使社会层面在精神上趋于分裂。当然，观念的冲突有很大机会引发社会实体层面的冲突。

上述中国社会意识的系列特点表明：当代中国的社会意识结构的重心已经下移，主流意识形态大一统的局面已经不再；不同社会意识的碎片化、激荡化更带来了诸多的现实社会问题。在这样的背景下，主流意识形态需要更多的开放性以达至自我发展之目的；同时也要尊重民间社会和知识分子的思想观念创造性，通过知识更新创造有价值、有意义、适合中国当代社会发展的社会意识；更重要的则是要重视社会意识结构的相容性，与社会民间和知识分子的社会意识加强互动。只有在主流意识形态与民间社会意识和知识分子社会意识良性互动的前提下，才能以良性的社会意识结构为方向、进行机制、观念、政策、法律方面的建构，从而整合复杂激荡的当代中国社会意识形态。

(三) 社会意识结构变动的现实政治影响

社会意识的存在和发展以及对社会存在的反作用的大小，归根到底取决于它所反映的内容和社会存在的需要。就中国社会意识变动的现实来说，上述社会意识领域所发生的变化可能对当代中国的社会政治现实所产生的深刻影响，主要体现在国家意识形态主导权变化、知识分子要求更多自主创造权利、民意结构两极分化直接影响社会政治稳定三个方面。

1. 国家意识形态主导权变化

政治信仰受到来自国外和民间社会意识的冲击，不得不进行自我改造和更新，以符合新的社会意识的期许。在改革开放的历史上，思想解放运动是对这些来自国外和民间的社会意识，以及知识分子社会意识的直接反应形式。但在主流意识形态创新滞后的情况下，来自国家层面的意识形态灌输易形成某种程度上的"空转"或"内循环"现象，以致削弱了其对知识分子和民间社会意识的引导性。

所谓"空转"或"内循环"，指的是意识形态建设和灌输的范围在大多数情况下，通过层层的文件传达，到了最后的层级便止步了；也就是说，整个意识形态管束的过程仅仅停留在政府单位内部。

在改革开放初期社会思潮的第一波冲击下，党和国家的意识形态在这一期间进行了积极的自我更新。主要的政治活动包括真理标准大讨论、党的十一届三中全会、关于党的若干历史问题的决议、四个经济特区的成立、社会主义商品经济理论的实践等。"这十年就是要冲破旧的观念，所谓'冲破旧的观念'，说具体一点就是去想我可以做什么过去不能做的事，什么事情过去不准做，我现在要去做，冲破这一点。在整个20世纪80年代是处理这个问题的一个过程。"（lead – LR – M – 70p）这一轮意识形态更新使得中国形成了"实事求是""社会主义商品经济"等广泛党内共识，改革开放事业获得了历史性的发展机遇。

第二次的国家意识形态的变化更具主动性。在1989至1991年间，国家的意识形态重点还是放在"反和平演变"上，改革开放一度停滞。而1992年已经离开党和国家领导岗位的邓小平的南方谈话，在各地改革派和人民群众的拥护下，在意识形态领域取得了更强大的影响力，社会主义市场经济成为党的十四大的主旋律。这位已经退休的改革家，联合了党内改革派、民间拥护改革的力量、知识分子等，在改革的命运遭遇挫折倒退情况下改变了国家意识形态的走向。

第三次的国家意识形态变化从江泽民提出"三个代表"重要思想开始，此后胡锦涛又提出科学发展观、和谐社会等，都是对社会结构变化、经济转型升级、环境保护等重大问题和挑战的具体回应。例如，从改革初期到20世纪末，"发展是硬道理"的政策理念基本上是不容置疑的，但当大量的环境污染事件、群体性事件出现后，有人抱怨说："发展是硬道理，硬发展是没有道理。"（lead–DRZ–M–91）社会上出现的这种声音引起了党的关注，并成为提出科学发展观的一个背景。党在此过程中深刻意识到社会意识变化对国家意识形态的影响，以及意识形态也应现实变化而需要不断进行自我调整的重要性，是谓"与时俱进"。

不难看出，改革开放以来，每一次国家意识形态的调整变化都是对社会意识和社会现实的回应。这也说明，和以往国家意识形态统驭一切的情况相比，当代创造社会主流思潮的主体开始从国家层面下移，并且这种民意在很多情况下还可以影响甚至引领国家意识形态的变迁。这种回应式的意识形态调整同时也表明，价值追求的多元化和价值倡导的一元化之间存在一定的落差。这种思潮不能通过一厢情愿的"主流价值观"的推广而获得整合；相反，所谓主流价值观必须符合民间社会思潮和社会现实的需要才能获得承认。而与此相适应，国家意识形态塑造社会意识的能力逐渐被国家意识形态回应社会层面意识的能力所取代。

2. 知识分子要求更多自主创造权利

中华人民共和国成立以后，党对从旧社会过来的知识分子采取了"团结、教育、改造"的基本政策。其理论依据是马克思在《剩余价值理论》中把脑力劳动者看作为资本家创造剩余价值的雇佣劳动。这个传统，上可以追溯到新中国成立前的《在延安文艺座谈会上的讲话》，下可以延及当代中国在出版和传播领域中对知识分子的引领性要求。但实际上，这些举措在很大程度上是与经典马克思主义背道而驰的。恩格斯说过：思想只能来源于思想的交锋。也就是说，多样化是思想文化的生命和活力所在。有生命力的社会意识必然产生于自主创造的过程。

改革开放以来，政治上相对宽松的环境有利于增强人们的自主、竞争、效率、平等、宽容和民主法治意识，激发社会创造活力，推动思想文化创新发展。但这种"宽松"是相对20世纪六七十年代严格的思想控制而言的。而就思想文化自身的发展特性来说，其所要求的权利、自由、自我确证，以及外在环境的"宽松"，社会现实条件与之相比，还是存在很大的距离，但其创造社会思潮的冲动始终存在。民间社会和知识分子要求更大的创造属于自身阶层的社会精神产品的权利,要求社会精神产品创造体制的改变。

党的知识分子理论和政策是以党的思想路线为思想基础的。有学者总结过去的历史经验认为:"什么时候党较好地坚持一切从实际出发、实事求是,党的知识分子理论和政策就比较切合实际;反之,什么时候离开了实事求是的思想路线,党的知识分子理论和政策就会犯右的或'左'的错误。"① 中国知识界最大的实际就是知识分子需要更多自由创造的空间和权利。其中以科研教育文化体制的改变最为重要。对于知识分子来说,其创造力的发展出路仍然是与民间社会相结合的,在争取自主创造的权利过程中向民间社会意识靠拢。

3. 民意结构两极分化直接影响社会政治稳定

在现代社会中,社会意识的"碎片化"虽然不直接影响政治稳定,但随碎片化而来的不同社会观念之间的新一轮意识激荡和整合则与政治稳定直接相关。而在当代中国存在的U型民意结构,则暗示着这种意识激荡有可能走向现实的冲突。所谓"U型民意结构",指的是社会结构因为民众对社会问题的对立看法而形成两个分立、互斥、冲突的集团。政府碰到这种民意结构最感棘手,常陷入两难的困境,必须谨慎处理。万一处理不当,可能引起社会不安,甚至动乱。如美国19世纪中叶,南方与北方各州对奴隶制度问题歧见甚深,水火不容,当时的民意结构就是这种U型民意结构,其结果是爆发了内战。

中国的U型民意结构出现在诸多社会意识领域,如对现有社会制度的评价、对中国共产党的评价、对国企行政垄断的意见、对经济发展成就的认识等。其中对经济发展成就的认识就极度两极分化,一些人认为经济成长意味着中国发展成就巨大;而也有人认为,改革中许多人并没有分享到经济发展的成果,并不是良性的经济成长。其他如民族主义及其反对者之间的攻讦、地域攻击、对富人的攻击等,都成为具有中国特色的群体性相互歧视现象。对富人的攻击,甚至连其慈善行为也多有批评。上述这些群体间基于社会意识的对立而进行的彼此攻击在特定的情境下有演化为现实冲突的可能。2011年夏季,广东的潮州、增城分别发生了本地人与外来务工人员大规模群体性冲突。这些事件绝非偶然发生的事件,而是双方心理恶感在多年积累后的一次总爆发。而与此同时,政府治理结构也在发生变化,新的改革给基层人员

---

① 唐秉仁:《试论毛泽东的知识分子观》,见《毛泽东百周年纪念》中卷,中央文献出版社1994年版,第440页。

施加了巨大压力,使传统的寓行政于半正式机制的简约治理模式逐渐弱化。①从而引导已经分化的 U 型民意形成共识或和平相处的能力也在降低。

对于民意结构的两极分化所带来的现实冲突的可能性之应对,应建立在社会建设创新的基础上。目前,许多社会问题的产生都源于社会建设滞后于经济建设。例如,广东地区外来人口与本地人口之间的矛盾,与双方的传统文化、地域歧视等因素关系其实不大,而与户籍制度对不同人群的不平等待遇却有着直接关系。这是这些外来人群在经济上已经成为广东经济发展过程的一部分,而在社会生活上却没有成为广东人的必然结果。对此问题的解决,必须诉诸政府公共服务的到位、户籍制度的改革、社会管理组织的发展等一系列社会建设举措。在此基础上进行的社会意识建设,如认识和理解民间社会意识的价值诉求与表达方式,通过社会内部理性交流渠道的建立,而达致社会共识等,才会有切实的效果。

二、当代中国社会意识的发展趋势

关于当代中国社会意识结构内部的发展趋势,概括起来有如下两点:一是从历史事实梳理的角度来分析当代多元社会意识的发展趋势及其对主流社会意识的影响;二是从社会意识内部生态的角度来探讨主流社会意识整合多元社会意识的变动趋势,即从权力垄断式社会意识生态类型向价值认同型生态类型的发展。

(一) 当代中国多元社会意识的演进趋势及其影响

当代中国的改革开放进程,极大地改变了社会结构单一化的格局。与此相呼应,许多社会思潮和文化表达也开始从以往的隐性状态中显现出来,知识分子的思想意识和各种民间社会意识逐渐发展壮大为具有较大影响的多元社会意识,多元社会意识和主流社会意识并存的格局得以形成。

1. 多元社会意识的演变进程及其发展趋势

多元社会意识是指与主流社会意识(主要指官方意识形态)区别开来、在知识界或普罗社会具有一定影响的社会意识。它的流行形态即为社会思潮。作为多元社会意识极为重要的表现形式,社会思潮与主流社会意识一

---

① 参见樊鹏《中国社会结构与社会意识对国家稳定的影响》,载《政治学研究》2009 年第 2 期。

样，往往都是一定时期内、反映某一阶级或阶层利益和要求的、以某种理论学说为主导的思想趋势或倾向。与一般的社会意识相比，社会思潮既不是纯粹象牙塔式的知识逻辑架构，也不同于主观化、零散性的社会心理，它的发生、发展和消亡都与一定社会的经济背景、政治背景和文化背景密切相关。具体到进入改革而立之年的中国来说，它是指改革开放以来在我国得到广泛传播，反映一定社会阶层或某些群体的利益需求，具有比较系统的理论体系，对社会生活具有某种程度影响的非主流的思想潮流、思想趋势及思想流派。这些社会思潮是人民在改革开放年代思想解放后的一种生活方式和价值追求的浓缩与反应，是当代中国现代化进程在思想观念和意识形态方面的丰富与发展。具体可以从改革开放的历史进程做一概括，三十年来的社会思潮演变经历了如下三个阶段。①

第一阶段是从改革开放初到1992年。这一时期主要有自由主义思潮和人道主义思潮。"文革"十年给国人带来的不只是经济社会的动荡，更为重要的是给人们造成了精神层面的巨大创伤。人们不断在思考国家的前途在哪里，也在求索人生幸福的道路在何方。由"潘晓来信"引发的人生道路为什么越走越窄的反思，促使我们对以往阶级主导的意识形态宣传开始质疑，心灵的迷茫与精神的单一极其渴望新生的空气与鲜活的思想灌溉。改革开放无疑是一场"及时雨"，尽管我们总是受到提醒要注意防范资产阶级腐朽观念的侵蚀，但是自由主义思潮所倡导的个人自由、权利与尊严的观念，激活了人们的自我意识、自我独立与人权的意识，发现自我与重新肯定自我的价值成为当时自由主义盛行的口号。与此同时，围绕着"人道主义与异化"问题，知识界分别形成了以王若水、汝信为代表的"思潮派"和以邢贲思、胡乔木为代表的"本质派"。此次争论从1980年王若水发表《人是马克思主义的出发点》、汝信在《光明日报》发表《人道主义就是修正主义吗？——对人道主义的再认识》开始，随着学者们对马克思相关著作的深入研究，争论全面展开。至1984年胡乔木发表《关于人道主义和异化问题》一文，争论渐趋结束。应该说，在80年代无论是自由主义还是人道主义的大讨论，都给国人带来了一缕清新的精神新风。

第二阶段是从1992年到2002年。这一时期的思潮主要有新自由主义和"新左派"思潮、民族主义。邓小平的南方谈话，无疑是推动中国市场化改

---

① 参见王鑫《近三十年来社会思潮的演变及其发展趋势浅析》，载《黑龙江史志》2008年第14期。

革的加速器,他所提出的"计划与市场只是手段,社会主义也可以搞市场经济"等客观上为新自由主义在中国传播提供了条件。新自由主义是从古典自由主义发展而来的一种理论思潮。当代西方著名的政治哲学家诺齐克主张"最小政府"理论和"守夜人式的国家",倡导国家、政府应当尽量避免对社会经济生活的干预,只在国家安全等方面负有职责,这就是古典自由主义的立场。而新自由主义在继承古典自由主义的基础上,更强调自由市场、自由经营,鼓吹绝对的私有制,反对任何形式的经济计划和社会主义,适应了国家垄断资本主义向国际垄断资本主义转变要求的理论思潮。于是,这种理论思潮在中国市场化进程大大加快、私有经济飞速发展的社会经济结构变动中迅速传播。但是,新自由主义并不能完全解决中国的问题,全盘私有化和抛弃政府宏观调控的立场在理论和实践上都与中国国情不相容。特别是由经济转轨引发的如社会公平的缺失、贫富差距逐渐拉大、相当数量社会成员的生活没有明显改善等社会问题逐渐引起民众的不满与怨恨。在这样的背景下,"新左派"所倡导的对市场化改革的批判,特别是对改革"蛋糕"再分配中出现的少数权贵垄断和广大群众相对被剥夺现象的批判更能引发人们的认同。应该说,"新左派"在反对完全照搬西方自由主义模式的进程中主张中国国情特殊论的立场是很受欢迎的。更为重要的是,它所主张的社会公正、关注弱势群体、加大国家对市场的控制更是中国特色社会主义市场经济走向纵深发展的有益的思想提醒。90年代中期,"全球化"成为席卷中华大地的时髦话语,高速发展的中国如何在经济全球化进程中争取自己应有的大国地位与话语权就显得非常重要。从1996年至1999年,在三年多的时间里,《中国可以说不》《妖魔化中国的背后》《全球化阴影下的中国之路》等三本畅销书的问世,被看作中国青年一代民族意识新觉醒的标志。另外,随着中国崛起,与西方国家的利益冲突越来越直接。特别是"银河"号事件、中国驻南斯拉夫使馆被炸、中美南海撞机等事件被不少国人看作西方国家继续打压中国的证据,因而大大刺激了中国民族主义思潮的兴起。到90年代末期,民族主义思潮所倡导的抵制西方话语霸权与建构民族文化自信,以及发展中国特色的产业与文化战略成为重要的文化现象。总之,这个时期是中国经济社会急遽发展的年代,与市场化道路一路走来的是新自由主义思潮,其中"新左派"与民族主义思潮夹杂其中。

第三阶段是2002年至2012年。这一时期主要涌现的社会思潮有生态主义、消费主义等。中国经济在长时期保持高速增长的同时,曾经在国民生产总值崇拜中逐渐释放的环境污染、生态破坏、不可再生资源的大量掏空等负外部性问题被集中放大,"经济发展如果是以自然生态作为代价值得吗?"的呼声成为重要的反思性诘问,生态主义便应运而生。与此同时,"如何形成优雅的生活方式""如何克服有钱显摆的粗陋式消费""消费是为了什么"等问题的提出,让富裕起来的中国人在物质丰裕的时代开始关注西方曾经流行的消费主义。消费主义所提供的有别于马克思生产劳动逻辑的消费话语成为学界关注的重要议题。而自党的十六大以来,中国政府更多地开始关注劳动就业、社会保障、收入分配、教育卫生、居民住房、安全生产、司法和社会治安等关系群众切身利益方面的问题,以及部分低收入群众生活比较困难等问题。与此关联的是,人们逐渐认识到幸福是多维度的,不能仅满足于经济的发展而造就生命干瘪的"单向度的人","以人为本"和"促进人的全面发展"被写进政府工作报告。社会各阶层出现了反思改革、关注民生的浪潮,"新左派"成为主要的思潮。他们要求加大政府对市场的控制,要求加强住房、医疗教育等关系民生问题的调控。另外,在大量贸易摩擦中被妖魔化的"中国制造"以及美元主导的货币战争中隐性流失财富促使国人再次发出民族主义的声音。《中国不高兴》的出版便是民族主义的文化思潮的典型代表。

三十年社会思潮的演变进程,也是中国改革开放进入而立之年的一种价值变迁与观念裂变。尽管我们不能做完整的列举,但从上述思潮的涌动中能够感受到新时期社会意识已经不再是国家意识形态一枝独秀的年代,"红花虽好,也需绿叶陪衬"的花园生态正日益形成。概括起来,当代社会思潮的发展趋势有三方面。①

第一,社会思潮日益多样化。改革开放给以往铁板一块的社会僵化结构带来了巨大的震荡,社会阶层结构伴随分工的细化形成了多样、丰富的生态。不同的阶层乃至同一阶层因为工种、单位、行业等要素造成了利益分殊的现象。也就是说,以往单一共识淹没个性表达的时代正被多元利益差异表达的时代所取代。利益群体分化导致的社会矛盾与冲突,也使人们原有的利益归属、价值判断和情感亲疏受到冲击与震荡,价值取向也呈现多样化趋势,并导致社会思潮日益多样化。另外,开放宽松的社会环境也促进了各种利益表达与价值诉求的出现,无论是合理的价值诉求或利益主张,还是混杂其中的少数人的话语,抑或是杂音与不健康的声音,都在宽容的气氛中彼此塑造与传播,这也是造成社会思潮多样化的一个外部环境。

---

① 参见解松、夏宁《社会思潮与国家意识形态安全》,载《理论探索》2008年第5期。

第二，社会思潮更加关注现实，向制度性、可操作性层面的问题转移。如果说计划经济年代更多关注的是国家意识形态的信仰层面和与之展开的彼此批斗和论战的话，那么改革开放市场经济年代，经济利益的重新调整所形成的日益分殊的利益诉求开始激活对个人利益与现实生活的关注敏感度。正如一位普通市民所说的："改革开放前大家都是吃馒头，改革开放后变成吃大蛋糕。体制问题就是大家都要有蛋糕吃。但我只有一两蛋糕，你有一斤蛋糕，那不就不平等了？"① 更为重要的是，市场化改革将以往个人依赖政府和单位的庇护关系日益解构，个人开始以独立的姿态出现在市场社会生活中。为了生存的需要和生活的安全，人们不得不关注与自己密切相关的现实生活。以往坐而论道的形而上的抽象辩护被现实生活的形而下的器物关怀所取代，这种关注重心的下移成为众多社会思潮的话语共性。也就是说，社会思潮更加关注现实问题，而不像以往那样过多地纠缠于理论问题，而围绕改革开放以来的贫富差距、国企改革、政府机构改革，以及上学难、就业难、看病难、买房难等问题进行阐述与论战则是社会思潮的一种群像表达。并且，伴随社会中介组织的不断发育和公民社会的成长进程，单纯靠经验办事与通过拉关系、走后门进行的个体利益辩护越来越被制度化的可预期的游戏规则所规范。在这种背景下，社会思潮更多地通过制度化的意识形态方式来关注现实民生问题与社会问题。如"关于个人所得税的改革""《中华人民共和国物权法》的颁布""《中华人民共和国劳动合同法》的实施和政府救市""四万亿投资和十大行业的振兴计划"等都成了民间与学界热议的话题，从而对政府决策产生重大的影响。在底层调查中我们可以见到，民众对廉租房、保障房的向往，对医疗改革的不满，对教育公平的关注等成为他们素朴语言中的清晰表达。例如，在问到他们对"幸福"的看法时，一位市民的回答获得了大家的普遍认同："幸福，站在我的角度来说，衣食无忧就最幸福了。站在我们老百姓的角度来说，最实际的是起码不要生活得那么彷徨，有得住，不用现在吃一顿想下一顿怎么解决。还有就是，现在看病真的很贵，幸好自己没什么病痛，不然有病就麻烦了。"② 虽然进行此项调查时"幸福"一词已经成为中央和广东省的主流话语，但从民众的表达中，我们几乎看不到抽象的意识形态，而更多的是对政策理念的现实性和可操作性的期盼。

---

① 参见本课题组召开的广州市天河区五山街道群众座谈会记录，2011年7月18日。
② 参见本课题组召开的广州市海珠区凤阳街道群众座谈会记录，2011年7月16日。

第三,各种社会思潮彼此影响,形成错综复杂的交锋。各种社会思潮都在借助人们关注的热点问题纷纷表达自己的主张,并且这些主张具有丰富的差异性和多样性。但是,不要忘了这样一个事实,他们彼此都在互相影响并抢夺话语权和舆论阵地。"在现代社会的实际环境中,多样性和差异性通常嵌入以系统的非对称方式构成的社会关系中。我们不应该被多样性观点弄得一叶障目,以致看不到社会生活中的结构性不平等。"① 不妨看看新自由主义与"新左派"对待市场经济如何进一步攻坚的论战,民族主义与新自由主义等思潮围绕如何对待西方所发生的争论与交锋。这些争论总是借助一些社会热点问题展开,并且通过传媒的作用将其进一步放大,从而对现实生活产生强有力的渗透。这一过程,尽管会出现结构性的不平等和谁更处于话语交锋的上风,但是这并不是固定不变的;也就是说,不同场合的争论可能会出现不同的结局。问题的另一面是,不同文化思潮交锋过程中彼此都在影响对方,也会使对方去修正和完善自己的观念体系,从而增强自身的说服力和影响力。除此之外,各种思潮还有可能在一些问题上达成一致共识。比如"新左派"思潮和民族主义在一些问题上的立场趋于接近,并在某些方面出现融合趋势;而新自由主义也开始讨论利用民族主义的问题;文化保守主义和自由主义在传统文化承传方面趋于一致;"新左派"和激进主义在激进的现实改革诉求方面趋于一致。可以说,在差异多样的文化思潮交锋中,它们之间既彼此影响,又互相反省自身,更在一定程度上达成重叠共识。

2. 多元社会意识的发展趋势对主流社会意识的影响

多元社会意识的流变与发展态势,改变了主流社会意识与多元社会意识的关系格局,原先思想上高度统一的同质化社会现在却变成了一个多元异质思想并存的社会。那么,多样多变的多元社会意识到底会给主流社会意识带来什么影响呢?

第一,多元社会意识能有效地推动主流社会意识的丰富与发展,从而增强主流社会意识的时代气息与生命活力。在多样丰富的多元社会意识中,那些代表着时代发展方向的民间声音、知识分子的智慧和体制外的观念与价值表达,本身都在力求获得主流社会意识的认同和接纳。如从安徽凤阳开始的家庭联产承包责任制就是民间破天荒创举从非法到合法、从星火到燎原的一种自下而上的民间智慧的表达。尽管遭遇诸多传统意识形态的阻挠与反对,

---

① [英]汤普森:《意识形态与现代文化》,高铦等译,译林出版社2005年版,第357页。

但邓小平"不争论、允许试"的开放智慧无疑给时任安徽省委第一书记万里以重大支持。由"你走你的阳关道，我过我的独木桥"成为掀开改革开放大舞台序幕的普及推广的"星光大道"，民间智慧与价值追求从主流社会意识的外围成为中心。又如，新自由主义思潮所倡导的私有制经济发展的主张，经过变通后亦成为我国所有制改革的重要取向。非公有制经济从非法生存到体制外替补再发展到我国社会主义经济的重要组成部分，坚持"两条腿"走路的方针取代公有制一统天下成为主流经济主张。除此之外，人本主义思潮、生态主义思潮等对促进中国社会发展都起了很好的警醒和反思作用。可以说，从以往坚持"发展是硬道理"到可持续协调发展再到科学发展观的嬗变，就是这些多元社会意识合理成分获得主流社会意识认可和接受的过程。在此意义上，我们可以这样说，当代中国的主流社会意识即马列主义、毛泽东思想、邓小平理论、"三个代表"重要思想和科学发展观以及中国特色社会主义理论体系和社会主义核心价值体系，就是不断吸取多元社会意识的精神营养和积极因素而丰富发展起来的。习近平总书记指出，"冲破思想观念的障碍、突破利益固化的藩篱，解放思想是首要的。在深化改革问题上，一些思想观念障碍往往不是来自体制外而是来自体制内。思想不解放，我们就很难看清各种利益固化的症结所在，很难找准突破的方向和着力点，很难拿出创造性的改革举措。因此，一定要有自我革新的勇气和胸怀，跳出条条框框限制，克服部门利益掣肘，以积极主动精神研究和提出改革举措"[①]。这就意味着，全面深化改革的过程同时也是主流社会意识建设主体不断解放思想，广泛吸收多元社会意识的合理内容的过程。事实上，社会思潮、民间社会心理等多元社会意识为主流社会意识的发展提供了丰富的思想材料，使主流社会意识不断得以补充和完善，这也是中国共产党问政于民和增强自身执政合法性的重要体现。

第二，多元社会意识冲击着主流社会意识的发展，从而在某种程度上削弱了主流社会意识的主导效果。我们在看到多元社会意识给主流社会意识发展带来裨益的同时，也应清醒地认识到社会思潮多样化给主流社会意识带来了一系列值得注意的问题，它在一定程度上导致了价值标准的失范、理想信念的缺失、主导效果失效等负面问题。譬如，由于社会发展导引人们生活的不确定性因素增多、不可控因素大量增加之后，人们开始不断地求神拜佛，

[①] 习近平：《关于〈中共中央关于全面深化改革若干重大问题的决定〉的说明》，载《人民日报》2013年11月16日，第1版。

迷信之风盛行，不信科学信神灵的现象逐渐出现。从生老病死到婚丧嫁娶，从外出打工到在家创业等都非常注重求神保佑、化险为夷；又如，在经济开放前沿地区的城中村所出现的"黄赌毒"现象，某些人"笑贫不笑娼"的价值观念，以及"及时享乐"的纵欲主义生活观念等。这些都给主流社会意识主导性的实现增添了很大的难度，使主流社会意识宣传的效果出现了严重的弱化效果。更为严重的是，像"法轮功"、资产阶级自由化思潮等对主流社会意识和马克思主义执政党造成损害与侵蚀，它们以分庭抗礼的姿态和直接的政治行为危及主流社会意识的根基和国家的安危。这些严峻的现实和血的教训再一次提醒我们，社会思潮具有多面性，是参差不齐、鱼龙混杂的大杂烩。如果驾驭不好，就会对主流社会意识造成某种冲击和威胁损害，侵蚀主流社会意识的权威地位和指导功能，甚至动摇其上层建筑地位，给社会国家带来动荡与危害。

因此，多元社会意识尤其是其中社会思潮的变化发展对于主流社会意识来说是把"双刃剑"，它既能给主流社会意识带来外在的良性思想资源供给和推动创新的动力，也会给主流社会意识带来许多新的隐忧和威胁。一句话，"剑利剑害"，全赖我们如何掌握与面对。

（二）主流社会意识整合多元社会意识的变动趋势

在当代中国社会意识内部，主流社会意识与知识分子社会意识、民间社会意识等之间的基于不同主体而产生的社会意识竞争关系也出现了变化，总的来说是以往政治精英权力垄断下的社会意识生态日渐式微，开放场域差异性的社会意识生态正成为常态。在各种社会意识的言说中也不像以往那样是某种价值取向凭借权力而自然独大，而是彼此之间进行互动，在互动中彼此理解和增进价值认同，甚至可以相互融合和相互转化。

1. 权力垄断式社会意识生态式微

传统意义上的社会意识生态，我们姑且将其称之为权力垄断式的，因为整个社会意识生态在绝大多数情况下体现的是特定精英阶层的利益，是建立在精英政治范式下的自上而下的铁板一块的整体结构。毫无疑问，这种意识形态垄断下的社会意识生态在为统治阶级的利益维护和政治辩护上发挥了极其重要的作用，以至于过往的统治者和精英阶层无不花费巨大的财力、人力等资源来重视此垄断型意识形态的建设和宣讲。但是，滚涌的改革开放浪潮使这种建立在封闭式线性思维下的社会意识生态遭遇了前所未有的危机，在开放复杂场景中呈现式微之态。那么，是什么因素导致权力垄断式社会意生态出现了式微呢？初步分析可主要归纳为以下三点。

第一，精英门第观念的式微打破了精英阶层对社会意识生态的垄断。改革开放的进程，也是中国主动融入全球化的进程和参与世界竞争的过程。这一过程既是中国改变世界，也是世界影响中国的双向作用进程。其中，全球化便是解读此相互影响的重要关键词。正如阿尔文·托夫勒所预言的那样，全球化时代最重要的力量转移不是人与人、党与党、机构与机构或者国与国之间的转移，而是当社会在与明天正面相撞的路上迅速行进的时候发生在暴力、财富和知识之间的隐蔽的转移。这是力量转移时代的危险而又令人兴奋的秘密。也就是说，在全球化语境中已经不再是简单的二元对立情形下的宰制格局，而是依赖自身在暴力、财富、知识三种要素层面占有比重来展开新的较量。在动态的层面上，随着时间的推移，这三大要素中知识要素的比重越来越高。受此启发，通过刚性暴力维系的等级秩序来推行的意识形态垄断局面在经济全球化和知识经济时代越来越不合时宜。恰恰相反，先辈荣誉如何、权力大小与财富多寡，已经不再像以往那样简单地被视作社会精英贵族的象征，其在思想观念方面的特权也被进一步地削弱。所有人都可以通过自己后天的努力来增强自己在思想文化层面的"知本"，从而表达自己富有影响力和美誉度的观念主张。例如，许多大城市推出农民工积分入户的政策，出发点似乎是好的，但这同样会招致反对，因为在一部分人看来这是将城市户口恩赐给农民工，是错误的，"现在他有饭吃，不要你的恩赐，而是我的权力，为什么不受尊重"。(lead – LR – M – 70p) 由此可见，话语的民主正成为这一新型民主时代的重要权利之一。你尽管不支持发言者的思想主张，但必须拥有对发言者权利的尊重。这是社会意识生态内部竞争趋势之一。

第二，后现代主义的冲击，同一性社会意识生态不同程度地出现了危机。垄断性的社会意识生态是建立在精英阶层思想主张的基础之上的，带有强劲的社会同一性特征。在改革开放社会价值日益多元多样多变的背景下，特别是遭遇后现代主义的冲击，这种意识生态的同一性要求越来越勉为其难了。例如，对公务员而言，"第一代领导人时期产生的某种行为，是在计划经济的情况下产生的。在现在这种物质利益不断发展的情况下，要坚守第一代的那种道德，领导人的那种道德准则，很不容易"。(scholar – CGH – M – 60 – 2014) 在与主张消解中心、强调差异和多元的后现代主义的碰撞中，新的以差异性为特征的社会意识生态形成了。他们特别强调要通过凸显不同主体在场的特殊性来淡化精英式的普遍主义，通过突出历史丰富性与多样可变性来消解简单抽象的主流意识形态宰制，真正走向基于多元语境的社会意识新生态。这样一来，社会意识生态关注的中心已不再只是阶级问题，更多关于社会问题的议题不断被放大而成为社会意识领域的新内容。社会意识批评的重心也逐渐从以往的阶级过渡到性别、族裔、种族、年龄和性取向等日益多元化的问题上来，曾经的边缘话语或者是更为隐晦的权力话语也被发掘出来，如生态主义、消费主义等逐渐成为社会意识家族的新成员。由此可见，社会意识生态已经呈现多元、多样、多变的异质性特征，隐含着更为复杂的不同主体的利益诉求与价值期待，远远超出权力垄断性条件下同一性社会意识生态的思想版图。

第三，随着开放流动性场域的出现，社会意识生态的多样化趋势已经势不可挡。改革开放新时期，人们的实践呈现多样化、复杂化、多层次的发展趋势，封闭狭隘场域的精英同一性意识形态取向无疑将遭遇巨大的冲击。这在改革初期已现端倪。知识分子对打倒"四人帮"、改革开放是欢欣鼓舞的，但对国家前途也还是在观望。甚至在打倒"四人帮"以后，出现了许多知识分子把子女送到国外的现象。（scholar – HTJ – M – 76）现代传媒的迅猛发展，不仅使大众交往的信息处理越来越计算机化，而且使信息传输越来越网络化。也就是说，从以往烽火传讯、串简成册、书信传递到如今高科技计算机平台和信息高速公路的开通，为大众参与提供了跨时空的交互式开放型新系统，并且在这样的系统平台中思想观念的快捷和大容量信息观点的井喷，特别是与此相关的报纸、电视、网络、商场、书会等各类文化产业的发展，也大大地开拓了人们的视野，培养了民众的思想价值追求，推动了公共舆论的发展。另外，系统内部的流动性也不断加强，使垄断式的社会意识生态的控制力大大削弱，各种不同的主张在流动中被卷入进来并扩散开去，间接地扩大了民众的受众面，提升了民众的参与程度。由此可见，多样化的社会意识生态正打破传统意识生态的诸多封闭固定与限制，开始深入影响民众的思想行为和生活方式。

总而言之，以权力垄断为特质的铁板一块的社会意识生态已经不再，众声喧哗消解了精英的社会意识主宰特权，在回归生活世界的同时，新型社会意识生态将慢慢形成。

2. 价值认同型社会意识生态兴起

与权力垄断式社会意识生态的式微情形相比，新型的社会意识生态正逐渐形成。新型的社会意识生态如何理解？它又会以什么样的方式来展示？带着这样的疑问，这里尝试将这种众声喧哗的新型意识生态整合状态命名为"价值认同型社会意识生态"，因为不同的主体可以依据自身利益和不同的历史生活情境表达自己的想法,而不是像以往那样处于禁锢的状态。并且,在各种价值的言说中也不像以往那样是某种价值取向凭借权力自然独大,而是彼此之间进行理解与互动,从而实现对主流社会意识的价值认同。

(1)价值认同型社会意识生态的构成分析。这要对价值认同型社会意识生态进行要素结构维度的具体描绘。如果从主体角度出发,社会意识作为主体价值观的一种特定表达方式,是特定阶级阶层或利益群体的思想观念表达与辩护,是"谁的社会意识"这一问题的生动呈现。这时,我们发现它已经突破了以往统治阶级或精英集团的"大写"的主体宰制,成为各种不同利益者的价值观念的反映。比如,在当代既有资产阶级的社会意识,也有无产阶级的社会意识,还有形形色色的阶级阶层的社会意识,社会意识已经分化为不同人群共同体和个人主体的价值主张与表达。另外,不像以往那样建立在二元对立彼此斗争情形基础上的社会意识生态格局,而是既有斗争型的社会意识与价值对抗,也有差异性的社会意识与价值相容并可以寻找价值共识,充分拓展主体的涵盖范围。例如,过去知识分子社会意识与官方意识形态之间几乎是一体的,而现在知识分子尽管"在行动上的归属感是很强的,不会闹事",但有些知识分子"在政治上的认同感很低"。(scholar - CH - M - 60 - 2014)以此观之,在当代中国,既有党主张的意识形态建设,也有基于新增社会阶层如自由职业者的社会意识主张,还有以往同一阶层内部分化所出现的社会意识与观念分歧,如农民阶层就是这样。东南沿海发达地区的农民、中西部贫困地区的农民、城市务工的农民彼此的利益诉求是不一样的,反映在价值主张上就会呈现不同的社会意识观念。与此同时,社会意识在"何种表现形式"上,显得更为丰富多样,既有网络虚拟环境中的社会意识,也有实体环境中的各种社会意识,包括观念化的社会意识、制度化的社会意识和社会心理化的社会意识等。当然,也可从社会意识的内容归属上分为价值理想、理论学说和政策主张等。总之,在社会意识生态的构成层面上,价值认同型社会意识生态突破了以往实体场域意识生态的诸多限制,呈现更为复杂和丰富的叠加场景。

(2)价值认同型意识生态的内部机理。如果说,前面的构成分析是对价值认同型意识生态进行静态剖面的观察,那么接下来就必须对这样一个意识生态系统有机体进行动态分析。也就是说,这诸多不同样态的社会意识之间是怎样进行互动运作,从而使价值认同型社会意识生态日臻完善的。民间社会意识、知识分子社会意识和国家(政党)意识形态的差异性在新时期得到了充分的彰显,不同主体的社会意识分化的趋势也变得比较明显,彼此

第四章 当代中国社会意识的变动分析

之间形成了一个相对带有竞争性的社会意识生态竞争场。即使是民间社会意识、知识分子社会意识、国家（政党）意识形态内部也存在诸多竞争与较量。比如，知识分子社会意识就出现了"新左派"、新自由主义、新保守主义、民粹主义等诸多思潮和流派，有时候会出现彼此占据思想阵地和各自地盘而相互争锋和攻击较量的格局。但是，除了彼此存在价值较量的对抗性一面，它们之间还存在价值协同的可能性面向。站在知识分子的角度，他们无疑希望得到言说的自由，并且在他们看来，这种自由言论的释放对中央决策而言不是坏事，而是好事。一位老知识分子这样说："其实最根本的问题就是言论要自由，思想要充分自由。要让大家敢说真话，要让很多真实的想法传递到中央，让中央统一决策，我觉得，第一步要做到这样。如果连基本的言论自由都没有，那国家的前途是堪忧的。"（scholar - HTJ - M - 76）不过，民间社会意识具有很大的自生自发性，它是民间社会有识之士的一种最初的思想观念表达，因而最初在政治上并不具有合法性认可和合法性保障。但是，在越来越开放和讲究民主的当代，政党意识形态的诸多主张的思想源泉并不只是单纯幕僚知识分子和政治家的价值表达，很多时候是通过自下而上的形式来推动和达成的。所以，民间社会意识如果经过知识分子的提炼概括和系统论证，以既接地气又有理论概括和系统表达的方式呈现，在民间社会意识、知识分子社会意识之间实现共鸣和达成共识，最终就有可能提升为党和国家的意识形态，从而在社会意识的不同主体之间寻找"最大公约数"和价值共识，实现最大限度的价值整合。更进一步讲，这种合作不仅可以通过自下而上的方式来增进彼此的融合和观念传递，而且可以通过自上而下的方式进行宣传强化，实现主流意识形态向知识分子社会意识、民间社会意识的主体间传递。也就是说，党和国家的意识形态还要经过不断的宣讲和强化才能实现价值转化，实现知识分子社会意识、民间社会意识对意识形态的价值认同与观念贯彻。更为重要的是，只有当主流意识形态成为民众行为的指南和实践见证之后，才能真正实现其行为的精神驱动与价值导航作用；而要实现这种行动自觉，就必须通过知识分子的理论学说来进一步阐述和明晰化、形成比较富有逻辑和理论说服力的科学观念，从而进一步指导和推动主流意识形态向民间社会意识的"落地生根"。总之，价值认同型社会意识生态既具有各主体社会意识彼此竞争乃至斗争对抗的内容，也具有彼此合作互相支撑和转化的可能。只有通过完善内部各要素的运作，才能够形成富有时代气息的有机整体，有效提升和保证社会意识生态内部的持续活力。

不难看出，这种价值认同型社会意识生态的发展趋势，毫无疑问将改变意识形态中心话语权的合理性基础。如何学会在价值多元乃至冲突中创新主流意识形态从而实现对多元、多样、多变社会意识生态的价值引领，如何通过增进主流意识形态的感召力与影响力实现社会意识生态的有效整合，将成为我们必须面对的重要议题。正如一位国外学者所提醒的："改革开放以来的成就会提高人民的意识水平及意识的多元化，它会对政治改革提出要求，它会是多元化的……中国今后的最大问题是如何满足多元化，完成社会的整合。"① 很显然，这是中国当下所面对的一个大问题。面对这样的问题，党只能循序渐进地解决。让人感到欣慰的是，党的十八届四中全会已经在规范公职人员社会意识的问题上迈出了重要的一步。全会规定，凡经人大及其常委会选举或者决定任命的国家工作人员正式就职时必须公开向宪法宣誓。习近平总书记在解释确立这一制度的重要意义时明确指出，这样做有利于"增强公职人员宪法观念"，也"有利于在全社会增强宪法意识"。② 事实上，我国宪法对国家指导思想和一些基本价值理论都有清晰的规定，确立宪法宣誓制度，从社会意识整合的角度来说就是通过制度性的规范，首先使公职人员，进而使全社会逐步树立对国家意识形态和社会主义基本价值观的稳固认同。

三、当代中国社会意识变动个案：改革共识分析

就当代中国社会意识变动的深层逻辑而言，中国改革共识问题在学界、政界和民间得到持久而热烈的讨论，既是当代中国社会意识变动的重要内容，又是当代中国社会意识变动的深层动力。因此，把改革共识问题作为一个个案进行深入分析，有助于进一步认识当代中国社会意识变动的特点和趋势。

改革共识的凝聚，绝不是异口同声的整齐划一；恰恰相反，它是在不同声音碰撞基础上形成的"最大公约数"，因此，它是当代中国社会意识变动的浓缩镜像。从时间链的纵向演进来看，改革开放三十多年的社会意识变动实质上是思想层面的交锋与涌动，最典型的是从1978年"改革开放"还是"两个凡是"的大讨论到1992年"市场经济"与"计划经济"的大争辩，

---

① 参见本课题组2013年对韩国学者的访谈整理稿《他者的视野：以韩国经验看中国改革》。

② 参见习近平《关于〈中共中央关于全面推进依法治国若干重大问题的决定〉的说明》，载《人民日报》2014年10月29日，第2版。

从 1997 年关于私营经济是"活水"还是"祸水"的性质探讨到 2005 年左右是"改革再出发"还是"告别改革"的历史定位分析等,这些思想交锋和共识凝聚既为改革实践的推进提供了重要的思想准备,也为当代中国社会意识的变动注入了强有力的深层动力。从空间格局的横向分布来看,社会意识的变动集中体现为诸种社会思潮的激烈争辩,包括新权威主义、"老左派""新左派"、新自由主义、民族主义、民粹主义、新儒家思潮等,这些不一样的价值诉求,为中国社会意识注入了多样化的异质思想前提。这些思想与大量来自民间的声音、底层群众的诉求以及国外的评价与分析等,构成了当代中国社会意识变动的绚丽图景。

中国社会正进入全面深化改革、为实现伟大复兴中国梦而奋斗的新时期;同时改革已迈入攻坚期和深水区,经济体制深刻变革,社会结构深刻变动,利益关系深刻调整,思想观念深刻变化。在这样的背景下,社会意识的变动也呈现全新的特点和趋势,而"改革共识"作为社会意识的主要缩影对环境的变化更是敏感。因此,课题组针对"改革共识"问题分别选取政府高层、知识分子、民间群众三大群体在 2011 年进行了大型的社会调研与访谈。本章的案例分析是对访谈内容的理论化和系统化的分析。我们拟从历史的维度、空间比较的视角和国家与社会关系的视域分析"改革共识"内涵的变动、形成的路径和机理,从中管窥当代中国社会意识变动的特点和趋势。

(一)改革共识内涵的变动与升级

改革共识是社会意识的重要组成部分,深入分析改革共识内涵随历史环境的变迁,有助于我们深化认识当代中国社会意识的变动特点和趋势。

然而,在知识界,对于中国当下是否存在改革共识,以及中国当下的改革共识与三十多年前的改革共识相比有何不同,则形成了不同的说法:一种观点认为,中国当下的改革共识事实上已经破裂,即 20 世纪 80 年代的改革话语"已经在相当一部分民众心中失去正当性",这种观点可称为"破裂说"。[①] 第二种观点认为,关于改革的各种争论"并不表示社会对改革已经失去基本的共识",但改革共识仍需进一步凝聚,这种观点可称为"流失

---

① 参见孙立平《改革共识基本破裂》,见乌有之乡网刊(http://www.wyzxwk.com/Article/sichao/2009/09/3564.html)。

说"。① 第三种观点认为，改革共识并未破裂，而是形成了一种"新发展共识"，这种观点可称为"替代说"。② 上述观点自有其道理，但从改革开放三十多年的宏观历史来看，从改革初期共识到当下改革共识的发展不是破裂后的重新凝聚，也不是原来的改革共识流失后的进一步聚合，更不是以一种全新的共识取代旧的共识，较为恰当的解释应该是改革共识的升级，即从初始形态的改革共识升级到当代形态的改革共识。

1．初始形态改革共识的形成

"文革"结束后，中国到底应该走一条什么样的发展道路尽管不可能马上明确，但政治家、知识分子和普通民众中的许多人都已经认识到：延续"文革"路线只能是死路一条。曾经为新中国成立立下汗马功劳并经历过20世纪50年代至70年代的老政治家，由反思"文革"进而开始反思中国的社会主义建设道路。③ 邓小平正是其中最重要的一位。在对当代中国的发展道路做出深刻反思的基础上，邓小平明确提出：贫穷不是社会主义，发展太慢不是社会主义，没有民主就没有社会主义。进而突破苏联模式对社会主义的传统理解，创造性地提出了改革开放的新思想。

沃尔特·拉克在《犹太复国主义史》中写道："与神秘主义渴望截然不同的政治犹太复国主义，若不是由于19世纪后半叶中欧和东欧犹太人朝不保夕的生活状况，是不会产生的。对于中欧知识分子来说，犹太复国主义已经变成了一种心理上的需要。"④ 在20世纪70年代末期的知识分子这里，对"文革"的拒斥和对新生活渴望也已经十分明显。知识分子本来就深受极左政策之害，对于改革开放政策的认同并不存在多大困难，事实上许多知识分

---

① 参见王梓等《在反思中深化改革》，载《21世纪经济报道》2006年3月27日，第4版。

② 参见马国川《析论"新发展共识"——专访国家行政学院公共行政教研室主任竹立家》，载《经济观察报》2007年11月5日，第37版。

③ 据万里回忆，1977年他去安徽当省委第一书记，原来不熟悉农村工作，但一具体接触农村工作，便受到很大刺激："淮北、皖东有些穷村，门窗都是泥土坯的，连桌子、凳子也是泥土坯的，找不到一件木器家具，真是家徒四壁呀。我真没料到，解放几十年了，不少农村还这么穷！我不能不问自己，这是什么原因？这能算是社会主义吗？"参见欧阳淞、高永中主编《改革开放口述史》，中国人民大学出版社2014年版，第11页。

④ ［英］沃尔特·拉克：《犹太复国主义史》，徐方、阎瑞松译，生活·读书·新知三联书店上海分店1992年版，第719～720页。

子一开始就成为改革春风下的思想觉醒者。《实践是检验真理的唯一标准》作者胡福明当时就认识到："'文革'再也不能继续下去，必须改弦易辙，重新探索建设社会主义现代化的新道路。"[①]而普通民众由于长期不能根本解决温饱问题，对改革开放政策同样寄予厚望。这从小岗村模式在全国农村推行时绝大多数农民的热烈拥护态度即可印证。

正是在思想认识高度契合的前提下，政治家、知识分子和普通民众中的绝大多数人形成了一个稳固的"共识圈"，共同分享初始形态的改革共识。这一共识的基本内涵包括：

第一，否定"阶级斗争为纲"，确立"以经济建设为中心"。由于"阶级斗争为纲"的政策导向在20世纪50年代中期以后长期主导我国经济社会的各个方面，因此，它远不只是一个普通的政策，实际上深入了国民的思维结构。在这种思维结构下，"人们的心理由于经常处于紧张状态而变得很畸形，心中总是绷着阶级斗争的一根弦"[②]，这种心理状态对于突击性的"经济会战"或许有一定的促进作用，但从经济社会的常规发展而言，则显然弊大于利。回归到以经济建设为中心不仅为经济建设本身提供了优先条件，而且意味着文化、社会生活等与阶级斗争的直接关系被取消，因而为这些领域开出了更多自由空间。所以，当邓小平提出将党和国家的工作重心转移到经济建设上时，无论是知识分子还是普通民众都表现出极大的认同。在"以经济建设为中心"的大思路下，文化学术领域"文艺为政治服务"的口号被置换为"文艺为人民服务、为社会主义服务"，文化自由的精神获得新生；社会生活领域施加在"发家致富"身上的意识形态枷锁被打碎，社会个体的积极性大幅度提高。

第二，改革高度集中的计划经济体制，解放和发展生产力。尽管1956年毛泽东就提出要"以苏为鉴"，此后的社会主义探索并没有成功，但实际上整个毛泽东时期实行的还是仿照苏联确立的高度集中的计划经济体制。这种体制在国家初创阶段能够将有限的人力、物力、财力集中起来，促进经济快速增长，但也具有很大的弊端。其最为明显的弊端就是高度集中的管理使微观经济缺乏活力：农村人民公社存在"平均主义""大锅饭"现象，国企则因被管得太多太死而效益低下。为此，党的十一届三中全会明确指出：

---

① 胡福明：《历史的回忆——记〈实践是检验真理的唯一标准〉的写作和修改过程》，载《党的文献》1998年第4期。

② 刘再复：《抛弃"以阶级斗争为纲"的思维结构》，载《群言》1988年第7期。

"现在我国经济管理体制的一个严重缺点是权力过于集中,应该有领导地大胆下放。"① 正是在这一总体判断的指导下,从党的三中全会到党的十四大走过了一条"计划经济"——"计划经济为主、市场调节为辅"——"计划和市场都是手段"——"社会主义市场经济"的逐步深入的探索道路。随着这种探索的深入,关于打破高度集中的计划体制的改革共识也在不断深化。尽管囿于旧有意识形态的偏见,此时人们还不可能完全认同市场经济,但"效率优先,兼顾公平"和"先富论"还是得到了绝大多数人的赞同,因为相对于平均却又贫穷的生活,人们更能接受有差别但更可能致富的生活。

第三,"摸着石头过河"。与西方主导的改革常常要从"修宪"开始相反,中国的改革是从"试验"开始,并成功地得到了推广。② 中国改革开放没有任何样板,一切都只能在摸索中进行,因此,在初始形态的改革共识中没有也不可能有如何改革的具体设计,更多的是对试验的包容和观望。然而,如果换一种视角来看,则这种试验的办法不仅是对党所设计的改革蓝图的实践验证,而且是一种通过局部范围的成功在民间不断积聚共识的稳妥途径。即使人们一时无法在某些改革政策和举措上产生共识,甚至改革探索中出现的某些错误导致共识暂时分化,改革所遵循的"摸着石头过河"的方法论依然不会遭到质疑。"只要我们现实地承认人的认识或理性能力是有限的而非至上的,就必须在实际生活过程中采取宽容的态度来对待一切人和事。在这个意义上,我们完全可以说'摸着石头过河'就是对社会认识的普遍智慧的通俗表达。"③

改革初期处理意识形态问题的方法鲜明地体现了"摸着石头过河"的实践智慧。改革开放启程后,意识形态上面临的最大问题是如何评价和对待毛泽东思想的问题。在此背景下,完全肯定或否定毛泽东及其思想都不利于改革共识的构建,前者不能自圆其说,后者则可能造成极度的思想混乱。党最终采取的是通过对毛泽东时期的历史进行重新解释来为改革开放奠定意识形态基础的做法。"通过将'实事求是'作为毛泽东思想的核心,邓成功地

---

① 《三中全会以来重要文献选编(上册)》,人民出版社 1982 年版,第 6 页。
② 参见张维为《中国震撼》,上海人民出版社 2011 年版,第 101 页。
③ 叶汝贤、黎玉琴:《"摸着石头过河":中国改革与发展的实践模式及其意义》,载《马克思主义研究》2009 年第 5 期。

借助毛的威望把中国从教条主义的桎梏中解放出来。"① 在处理毛泽东思想这一意识形态难题时，邓小平和初期改革者既体现出"胆子要大"的一面（否定毛泽东晚年错误），又体现出"步子要稳"的一面（强调毛泽东思想的"活的灵魂"）。这一点与赫鲁晓夫改革对斯大林直接贬损的意识形态策略形成了鲜明对照。

初始形态的改革共识尽管十分稳固，但也曾遭遇旧有意识形态惯性的阻挠。例如，当时民间有很多人对在改革开放实践中先行一步的广东缺乏好感②，而知识界对于姓"资"姓"社"等许多问题也存在思想分歧。邓小平利用其政治权威身份，为改革共识的凝聚设定了两条策略性原则，即"不争论"和"向前看"。设定这两条原则，用邓小平的话来说，是"为了争取时间干"，因为"一争论就复杂了，把时间都争掉了"。③ 但由于初期改革持续给人们带来直接利益，这两条原则所发挥的作用就不只是搁置争议，同时也为改革共识的自然形成创造了宽松的思想环境，并在较大程度上化解了处于共识圈之外的人们的顾虑，为改革共识圈的扩大奠定了基础。

2. 初始形态改革共识面临的危机与困境

初始形态改革共识是在"文革"结束后的特殊时代背景下逐渐形成的，这使得这一共识带有与生俱来的两个重要特征：其一，这一共识是在国家遭遇危难的特殊时期形成的，每个一开始持有异见的社会成员在最终接受这一共识时都扮演着某种"临危受命"的角色；其二，以邓小平为代表的中共老一辈革命家以其政治权威顺利推动了共识的形成，避免了共识过早流失的危险。正如恩格斯所指出的："能最清楚地说明需要权威，而且是需要专断的权威，要算是在汪洋大海上航行的船了。那里，在危急关头，大家的生命能否得救，就要看所有的人能否立即绝对服从一个人的意志。"④

---

① ［美］李侃如：《治理中国：从革命到改革》，胡国成、赵梅译，中国社会科学出版社2010年版，第148页。

② 当时，广东在全国的形象比较差。"内参、传媒经常登广东不好的东西。……广东的采购员出去，受监视、受审查；下火车，叫广东人站一边，其他人先出站，对广东人个个搜身，怀疑走私；电视电影也丑化广东人，骗子坏人都说广东普通话。"参见南方都市报《见证——中国改革开放三十年口述史》，广东教育出版社2008年版，第75页。

③ 参见邓小平《邓小平文选》第3卷，人民出版社1993年版，第374页。

④ ［德］恩格斯：《论权威》，见《马克思恩格斯选集》第3卷，人民出版社1995年版，第226页。

但是，这种影响并没有达到导致改革共识完全破裂的程度。2011年，本课题组两次对广东省数十位老领导、著名学者、企业家代表和普通群众进行访谈，访谈结果表明，民意对继续改革开放的态度高度一致。① 在访谈中我们还发现，对于初始形态改革共识中的上述三点基本内容，受访者大体上仍能接受。例如，有受访高校教师指出，"三十年的成就，最根本的就是抓住经济建设的中心"，"有人说现在经济发展得够好了，可以停一停以社会管理为主了，我们不是说不要社会管理，但是社会管理的目的还是要推动持续发展"。(scholar–WJ–M–50p) 受访农民大都认为改革后比改革前"经济好了"，"国家要发展经济"；改革后比改革前经济上更自由，可以出去"打工""做生意"；现在收入分配、教育、医疗、反腐败体制等"方方面面都要改"，但要先解决最重要的问题；等等。② 从这里可以看到，他们对上述三点基本内容仍有较高程度的共识。就此而言，并不存在所谓的共识流失，更谈不上共识破裂。当然，在包括政治家、知识分子和农民、工人在内的许多人这里，初始形态改革共识虽然延续下来，但已经难以构成继续深化改革的强大精神支撑。究其原因主要有如下三个。

第一，经济快速发展过程中出现的贫富差距过大、生态危机等严重问题。"允许一部分人先富起来"的政策在改革初期并没有遭到太大的抵触，这主要得益于这一政策在当时背景下的"帕累托改进"效应。然而进入20世纪90年代，随着国企改革进程的加速和地方政府对农民土地征收步伐的扩大，与"先富起来的一部分人"形成鲜明反差的"弱势群体"大量出现。在1995年至2005年的改革中，全国大约有6,000万公有制企业职工被替代，4,000万农民失去土地或人均占有土地不足0.3亩；整个社会的基尼系数日益扩大，城乡差别达6倍之巨。一位下岗工人这样描述当下贫富差距："有些穷的过年才吃得起一点肉。……好的，富的，几部车、几栋楼都有啊。"(GZ–ZNS–F–43) 在此情景下，"先富论"已经难以作为一种共识，而"共同富裕"尽管带有某种意识形态话语的特点，但更能发挥对民众的思想弥合作用。另外，环境恶化也成为影响改革共识凝聚的一大问题。在改

---

① 参见《关于继续改革的民意调查与对策建议》，见《成果要报》，2012年。此成果依托于李萍教授主持的国家社会科学基金重大项目"改革开放视域下我国社会意识变动趋向与规律研究"。

② 参见本课题组对广东乳源瑶族自治县井塘背村、雷州市、惠州市等地农民的访谈记录，2011年。

革开放后突飞猛进的经济建设过程中，一些地方干部和企业家将经济效益作为唯一目标，无视甚至牺牲环境效益以换取经济效益的增长，由此带来环境状况普遍恶化和严重的生态危机。一位大学教授这样说道："我们当代人用了后几代人的资源，用了他们的空间。这样导致后人的生存就非常艰难。这是我们这些年发展遗留的一个很大的问题。"（scholar–CJL–M–50p）而近年来，由于环境事故频发和民众环境维权意识逐渐增长，全国各地与环境污染和生态破坏直接相关的群体性事件不断出现，由此，生态危机越来越与社会危机相交织并放大其负面影响。正因为改革中出现了许多问题，少数人甚至开始怀疑继续改革的必要性。一位受访教授不无担忧地问道："过去十几二十年，虽然享受了经济改革的成就，但是政治改革、体制改革、新的文化系统、甚至新的意识形态、新的价值观念体系都没有建立起来。现在再往前走，怎么办？"（scholar–LZW–M–59–2014）而在改革中利益受损的底层弱势群体，因担心改革再度损害自己的利益，同样不愿"向前看"，甚至有人怀念起改革前虽不富裕但更平等的年代。

第二，双轨体制并存下的利益寻租与既得利益的阻滞。由于我国采取的是逐步由计划经济体制过渡到市场经济体制的改革方式，因此，直到今天仍然存在着双轨体制并存的事实。这种过渡性的体制固然体现了中国改革的实践智慧，但延续到当下实际上已经积累了许多不公平的因素。"有的人在两个体制里都是获利的，而有的人在两个体制里都是利益受损的。在旧的体制中获利最多的人，也是在市场体制中得利最多的人，也是退出旧的体制最晚的人。"（scholar–CH–M–57）尤其在缺乏科学有效的权力监督和制约机制的前提下，必然出现利用双轨体制实现利益寻租的现象，进一步强化了这种过渡体制下的不公平。同时，一些既得利益者出于继续享受原有体制好处的考虑，赞成他人改革，却不接受自己改革。改革"三公消费"受阻就是一个典型例子。"造成这种状况，固然有各种各样的原因，但其中可以确认无误的一条，恐怕就是一些既得利益部门的消极、拖延。"[1] 尽管改革者一直在冲击既得利益的藩篱，但不得不承认的是，庞大的既得利益集团使得改革困难重重。

第三，"摸着石头过河"的局限性及其现实问题。"摸着石头过河"是在改革初期几乎没有现成经验可以借鉴的条件下所形成的一种改革路径共

---

[1] 王长江：《深化改革要有"壮士断腕"的勇气》，见吴敬琏等《改革共识与中国未来》，中央编译出版社2013年版，第7页。

识。这种路径强调自下而上的试探性改革和改革实践之于改革理论的先行性和决定性，对于初期改革的启动和成功具有至关重要的作用。然而，随着改革的不断推进，"摸着石头过河"的单一方法论也逐渐暴露其局限性和现实困境。首先，在"摸着石头过河"的改革路径主导下，初期改革主要集中于基层和局部，难以扩展到上层和全局。其次，由于较少从宏观和全局考虑问题，整体利益调整滞后，甚至包括主管改革的部门在内的许多公共部门本身成为既得利益者。最后，由于实行试探性的改革，容易造成改革政策的不稳定性。因此，下一步的改革，"不能总是摸着石头过河，得有一个大概的远景图和战略走向"。（scholar－WJ－M－50p）

3. 从初始形态改革共识升级为当代形态改革共识

改革进行到当下，正如有的学者所说的：许多影响和制约发展的难题都已经破解，"但还有一系列深层次矛盾和问题尚未得到根本解决，剩下的都是难啃的硬骨头"[①]。化解这样的矛盾和问题，必然要求凝聚当代形态的改革共识，形成新的改革合力。然而，经过四十多年的改革开放，中国的社会意识领域已经十分多元，不仅知识界产生了众多思想流派，而且社会大众中亦时有各种争议。因此，"如何通过一种社会大多数人都能接受的意识形态，把多元化的社会利益整合在一起，消解不同利益集团之间的矛盾和冲突，是党面临的又一个难题"[②]。

正如今天的改革是昨天的改革的延续，当代形态的改革共识与初始形态的改革共识也不可能割裂。当代形态的改革共识既需要最大可能地保留初始形态改革共识中的合理成分，也需要对其进行补充、更新和升级。原因在于：首先，我国改革开放是从经济领域开始的，与此相联系，初始形态改革共识的主体内容集中在经济方面，而随着全面深化改革目标的提出，不仅需要继续凝聚对经济改革的共识，还亟须达成对政治、社会、文化、生态等各方面改革的共识。其次，初始形态改革共识中的许多内容还有待深化。不论否定"阶级斗争为纲"，确立"以经济建设为中心"，还是改革僵化的计划经济，解放和发展生产力，这些内容从今天来看仍没有错，"摸着石头过河"的方法论大体上也是适用的。但上述共识基本上已成为常识，改革共识的凝聚已经不能停留在上述常识上，而必须从各个阶层对改革的新思考和新

[①] 郑必坚：《全面深化改革的重大意义》，载《人民日报》2013年12月4日，第7版。

[②] 童世骏主编：《意识形态新论》，上海人民出版社2006版，第77页。

期待中找出共性,从改革的内容布局、体制完善和路径方法等方面对初始形态改革共识进行更新和升级。具体表现在以下三个方面。

第一,在加强经济发展的同时,更加重视改革的全面性,加快解决贫富差距过大、社会公平正义缺失和生态环境恶化等严峻问题。改革的全面性已经引起越来越多的注意。在本课题组所做的大型访谈中,不同阶层对继续改革的诉求各有侧重:老干部群体更重视民主建设和政治体制改革,知识分子群体更重视社会体制改革和法治建设,企业家群体更重视经济体制改革,基层群众更重视民生建设,大学生群体则对政治、经济、文化和社会各领域的重要问题都有较多关注。当下深化改革仍需以经济改革为重点,但上述访谈表明,民众对改革的期待是多方面的,涵盖了经济、政治、社会、生态、文化等多个方面。就当下来看,民众对贫富差距过大、社会不公、环境遭到破坏等严重问题已经表现出高度共识。① 而各阶层对贫富差距过大的问题尤为关注,即使是一般所谓的精英阶层,对此不仅没有回避,甚至还表现出担忧。如某大型房地产公司董事长说道:"我们国家现在最大的问题是国强民未富……老百姓没有同步享受到改革开放的极大成就,所以我们现在是国强民不富,这样就会带来很多的社会问题。"(ent－ZXC－M－47)事实上,一个国家的贫富差距过大,不仅让底层民众深受其苦,从长远来看,对精英阶层也是不利的。因此,缩小贫富差距不仅成为中下层民众的共识,而且越来越成为许多有理性、有担当的精英人士的共识。而对于贫富差距拉大,以及腐败滋生、社会问题层出不穷、生态环境破坏等问题产生的根由,则需要从制度上去寻找。这一点实际上也已经为许多人所认识。例如,近年来随着互联网的普及,民众针对许多社会事件创造了一系列的网络流行语,而诸如"躲猫猫""房奴""官二代""富二代"这些"社会事件类的流行语流行的背后,大都有权力压制的影子","体现了广大网民嘲讽邪恶虚假、期盼公平正义的理性要求"。② 与收入分配和公平正义相比,环境问题似乎并非民众迫切需要解决的问题。然而正如国外学者所警示的,在中国有朝一日跻身富国行列之前,必须认真对待两个与环境相关的问题:一是对资源密集型技

---

① 参见《关于继续改革的民意调查与对策建议》,见《成果要报》,2012年。此成果依托于李萍教授主持的国家社会科学基金重大项目"改革开放视域下我国社会意识变动趋向与规律研究"。
② 陈氚、刘少杰:《网络流行语的感性化与讽喻性》,载《人文杂志》2013年第3期。

术的依赖,二是全球气候变暖。① 这样的观点不难为中国的精英阶层所认同。而作为生态环境破坏的直接受害者,民众对绿色生活的期盼实际上也已经十分明显。②

第二,在坚持改革不走回头路的前提下,继续完善社会主义市场经济体制。如果说初期的改革者所面对的是一个走入死胡同的中国,不改革只有死路一条,那么今天的改革者所面对的已经是一个初步崛起的中国,选择的可能性远比以前更多。同时,今天的改革者所面对的压力和阻力并不亚于初期的改革者。然而,改革不能停顿,改革中产生的问题只能通过进一步的改革来消解,这已经成为绝大多数人的共识。正如一位企业家所说的:"你要停下改革,就会往回走,往计划经济倒退;继续改革往前走,你就能解决改革中产生的问题。"(ent - MZC - M - 54)实际上,今天在"要不要继续改革"的问题上的共识正是改革本身的实践所造就的,这一共识恰恰证明了改革的正确性,是深化改革的重要合法性基础。

从 1978 年以来,改革中逐渐明确的一条主线就是打破计划经济体制,确立社会主义市场经济体制。改革初期,"社会主义市场经济"概念曾经遭到许多人的质疑。③ 然而经过三十多年的探索,社会主义市场经济不仅证明了自身的可行性,而且显示出强劲的生命力。与之相应,"社会主义市场经济"一词也越来越得到学术界的认同。有学者认为,"社会主义市场经济"在学理上和实践上都是能够成立的,我们应该认真总结改革开放以来社会主义市场经济的实践,"认识社会主义市场经济中蕴含的经济学含义"④。有学者则认为:改革开放的实践充分证明了社会主义市场经济的正确性,"只有

---

① 参见[英]马丁·雅克:《当中国统治世界》,张莉等译,中信出版社 2010 年版,第 139 页。

② 据 2013 年北京发布的"我心中的美丽中国"网络调查结果显示,"食品卫生安全有保障"和"$PM_{2.5}$ 等空气污染指数低,空气质量良好"两项得票数分别排在第一和第三位。参见《"美丽中国"网络调查:食品安全最受关注》,见中国新闻网(http://www.chinanews.com/sh/2013/03 - 02/4609846.shtml)。

③ 例如,即使在中国市场化改革已经进行十多年后,撒切尔夫人仍然认为这一概念几乎是天方夜谭,她的判断很明确,"社会主义和市场经济不可能兼容"。参见陈锦华《国事忆述》,中共党史出版社 2005 年版,第 247 页。

④ 崔之元:《重新认识"社会主义市场经济"的经济学含义》,载《文化纵横》2009 年第 1 期。

坚持市场化、法治化、民主化的改革道路，进一步完善社会主义市场经济体制"①，才有光明的未来。在本课题组的访谈中，也有学者认为，社会主义更注重平等，所以"从理论上来讲，社会主义的市场经济，就不应该是完全的资本主义的市场经济"。（scholar-HTJ-M-76）尽管这些学者的立场和学科背景截然不同，对"社会主义"和"市场经济"的侧重程度也有很大差别，但在认为"社会主义市场经济"的概念可以自圆其说，中国改革开放的成就得益于社会主义市场经济的战略思维，未来改革应坚持社会主义市场经济的方向这些问题上是有很大共识的。因此，深化改革仍然必须坚持社会主义市场经济这条主线，不断完善社会主义市场经济体制，既要突出市场在资源配置中的决定性作用，又要发挥政府在宏观调控和国家治理上的积极作用，切实把市场和政府"两只手"的作用充分发挥出来。

第三，在"摸着石头过河"与加强顶层设计相结合的基础上，更加重视协商民主。正因为"摸着石头过河"的单一路径存在许多问题，党的十八届三中全会报告指出，要"加强顶层设计和摸着石头过河相结合"。但是，如何产生科学的顶层设计则是一个问题。当年的改革开放是在政治权威人物主导下推进的，尽管改革初期普通民众如农民也发挥了相当大的作用，但改革进程基本遵循着"民众—政治家—民众"的推进程序，即民众实践首创，政治家从理论上提升，再推广到民众中。在此过程中，民众好的实践经验容易得到吸取，但由于缺少和民众协商，民众的真实意见难以得到表达，许多改革政策并不能满足民众的真实需求。改革开放发展到今天，一方面，各种社会矛盾越来越复杂，与之相应的政治决策也需越来越谨慎；另一方面，民众的民主和权利意识已经有了很大的增长，在这样的背景下，扩大与民众（包括知识分子）的协商显然应成为当下改革的基本路径。事实上，中国特色民主政治最为独特的优势也正是在于此。正如一位老领导所言，"我们共产党的最大优势是生根基层，听老百姓的呼吸，了解老百姓需要什么，这才是我们共产党的优势，如果我们不是这样，就会和老百姓的距离越来越远"。（lead-CJ-M-60p）总之，只有把"摸着石头过河"、顶层设计和协商民主三者有机结合起来，才能更好地贯通基层、中层和上层，局部和全局，使改革决策更为科学，改革合力更为强大。

---

① 范世涛、王尔德：《专访国务院发展研究中心研究员吴敬琏：完善社会主义市场经济，建立包容性的经济和政治制度》，载《21世纪经济报道》2012年10月29日，第5版。

当今中国的改革已经到了攻坚克难的阶段，已经进入深水区，区域发展的不平衡、不同群体的利益分化、社会思潮多样化都增加了改革共识凝聚的难度。为顺利实现初始形态的改革共识向当代形态的改革共识升级，并使当代形态的改革共识获得越来越广泛的认同，需要从多方面进行努力。

实现改革共识升级首先应增强改革的前瞻性和普惠性。改革获得民众认同需要一个过程。即使在三十多年前，人们对改革的认同也不是一夜之间确立起来的，而是"边改革边认同"的结果。然而可以确定的是，正是既强调解放思想又强调实事求是，同时突出改革的前瞻性和普惠性，才使初期的改革逐渐获得稳固认同。深化改革仍需抛开旧有观念的束缚，从当下和可预见的未来最突出的问题改起，从群众最期盼的领域改起。正如一位学者所说的："我觉得中国梦的最大特征是老百姓能够幸福、安康，在一个和平、安宁、公平的环境下生活，每个人只要付出努力，都有可能获得成功，这是最大的中国梦。"（scholar – CH – M – 57）只有建立在这样的基础上，改革共识才可能具备坚实的群众基础，才能引导各个阶层的民众一致"向前看"。

实现改革共识升级需要理性地认知中国国情。和三十多年前相比，中国社会发生了翻天覆地的变化，只有把准当今时代的脉搏，才能提出正确的改革对策。把准时代的脉搏，不能只看网民的言论，也不能只听知识分子的言说，而必须贴近民众的实际，倾听其真实的声音。事实上，中国最大的红利仍然是改革，凝聚当代形态的改革共识主要不是要不要改革的问题，而是如何改、改什么的问题。只有对中国国情做细致的调查研究，才可能提出恰当的改革方案。同时，形成当代形态改革共识也需要理性地认知历史，尤其是新中国成立以来的历史。"对历史的理解某种程度是我们理解当下的条件，而这种理解也影响到我们对未来的期待。"[①] 不同社会思潮和学术派别对改革的争论，在一定程度上是因为对改革开放前后两个历史阶段认知和评价的分歧。要在这些思潮和派别中取得共识，首先要做的就是对新中国成立以来的历史做细致的认知性研究。理性地认知改革开放前后两个时期，不仅有助于缓解不同立场的人们之间的认识分歧，而且有助于认清改革共识形成演变的必然性和当下改革共识的历史基础。

实现改革共识升级需要构建有效的思想整合机制。相比改革开放初期，今天的中国无论是学术界还是民间社会都充满各种不同的声音，同时，人们

---

① 赖国栋：《保罗·利科：〈记忆、历史、遗忘〉》，见刘东主编《中国学术（总第26辑）》，商务印书馆2010年版，第339页。

对政治领袖的态度更趋理性。在这种情况下,借助政治权威来推动社会共识的形成已经变得十分困难,而构建有效的思想整合机制则成当务之急。这种机制应当具有如下三个特性:一是全面性。思想整合并非取消或压制各种社会思潮的存在,恰恰相反,是在尊重社会思潮多样性基础上对每一思潮合理性的吸收。同时,它还要求改革家综合考虑不同民族、地域、阶层、行业的人们的愿望和要求,甚至"考虑到不同时代成长起来的人的需求,让不同的人都有共鸣"。(scholar－CCS－M－55－2014)二是协同性。改革是一项复杂的系统工程,因此,实现思想整合不能满足于在某些政策口号、抽象概念上取得共识,更重要的应是在对改革理念的具体理解和具体操作上取得共识并达成默契,协同推进改革理念向实践的转化。三是互动性。在当今时代条件下实现思想整合,已经不可能采用单一的、自上而下的政治动员方式,而更应注重网络媒体、社会组织等"共识介体"的建设。一方面,每一个利益群体自由、公平地在共识介体上发表自己的意见并进行讨论,在此基础上找出"最大公约数";另一方面,党也可以将自己的改革理念通过共识介体进行传播和共享。这样,上层、中层和基层之间、不同利益群体之间的思想观念将更为有效地对接、碰撞和贯通,从而生成为多数人认可的新的改革理念,促进改革共识的观念升级。

(二) 改革共识形成路径的变迁

研究社会意识变动的特点和趋势的根本目的在于更好地对社会意识加以整合,改革共识的形成就是社会意识整合的典型内容。社会意识的整合有赖于良好的制度建设和顶层设计,国外优秀的制度方法也可加以借鉴。因此,一种参考或借鉴美国经验的视角或许有利于我们强化社会意识的整合机制。就改革共识形成而言,通过中美的互鉴分析,我们认为,中国以往重大改革都是在中国共产党和社会内部达成某种"妥协性共识"的情况下出台的,因而也在最小阻力下取得了最大的成就。但也出现过改革共识难以出台的困境,并在相当程度上危及"深化改革"目标的实现。"改革共识"缺位的原因可归结为利益分化、权力失衡和共识平台的缺乏等。为达成新的利益整合和力量制衡,就必须反思自上而下进行的价值整合模式,即从单纯地追求"凝聚共识"转为建设"共识平台"。这就意味着需要借鉴其他国家以"政治市场"等"共识平台"成功整合国内共识的经验,通过自下而上的路径凝聚"深化改革"的新共识,为长期的观念和价值整合创造全新有效的模式。

1. "改革共识"的困境

中国的改革开放进程从一开始就伴随着理论层面的交锋,据相关研究者统计,在社会上产生广泛影响的大型论争就有四次,其他规模较小的论争则随时都在发生,不计其数。① 关于这四次论争的主要焦点,说法不一,但也形成了大致上的共同判断:20 世纪 70 年代末和 80 年代初的争论是关于"两个凡是"还是"改革开放"的论争,80 年代中后期是关于商品经济和反资产阶级自由化的论争,90 年代初是关于姓"资"姓"社"的论争,90 年代后期是关于姓"公"还是姓"私"的论争。② 而到了今天,在"全面深化改革"的总体框架下③,又发生了关于改革性质、方向和路径的一系列论争,且尚未得到理论上的定性。

在上述理论交锋中,不同的利益团体和思想派别都选择在包括党的会议、政府会议、新闻媒体、学术领域等各种场合进行理论论争。此外,还有那个时代所特有的体制改革理论务虚会议和民间政论参与。当然,并不是每次理论交锋都会形成思想上的一致性共识,一般来说,都会有某种理论或思潮成为党内和国内主流的选择,而压倒另外一派或几派思潮。特别是在影响最大也是最关键的两次交锋(70 年代末和 80 年代初的争论是关于"两个凡是"还是"改革开放"的论争,90 年代初是关于姓"资"姓"社"的论争)中,改革开放的基本路线和市场经济等核心理念得以确立,并成为中国改革开放的基础性动力。

所以,在历史和实践层面,所谓"改革共识"的形成,更符合实际的描述是:并非各种利益集团和思潮在争论后都统一了认识,而是在社会各种力量激烈的思想交锋过程中,因其影响力大小而最终得出了某种结论,之后的改革实践就在这个结论的指引下确立方向并寻找路径,而将争论中的其他

---

① 参见马立诚《交锋三十年——改革开放四次大争论亲历记》,江苏人民出版社 2008 年版。

② 根据相关研究整理。参见陈明明《中国的政治改革为何难以形成稳定的共识》,载《江苏社会科学》2013 年第 2 期;[美]伊莱恩·卡马克、冉冉《过去 20 年各国政府改革的经验与教训》,载《经济社会体制比较》2005 年第 6 期;高尚全《改革共识与建设服务型政府》,载《经济社会体制比较》2005 年第 6 期;宋月红《改革开放理论的丰富与发展》,载《当代中国史研究》2014 年第 1 期;任保平《后改革时代的标志、特征及其改革共识的构建》,载《学术月刊》2010 年第 5 期。

③ 参见《中共中央关于全面深化改革若干重大问题的决定》,人民出版社 2013 年版。

声音搁置一边。在这些论争和交锋中先后登场的"左派""经济实用主义""新左派""新权威主义""经济自由主义""政治自由主义"等力量，事实上都未能完全达到自己的目的，而是在妥协中部分地实现了自己的目标。因此，这种改革共识并非以思想统一为标志的"一致性共识"，而更像是西方国会中各种意识形态和利益争端最终所形成的"妥协性共识"。

与此同时，在"改革共识"的形成过程中，有的是赤膊上阵的观念纷争和利益冲突，但缺乏规则严整的交流平台，因此，这些纷争和冲突往往会造成利益冲突和阶层矛盾的严重后果。在社会群体之间利益和观念越来越歧异、阶层和群体间互动的恶性化趋势下，形成共识也就变得越来越困难，甚至有在既得利益集团和其他社会群体的矛盾冲突中，"改革共识基本破裂"[①]的提法。

如果上述对"改革共识"的定性是符合历史实际的话，那么可以推论，改革共识之所以难以形成，至少存在三大障碍，即利益多元化、力量对比失衡和共识平台缺位。

首先，经济领域的改革和发展，引发社会利益的多元化以及随之而来的利益矛盾和冲突，特别是当增量改革的红利已经耗尽，对每个群体都有利的改革举措已经差不多都出台了，而在存量改革的过程中不可避免地会伤害到部分群体的利益，由此引起的局部反弹甚至反改革的声音也在增多，思想共识在利益纷争的情况下难以达成。如果具体到中国的各种不同的利益群体，对其描述如下：一是就劳动型利益群体而言，工人农民对于经济改革和自身经济状况的关心要远远超过政治体制改革，他们最迫切的问题是解决经济发展放缓对自身收入水平、消费能力、福利保障等方面的冲击。政治层面的改革对其影响显然是间接而不确定的。如果说对于政治体制有所期望的话，也更多的是希望现有的政府是一个能保护他们利益、稳定他们生活的有权威的政府，而对于政治体制改革则难以认清蕴藏于其中的政治利益，因而更像是局外人。二是私营经济是在政府的宽松政策和扶植下发展起来的，但在一个经济体制和政治体制衔接尚不紧密的市场经济环境中（如20世纪80年代），他们的发展空间反而更大一些，如果政治和经济运行方式都走上正轨，那么他们奇迹般发展的机会无疑会大大减少。更不要说那些依靠政治体制中的漏洞而获高额灰色收入的人群，无疑等于宣判了他们致富生涯的结束。三是干

---

① 孙立平：《改革共识基本破裂》，见乌有之乡网刊（http://www.wyzxwk.com/Article/sichao/2009/09/3564.html）。

部群体作为个体来说，政治体制改革给他们带来的现实冲击要远远大于将来可能会获得的好处，在改革中，干部群体甚至要做好牺牲某些利益的准备。由此可见，虽然政治体制改革的必要性和迫切性人人皆知，但这并不能构成改革的现实动力。现实的动力必须来自现实的利益。正是由于缺乏这种利益上的推动，因此除与经济体制联系比较紧密的部分不得不做变动外，政治体制原有的缺陷几乎未有根本性的改观，而新的缺陷又在不断产生和放大。[①]

其次，除利益多元化取向外，参与改革的各种力量之间的不均衡也成为利益固化的重要原因，任何关于改革既得利益的努力当然会遭遇强大的狙击。在改革开放进程中，"让一部分人先富起来"本来是最受认可的改革共识之一，但在改革中所造就的既得利益集团、阶层和群体，却在"先富起来"之后，拒绝因进一步改革而触及自身利益。其所携有的政治、经济和文化力量远远超过其他利益群体和利益集团，其所试图维护和僵化的体制成为维系其对既得利益的持续占有的主要方式，由此带来改革改不动的利益固化、体制僵化的现实。例如，近年来垄断企业通过垄断获取超常利益问题非但没有减轻，反倒呈现不断固化之趋势，已演化成为严重的社会问题。[②] 这也引发了关于改革权力究竟掌握在谁的手里的疑问。在社会各个阶层、群体在改革中分化严重，力量对比严重失衡的格局中，在现有的经济上半市场化、政治上半自由化的局面对少数群体有利的情况下，反对进一步市场化和自由化的力量抬头。此外，由于其在政治上处于强势地位而限制了其他争论的声音，权力博弈的规律就是——在力量对比失衡的情况下妥协很难发生，所谓"妥协性共识"因此难以建立。

最后，改革共识并非凭空出现的，它需要有一个不同意见彼此博弈的平台。以往的改革共识更多的是通过政治精英以自上而下"顶层设计"的路径来实现。但在社会结构高度复杂化、意识和观念多元化的情况下，由政治精英单独认定改革共识的做法已不能适应社会的需要，更何况政治精英（干部阶层）已经成为社会利益结构中的组成部分，由其单独认定"共识"，也会引发社会其他利益群体的疑虑。在这种情况下，有学者认为"顶层设计"的主要目标应凝聚改革共识的平台，即顶层设计是一种理想化的改革模式，

[①] 参见唐昊《转型期中国社会利益群体的政治分析》，载《学术论坛》2000年第4期。

[②] 参见和军、李绍东《垄断利益固化机制与突破路径》，载《理论导刊》2013年第2期。

而改革的实践却与利益群体的博弈有关。一项有利于千百万人的改革是人民的事业,需要人民群众的广泛参与和共识。要通过"顶层设计"进一步促进社会共识的形成,并建立起社会共识的形成机制和平台。①但此种博弈平台的建设发展缓慢,甚至连已有的媒体、人大、政协等共识平台所发挥的作用也并不能令人满意。常规化的利益博弈平台尚未建立,各种利益集团进行论争、寻找代理、彼此妥协的机制极不完善,共识平台的缺乏成为共识难以产生的技术性根源,并且由缺乏共识而导致极端化行为产生的机会也越来越多。

在改革共识形成的三大障碍中,利益多元化和思想观念多元化的状态是市场经济下的社会常态,无法也无须去除;而改革过程中所形成的强大既得利益集团也非短时间内就可以限制的。反而是第三个障碍——常规性利益博弈和共识平台的缺位——倒是可以解决的。实际上,通过建立公平的常规性利益博弈和共识平台,各种利益集团都可以得到平等发言的机会,即使最弱势的群体也能建立与政治体制之间的联系,如此必将有利于形成某种政治正确性,并且限制超级强大的既得利益集团的权力,从而不断消解第二个障碍,使得"妥协性共识"有机会形成。实际上,在历史和现实中,某些国家的政治改革和经济改革实践正是通过这条路径完成的。和经济改革依赖市场平台才能形成不断增长的动力并得以成功一样,可以将这个持续产生共识的平台称为"政治市场"。

2."政治市场"与"妥协性共识"

"政治市场"(political market)的提法,原本基于公共选择理论对美国国内政治的理解。詹姆斯·布坎南认为:"公共选择是一种对政治的看法,它是在把经济学家的根据和方法扩大应用于集体的或非(经济)市场的决策的过程中产生的。"② 在公共选择理论看来,政治领域的生态环境也可被视为一个"政治市场"。在这个"政治市场"上,政府与公民之间的关系类似于经济市场上最常见的委托-代理关系:政府作为公民利益的总代理,须以公民利益的实现为其根本宗旨;选民和政治家、官僚之间的关系相当于经济市场上的消费者与生产者之间的关系,选票相当于货币,政府官员或政治

---

① 参见蒋德海《改革需要共识——关于"顶层设计"的几点辨析》,载《探索与争鸣》2013年第5期。
② [美]布坎南:《自由、市场与国家》,平新乔、莫扶民译,上海三联书店1989年版,第29页。

家通过制定政策来获取选票，公民通过支付选票来挑选自身所需要的政策。这种相互交换的关系之所以成立，是因为各自的个人利益的存在。总而言之，"在最基本的理想中，政治是一个复杂的交易过程，完全类似于市场"①。

政治市场广泛地存在于以美国为代表的西方国家政治体制中，并被用作整合国内共识的基础性平台。以英国为例，第二次世界大战（以下简称"二战"）后英国形成过两次共识，也因此引发了两次重大的政治经济改革。"二战"后三十年间的社会民主主义共识形成了英国的福利国家制度；20世纪80年代开始延续至今的新自由主义共识，则重新定位了英国的再度市场化改革思路。这两次改革共识的形成清晰地表明了"二战"后英国主流政治的发展轨迹。有学者认为，在此过程中，工党和保守党各自选择的竞争模式，直接影响了共识的形成与变迁。②而其竞争的前提当然是政党、利益集团参与政治活动的一系列平台和机制的存在。这个过程也是一个在利益集团、政党、国家等多个层面，以及在工人、资本家、中产阶级等多个领域内进行整合的过程。而主要的共识则是政治精英们通过英国的"政治市场"而达成妥协的产物。

此外，"市场化"的决策方式是对社会利益表达的一个理性过滤过程，既照顾到社会方方面面最广泛的利益，同时也使得利益表达的过程更加平和且规范，使得政治输入过程更加方便高效。政治市场的设计意味着决策过程的公开、透明和相关利益方的充分参与。这种形式会把各种解决问题的建议全部放在桌面上供政策制定者讨论，政策制定者可以从中选择最好的解决方案。经过国会、行政部门、政党和媒体等充分讨论的对外政策，意味着在各个利益集团进行了足够的利益表达之后才会出台相关决策。

最后但也同样重要的是，"妥协性共识"其实意味着从政府到所有利益集团的合法性。只要社会上存在着一定的主体和需求，就没有一个利益集团是可以被外界消灭的。即使在"政治市场"上博弈失败了，也并不意味着这个利益集团就会退出历史舞台。大多数情况下，这个利益集团会积极地准备下一次博弈，不担心被胜利者消灭，也不会在绝望的情况下选择与体制为敌，把推翻体制作为自身的目标。相比之下，如果缺乏这种在博弈后对相关

---

① James M. Buchanan, *Liberty, Market and State* (Harvester Press, 1986), p. 18.
② 参见王燕《政党竞争模式与英国共识政治》，载《当代世界与社会主义》2005年第3期。

利益集团的保障,博弈的结果要么全赢,要么全输,那么不但博弈的过程会相当惨烈,而且博弈的结果也必然造成社会的分裂和动荡。在这一点上,政治市场上的妥协过程要优于经常性地以全赢为目标的路线斗争化的博弈方式。

当然,这种国家利益认定的过程也并非完美无缺。如同经济市场一样,"政治市场"也有"市场失灵"的时候。当市场信心下滑、市场主体出现非理性行为,或者当某个超强利益集团把自己的利益装点成国家利益时,国家利益的认定和对外政策本身都会出现偏差。

不过,"政治市场"虽然不能避免"市场失灵",但能够保全作为"市场规则"的民主政治的生存和稳定发展。其保护的方法很奇特,就是在某种程度上给这个国家中最强大的政治势力接触和影响政治权力的一个捷径,或者叫"特权",以换取他们对民主政治的支持。因为很明显,如果完全依据民主原则,则作为人口少数的上层阶级的利益将无法得到充分保障。如果不做这种政治上的妥协,那么可能这些强大的力量会转而与民主政治作对,甚至进而推翻民主政治。这样的历史真实地发生在古代雅典、古代罗马民主政治中。

于是,民主政治就容忍自己被腐蚀,甚至在民主制度的墙角挖了一个洞以便让上层阶级通行。当然,这样做的前提是:政府、法律和新闻媒体监管到位,而公民社会力量也强大到足以保证这种腐蚀不会掏空整个民主政治的根基。在此前提下,民主政治就不会在与社会强势阶层斗争中自我消耗。

总而言之,作为共识平台的"政治市场"之所以能够形成共识,主要方式就是容忍多元政治主体上场博弈,在博弈和竞争中对政府进行赋权和合法性赋予。政治主体的发育是"政治市场"作用发挥的条件,"政治市场"也是政治主体成长的平台,二者互为因果、互相促进,并因此形成了一个国家政治发展的良性循环。

相比之下,中国当代历史上的改革共识更多的是出于模糊的推测,而非利益博弈后的精确结果。政治精英、普通官员、企业家、知识分子、草根阶层之间也许存在一定程度的共识,但并不存在一个制度化的表达和参与平台。所以在国家和社会各个层面所热衷讨论的改革共识,就成了一个想象中的共识。缺乏"政治市场"一类的共识平台,那么共识本身的形成过程就会受到更多质疑,从而影响共识本身的产生和发挥作用。

此外,中国不同的政治意识和利益之间的博弈平台不是市场,而是战场。在革命战争年代,无论是"左"或"右"对政治博弈的理解都是路线斗争、赢者通吃，较为残酷。而改革开放的年代则有"新左派"与"新右派"的斗争，各种不同的利益集团都试图按照自己的意愿塑造这个国家，并认为这就是绝对真理，因而拒绝与其他的意见和诉求相妥协。在此基础上永远无法达成妥协性共识，而只能在利益集团彼此的竞争、斗争中由政治精英或领袖强势决定。这必然为改革带来更多的后续问题，并且激化了利益集团彼此之间和各个利益集团与政府之间的矛盾。因此，建立新的改革共识，不能回避最根本的理论假设，也不能忽视共识平台的建设，必须对以往自上而下的共识建立模式进行更新。毕竟，利益博弈时代的改革，已不像以前只需强调价值，而是要从价值认同扩展到路径认可。

3. "更新政治参与"的共识新路径

王绍光曾经将中国公共政策议程设置的模式，从民众参与程度和议程提出这两个维度来划分，分为关门模式、动员模式、内参模式、借力模式、上书模式、外压模式六类。[①] 其实从制度化（institutionalization）的维度来看，它们都可被归结为非正式的政治行为（informal politics）一类。即无论这些模式如何丰富，在实际上都有着制度化和合法化程度不足的问题，此种模式关于国家利益和公共利益的认定，虽然时有共识产生，但其实从未建立过常规性的共识平台，也缺乏一种为利益博弈和思想交锋提供常规性的互动机制。

在政策议程长于动员而短于参与的情况下，中国的改革过于依赖"顶层设计"。即使一些改革方案，如家庭联产承包责任制等是由民间发起的，但也是通过政治高层的认定才能成为全国共识并加以推广。实际上，20世纪90年代中期以来，中国几乎所有的改革都由政府主导和推动，政府主导往往就是部门主导，比如国企、医疗、教育、投资、金融、证券、住房、劳动和社会保障以及事业单位改革、社会管理体制改革等，一段时间所暴露的政企不分、政事不分、政府与社会中介组织不分，其主要矛盾也都在于部门主导。[②] 显然，这种由政府部门主导的改革共识建立形式缺乏持续性的发展动力。特别是在部分利益集团更有能力影响高层决策、另外一些利益集团和利益群体的声音可以被轻易屏蔽的情况下，这种"自上而下"的共识形成路径会引发越来越多的问题。

---

① 参见王绍光《中国公共政策议程的设置模式》，载《中国社会科学》2006年1期。
② 参见熊文钊、张伟《防止国家政策部门化》，载《瞭望新闻周刊》2006年第21期。

第四章 当代中国社会意识的变动分析

而从改革共识的内容来看,改革共识的提法本身预设了一个共同利益的存在,但改革开放后的中国只是逐步实现了经济利益层面的共识。即市场本身作为一个利益交换的平台和机制会使得大部分经济利益需求都可通过市场的方式来满足。也就是说,虽然人们有着各自不同的利益诉求,但对通过市场来满足利益需求这一点上是存在共识的。而在政治层面,中国社会则未能在社会基层组织与上层建筑之间建立起应有的利益关联。即政治体制改革虽然有着从上到下的诸多认可,但以建立国家和社会之间良性互动关系,从而更好地实现国家治理为目的的政治体制改革却进展缓慢。

在中国,改革虽然是从经济层面开始的,但现代化是一个社会全面进步和发展的综合过程,而政治层面的改革迟迟不能展开,显然已经制约了经济和社会各方面的成长。不过,在党的十八届三中全会之后,关于深化改革,特别是政治体制改革的呼声又起。尤其是在2006年发声认为"改革共识已经破裂"的孙立平,在党的十八届三中全会后则认为,"改革共识正在重新凝聚,改革动力又出现了"。不过,这是"老路子"行不通之后的新共识,不是简单的"深化改革"或"改革攻坚",而是"改革再出发"。①

显然,当初自上而下的共识平台确实遭遇破坏,改革共识难于建立也是真实的。而今天在中央层面提出"深化改革"目标的前提下,所着重的努力并非简单地提倡共识,而是开始进行"共识平台"的建设,即通过培育市场主体、培育社会主体、下放政府审批权力②等方式,打造多元主体与政府共治的格局。而所谓"国家治理体系"中的"治理"③,在现代政治学和管理学中的含义都是"共治"。所有这一切表明,多元社会主体共同参与的共识平台建设已经成为改革的题中应有之义。无论这个共识平台是否被称作"政治市场",其多元共治的目标已经意味着公民和利益集团的政治参与具备了最重要的基础性平台。可以期待各种不同集团之间的"妥协性共识"能够在这个平台上达成,从而使国家有不断改革和进步的机会。

马克思认为,在社会变革的过程中,"人类始终只提出自己能够解决的任务"。而任务本身"只有在解决它的物质条件已经存在或者至少是在形成

---

① 孙立平:《凝聚改革新共识》,见乌有之乡网刊(http://www.wyzxwk.com/Article/sichao/2009/09/3564.html)。
② 参见《中共中央关于全面深化改革若干重大问题的决定》,人民出版社2013年版。
③ 参见《中共中央关于全面深化改革若干重大问题的决定》,人民出版社2013年版。

过程中的时候，才会产生"①。中国深化改革的自下而上的动力正在生成，其特点是以政治的社会化、权力的公共化来指引政治改革的方向。而实际上，这既是政治改革的目标，也是自上而下或自下而上进行政治改革的可能的方式。其具体实现形式即为扩大了的政治参与。

越是变革和转型的政治发展时期，就越需要政治上的参与。只有这样才能为政治的发展提供动力。在中国，不同的利益群体、阶层自下而上的参与将从以下四方面推进政治发展进程：第一，政治参与本身就是体制创新，并将因此带动行政、立法等方面的政治体制改革；第二，通过改变政治精英的产生和监督方式从而改变利益群体之间力量失衡的局面，限制特权和腐败；第三，通过政治参与不断提升参与者素质，在民主实践中真正塑造公民；第四，通过常规化的政治参与，能够形成现代政治理念，并在与其他阶层的对话中形成"改革共识"，为改革找到关键性动力。当然，全面政治参与并不意味着一种无序的政治起哄。中国的政治参与在"扩大"范围的基调上，更应强调形式和内涵上的"更新"。

"更新政治参与"，首先意味着参与群体的更新，即从原来少数政治精英和经济精英的参与转向更多元化的参与。这是改革共识平台得以建立的最重要前提。就现实的政治发展趋势来看，中国的当代政治参与是不平衡的。表现在由少数体制外群体率先意识到自身的政治利益所在，积极参与并加入到改造权力结构的运动中，最终达成社会上所有群体对政治权力的共享，而对于其他大多数群体来说，既缺乏体制内的代表力量，也缺乏政治参与的意识。在现实中，最理想的状态是各种不同的利益群体对权力结构产生影响的次序将依照其经济实力、文化水平、政治意识、受压制程度、凝聚力、行动能力等多种因素而排列，但都能在体制内发声。有了参与主体的产生、分化、组织化、理性化，这些参与主体将逐渐成为成熟的利益群体。这些成熟理性的参与主体将会自动要求与其他群体进行博弈，从而形成"妥协性共识"的平台，并且在博弈中学会妥协、交换、竞争等基本的利益博弈规则，从而更趋于理性和成熟。这将是一个良性互动和良性循环。相反，在一个国家内部，如果缺乏多元主体的表达，则所谓"改革共识"中的"共"，也就缺乏了基本的内容。

"更新政治参与"，还意味着参与平台本身的更新。在缺乏常规性"政治市场"的情况下，各种利益群体仍会寻求参与政治和表达利益，而大多数

---

① 《马克思恩格斯选集》第2卷，人民出版社1995年版，第83页。

普通民众对政治的参与很可能是无序的、随意的和过度的。其所引发的过度参与的后果很可能成为社会动荡的根源。中国的群体性事件无论在数量上还是规模上都远超从前,特别是为了社区的环境利益而抵制 PX 项目的邻避运动,在各个城市社区时常发生,就是由常规性政治参与的平台缺位所致。而邻避运动的参与者往往被认为是最为成熟稳定的市民阶层——城市中产阶级。连这个拥有相当社会资源并且以理性自居的阶层尚且缺乏必要的参与平台,遑论其他草根阶层。因此,为解决因中国社会利益分化而产生的观念歧异、共识缺位的状况,必须建立各个利益集团和利益群体可以进行常规性博弈的政治参与平台。而从美国等其他政治参与发达的国家来看,所谓"政治市场"并不是一个单独的政治参与平台,而是和司法独立进程、公民组织的建立、公民利益代理人的出现联系在一起的。

"更新政治参与",仍然意味着规范性的参与,这意味着共识平台赖以维系的一系列规则有可能产生。任何一种政治改革都不意味着一种无节制、无限制的参与,它必定与上层建筑的控制相伴很长一个阶段,并在各个阶段都受到法制的约束。"政治市场"在凝聚改革共识的过程中,必须建立基本的规则,如言论自由、新闻伦理方面的约束,使得每个言论主体都有自我保全的资格。由此才能形成新的"妥协性共识",而非一方压倒另一方的观念冲突结果。但无论具体过程是怎样操作的,党和政府都应该成为规则的维护者和平台的建设者,政治体系更应主动去引导政治参与,甚至亲身开辟某种参与渠道。对比被迫进行的政治参与,这是社会付出较少代价并获得成长的积极路径。

"改革共识"这个提法,暗示人们在塑造自身的政治观念和追逐自身利益时所具有的主动性、参与性和对整合进程的期待。新的"共识平台"则意味着某种自下而上的观念和利益整合路径可能出现。托克维尔有言:"让人民参加政府的管理工作很难,而让他们积累管理的经验和产生管好国家的意识则更难。"[1] 但同时他也指出,"真正的知识,主要来自经验",如能"通过参加立法活动而学会法律、通过参加管理工作而掌握政府的组织形式",那么,人民将"逐渐地习惯于自己治理自己"。[2] 而"政治市场"的历

---

[1] [法]亚力克西·德·托克维尔:《论美国的民主》,董果良译,商务印书馆 1996 年版,第 366 页。
[2] [法]亚力克西·德·托克维尔:《论美国的民主》,董果良译,商务印书馆 1996 年版,第 353 页。

史经验证明：在参与平台常规化、参与人群组织化、参与方式规范化的情况下，更加容易形成理性的改革共识。

(三) 改革共识形成模式的嬗变

社会意识是在国家与社会相互作用的复杂关系中产生的，因此，一种国家与社会关系的视角或有助于我们洞察中国改革共识的形成模式及其嬗变历程。就理论而言，考虑到中国传统文化、毛泽东时代的制度遗产以及中国经济发展主义的目标，相比市民社会的视角，一种国家合作主义视角或更能解释中国改革共识的形成模式。就现实而言，尽管"原合作主义"和"国家合作主义"这两种国家主导的模式分别促成了20世纪80年代初和90年代初的两次改革共识，但该模式却遭遇了新环境的挑战。为了形成某种新型的改革共识，寻求某种新型的合作主义模式或是可能的选择。

中国改革共识的形成并得以成功推行的社会制度框架是怎样的？如何理解这种制度框架对改革共识形成的作用？回答这些问题或是我们理解中国改革共识形成模式的重要方面。换言之，改革共识是在一定的社会制度框架中形成的，有不同的社会框架就会有不同的改革共识形成模式。因此，有必要从国家与社会关系的视角揭示中国改革共识的形成模式及其嬗变过程。

1. **理论视角：市民社会或合作主义？**

从国家与社会的关系出发来考察中国社会转型，存在市民社会和合作主义这两种理论视角。然而，究竟哪种理论视角更有助于我们洞悉中国改革共识的形成？只有将之置于中国特定的历史境遇中加以考察才能回答。

一种是怀特和豪威尔等学者提出的市民社会视角。他们认为，中国正在生成一个强大的并且在不断增强的社团领域，这一领域的出现标志着一个具有资源参与、自我规范以及与国家相对自主的市民社会正在形成，因此市民社会为思考中国社会框架提供了一种有用的分析框架。[①] 在中文世界，中国市民社会研究是由邓正来先生倡导而兴起的，最早可以追溯到1992年邓正来、景跃进发表的《建构中国的市民社会》一文。[②] 此后，与西方的市民社会研究相似，市民社会概念也越来越被中国学界所认同和使用，出现了"社会主义公共生活""社会主义市民社会"等概念。显然，若借用"市民社

---

① Cf. Gordon White, Jude Howell, Xiaoyuan Shang, *In Search of Civil Society: Market Reform and Social Change in Contemporary China* (Oxford: Clarendon Press, 1996).

② 参见邓正来、景跃进《建构中国的市民社会》，载《中国社会科学季刊》（香港）总第1期（创刊号），1992年11月。

会"这种理论视角来分析改革共识的形成,就会更多地从多元主义和自由主义的角度去分析共识形成中的社会与国家的关系,更强调市场经济的外在作用,以及更看重改革开放以后中国社团的自主性和多元性,而忽视了中国传统文化和毛泽东时代制度的内生性,以及中国发展理性目标对中国社会意识形成的制约性和建构性。

为此,一种"合作主义"的理论视角似乎成为更为合适的替代方案。这种视角"倾向于认为,在原有体制的惯性下,社会原子正在以另一种新的方式组织到国家体制的某一部分中去,从宏观结构上说,其整体的特征不是分立,而是多边合作、混合角色以及相互依赖的发展"[1]。怀特因认为,"多元主义并不是一种理解中国非政府组织作用的充分框架";相反,"一种合作主义的框架则是有用的,因为它强调了这样一种机制,政府可以通过它来限制和控制非政府组织的政治影响"[2]。索林格尔也认为,"中国城市经济改革尚未导致""市民社会"的出现,尚未在"国家"和"社会"之间形成"任何显著的、新颖的界线"。[3] 后来,安格和陈佩华在对中国合作主义研究中也得出类似的结论。他们在斯密特理解的基础上使用合作主义这个概念。也就是说,在一种理想的合作主义制度里,国家决定哪些组织是合法的,并与这些组织形成某种不平等的关系。有时候,这些组织可以通过某种渠道进入决策过程,并通常代表政府实施国家计划。但是,合作主义机制并不说明一种政治制度:一个政体在包含合作主义因素的同时,可以是一种共产主义政党制度,或者是一种第三世界的权威主义政府制度,抑或是一种自由的议会国家制度。由此,根据不同类型的制度安排,合作主义形成了从民主(社会)合作主义到权威(国家)合作主义的谱系。在权威(国家)合作主义中,决策权力主要掌握在国家一方,政府甚至负责创建和维持所有的合作主义组织,并凭其意志赋予其自身任命和免除各组织领导的权力,其控制方式明显是由上至下的。东亚发展型国家被看作国家合作主义的典型,而安格和

---

[1] 张静:《法团主义——及其与多元主义的主要分歧》,中国社会科学出版社1998年版,第152页。

[2] Susan H. Whiting, "The Politics of NGO Development in China," *Voluntas*, 1991, 2(2), p. 20.

[3] Cf. Dorothy J. Solinger, *China's Transition from Socialism: Statist Legacies and Market Reforms* 1980–1990 (New York: Routledge, 1993), p. 256.

陈佩华恰恰确认了中国正逐渐形成这样一种东亚式的国家合作主义模式。①在中文世界，以张静为代表的诸多学者也主张用合作主义的路径来考察中国的国家和社会结构，并试图确认一种国家合作主义正在中国兴起并走向成熟。

考虑到中国传统文化以及中国经济发展主义的目标，我们也认为一种国家合作主义视角或更能解释中国改革共识的形成。

首先，中国文化传统制约着社会意识的形成难以遵循一种西方式的"市民社会"模式。正如马丁·K.怀特指出的，就"中国文化传统和中华人民共和国20世纪50年代所采取的各种苏联式制度"对市民社会形成的影响而言，"这一图景是复杂的"，"但两个系列的背景都抵制某种市民社会在当代中国的出现"。②就中国历史传统而言，这不仅是中国缺乏一种形式民主传统这么简单，更在于中国历史传统对个性的压制。即使到了清朝末期，其统治者仍持有这样一种基本假设，即所有个人必须被捆绑在等级、相互责任和中庸所构成的网络中，而国家及其官员则应该建立并实施一种政治道德正统来为整个社会提供导引。在这种假设中，个人并不被看作自主的并拥有不可剥夺的权利的，个人只有在服从政治道德正统的前提下进行合理的行为。相似的，社会团体也不被视为完全独立的并且能够为其成员利益而相互竞争的，而被视为广泛社会层级网络中的某些"小链条"，并受到官方价值的引导。③对中国传统的影响，安格和陈佩华也得出类似的判断："东亚国家共享着一种有利于合作主义结构的文化偏见。在儒家思想的教条中……给予私人利益以优先地位被认为是自私的等同物。在由领导的道德权威监督下的共识中，至善得到完美表达，并在一种'父为子纲'的道德家长主义中反映

---

① Cf. Jonathan Unger, Anita Chan, "Corporatism in China: A Developmental State in an East Asian Context," in Barrett L. McCormick and Jonathan Unger edited, *China after Socialism: In the Footsteps of Eastern Europe or East Asia?* (New York: M. E. Sharpe Press, 1996), pp. 95–97.

② Cf. Martin K. Whyte, "Urban China: A Civil Society in the Making?," in Arthur Lewis Rosenbaum edited, *State and Society in China: The Consequences of Reform* (Boulder: Westview Press, 1992), p. 80.

③ Cf. Martin K. Whyte, "Urban China: A Civil Society in the Making?," in Arthur Lewis Rosenbaum edited, *State and Society in China: The Consequences of Reform* (Boulder: Westview Press, 1992), p. 80.

出来。"① 新中国成立后，这样一种传统仍发挥着深远的影响。

诚然，在20世纪20年代中国也曾出现过"人权高于主权"的呼求，但是，这种"启蒙"很快就被"救亡"的主题所压倒。五四运动时期，启蒙的、科学民主的主题被救亡、爱国的主题所淹没。② 此后，启蒙运动演变成激烈的政治革命运动，马克思主义的唯物史观尤其是阶级斗争学说迅速为中国的先进知识分子所接受并改造利用，民主启蒙运动被农民革命战争的现实要求所掩盖和淹没。基于这种文化传统，所谓的改革意识或共识在很多时候也只能被置于"中华民族的伟大复兴"这一奋斗目标之下，而很难被认为是各种社会力量相互博弈的结果。

其次，一种改革共识的合作主义形成模式更切合中国理性建构主义的发展模式，因为"合作主义"关于合作双方的"和谐"这一核心理念更适合后发展国家的"赶超战略"。与组织的多元主义利益集团模式强调不和谐的竞争和冲突不同，合作主义谱系的两端则都强调组织共识和合作的必要性。可以说，"和谐"是一种合作主义系统的核心理念，不管这种"和谐"是一种真正的共识还是由上级强加的。并且，它通常是一种"目标导向"的"和谐"，旨在为一个国家的使命服务。因此，"往往在战争期间，或在那些强调快速经济发展的制度中，合作主义的解决方式备受青睐；同时，它也通常是由一个致力于巩固政治社会稳定的政府引导和驱策的"③。就中国而言，不管是毛泽东时代的"赶超战略"，还是改革开放后的"经济发展主义"，为了维持政治社会的稳定和促进经济的快速发展，以一种"合作主义"的模式来整合社会意识，进而达成改革共识，不但是合理的，而且是必要的。

2. 实践模式：从"传送带"到合作者

显然，用一种国家合作主义模式来解释中国改革共识的形成，不但符合中国文化传统和毛泽东时代的制度特点，而且与国家主导下的经济发展主义模式相契合。然而，在改革共识形成的具体实践中，这种国家合作主义模式

---

① Jonathan Unger, Anita Chan, "China, Corporatism, and the East Asian Model," *The Australian Journal of Chinese Affairs*, No. 33 (1995), p. 33.

② 参见李泽厚《中国现代思想史论》，天津社会科学出版社2004年版，第27页。

③ Jonathan Unger, Anita Chan, "Corporatism in China: A Developmental State in an East Asian Context," in Barrett L. McCormick and Jonathan Unger edited, *China after Socialism: In the Footsteps of Eastern Europe or East Asia?* (New York: M. E. Sharpe Press, 1996), p. 105.

也随着改革的深化和社会结构的转型而发生着深刻的变化。

首先，20世纪70年代末至80年代初首次达成的改革共识是依赖毛泽东时代的社会制度框架本身就存在的一种"原合作主义"（proto-corporatism）①模式展开的。这种模式为改革意志的形成与推行提供了必要的、内生性的制度基础。苏联的布尔什维克政党在列宁统治时期就已经把一种合作主义结构构建在国家体制中，中国共产党执政之后也追随这种模式。这种借用自苏联的模式是建立在这样一个假设的前提之上的，即利益之间的一种和谐状态在一个社会主义国家中普遍存在：领导者和被领导者、管理者和工人全都被融合在建立一个繁荣的社会主义国家这一任务中。在这种模式中，合作主义部门机构，如工业联盟和农民组织，发挥着一种"传送带"（transmission belts）的作用。它通过自上而下的传达，动员工人和农民为国家集体的利益促进生产；通过自下而上的传输，表达草根的权利和利益。如此，为党中央与大众之间提供一种双向传导渠道。诚然，在现实中，斯大林和毛泽东观念中的一种双方合作主义结构变成了一种象征性的戏法：通过此结构上面的指令可以畅通无阻，然而民众的意见和需求则无法向上渗透。尽管如此，"真理标准问题大讨论"的开展和"解放思想"改革共识的形成及其有效推行都有赖于这种"原合作主义"模式。

"真理标准问题大讨论"正是在党的宣传部门、传统媒体和学术团体的相互合作中展开的。1978年5月10日，中央党校的内部刊物《理论动态》第60期，刊登了经胡耀邦审定的由南京大学胡福明教授撰写的文章《实践是检验真理的唯一标准》。第二天，即5月11日，《光明日报》公开发表了这篇文章，新华社也将这篇文章作为"国内新闻"头条，转发全国。5月12日，《人民日报》和《解放军报》，以及不少省级党报的全文转载了这篇文章。到5月13日，全国多数省级党报都转载了此文。这篇文章的发表，在全国引起强烈的反响，由此在党内宣传部门、传统媒体和学术团体中引发了一场大讨论。这场讨论表面上是一次自发公开的讨论，实质上它是由主要国家领导人有意推动的一次讨论，它始终在党中央有意推动改革这一理性构建的掌控之中。尽管是以一种讨论的方式，但是这种"传送带"最终仍然把

---

① Cf. Jonathan Unger, Anita Chan, "Corporatism in China: A Developmental State in an East Asian Context," in Barrett L. McCormick and Jonathan Unger edited, *China after Socialism: In the Footsteps of Eastern Europe or East Asia?* (New York: M. E. Sharpe Press, 1996), p.104.

"拨乱反正""推翻两个凡是"等改革意志传送出去,从而让全国达成一种改革共识。即使是具体改革措施的实施也有赖于这些"原合作主义"机构所发挥的"传送带"作用。比如,家庭联产承包责任制的实施和 1984 年经济体制的改革。从其形成的过程看,家庭联产承包责任制具有自下而上的特点,但就其在全国范围地实施来看,它是党中央在总结凤阳县的经验基础上形成一种改革意志并全力推行的结果。在推行中,除了传统媒体和学术团体等原合作主义组织发挥"传送带"作用,像"农会"(由"贫下中农协会"转变而来)这样的原合作主义组织在某些地区(如湖北省)也发挥了作用,尽管这一组织在家庭联产承包责任制实施后逐渐消失了。而党中央在贯彻 1984 年经济体制改革意志的过程中,传统媒体、学术团体和工商联等组织也发挥着重要的作用。

其次,20 世纪 90 年代初达成的"深化改革、扩大开放"共识所依赖的社会结构发生了深刻的变化,社会组织逐渐从一种"传送带"的角色转向一种合作者的角色。这种转向得益于改革后整个 20 世纪 80 年代市场经济的发展和制度的逐渐宽松。此间,随着中国国家进一步放松对经济和社会的控制,它更需要另外的机制来填补国家和社会之间的空缺。如此,除了计划经济时代的"原合作主义"社会组织,许多新的社会团体作为合作主义的中介和组织被加以创建。这些社团至少包括以下四种类型[①]:一是"文革"之前就存在但只有在改革后才复兴的民间组织,如全国工商联;二是为了满足新市场经济的某种管理功能或经济需要而由政府新建的民间组织,如消费者协会;三是国家系统内部工作的专家所建立的专业协会;四是从先前工业局转化而来的商会。这些组织,有的通常是不同社会力量代表的标志,并且它们担负着由政府指派的具体使命;有的分享某种政府权力,来填补政府在某些领域的空白,帮助政府解决一些由于市场化所带来的新问题;而专业协会和商会不但是改革共识的主要推动者,而且是改革意志的主要执行者。这些组织不但是联结政府意志与企业意志、个人意志之间的纽带,而且是协调不同利益诉求的调节者。通过这些组织,政府不但可以了解各种自下而上的改革意愿,进而协调各种意愿最终达成改革共识,而且可以通过这些组织掌控社会意识的变动,推动改革意志的实现。

可以说,在很大程度上,邓小平南方谈话之所以能够促成新一轮改革共

---

① Cf. Qiusha Ma, *Non-Governmental Organizations in Contemporary China: Paving the Way to Civil Society?* (New York: Routledge Press, 2006), pp. 146–158.

识的形成，就得益于这些组织在市场经济发展中的成长。在那种特定的历史背景下，政府与民间在是否改革和如何改革等问题上产生了困惑和分歧，邓小平南方谈话最大的意义在于凝聚了关于改革的共识，把全国人民的意志统一在改革的思想上。然而，仔细深究，我们不难发现，与其说这是邓小平以一人之力为中国的改革拨开了云雾，不如说是邓小平善于利用地方或民间的结果。换言之，南方谈话所促成的改革共识是政府与民间互动的结果。邓小平之所以选择在南方谈话，其重要的原因在于南方的市场经济相对发达，民间力量相对壮大。经过十来年的经济改革，在广泛的南方地区，不管是个人、企业还是上述社会组织在改革的问题上已然形成一种共识，即"不改革死路一条"。在这种环境中，邓小平的南方谈话就很容易引起南方地区的广泛共鸣。这种共鸣很快就通过传统媒体和各种社会组织迅速传遍全国，进而形成了全国的改革共识，最终党中央把这种共识提升为进一步深化改革的意志。

诚然，在这次改革共识的形成中，我们看到了民间的力量，但这种民间力量仍然是在政府的主导下释放出来的。换言之，尽管这种国家合作主义相对于"原合作主义"具有更多的民间自主性，但它不是完全自下而上的，而仍然是在一种国家合作主义的框架中展开的。因为这些社会组织仍体现出强烈的自上而下的国家合作主义特征。大多数商业协会被纳入一种全国范围的等级架构中，在某一特定领域具有垄断特征；新建立的组织是政府为了实施某种任务或发挥某种政府功能，而由先前官僚机构转化而来的，仍与国家体系保持着密切联系。① 更为重要的是，国家对社会组织的培育不但具有明显的选择性②，而且通过对经费等基本资源的控制将其置于一种双重责任的管理体制中。因此，国家可以通过这些可掌控的社会组织来把握社会意识的变动，从而能够更好地在国家、社会与个人之间达成某种改革共识。

3. 追寻一种新型的合作关系

在改革的早期阶段，一种国家主导的合作主义社会结构不但有助于关键时刻改革共识的达成，而且有助于各种改革意志的实现。然而，正如萧功秦

---

① Cf. Qiusha Ma, *Non-Governmental Organizations in Contemporary China: Paving the Way to Civil Society?* (London and New York: Routledge, 2006), pp. 139–141.

② 参见康晓光等《分类控制：当前中国大陆国家与社会研究》，载《社会学研究》2005年第6期；王信贤《争辩中的中国社会组织研究："国家－社会"关系的视角》，台北韦伯文化国际出版有限公司2006年版。

指出的，这样的一种权威体制只不过是一种过渡性的体制，它的合理性仅局限在特定的历史时期。随着市场经济的进一步发展，以及社会自主性的逐步增强，这种国家合作主义结构在改革共识形成中的作用受到了挑战，同时也面临着转型的压力。

首先，随着市场经济的发展，民间组织不仅以自上而下的国家合作主义方式产生，而且以自下而上的自主方式产生，其数量迅速增长。更为重要的是，在共同示范的相互作用下，民间组织的自主性也愈益得到了增强，它们对改革提出了不同的利益诉求，原有的以国家为主导的合作主义范式难以对之加以整合并形成改革共识。其次，随着网络的普及和新媒体的出现，一种新型的公民社会正在形成，成为公民话语权、参与权、监督权和建议权表达的新平台，但这些表达往往表现出开放性、平民性和碎片性的特点，原有的以国家为主导的意识管控模式难以对之加以掌控和整合。最后，随着中国市场化改革进程的深化，利益结构发生了深刻的变化，社会利益日益多元化。在这种情况下产生了各种既得利益集团。可以说，苏联的改革失败与原苏共某些特权阶层形成的庞大的既得利益集团密切相关。诚然，中国的情况远没有苏联那么严重，但是，在"一些部门""一些领域""一些地方"，"既得利益集团"已经形成或正在形成，这是一个不争的事实。① 这些利益集团力量的增强弱化了原有的国家合作主义模式在改革共识形成上的作用。

这些挑战促使我们不得不思考，是否仍需要一种改革共识，如果需要，那将是一种什么意义上的"改革共识"，这种改革共识如何才能达成？

是否仍需要一种改革共识？对此，我们必须考虑中国作为一个超级社会主义后发展国家的特质。由于它独特的社会主义性质，它曾经受到苏联模式的深刻影响；也由于它几千年的儒家传统，它也受到儒家文化和制度的深刻影响。在文化方面，中国"持久的文化和知识背景意味着，国家控制商会的问题从未真正离开（中国）文化和知识议程。讨论只不过局限在国家应该控制多少的问题，而不是控制是否应该存在的问题"②。在政治上，"即使存

---

① 参见邵道生《"既得利益集团"与中国的腐败问题》，载《廉政大视野》2003年第11期。

② Margaret M. Pearson, "The Janus Face of Business Associations in China Socialist Corporatism in Foreign Enterprises," *The Australian Journal of Chinese Affairs*, No. 31 (1994), p. 31.

在着公私领域之间的划分,它也不妨碍国家对个人日常生活的干预"①。因此,"在资本主义社会,组织利益存在于社会中,而在社会主义中国,如果有利益被组织起来,它必须进入国家体制"②。由此,国家控制社会的合法性被认为是不证自明的。基于这种特殊的历史制度背景,它拒绝一种多元主义社会的产生,因为"多元主义社会通常假定'公共'和'私人'领域的分界,'私域'在哪里与市场领域有关,国家进入私域和市场受到结构的限制"③。通过对多元主义的拒绝,它既试图寻求容易与其儒家传统结合的一种市场和国家权威混合的发展道路,又试图把社会主义的理念与市场经济的效率结合起来,以不失社会主义国家所追求的美好图景。这种发展战略决定了中国无意放弃一种理性建构的社会经济发展模式,而追求一种基于广泛社会基础的新时期的改革共识也就理所当然了。

然而,由于上述的挑战,新时期所追求的改革共识或许不可能仍是一种基于国家合作主义社会基础的"强共识",而只能追求一种基于各种力量之间相互妥协的"弱共识"。为了达成这样一种"弱共识",一种经过改进的合作主义模式仍是较为理想的选择,因为它既符合国家理性建构的发展战略,又有利于为各种利益的协调提供一种平台。原有的以国家为主导的合作主义模式在新时期促进改革共识的形成中缺乏足够的有效性,问题不在于"合作"过度了,而在于"合作"的不足。"合作"的失效,一是由于上述来自民间和利益集团的挑战,二是由于国家为主导的合作方法出现了问题。在面临挑战的情况下,以国家为主导的合作方法往往被认为是对民意的无视,而更严重的是它缺乏足够有效的路径与平台来协调和整合这些差异性的利益诉求。为了重塑国家与社会的合作关系来更好地整合社会意识,进而形成改革共识,或许可从以下三方面着手。

第一,重新定义政府在改革共识形成中的地位。如新公共服务理论倡导者罗伯特·B.丹哈特和珍妮特·V.丹哈特所指出的,在治理体系中要将公民置于中心位置,长期以来"政府独自掌舵"的局面必须被改变。政府是

---

① Xueguang Zhou, "Unorganized Interests and Collective Action in Communist China," *American Sociology Review*, Vol. 58, No. 1 (1993), pp. 56 – 57.

② 张静:《法团主义——及其与多元主义的主要分歧》,中国社会科学出版社1998年版,第157页。

③ 张静:《法团主义——及其与多元主义的主要分歧》,中国社会科学出版社1998年版,第157页。

人民的政府，因而政府在为"国家"这条船掌舵的时候，必须听从人民的意见。在社会意识管理方面，我们也应该遵循这种逻辑。就此，某位老领导也指出，"老百姓的思想和意识是变化的，所以意识形态的管理要根据这个来变化"。（lead－LR－M－70p）于是，"公务员的首要作用乃是帮助公民明确阐述并实现他们的公共利益，而不是试图去控制或驾驭社会"①。要转变政府在社会意识整合中的职能，"政府的行政体制必须要改革"。比如，通过政府的信息公开来增强政府的透明度，让老百姓知道政府的重大事项，让老百姓了解政府在做什么，而政府信息公开则可以依赖诸如网络、新媒体和新闻发布会等多种方式展开。（lead－CJ－M－60p）然而，正如另一位老领导所指出的，"政治体制改革的问题是，改革开放的前10年、20年我们没有什么动作，动作比较小，现在有些动作但步子不大"。因此，为了切实推进改革，"我们的一些领导干部应该放开一点"，只要"党的领导地位不动摇"，只要"我们党内队伍坚持道路对的话"，就不会出现大的问题。（lead－ZQQ－M－69）可见，政府即使无意放弃一种理性建构的社会发展模式，也要弱化原有国家合作主义模式中的"掌舵"角色，才能切实促进社会意识的有序整合。而要切实完成从国家合作主义到新型国家合作主义的转变，或者说从管理模式的"掌舵"角色到治理模式的服务者或协调者的角色的转变，就要在坚持渐进式改革的基础上切实推进政治体制改革。

第二，进一步引导与培育民间力量。在中国背景下，要迈向一种新型的合作主义，仍不具备斯密特和哥诺特所界定的合作主义前提，即不同利益集团的力量足够强大，它们之间的竞争和冲突使得国家的干预成为必要。②因此，这种新型的合作主义"并不是作为一种进一步加强国家对经济和社会的控制的机制，而恰恰相反，它是国家的管制通过它可以放松的一种机制。它代表着这样一种转变，从一种由党直接支配的制度……转向一种通过代理

---

① ［美］罗伯特·B.丹哈特、珍妮特·V.丹哈特：《新公共服务：服务而非掌舵》，载《中国行政管理》2002年第10期。
② 参见［美］P. C.斯密特、J. R.哥诺特《法团主义的命运：过去、现在和将来》，见张静《法团主义及其与多元主义的主要分歧》，中国社会科学出版社1998年版，第168～171页。

(权威合作主义)部分地支配的一种制度"①。这样一来,进一步放松了对社会的管制,并通过法律与政策的手段引导和培育民间力量,成为新形势下社会意识整合不可或缺的前提条件。国家与社会的关系确实要转型,但正如某位老领导指出的,需要研究的问题是,"这个转型靠的是政府还是人民",即"是政府放任老百姓去做,还是政府我来做"。在他看来,"政府来做是不会成功的,只有靠老百姓才会成功"。(lead – LR – M – 70p)某位著名学者也指出,"治理的话我觉得中央的想法是这样的,从学术的概念来讲,它是寻求一个社会的多元主体来进行合作共治,来实现福利服务的供给和社会秩序的重建。我觉得下一步就是怎样实现这些治理,换句话来说,怎样把这个多元主体真的培育出来"。(scholar – CH – M – 60 – 2014)可以说,在愈益多元的社会中,多元的民间组织将是连接松散的个人诉求与国家意志之间的有效纽带。因此,为更好地整合社会意识和实现社会秩序,就要大力培育基于多元主体的民间力量。然而,中国的社会力量还较弱小,还没有形成一个基于丰富社会资源的庞大的、多元的社会主体,而现存的民间主体也缺乏足够的自主性。在这种背景下,民间力量的培育,不但需要政府在政策和资源等方面的强有力扶持,而且需要打破垄断,让私人资本进入社会领域。对此,某位知名学者生动地描述道:"你必须让这个领域的水充足,你不能说修了个池子,就靠国企管子里面的一点水,你得把水引进去,这是我觉得一个很核心的问题。"(scholar – CH – M – 60 – 2014)

第三,建立政府与民间合作的新平台。与改革前利益博弈是单位与上级的博弈不同,在市场经济条件下,利益其实是横向的博弈,因此,政府不能再通过上下级的博弈,而只能愈益依赖市场"看不见的手"来分割资源。特别是随着互联网的迅速普及和微博等新媒体传播方式的广泛应用,社会意识传播的传统模式也发生了深刻的变化。在新媒体的传播模式中,不但传播主体变得越来越隐蔽,传播方式变得越来越开放,而且传播的内容和题材也变得越来越丰富和多元,并愈益呈现更强的公共特性,最终削弱了社会意识传统管理模式的有效性。在这种背景下,为了更好地整合不同的利益诉求以及给弱者一个表达利益的途径,"政府要做的是建立起一个利益

---

① Jonathan Unger, Anita Chan, "Corporatism in China: A Developmental State in an East Asian Context," in Barrett L. McCormick and Jonathan Unger edited, *China after Socialism: In the Footsteps of Eastern Europe or East Asia?* (New York: M. E. Sharpe Press, 1996), p.105.

公平博弈的平台"。(scholar – CH – M – 57)只有通过这样一种有序的群体博弈的平台,才能很好地协调"不同的声音",实现社会意识的有序整合。诚然,基于新媒体的意识传播模式对社会意识的整合构成了挑战,但同样可以肯定的是,它不但成为民众行使知情权、参与权、表达权和监督权的重要通道,为不断高涨的公民的政治参与热情提供了空间和便捷条件,而且为各级政府倾听民众的心声和诉求提供了新的平台。基于这一特点,为了整合社会意识、进而达成改革共识,政府可以考虑建立一种基于新媒体技术的、连接政府、不同社会团体和个人之间的沟通平台和管理平台。例如,建立网络舆情研判与管理机构,积极回应网络舆情,实现与网民平等真诚的互动。

概言之,在市场化、全球化和信息化的背景下,重新思考中国"改革共识"的理论逻辑和实践范式,既是中国"社会主义发展型国家"[①]理性建构主义的内在要求,也是新时期进行社会意识整合、规范社会秩序的必然诉求。可以说,只有形成某种"改革共识",才能在多元的社会主体之间形成合力,着实推进改革的深化。然而,要在新的社会结构中形成合力,就需要重塑国家与社会的关系,在党、政府、公民组织和新媒体平台之间形成良性互动和协同合作。进一步说,整合社会意识、形成共识和合力,实质上就是使人获得一种对塑造祖国和社会"美好家园"的认同感与亲切感,最终解决"我们是谁"的"身份认同"问题。"我们是谁"的问题,是"人类可能面对的最基本的问题"[②],是国家认同、社会认同、民族认同、文化认同及价值认同的核心所在,也是进一步凝聚人心、集中民智和发挥人力深化改革的关键所在。诚然,国家与社会关系的结构视角只能透视改革共识形成这一复杂问题的某一维度,而基于思维方式和心理结构的"身份认同"视角或是有待拓展的另一方向。

[①] Cf. Gordon White, "Developmental States and Socialist Industrialization in the Third World," *Journal of Development Studies*, Vol. 21, No. 1 (1984).
[②] [美]塞缪尔·亨廷顿:《文明的冲突与世界秩序的重建》,周琪等译,新华出版社1999年版,第6页。

第五章　当代中国社会意识整合与引导的有效路径

导　言

　　本书的第四章对改革开放以来中国社会意识的结构变动和发展趋势做出了分析，而本章的主要任务在于探讨如何对中国社会意识进行有效的整合和引导。

　　中国社会意识的整合必须立足于中国的社会现实，在充分把握中国社会意识的结构特征及其发展趋势的前提下，积极探讨有效的整合机制。这一机制必须从两个方面来建构：其一，充分重视主流社会意识与民间社会意识（包括知识分子意识和个体意识在内）之间的差异性，提升主流社会意识的包容性；其二，多方面凝聚各种社会共识，努力缓和各种社会意识之间（特别是主流社会意识与民间社会意识）的冲突。

　　第一个方面就是建构有足够包容性的主流社会意识。从中国的实际情况看，新中国确立的主流意识形态是中国化的马克思主义。改革开放之后，随着中国知识分子的意识观念以及民间的社会意识渐趋多元，主流意识形态遭遇了严重的挑战。中国正处于全面深化改革的关键时期，党的十八大正式提出了社会主义核心价值观。社会主义核心价值观是在社会意识多元化的背景下提出的既整合中西方文明成果，又综合了群体和个人价值诉求的包容性较强的价值观。社会主义核心价值观的确立，将为有足够包容性的主流社会意识的建构提供理论基础。

　　社会主义核心价值观之所以能够为有足够包容性的主流社会意识的建构提供坚实的理论基础，是因为：其一，社会主义核心价值观涵盖了马克思主义的基本价值理念，符合中国主流意识形态必须以马克思主义为指导的要求。尽管马克思主义经典作家批判资产阶级的自由、民主、平等和公正等法权观念（或者价值），但他们并没有否定这些观念（或者价值）在历史上曾经发挥过的进步作用,他们也没有彻底否定这些观念(或者价值)在社会主义阶段(在成熟的共产主义社会来临之前的阶段)对于无产阶级解放的意义。马克思主义经典作家倡导的是超越资产阶级狭隘视域的自由观、民主观、平等观和公平观,社会主义核心价值观所倡导的也是这个层次的马克思主义的价值观。其二,社会主义核心价值观涵盖了中国优秀传统文化和西方近代资产阶级文明成果,契合中国主流社会意识必须整合本土和外来文化意识的时代要求。随着现代化和全球化进程的推进,中国人在其观念结构中越来越深切地体会到本土文化传统与外来(主要是西方)文化的冲突和交融,一种有影响力的主流社会意识必须充分地吸纳和整合这两种社会意识。由于社会主义核心价值观中既有源于西方近代资产阶级文明的自由、平等、民主、公正、法治观念,也有源于中国传统文化的和谐、敬业、诚信、友善等价值观念,这将为中国主流社会意识的建构提供足够宽广的理论基础。其三,社会主义核心价值观涵盖了国家、社会和个人三个层面的价值观,为中国主流社会意识合理地平衡个人诉求和集体价值之间的冲突提供了理论基础。社会主义核心价值观并没有倡导个人主义,在个人价值规范的层面上,它确立的是"爱国、敬业、诚信、友善",它强调的是个人对国家、职业、他人所应当承担的责任或者义务,而不是个人权利。一般被认为是个人主义之要义的个人自由、平等和民主等内涵,在这里则被界定为社会层面的价值取向。也就是说,社会主义核心价值观所倡导的自由并不是消极的个人自由权利,而是社会层面的自由,或者说社会全体成员的自由发展。平等、民主和公正的含义也是如此,它们均指社会层面的价值而非个人不可移易的权利。当然,社会主义核心价值观也反对片面的集体主义,所以在国家层面的价值观中确立了文明与和谐这两种价值,以避免出现国家或者政府压迫个人的"野蛮"和"暴力"的观念和行为。社会主义核心价值观的三个层次的划分,为中国主流社会意识的建构提供了平衡个人主义与集体主义之间冲突的具有足够包容性的理论依据。

  实现主流社会意识对民间社会意识的整合和引导,不仅需要先进的和具有足够包容性的主流社会意识,而且需要在主流社会意识和民间社会意识(包括知识分子意识和个体意识在内)之间形成尽可能多的共识。现代的多元社会必然存在着各种社会意识之间(包括主流社会意识与民间社会意识之间,以及各种民间社会意识之间)的相互竞争,然而这些竞争并非无序和无法和解的竞争,反之,它们之间是可以形成某些共识的。实现社会意识整合和引导的有效性,关键就在于凝聚主流社会意识与民间社会意识之间的共识，减少分歧，并以商谈的形式处理存在的分歧。

社会意识的有效整合在本质上是指主流社会意识对民间社会意识的有效整合和引导，其效果不仅取决于主流社会意识本身的建构，而且取决于整合和引导所选择的路径和采取的方法。

就后者而言，实现主流社会意识有效整合的路径并不局限于增强意识形态领域的控制力，而应延伸到对社会主体利益冲突的平衡（即社会存在领域的调整）。因此，它在总体上包括社会存在层面的利益平衡、社会观念形态的价值整合和更为宽泛意义上的文化引导。社会存在层面的利益平衡强调的是对不同社会阶层的利益冲突的协调和平衡。只有在利益分化和冲突得到充分协调和平衡的基础上，不同社会阶层的才能形成共同的利益关切，才能对社会经济体制、政治制度和分配机制形成较高的认同度，才能拓宽主流社会意识的接受面，从而发挥主流社会意识对其他社会意识的整合和引领作用。社会观念层面的价值整合强调的是在突出主流社会意识的凝聚力与拓展其对民间社会意识的包容性之间保持一种平衡，重视不同社会意识之间的内在关联性，发挥主流社会意识的引导功能。文化引导强调的是发挥社会主义先进文化的引领作用，其关键在于创建先进的文化体系，推动先进的社会文化对主流社会意识的深入融合，使先进的社会文化充分地反映主流社会意识的理论观点和价值内涵，通过社会文化影响民众以获得民众的认同来实现主流社会意识对其他社会意识的引领。

在主流社会意识整合其他各种社会意识的具体方法上，要注意拓展和创新主流社会意识的传播方式。首先要从理念的层面认识到主流社会意识的传播目的不是要消灭民间的社会意识，而是要增强民众对主流社会意识的认同度。其次要把主流社会意识视为一个系统社会工程，而不仅仅是宣传活动或者学校教育活动。再次要增强主流社会意识传播的针对性，针对实时社会心态的特点采取适当的形式、方法和手段，使主流社会意识传播与实时社会心态相契合，增强主流社会意识传播的效果。最后是积极运用各种新兴的传播媒介，拓宽主流社会意识的传播渠道，提升其传播的效率和接受效果。

一、中国社会意识整合与引导的机制分析

从上述国外的实践来看，主流社会意识对社会意识的整合和引导的有效性，从经验层面看离不开对具体国情、社情的洞察和调适，从理论层面看则离不开对主流社会意识与民间意识之间的关系问题的恰当处理。后一个问题

第五章　当代中国社会意识整合与引导的有效路径

实际上就是主流社会意识对民间社会意识的整合和引导的有效性问题。由之引出的问题是整合与引导的机制问题，即实现有效整合与引导的机制问题。

中国传统形成的意识形态整合与引导模式是通过自上而下的宣传以及对民间意识形态的批判和改造来实现的，这种整合与引导机制过于强势和简单化，不符合当代社会意识多元化的事实和法治社会的要求。正如本书第四章所指出的，中国社会意识的发展是以主流社会意识与民间社会意识之间的竞争的方式推进的。在这种竞争中，一方面是"权力垄断式"的主流社会意识自上而下的整合的式微，另一方面则是新型的社会意识正通过"价值博弈"而形成。这意味着当下国家主导的主流社会意识对民间社会意识的有效整合和引导不可能只有自上而下的单一向度，民间社会意识通过自下而上的方式与主流社会意识进行互动和博弈也是一个不容忽视的向度。

因此，较为有效的整合与引导机制需要从两个方面来建构：其一，充分重视主流社会意识与民间社会意识（包括知识分子意识和个体意识在内）之间的差异性，提升主流社会意识的包容性；其二，多方面凝聚各种社会共识，努力缓和各种社会意识（特别是主流社会意识与民间社会意识）之间的冲突。

（一）以社会主义核心价值观为理论基础建构包容性的主流社会意识

主流社会意识是一个制度赖以存在的思想基础和价值核心，它为政治权威的合法性提供道义上的支撑，作为社会共同体生活在观念上的表达，主流社会意识具有重要的价值引导和思想整合功能，使社会成员获得了自觉的共同体意识，形成了具有稳定性、凝聚力的集体意志。"一个没有共同信仰的社会，就根本无法存在，因为没有共同的思想，就不会有共同的行动。"[①]所以，任何社会的统治阶级都要力图使其倡导的意识形态即主流社会意识在纷繁杂乱的社会意识中发挥引导作用，以凝聚人心、整合社会、维护自身统治。虽然在不同的历史时期或不同社会形态的国家中，主流社会意识引导和整合社会意识的手段、方式会有所差异，但其有效性始终表现为社会大众对主流生活意识的接受和认同。从历史经验来看，主流社会意识要对民间的社会意识发挥有效的引导作用，其自身必须具有相应的解释力、说服力和吸引

---

① ［法］托克维尔《论美国的民主（下）》，董国良译，商务印书馆1988年版，第524页。

力：既体现统治阶级的意志，又能够满足社会大众的现实需求；既契合本民族的传统文化，又符合世界发展的潮流；既包含宏伟的理想目标，又能够关切当下；既有稳定的价值追求，又能够与时俱进。因此，从社会意识的整合和引导的有效性的角度来看，主流社会意识的建构在任何时候都是十分重要的。

在人们的价值观念和社会意识多元化的当代，主流社会意识的建构既要反映统治阶层所倡导的价值理念，又要对其他民间的社会意识有所反映和接纳，因此主流社会意识的建构必须有足够的包容性。中国共产党一贯重视社会主义意识形态的建设，改革开放以来，中国共产党坚持和发展了以中国化的马克思主义（毛泽东思想、邓小平理论、"三个代表"重要思想以及科学发展观）为指导思想的社会主义意识形态。在新的时代背景下，中国共产党人还积极探索一种能够统摄和整合各种进步社会意识的社会主义的核心价值观。2012年党的十八大报告提出"倡导富强、民主、文明、和谐，倡导自由、平等、公正、法治，倡导爱国、敬业、诚信、友善，积极培育社会主义核心价值观"，这是对社会主义核心价值观的明确表述。

从内容上看，社会主义的核心价值观不仅与中国特色社会主义发展要求相契合，与中华优秀传统文化和人类文明优秀成果相承接，而且是对全党全社会价值共识的凝聚。由于社会主义核心价值观不仅契合马克思主义，而且具有较大的包容性，因此，它可以成为建构中国主流社会意识的坚实理论基础。我们可以从以下三个方面把握这一点。

首先，中国主流社会意识坚持以马克思主义为指导思想，而社会主义核心价值观契合马克思主义。

与中国共产党人建设中国特色社会主义这一宏伟目标相适应，中国主流社会意识的建构必须坚持以马克思主义作为指导思想。那么，我们所确立的社会主义核心价值观是否符合马克思主义呢？答案是肯定的。马克思主义肇始于西方近代启蒙主义思潮，它继承了西方近代契合工业文明的强调理性化和主体性的启蒙主义精神。这一点在马克思主义作家，特别是马克思本人的思想中是非常清晰的。

具体而言，尽管马克思对资本主义文明的狭隘性有着深刻的批判，但马克思并没有否定资本主义文明所蕴含的那些带有普遍性的进步因素。从马克思的文本中，我们可以看到他立足于历史唯物主义的立场，将与他同时代的自由主义者所吹捧的自由、平等、民主、公正视为资产阶级意识形态，但他的目的并非彻底地否定这些价值（用马克思自己的话来说是法权观念），而是揭示这些价值是由特定的生产力和生产关系所决定的（而不是永恒和自足的真理）。从资本主义发展的经验来看，这些价值在资本主义制度中被局限在非常偏狭的领域（即与私人的市民社会领域相对立的公共领域），并且只对有产者阶级才有意义。因此，我们可以说，马克思批判的是资产阶级的自由、平等、民主与公正，他并不反对无产阶级在社会主义阶段所建构的自由、平等、民主和公正等观念。在《哥达纲领批判》中，马克思明白无误地指出，诸如公平和平等这些法权观念本身所固有的弊病，"在经历长久阵痛刚刚从资本主义社会产生出来的共产主义社会第一阶段（即一般而言的社会主义阶段——笔者注），是不可避免的"，这是因为"权利决不能超出社会的经济结构以及由经济结构制约的社会的文化发展"。①

此外，社会主义核心价值观中的"和谐""友善"这些价值也契合马克思主义的基本理念。无论是马克思早年在《论犹太人问题》中阐明的消除现实个人与抽象公民的二元化分离（以及消除个体力量和社会力量的分离）的"人类解放"的理想②，还是他在《共产党宣言》中提出的"每个人的自由发展是一切人自由发展的条件"这一"自由人共同体"理想③，我们都可以从中读到其对共同体价值（以"和谐"和"友善"作为核心内容）的肯定。

由此观之，社会主义核心价值观契合马克思主义的基本立场和核心价值观念，它能够为中国主流的社会意识的建构提供坚实的理论基础。

其次，社会主义核心价值观由于兼容了中国传统文化中的优秀价值和西方近代资本主义文明中的进步观念，因此能够满足中国主流社会意识的建构必须兼顾本土文化和外来文化的现实要求。

西方文化自近代以来就对中国社会产生了深远的影响，特别是在五四时期反封建主义传统的浪潮中，自由、平等、公正、民主、法治等理念深入人心。从更深的层次上讲，这些理念都是现代性的产物，是人在其理性和主体性意识被唤醒之后所追求的价值。西方的工业文明首先催生了这些观念，中国人在探寻自身的现代化道路中遭遇并接受了这些观念，随着中国现代化建设（包括经济现代化、政治现代化和文化现代化等方面）的推进，这些观念对中国人的影响越来越大。而且，中国传统文化对国人的影响并没有消

---

① 《马克思恩格斯选集》第3卷，人民出版社1995年版，第305页。
② 参见《马克思恩格斯全集》第3卷，人民出版社2002年版，第189页。
③ 参见《马克思恩格斯选集》第1卷，人民出版社1995年版，第294页。

失,传统文化中某些基因仍将持久地影响着中国人的思想与行动。近些年在市场原教旨主义的冲击下,中国社会的确出现了诸如拜金主义、享乐主义和诚信缺失的现象,但在绝大多数人的观念中,儒家传统中的诚信、友善、和谐等观念并没有被彻底放弃,在相当一部分人那里,诚信、友善与和谐的观念只是被暂时地蒙蔽了,社会主义核心价值观倡导这些价值,就是要让这些价值不仅为民众所熟知,而且要为民众所坚守和践行。

随着中国被更为深入地卷入现代化和全球化进程中,大多数国民在此过程中更为深切地体会到传统和现代、本土文化和外来文化之间的冲突。他们一方面享受着全球化所带来的经济和文化交往的繁荣,另一方面却担心经济和文化的主体性受到外来资本和文化的宰制;一方面满足于现代化所带来的生活上的便利,另一方面却纠结于传统文化和民族本色的迷失。这些矛盾的心态在社会意识的层面上有着充分的反映。近年来,源于西方的主张现代性和全球化的新自由主义思潮与"新左派"(立足于中国现实)以及中国的文化保守主义就有着非常激烈的争论。

尽管西方自由主义思潮的内涵非常丰富,不同的自由主义者对自由的理解有着某些差异,但作为同一种产生于近代资本主义文明的社会思潮,它们有着家族类似,其中最重要的共性包括:在经济领域中主张自由市场经济,即财产私有化以及自由市场;在政治领域中主张个人自由优先于公共的善;在文化领域中强调多元化,否定某种特定文化的主导性地位。新自由主义当然也承认上述这些基本主张。然而,这些主张受到了强调中国的社会主义传统的"新左派"以及突出中国传统文化之价值的文化保守主义者的强烈批评。"新左派"的批评立足于新自由主义盲信市场经济所导致的社会两极分化的苦果,"在同新自由主义者的论战中,'新左派'始终高举'公正'的旗帜,坚决反对自由主义者倡导的完全市场原则,认为应当发挥国家的干预作用,应当关心弱势群体、底层社会的生存状态,对于给基层工人群众带来沉重负担和难以摆脱的生活压力的国企民营化等改革,应当从国家的责任、共产党的宗旨和社会主义的根本追求等方面作出深刻的反省,而不应当仅仅从效率出发作出不负责任的战略选择"[①]。文化保守主义批判的则是新自由主义对中国优秀传统文化中的冲击。中国的新儒学认为,中国传统文化是和谐文化,天人合一,中庸之道,以及仁、义、礼、智、信等道德原则,这些内容与新自由主义的主张存在张力,如果任由新自由主义思潮泛滥,必然会

[①] 刘少杰:《当代中国社会意识形态变迁》,中央编译出版社2012年版,第164页。

动摇民众对中国优秀的传统文化的继承和践行。

上述这些内在有着紧张的社会思潮而广泛地存在，这就要求整合这些社会意识的主流社会意识必须立足于具有足够包容性的理论基础。在笔者看来，兼容了中国优秀的传统文化与西方近代资本主义文明中的进步观念的社会主义核心价值观恰恰能够为中国主流社会意识的建构提供这样的理论基础。

最后，社会主义核心价值观由于涵盖了国家、社会和个人三个层面的价值观，因此能够为中国主流社会意识在其建构中兼容和整合个人维度与集体维度的社会意识提供理论基础。

在任何一个社会共同体中，个人与集体之间都存在着利益和价值的冲突。资本主义国家强调个人利益和价值的首要地位，把国家及其他集体视为维护个人利益和价值的工具；传统社会主义国家则强调国家或者其他集体的首要地位（即强调集体主义），从而在实践中把个人视为服务于集体目的之工具。与上述两种偏颇的理解不同，马克思本人曾设想一种消解二者矛盾的理想社会，即"自由人共同体"或者说"真正的共同体"，在其中每个人的自由发展成为一切人自由发展的条件。然而，这是一种个体和类（集体）的矛盾获得和解的状态，这种状态只有在成熟的共产主义社会才能实现。在社会主义阶段（特别是初级阶段），我们无法消除个人与集体之间的矛盾。即便如此，缓解与平衡这一对矛盾仍然是社会主义阶段的一项非常重要的历史任务，中国主流的社会意识应该反映党在这一过程中所付出的努力，在其形成和发展中兼容或者整合个人主义和集体主义这两种社会意识。

由于社会主义核心价值观涵盖了国家、社会和个人三个层次的价值观，因此它能够为中国主流社会意识的兼容或整合提供理论基础。中共中央办公厅在《关于培育和践行社会主义核心价值观的意见》中指出，"富强、民主、文明、和谐"规定的是国家层面的价值目标，"自由、平等、公正、法治"规定的是社会层面的价值取向，"爱国、敬业、诚信、友善"规定的是公民个人层面的价值准则。这三个层面价值的区分可以有效地缓解和平衡个人与集体之间的价值冲突。首先，将"富强、民主、文明、和谐"确立为国家层面的价值，意味着我们不宜将"富强"理解为追求个人经济利益的最大化，不宜把"民主"理解为片面的个人权利，另外，它也明确地指出我们应该建设"文明"与"和谐"的（而非压迫个人的"野蛮"与"暴力"的）国家，将这两种价值纳入国家层面的核心价值观有助于消解片面的集体主义本身固有的弊端。其次，将"自由、平等、公正、法治"确立为社会层面的价值,同样意味着我们不宜将"自由"局限在古典自由主义理论的个人自由(即个人享有一系列不受侵犯的消极自由权)的范围内。社会层面上的"自由"意指一个群体(即所有社会成员)在社会生活中共同享有的自由(如生存权和发展权得到保障的自由),这种自由产生于社会成员之间的协作。社会层面的"平等"指向的则是人与人之间的人格平等以及生产和分配领域里的平等。社会层面的"公正"同样指向社会领域里人与人之间财富与权利义务分配的公平正义。可见,强调从社会层面去理解上述这些价值,有助于避免把这些价值局限在个人主义的狭隘视野中。最后,"爱国、敬业、诚信、友善"是对个人提出的道德准则,是对个人在政治、经济和日常生活中作为公民、从业者、契约订立者和社会交往主体所提出的道德要求。在这一层面上同样不是宣扬片面的个人权利,而是突出个人作为集体中的成员(或者作为国家的成员、经济共同体中的成员以及一般社会成员)所应承担的义务。这样一个糅合了个人价值与集体主义的价值观体系同样能够为中国主流社会意识的当代建构提供一个坚实的理论基础。

(二)凝聚共识以缓和主流社会意识与民间社会意识之间的冲突

正如前面所指出的,实现主流社会意识对民间社会意识的整合和引导,不仅需要有先进的和具有足够包容性的主流社会意识,而且需要在主流社会意识和民间社会意识(包括知识分子意识和个体意识在内)之间形成尽可能多的共识。现代的多元社会必然存在着各种社会意识之间(包括主流社会意识与民间社会意识之间,以及各种不同的民间社会意识之间)的相互竞争,然而这些竞争不应该是无序的和无法和解的竞争,反之,它们之间是可以形成某些共识的。实现社会意识整合和引导的有效性,关键就在于凝聚主流社会意识与民间社会意识之间的共识,减少分歧,并通过协商民主处理存在的分歧。

1. 凝聚社会共识

首先,兑现改革的承诺,使经济社会发展的成果为广大人民所共享。人们对物质利益的追求是最深层的人性。基本的物质需求得到满足是人作为生物而存在的根本前提,也是任何时代和任何文化都无法回避的现实难题。只有承认利益的现实,才能开启现实的利益,并吸引、激发普通民众行动的热情。可以说,改革开放的最初动力正是来自改善国家和人民的物质利益这一需要。因此,改革的成功与否最终将取决于广大的民众是否共享其物质成果。

作为中国改革开放的总设计师,邓小平充分认识到共同富裕的重要性:"在改革中,我们始终坚持两条根本原则,一是以社会主义公有制经济为主体,一是共同富裕。"① 它们被视为保证改革的社会主义性质和体现社会主义改革优越性的基础。邓小平说:"社会主义与资本主义不同的特点就是共同富裕。"② 实现共同富裕的基本策略是,"鼓励一部分地区、一部分人先富裕起来,也正是为了带动越来越多的人富裕起来,达到共同富裕的目的"。③ 它表明,共同富裕不是平均主义,"过去搞平均主义,吃'大锅饭',实际上是共同落后,共同贫穷,我们就是吃了这个亏"④;它更不是两极分化,"不会导致富的越富,贫的越贫"⑤。党的十八大报告再次重申:"提高人民物质文化生活水平,是改革开放和社会主义现代化建设的根本目的。"⑥ "共同富裕是中国特色社会主义的根本原则。"⑦ 然而,这条保证社会主义优越性的改革原则正遭遇改革实践的挑战与考验:改革虽然使一部分地区、一部分人先富裕起来了,但是,并没有随之产生人们所期待的共同富裕的改革效果。1993 年,邓小平与邓垦谈话时,就表达了对这种问题的担忧,"少部分人获得那么多财富,大多数人没有,这样发展下去总有一天会出问题。分配不公,会导致两极分化,到一定时候问题就会出来。这个问题要解决。过去我们讲先发展起来。现在看,发展起来以后的问题不比不发展时少"。他强调,"十二亿人口怎样实现富裕,富裕起来以后财富怎样分配,这都是大问题。题目已经出来了,解决这个问题比解决发展起来的问题还困难。分配的问题大得很。我们讲要防止两极分化,实际上两极分化自然出现。要利用各种手段、各种方法、各种方案来解决这些问题"⑧。当代人们对改革的部分指责中,非常重要的内容恰恰是其在实践上对改革的共同富裕的核心价值

---

① 《邓小平文选》第 3 卷,人民出版社 1993 年版,第 142 页。
② 《邓小平文选》第 3 卷,人民出版社 1993 年版,第 123 页。
③ 《邓小平文选》第 3 卷,人民出版社 1993 年版,第 142 页。
④ 《邓小平文选》第 3 卷,人民出版社 1993 年版,第 155 页。
⑤ 《邓小平文选》第 3 卷,人民出版社 1993 年版,第 172 页。
⑥ 胡锦涛:《坚定不移沿着中国特色社会主义道路前进,为全面建成小康社会而奋斗》,人民出版社 2012 年版,第 34 页。
⑦ 胡锦涛:《坚定不移沿着中国特色社会主义道路前进,为全面建成小康社会而奋斗》,人民出版社 2012 年版,第 15 页。
⑧ 《邓小平年谱》,中共中央文献出版社 2004 年版,第 1364 页。

"承诺"的兑现不及时、不到位或有偏差。

我们必须客观、理性地看到,改革开放历时三十多年后,的确有人在改革中获益,有人在改革中利益相对受损了。在一个日趋分化的社会中,精英总是少数。因此,社会上的大多数人都不可避免地有一种利益相对剥夺感。这些人从相对平均的计划经济进入差异化明显的市场经济,不仅经济上日益相对落魄,而且政治话语权也逐渐削弱;作为一种鲜明的现实的对照,那些在经济上的成功者,也可能成为话语、道德甚至政治上的赢家。在这种近乎残酷而客观的社会对比中,社会上多数人的相对剥夺感和边缘感就会增强。

因此,广泛凝聚社会共识的基本前提就是,党需要更加坚定地兑现改革共富的价值承诺,既要通过改革增大总量利益、保护合法利益、平衡不同利益,又要在改革中保障基本利益和调整动态利益,由此体现改革的共富追求和社会主义本色。

其次,凝聚价值共识。现代社会是一个价值多元的社会,主流社会意识对民间社会意识的整合和引导,必须妥善处理不同社会主体的价值冲突问题。传统马克思主义单向度地强调主流意识形态对其他社会意识自上而下的统领,这一观点在当代遭遇了挑战。拉克劳和墨菲在讨论无产阶级革命策略时,反思了领导权中心单一性这一传统观点:"一旦我们拒绝把领导权铭刻在社会中心和社会本质的本体论层面,就明显不能继续坚持领导权关节点的单一性这种观念。很简单,领导权是政治的关系形式,要是像有些人所期待的那样的话,也是政治形式,但是在社会地形学内并没有决定性的地位。在特定社会形态中,可能存在着多样化的领导权关节点。显然,它们中的一些可能是高度多元决定的,它们可能构成大量社会关系的浓缩点,而且因此是总体化作用多样化的焦点,但是只要社会是不可还原于任何基本统一原则的无限物,社会唯一中心的观念就根本没有意义。"① 即便我们不同意拉克劳和墨菲否定无产阶级的社会存在作为其社会意识的决定因素,我们仍然必须承认他们所揭示的"人民"的社会意识的独立性与多元化。

中国实行市场经济改革以来,利益的分化和冲突(包括城乡之间、地区之间、行业之间、个体之间等)日益突出,人们在思想观念中形成的反映这些利益分化和冲突价值也日益凸显。然而,在同一历史时期生活在同一社会中的人们显然有着某些共同利益关切,这些利益关切就是他们之间形成价值

---

① [英]恩斯特·拉克劳、查特尔·墨菲:《领导权与社会主义的策略》,尹树广、鉴传今译,黑龙江人民出版社2003年版,第157~158页。

共识的基础。正如有学者所指出的,"价值共识的最大可能就在于公共价值的存在"①。所谓的"公共价值"就是那些公共的,不属于个人或集团所有的,而属于全社会和公众所有的价值,如"政府或社会团体所提供的、治理和分配的,以满足和服务于公众需要的公共产品,如自然资源、公共政治、公共财政、公共教育、公共卫生、公共安全、公共文化、社会核心价值体系和社会保障体系……"② 具体价值诉求不同的人们之所以有价值共识,其根本原因在于他们的需要有着相似性:在最基本的生存需要层次上,由于不同个体有着大体相同的生理结构和功能,物质资料的生产和生活对主体的生存构成了最基本的公共价值;在较高级的发展需要层次上,不同个体由于依赖相同的自然资源、经济和社会文化资源才能得到发展,所以存在着通过合作共同利用这些资源的价值共识。③

凝聚价值共识就是要深化对不同利益主体之间利益关联性的认识,既要尊重个体独立性及其利益分立的事实,又要强调这些个体同属各种层次的社会共同体的事实。在主流社会意识与民间社会意识的博弈中,既要尊重后者的多元价值诉求,又要警惕各种试图颠覆主流社会意识的思想观点,如迷信市场会解决一切问题的"大市场、小国家"理念,把国家视为个人权利之敌的自由至上主义理念,等等。

2. 凝聚社会共识的方式

首先,通过尊重法律、依法办事凝聚社会共识。

众所周知,中国的社会主义改革和发展涉及广泛的利益调整和利益再分配,这必然会引起不同利益主体差异化的意识反应。如果这些政策措施符合利益各方的预期,那么它就能够得到较高的认同。但是事实上,任何改革和发展都不可能兼顾所有社会阶层的所有利益,有获益者就必然有利益相对剥夺者。因此,不同社会群体从其自身利益出发,对改革和发展会有不同的意见,或者对推进改革和发展存在不同的理解。这些基于不同利益立场的分歧,在实践中最终却以共识的形式反映在法律制度上。从此意义上讲,法律本身(特别是宪法)就是民意的最大共识,尊重法律就成为保障共识之关键。的确,随着权威主义的弱化,改革与发展中不同"声音"的发出或者存在更需善待与倾听,彼此间的缝合或者冲突必须诉诸共同的政治框架。在

---

① 胡敏中:《论价值共识》,载《哲学研究》2008年第7期。
② 胡敏中:《论价值共识》,载《哲学研究》2008年第7期。
③ 参见胡敏中《论价值共识》,载《哲学研究》2008年第7期。

权威政治逐渐淡出的当代中国政治格局里,法治原则逐渐成为国家治理文化中的重中之重。

另外,法律是公民权利的保障书,对法律的尊重,实际上就是对保障改革和发展进程中公民的权利和利益的承诺。尊重法律,第一要求党依法执政,在法律规则的框架下进行社会改革和社会意识的整合;第二要求公民在法律允许的限度内维护自身的利益和表达自己的诉求。保持法律制度的权威性和相对稳定性,有助于在不同社会群体之间以及各种不同社会意识之间形成有效的共识。

其次,通过协商民主凝聚社会共识。在凝聚社会共识的实践中,我们可以从尤尔根·哈贝马斯(Jürgen Habermas)的商谈伦理学中寻找思想资源。哈贝马斯认为:"社会,从生活世界内部来看,可以被描述为通过交往而产生的协作体系。"[1] 由此他揭示出了人们在一定的文化背景下通过语言交往而形成社会的事实。按照他的理解,人们通过语言而进行的相互沟通不是因某种有效的目的,而是因为相互理解和相互合作,从而达到社会的整合。[2] 基于这一通过语言交往来实现社会整合的思想,哈贝马斯提出了商谈论的法治国。"在商谈论的法治国概念中,人民主权不再体现在一种自主公民的有形聚集之中。它被卷入一种由论坛和议会团体所构成的可以说是无主体的交往循环之中。只有以这种匿名的方式,它的处于交往之流中的权力才能把国家机器的行政权力同公民的意志连接起来。"[3] 由此可见,只有通过商谈才能实现国家权力与公民意志之间的连接,才能把主流的社会意识与民间的社会意识连接起来,形成某种共识。"公共协商的主要目标不是狭隘地追求个人利益,而是利用公共理性(public reason)寻求能够最大限度地满足所有公民愿望的政策。"[4] 协商民主承认多元利益的差异。它创建协商的机制,使利益冲突的各方或者代表聚集,阐明各自的利益诉求,倾听他者的声音,转换自我的偏好,达成共识性决断。就中国的情况而言,当国家主流社会意

---

[1] [德]尤尔根·哈贝马斯:《交往行动理论》第2卷,洪佩郁等译,重庆出版社1994年版,第223页。

[2] 王晓升:《哈贝马斯的现代性社会理论》,社会科学文献出版社2006年版,第39页。

[3] [德]尤尔根·哈贝马斯:《在事实与规范之间》,童世骏译,生活·读书·新知三联书店2011年版,第168~169页。

[4] [美]乔治·M.瓦拉德兹:《协商民主》,何莉编译,《马克思主义与现实》2004年第3期。

识对其他民间社会意识进行强力统合的合法性逐渐丧失时（这一过程伴随着公民的权利意识——特别是公民的言论出版自由权利——的日益增强），主流社会意识加强与民间社会意识的商谈与沟通不失为一种恰当的凝聚社会共识的方式。

二、社会意识整合和引导的有效路径和方法

在葛兰西看来，主流社会意识对民间社会意识的整合和引导问题实际上就是"意识形态领导权"问题。他认为，无产阶级取得和巩固统治地位所必须的条件之一就是获得统一的集体意志与政治文化自觉，即实现文化道德以及政治意识领域中的认同。以暴力的形式摧毁旧的国家机器的中国共产党，其精神和道德的力量获得了包括知识分子在内的中国民众的广泛支持。可以说，中国共产党通过掌握文化领导权，获得了民众广泛而稳定的支持，为新中国的成立奠定了基础。在新中国成立后的改革发展中，社会主义的道德理想、精神价值起到重要的凝聚人心的作用，而这些恰恰是通过有效的文化宣传活动得以巩固的。在中国社会加速转型的背景下，形成社会共识的基础性领域的稳定性和协调性发生了深刻变化，资本全球化扩张的逻辑对主流的意识形态造成了巨大冲击，各种社会意识的发展呈现新的特点和趋势。面对这些新的变化，我们不仅要积极探索社会意识整合和引导的有效机制，而且要积极地探讨主流社会意识实现有效整合与引导所应选择的路径和采取的方法。

（一）社会意识整合与引导的有效路径

主流社会意识的政治领导和社会整合功能，必须通过影响社会思潮和民间的社会意识，宣传、教育并内化于社会成员的政治认同、作用于社会心理，形成积极稳定的社情、民情与舆情才能够实现。在全球化以及中国社会加速转型的背景下，主流社会意识的一元性和稳定性受到冲击。因此，必须科学调控、疏通和引导社会思潮，整合民间社会意识，在多样性的精神文化中寻求统一，在基本价值指向上达成社会共识，形成稳固的意识形态领导权。在笔者看来，从社会存在层面到文化观念层面，主流社会意识对其他意识形态的整合与引导的有效路径大体上包括以下三个方面。

第一，加强对不同社会阶层的利益分化的整合和协调。

在市场经济的条件下，中国确立了公有制为主体、多种所有制经济共同

发展的基本经济制度，以及按劳分配为主体、多种分配方式并存的分配制度，社会利益分化日趋严重。虽然全体人民群众的利益在根本上是一致的，但现实的利益关系却极为复杂，存在着不同性质、不同特点、不同功能、不同类别的利益，各种利益之间的矛盾充分凸现出来。对这种利益分化进行有效的整合和协调，是社会主义意识形态发挥其整合和引导作用必须首先处理的前提性问题。这是因为，社会意识在本质上决定了社会存在，在一个利益分化非常严重的社会，不同阶层会形成相互冲突甚至对抗性的社会意识，并且他们对自身所从属的阶层的意识形态的认同会随着阶层利益的固化而加深。

转型期中国社会的利益分化首先表现为城乡利益的分化。据报道，2011年，中国城镇居民家庭人均收入是农村居民家庭人均收入的3.13倍，2012年1—9月城镇居民家庭人均收入实际增长幅度同比明显提高，农村居民家庭人均现金收入实际增长幅度同比则有所回落，因而2012年城乡居民收入差距进一步扩大。2013年《社会发展蓝皮书》显示，中国收入分配不平等程度在总体上仍在继续加深。① 其次表现为社会上层精英分子和社会底层民众之间的利益分化，掌握了较多社会资源的精英分子利用转型期的制度缺陷积聚了大量的财富，而处于社会底层的民众则承受了社会转型期的各种主要的负面后果。

整合这些严重的利益分化，必须在承认和尊重不同社会群体的根本利益关切的基础上，协调和兼顾不同阶层、不同方面群众的利益。党的十六大报告指出，"必须最广泛最充分地调动一切积极因素，不断为中华民族的伟大复兴增添新力量。最大多数人的利益和全社会全民族的积极性创造性，对党和国家事业的发展始终是最具有决定性的因素"。这一要求意味着，中国共产党不仅是"中国工人阶级的先锋队"，而且是"中国人民和中华民族的先锋队"，中国共产党不仅承认和接受阶层分化和利益多元化这一事实，而且要努力整合和协调不同社会阶层的利益。

结合党的十八大提出的要求，整合和协调不同社会阶层的利益，需要从以下三个方面加以努力：其一，在坚持社会主义基本经济制度和分配制度的基础上，加大调整再分配调节力度，努力缩小收入分配差距，使发展成果更多和更公平地惠及全体人民。其二，加大统筹城乡发展力度，增强农村发展

---

① 刘慧：《马克思主义利益观视域下当代中国利益整合问题探析》，载《西华师范大学学报（哲学社会科学版）》2013年第6期。

活力，逐步缩小城乡差距，促进城乡共同繁荣。坚持工业反哺农业、城市支持农村，加大强农惠农富农政策力度，让广大农民平等参与现代化进程、共同分享现代化成果，坚持把国家基础设施建设和社会事业发展重点放在农村，全面改善农村生产生活条件，着力促进农民增收。其三，努力实现基本公共服务的均等化。在教育方面，"大力促进教育公平，合理配置教育资源，重点向农村、边远、贫困、民族地区倾斜，支持特殊教育，提高家庭经济困难学生资助水平，积极推动农民工子女平等接受教育，让每个孩子都能成为有用之才"。这一做法能够为实现农村和城市教育资源的平等化奠定基础。在医疗卫生方面，重点在于健全全民医保体系，建立起重特大疾病保障和救助机制，完善突发公共卫生事件应急机制和重大疾病防控机制，健全农村三级医疗卫生服务网络和城市社区卫生服务体系，使人人享有基本的医疗卫生服务。

只有在利益分化得到充分整合和协调的条件下，不同社会阶层才能形成共同的利益关切，才能对社会经济体制、政治制度和分配机制形成较高的认同度，也才能够拓展主流社会意识的接受面，从而发挥主流社会意识对其他社会意识形态的整合和引领作用。

第二，加强对各种不同社会价值观的整合，在强化主流社会意识的凝聚力与拓展其对其他社会意识的包容性之间保持一种平衡。

在实现对不同社会阶层的利益整合的基础上，应该进一步加强对民众价值观的整合。在转型期时期，由于不同社会阶层有着不同的群体意识和群体归属感，他们的价值观的内容、结构以及取向也是不同的，甚至是相互冲突的。这些不同的价值观，大体上包括新自由主义价值观、新左派价值观、民族主义价值观、后现代价值观、文化保守主义价值观等。"新自由主义思潮在中国改革开放和市场经济的深入发展中兴起；'新左派'在对改革开放和市场经济发展产生的一些后果作出反思批评中形成；民族主义则面对全球化浪潮，从中华民族的自身利益和自主发展的角度树立了自己的旗帜；后现代主义是承继了西方突破传统、否定现代性的当代思潮；文化保守主义则是对后现代主义思潮的抵制，主张复兴中国传统文化。"① 在这些价值观中，新自由主义和"新左派"形成了尖锐的对立，文化保守主义则与后现代主义（新自由主义）构成了一对矛盾。

然而，这些相互紧张的价值观并不是完全对立的。比如，新自由主义与

---

① 刘少杰：《当代中国意识形态变迁》，中央编译出版社2012年版，第159页。

"新左派"这两种价值观从表面上看针锋相对,但也有相通的一面。一般而言,古典自由主义的核心价值在于坚持个人自由的优先地位,强调消极自由的首要性,拒斥公权的干预。新自由主义继承了古典自由主义对个人自由的重视,并由此出发,主张限制政府的权力,宣扬市场竞争和私有化。在寻求突破大而全的公有制计划经济体制以及传统意识形态的过度控制的改革开放初期,这一思潮所带来的震撼力是无与伦比的,也因此广受欢迎。不过,新自由主义的另一个向度却被中国的追随者所遗忘,这个向度就是罗尔斯和德沃金在其理论中对社会正义以及平等的关注。在罗尔斯的《正义论》中,不仅分配领域要实行差别原则(即对于社会中的最不利者的关照),而且基于运气和天赋而获得的利益也被他视为不正当。德沃金则在《至上的美德》一书中把平等视为至上的美德,论证了资源平等的理论。自20世纪90年代以来,中国的"新左派"对自由主义者的批判,在很大程度上是针对市场经济所带来的社会不公正而做出的反应。"新左派"的核心观点并非反对个人自由的重要性,而是反对因片面地强调市场的效率而对公平的忽视。如果中国的新自由主义理论能兼顾个人自由(市场经济)和社会正义(公平)这两个不同的向度的话,那么新自由主义和"新左派"这两种不同的思潮实际上有着共同的关切和共同的语言。

此外,民族主义和文化保守主义(特别是新儒家)在强调民族文化的重要性的同时,并非完全否定自由和民主这些西方自由主义极为珍视的价值。也就是说,民族主义和文化保守主义与新自由主义并非完全绝缘甚至完全对立。由此观之,尽管转型期中国民众的价值观呈现多元化的事实,但这种多元化并非完全无法凝聚的彻底分裂。反之,这些多元价值源自我们的现实生活,只要我们有着对美好生活的理性的追求,这些多元价值就有凝聚和整合的可能性。

当然,凝聚和整合社会多元价值观需要增强对主流社会意识的认同度,而增强对主流社会意识的认同度又需要拓展其包容度。因此,我们一方面要突出马克思主义在社会主义核心价值观中的主导性地位。正如有学者所指出的,"马克思主义不仅是社会主义核心价值体系最重要的组成部分,而且作为'灵魂'贯穿于该体系的每个领域和层次,共同构成一个相互联系、有机统一、完整严密的价值观念体系"[1]。这意味着我们要利用马克思主义的

---

[1] 罗文东、谢松明:《马克思主义是社会主义核心价值体系的灵魂》,载《思想理论教育导刊》2008年第1期。

思想资源去诠释乃至发掘社会主义核心价值的内涵，实现马克思主义对社会主义核心价值观的统合，并进而达到整合和引领其他各种社会价值观的目的。另一方面，要充分重视主流社会意识的包容性，坚持将社会主义核心价值观作为理论基础，将社会主义核心价值观中涵盖的新自由主义、传统文化、"新左派"、民族主义等社会思潮中的积极内涵承继下来。

第三，努力发挥社会主义先进文化的引领作用。

从文化建设的视角强化主流社会意识对其他社会意识的引领功能，关键在于创建先进的文化体系，推动社会文化对于主流社会意识的深度融合，使社会文化充分地反映主流社会意识的理论观点和价值内涵，通过社会文化影响民众、得到民众的认同来实现主流社会意识对其他民间社会意识的引领。

在马克思主义者那里，文化与意识形态有着非常密切的关联。法兰克福学派在批判西方的文化工业时，将其视为资产阶级意识形态工具。如霍克海默尔和阿多诺所言："文化创造了并不存在的与人相称的社会的幻想；它掩蔽了全部人工制品据以产生的物质条件，而且在安抚与哄骗时，它还有助于保持经济对存在的有害的决定。这就是作为意识形态的文化概念……这个概念恰恰像一切有关谎言的忠告一样，有把自己转变成意识形态的可能的倾向。"[1] 毛泽东则在《矛盾论》中用文化概念来代替意识形态这一概念。由于文化与意识形态有着如此密切的联系，葛兰西提出了不同于列宁的关于实现无产阶级领导权的理论，他认为，西方无产阶级革命的目标不在于直接夺取政治社会的领导权，而是在市民社会中破坏资产阶级在文化上的领导权，再进而掌握政治领导权。所以克拉科夫斯基指出："无论如何，在葛兰西的学说中，这是一个重要的论点，即工人们只有在获得文化'领导权'之后，才能获得政治上的权力。"[2]

那么，如何实现无产阶级文化的领导权呢？关键在于创建先进的无产阶级文化。中国共产党已经充分认识到了这一点。党的十八届六中全会指出："必须坚持马克思主义在意识形态领域的指导地位，牢牢把握社会主义先进文化的前进方向，弘扬民族优秀文化传统，借鉴人类有益文明成果，倡导和谐理念，培育和谐精神，进一步形成全社会共同的理想信念和道德规范，打牢全党全国各族人民团结奋斗的思想道德基础。"在笔者看来，实现这一目

---

[1] 转引自杨乐强《文化的意识形态功能——法兰克福学派文化批判理论探析》，载《江汉论坛》2000年第3期。

[2] 转引自俞吾金《意识形态论》，人民出版社2009年版，第240页。

标的重中之重就是在新时期文化建构中突出马克思主义和优秀的传统文化的重要性。党的十八大在关于社会主义文化强国建设的问题上，再次提出了这一要求，即要"推进马克思主义中国化时代化大众化"，"深入实施马克思主义理论研究和建设工程"，还要"建设优秀传统文化传承体系，弘扬中华优秀传统文化"。这一指导思想是非常正确的。马克思主义是无产阶级的革命理论，这种革命理论建立在充分批判不公正、不合理的资本主义生产方式和资本主义文化的基础之上，因此这种革命的理论包含着对未来理想社会的构想，这一构想代表了无产阶级消灭阶级、消除各种不公平和不合理的制度的期望。尽管过去曾经过度强调马克思主义的阶级斗争功能，但马克思主义作为先进文化的代表这一点是不容置疑的，在和平的年代，充分凸显出马克思主义的时代适应性和前瞻性，特别是建构和完善马克思主义维度的自由、平等和正义思想，是建构中国社会主义文化的关键。

此外，中国的优秀传统文化也是社会主义先进文化建构的重要成分。对于传统的文化，我们必须采取一种辩证的观点。一方面，我们并不否认传统文化中有些不适应于时代要求的落后的观念和思想，这些内容自五四运动以来已经受到了较为彻底的批判；但另一方面，传统文化中也存在大量至今仍然具有重要价值的遗产。所以毛泽东提出要总结从孔夫子到孙中山的中国传统文化遗产。中国传统文化中关于处理人与人之间的社会关系的很多智慧，如和谐、诚信、善待他人思想，这些契合社群主义的思想无疑有益于一个和谐稳定社会的建构。

因此，以马克思主义与中国优秀传统文化为核心进行社会主义先进文化的建构，采取丰富多彩的表现形式将其展现出来，并用创新性的方式（充分利用现代传媒）加以宣传和传播，将是实现主流社会意识发挥引领其他社会意识形态的功能的重要途径。

（二）社会意识整合与引导的方法论创新——意识形态传播的视角

传播是意识形态发挥其社会功能的重要环节，任何一种意识形态都要通过一定的方式和渠道向社会大众传播，传播的目的在于被社会大众认同和接受。主流社会意识作为官方的意识形态，无疑由于掌握巨大的传播资源而拥有远远超越其他意识形态的传播优势。然而，传播优势本身并不等于传播的有效性，因此，如何增强主流社会意识传播的有效性始终是我们必须面对的问题。

意识形态的传播总是在特定的社会中针对特定的受众进行的，主流社会意识的传播也不例外。改革开放以来，中国社会发生了深刻的变化，从主流社会意识传播的角度来看，最重要的变化有以下五个方面：一是社会分化日益明显，新的社会阶层和不同的利益群体形成，且其差异性不断扩大；二是社会的流动力增强，社会成员选择谋生方式和居住空间的自由度扩大，人们从过去的"单位人"逐步地变为"社会人"；三是社会竞争的加剧使人们的生活节奏加快，生活压力增大，再加上社会转型期带来的社会矛盾增多，社会心态普遍呈现浮躁的特点；四是在社会转型和全球化趋势的双重作用下，中国社会出现多种价值观和社会意识并存的局面，社会意识变动呈现"从一元封闭走向多元激荡、从权力垄断走向价值博弈、从传统控制走向现代认同"的趋势，并具有明显的自生性增强、下移性凸显、碎片化呈现和激荡性并存等特点；五是随着信息技术的进步，各种新的信息传播形式和媒介层出不穷，人们接受信息的渠道和方式发生了深刻的变化，且自由度不断扩大。这些变化无疑给主流社会意识的传播带来了新的挑战，一些过去曾经行之有效的传播方法和手段，其效果在今天可能就要大打折扣。因此，为了增强主流社会意识传播的有效性，就必须因应社会和受众的变化对传播理念和传播形式、方法手段进行相应的改变和创新。

第一，应该在理念上明确主流社会意识传播的目的并不在于消灭所有民间社会意识，而在于让社会大众认同和接受主流社会意识。当然，主流社会意识在传播过程中必然要与各种民间社会意识，尤其是敌对意识形态进行交锋和斗争，但经验告诉我们，以往那种"群众运动式的大批判"并不能取得理想的效果。在社会意识多元并存的时代，人们对多种多样的社会意识形态有一个认知和筛选的过程。通过理性的对话和充分说理式的批判更有助于受众辨明真伪、判别对错，同时也容易使主流社会意识获得社会大众的认同和接受。

第二，应该把主流社会意识的传播看作一个系统社会工程，而不仅仅局限于宣传或学校教育。当代意识形态发展的一个特点是意识形态与社会生活之间的相互作用越来越频繁，社会生活本身越来越具有意识形态传播的功能。一些西方国家从表面上看似乎不太重视意识形态的工作，但实质上其意识形态已深深渗透到社会生活的方方面面。党倡导的意识形态是主流社会意识，因此，各级党政官员和政府部门的施政及其效果本身就是对主流社会意识的最有力的传播。只有当主流社会意识充分渗透党的施政目标、手段和效果，才能真正成为社会的主流和主导。因此，如果我们每一项政策的价值取向、政策目标、执行方式都真正体现社会主义核心价值观,那么,主流社会意识的传播效果必将得到极大的提升。

第三,要增强主流社会意识传播的针对性。过去人们在讨论传播的针对性时主要聚焦于具体传播形式、方法手段的选择,而在处于社会转型期、社会矛盾增多、社会意识多样化的今天,思考主流社会意识传播的针对性恐怕就应该更多地关注实时的社会心态,使主流社会意识传播对实时的社会心态更有针对性。所谓社会心态一般指"与特定社会运行状况或重大的社会变迁过程相联系的,在一定时期内广泛地存在于各类社会群体内的情绪、情感、社会认知、行为意向和价值取向的总和"[①]。社会心态是较低层次的社会意识,具有自发性、传染性和易变性,而且在不同群体中其表现也不尽相同,但它却直接影响到人们对社会的认知和价值判断,进而影响到人们对主流社会意识的认同和接受。因此,在主流社会意识传播过程中应该认真研究和把握实时的社会心态,针对实时社会心态的特点采取适当的形式、方法和手段,使主流社会意识传播与实时社会心态相契合,增强主流社会意识传播的效果。

第四,应积极运用各种新兴的传播媒介,拓宽主流社会意识的传播渠道。随着改革开放、市场经济的深入展开,以及全球化、网络化的迅速普及,中国的公众越来越倾向于通过大众传媒获得信息的。近年来,各种新兴的传播媒介,如微博、微信等不断出现,相对于纸质媒介或者传统的广播、电视和电影而言,这些新兴传播媒介在信息传播上更具传播速度快、覆盖范围广、便捷、灵活等优势。此外,这些新兴媒介因可以实现随时随地、自主选择地接收信息,从而备受人们尤其是年轻人的喜爱。因此,主流社会意识的传播一方面应充分运用这些新兴媒介,拓宽传播渠道,扩大传播的覆盖面。但另一方面也应看到,这些新兴媒介传播的信息往往具有"短、平、快"的特点,人们通过它们接收到的往往也只是"碎片化"的信息。

另一个值得注意的问题是,大众传媒在市场经济体制下,有可能被植入不同的利益诉求,这使得先进的社会主义文化存在被重新阐释、表达和传播的可能性,社会主义价值追求与精神理想也因此面临着被扭曲和瓦解的风险。20世纪90年代以来,媒介日益被理解为价值中立的传播手段、娱乐文化运作的载体。然而,在商业利益的驱动下,呈现的结果却可能是非常负面的:一方面是大量具有思想性、精神性和理想性的文化作品被排挤;另一方

[①] 马广海:《社会心态:概念辨析及其操作化》,载《社会科学》2008年第10期。

面是大量迎合大众趣味的流俗的作品充斥坊间,潜移默化地改变了人们对世界和自我的接受和认知方式。由于大众传媒承载着构建意识形态景观的功能,它在占领文化市场的同时就将消费主义和享乐主义确立为一种普适的价值观,从而获得文化领导权。因此,我们在利用大众传媒,包括新媒体来拓宽主流社会意识的传播渠道时,应该高度警惕它们本身所具有的"自媒体"功能,即它可能被利用来发布虚假信息,甚至传播敌对意识形态。由此观之,我们应该在认真研究大众传媒,特别是新兴媒介传播的特点和风险的基础上,充分运用其传播优势,以增强主流社会意识传播的有效性。

后　　记

　　改革开放是当代中国最鲜明的特色，也是中国共产党最鲜明的旗帜。改革开放是一场伟大的变革，它开启了当代中国从计划经济到市场经济体制的社会转型，也造就着社会意识领域的纷呈图景。如何在一个伟大变革的时代，透过时代的风云变幻，切实把握改革开放条件下我国社会意识变动的趋向，探究其特点与规律，成为学界亟待深入研究的时代课题，具有理论与实践的重要意义。2010 年底，我作为主持人申报的国家哲学社会科学基金重大招标项目——"改革开放视阈下我国社会意识变动趋向与规律研究"（项目编号：10&ZD048）获准立项，在随后的几年里，我和团队的同道们集中相当精力聚焦研究问题，在扎实的深度个案访谈及由此获得的 250 余万字一手资料的基础上，建构了课题理论分析的框架，进行了较为深入的思考性、探讨性的研究，形成了对改革开放视阈下我国社会意识变动趋向与规律的基本认识。除发表的一批研究论文和提交的国家社会科学基金成果要报外，此著作可谓系统呈现的研究成果。

　　本书按五个子课题分为五章，我负责全书统一筹划、确定整体思路及研究计划、统稿工作等，朱跃、沈成飞和童建军协助我统稿成书等做了大量重要的工作。本书各章的主要撰写者如下，总论：李萍、童建军；第一章：童建军、沈成飞、户晓坤；第二章：黄寿松、陈少明、罗嗣亮；第三章：林滨、黄晓星、张杨波；第四章：龙柏林、石德金、罗嗣亮、唐昊；第五章：林育川、户晓坤、张龙林、谭毅。秦抗抗、柳媛、邵小文、罗远航等老师和博士生参加了部分研究工作。

　　在我们的研究成果即将出版之际，我既充满了收获的快感与喜悦，更充满了感激与遗憾。由衷感谢国家社科基金委的课题立项及学校社科处的全力支持；由衷感谢我敬爱的导师罗国杰先生、刘美珣教授自始至终的关切、指导和鼓励；由衷感谢学界同道的倾心帮助与思想启迪，俞吾金、万俊人、韩震等学界大咖百忙中亲自给课题组开讲，不吝赐教，校内蔡禾、陈少明、肖滨、徐长福、钟明华、吴重庆等同事不遗余力出谋献智；由衷感谢团队同仁的精诚合作，包括在此未能列出姓名的青年教师和博士生，这是一支充满思想活力和追求学术理想的青年团队。此外，我要特别感谢朱跃副教授承担了课题组的日常管理工作，科研助理张淑华承担了具体事务，保证了课题的顺利开展。

  作为课题负责人，最大的遗憾是，我们对于在党的十八大前后所做的深度访谈形成的250多万逐字材料，来不及做进一步的比较分析，这正是"吾将上下而求索"的新起点，我们深知任重而道远！受我们研究能力所限，难免存在种种疏忽与不足，本书参阅、引用学人的著作和观点，行文中已尽量注明出处，如由于技术或其他原因有疏漏者，敬请学界同仁谅解并予批评指正。

李 萍

2017年4月，于东湖陋居

  又及，以上"后记"成文于2017年。本书稿终能与读者见面，我和研究团队的同道们由衷感谢中共广东省委宣传部和中山大学出版社的同志们。

李 萍

2024年10月，于东湖陋居